개정판

시장경제론

안희배 지음

백산출판사

머리말

필자가 시장경제론을 쓰게 된 동기는 지금까지 경제학을 공부하여 왔고 경제실무를 접하면서 여러 가지 느낀 점이 있어서이다.

필자는 대학에서 경제학을 전공하였고 대학원에서도 경제학을 전공하였으며, 대기업에서도 기획부서와 무역부서에 근무하면서 경제이론과 실제 경제현상과는 괴리가 있음을 느꼈다. 그리고 연구소에 근무하면서 또다른 경제실무와 경제이론 사이의 갭을 느껴왔다. 이러한 경제의 괴리 현상을 어떻게 하면 연결시켜 볼까 하는 것이 필자의 관심이었다.

지금까지 시중에 나온 경제학 책을 보면 너무 이론에 치우쳐서 보는 이마다 경제학이 어렵다고만 느껴왔고, 하물며 경제학을 전공하는 경제학도마저 왜 경제학은 어려워야만 하는가에 대한 의구심을 가져온 것이 사실이다. 필자는 이러한 경제학의 난해한 설명을 쉽게 설명하려고 노력하였고, 경제학을 비전공하는 일반인들을 위하여 어려운 수식이나 그래프를 피하고 기본적인 경제원리와 생활에 필요한 경제지식을 습득하게 하고자 노력하였다.

첫째, 이 책은 경제학을 전공으로 하는 학생은 물론 비전공 학생들도 쉽게 이해할 수 있도록 쓰였음을 밝혀둔다.

둘째, 경제학 쪽에서도 일반생활인이 필요치 않은 부분, 즉 불필요한 이론분야는 과감하게 생략하였다.

셋째, 경제학이나 경제란 기본원리가 수요·공급에 의한 시장 메커니즘과 시장 메커니즘에 의한 가격결정 시스템에 중점을 두어 경제원리를 설명하였다.

넷째, 필자는 위에서 언급하였듯이 경제시스템은 모두 시장경제시스템에 의하여 이루어지기 때문에 경제시장을 크게 생산물시장, 노동시장, 화폐시장, 증권시장, 외환시장, 국제시장, 보험시장 등 7개 시장으로 나눠서 각 시장마다의 경제현상 및 특성을 설명하였고 실무적인 면을 보충하려고 노력하였다.

다섯째, 필자도 경험한 바와 같이 대학에서 경제학을 전공하고서도 경제신문이나 경제 실무적인 것을 이해 못하는 맹점을 보완하려고 노력하였다. 필자는 이 책을 공부하고 나면 경제신문이나 일반 매스컴에서 이야기되는 경제지식을 이해하리라고 믿는다.

여섯째, 경제학 책을 보면 대부분 복잡한 그래프나 수식을 사용하여 일반인들이 이해하려면 매우 어렵게 느껴서 가급적이면 수식은 피하고 그래프도 경제현상을 이해하는 데 꼭 필요한 간단한 그래프만 사용하였다.

일곱째, 보통사람은 자본주의 하에서는 태어나서 죽을 때까지 개인이나 기업 모두가 세금과 더불어서 살아야 되기 때문에 "요람에서 무덤까지" 세금과 함께 라는 말이 있듯이, 세금에 대한 일반지식도 현대 생활인에게 꼭 필요하기 때문에 세금에 대한 내용을 추가시켜서 세금에 대한 지식을 습득하게 하기 위하여 노력하였다.

끝으로 필자의 욕심은 모든 이들이 이 책을 공부하고 나서 일반 경제신문이나 매스컴에서 이야기되는 경제현상이나 지식을 이해할 수 있는 정도가 되었으면 하는 바람이다.

아울러 초판 이후 경제시장의 변화에 적용하기 위하여 증권시장편의 개정 및 각 시장편의 일부 수정을 거쳐 개정판을 내게 되었다. 그리고 이 책의 개정 및 수정에 도움을 주신 홍명후 교수님께 심심한 감사를 드리며, 이 책이 출간되게끔 도와주신 백산출판사의 진욱상, 진성원 사장님과 편집부 임직원 여러분께 감사를 드린다.

2014년 6월

지은이 씀

차례

CHAPTER 05

노동시장(勞動市場)

CHAPTER 06

화폐시장(貨幣市場)

CHAPTER 08

외환시장(外換市場)

CHAPTER 09 국제시장(國際市場)

CHAPTER 10 각 시장경제의 관련성 및 균형

CHAPTER 12 조세(租稅)

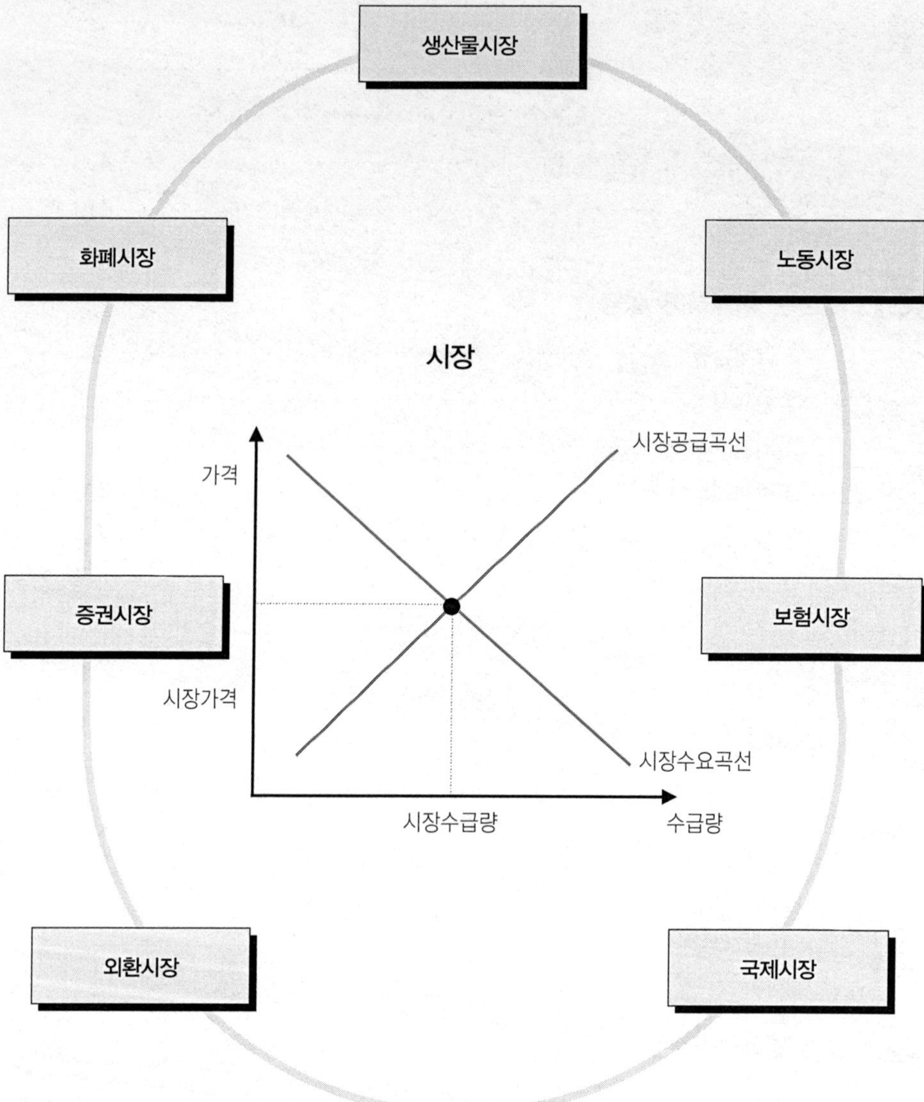
생산물시장
화폐시장
노동시장
시장
가격
시장공급곡선
증권시장
보험시장
시장가격
시장수요곡선
시장수급량
수급량
외환시장
국제시장

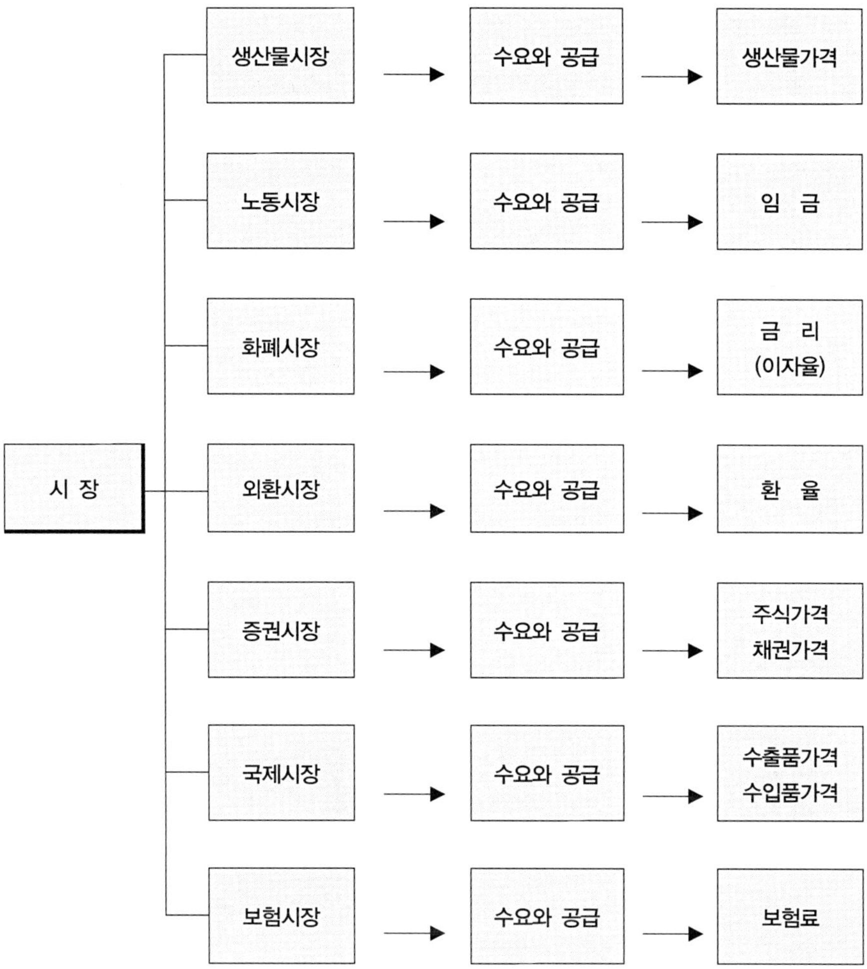
시 장
생산물시장
수요와 공급
생산물가격
노동시장
수요와 공급
임 금
화폐시장
수요와 공급
금 리
(이자율)
외환시장
수요와 공급
환 율
증권시장
수요와 공급
주식가격
채권가격
국제시장
수요와 공급
수출품가격
수입품가격
보험시장
수요와 공급
보험료

▸ 상품시장

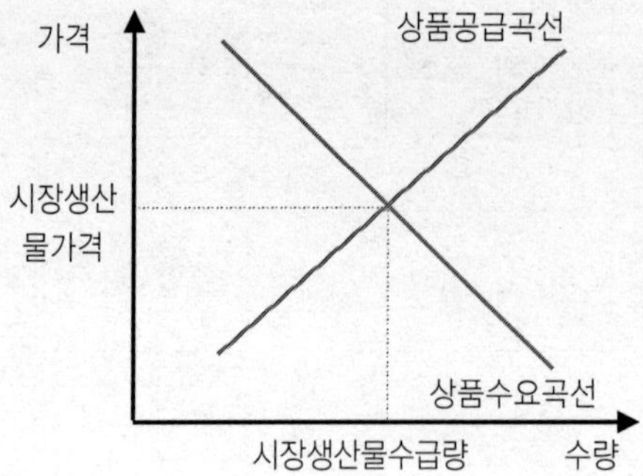

▸ 노동시장

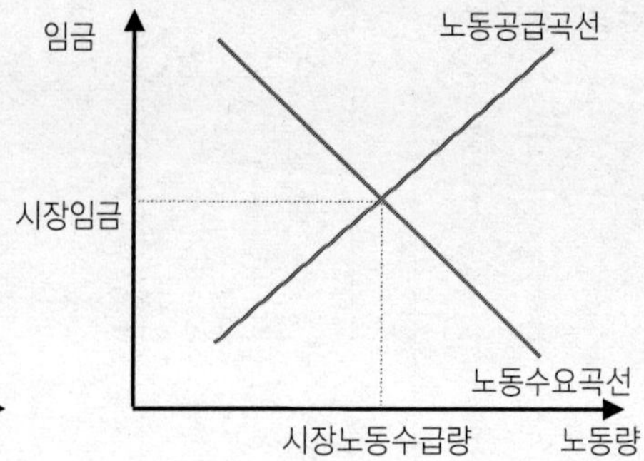

▸ 화폐시장

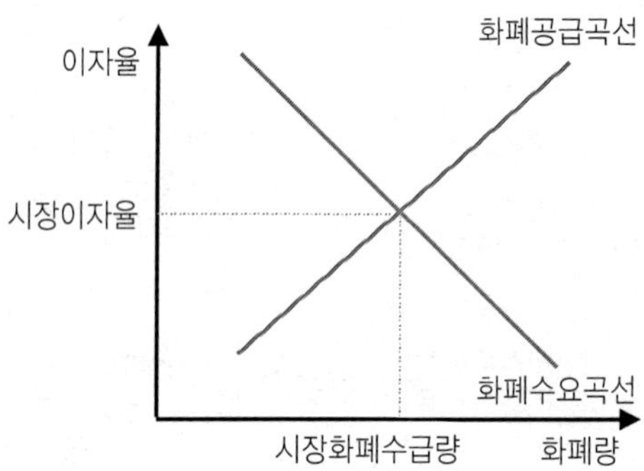

▸ 증권시장

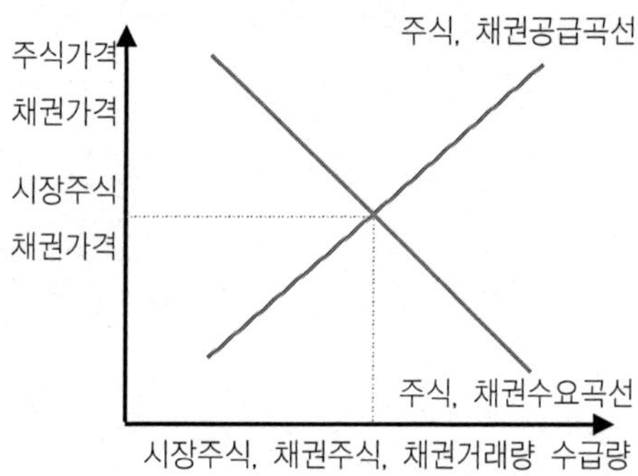

▸ 외환시장

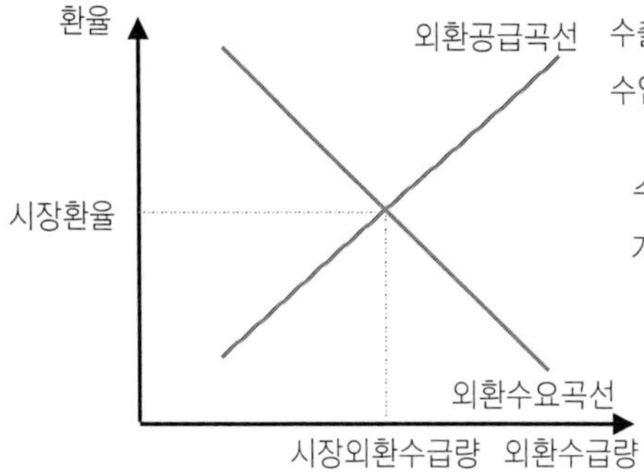

▸ 국제시장

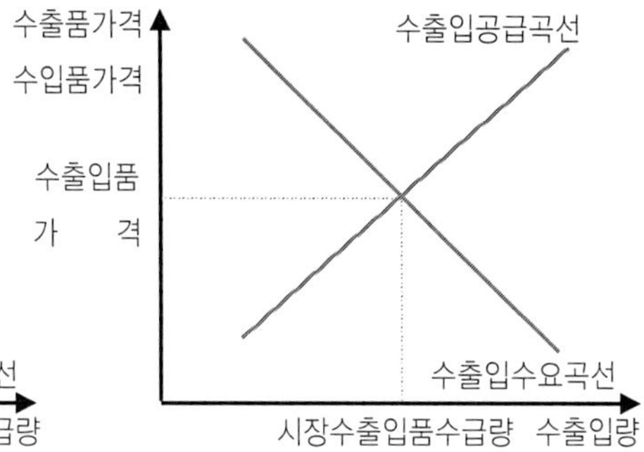

▸ 보험시장

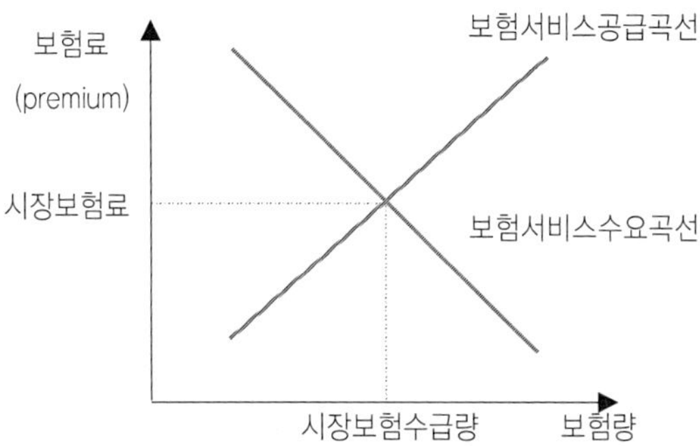

01

시장경제의 개념 및 원리

01 시장경제의 정의
02 시장경제의 체제

Chapter 01

시장경제의 개념 및 원리

01 시장경제의 정의

우리는 지금까지 신문지상이나 매스컴에서 시장경제라는 용어를 많이 들어왔고, 경제는 시장에 맡겨 놓아야 한다는 경제학자들의 이야기를 들은 적이 있을 것이다. 그렇다면 과연 시장경제란 무엇인가?

경제의 기본인 상품이 거래되기 위해서는 해당상품에 대한 수요와 공급이 존재하여야 되고 수요와 공급이 만나서 거래가 이루어질 수 있는 시장이 존재되어야 한다. 과거에는 시장이라고 하면 구체적인 지리적 장소를 나타냈지만, 이러한 지리적인 시장은 협의의 시장이고, 광의의 시장은 증권시장이나 노동시장, 전자상거래시장 모두 구체적인 지리적 시장은 아니지만 시장이라고 말할 수 있다.

시장은 협의의 시장뿐만 아니라 광의의 시장 모두 포함되며, 모든 상품의 가격은 시장에서 상품에 대한 수요와 공급에 의해서 결정되며, 수요와 공급의 변화에 의해서 가격도 변화된다. 상품의 가격결정에 있어서 수요의 규제나 공급의 규제로 인하여 가격이 통제된다면 진정한 시장경제라고 말할 수 없다. 북한이나 쿠바 같이 상품의 생산량을 통제하는 계획경제하에서는 시장경제가 이루어질 수가 없다. 영국의 경제학자 애덤스미스가 말했듯이 모든 상품의 가격은 시장에서 "보이지 않는 손"(invisible hand)에 의해서 결정되어진다고 하였다. 보이지 않는 손에 대한 정확한 개념은 나중에 설명하기로 한다.

다시 말하면 시장경제란 수요와 공급에 있어서 외부적인 물리적 힘이 작용되면 안 되고 각 소비자와 생산자가 시장의 수요와 공급에 맞춰서 수급량을 조절하여 가격이 결정되어져야 되는 기본적인 논리를 갖고 있다. 우리가 시장이라고 하면 생산물시장, 노동시장, 화폐시장, 증권시장, 부동산시장, 외환시장, 국제시장 등의 다양한 시장이 있다. 각 시장에는 상품이 존재하며, 각 시장의 상품가격은 시장의 수요와 공급의 의해서 결정되어진다. 반대로 정부나 지방자치단체가 노동시장에 개입을 하거나 증권시장·외환시장에 노골적으로 개입하면 진정한 시장경제라고 할 수 없다.

그렇다면 모든 것을 시장에만 맡겨 놓아야만 되는 것은 아니다. 시장에만 맡겨서 효율적이지 않은 것이 있다. 이러한 현상이 시장의 실패이다. 이러한 경우에는 정부가 시장을 대신해서 개입을 할 수가 있다. 왜냐하면 이렇게 하는 것이 시장자체에 맡겨 놓는 것보다 효율성이 있기 때문이다. 이것이 바로 시장의 실패(market failure)이다. 시장의 실패는 시장이 너무 독점적으로 형성되거나 외부비경제성이 존재하는 경우이다. 이러할 때에는 정부가 개입하는 것이 오히려 효율적이기 때문이다. 어떤 경제학자는 정부는 국방, 치안, 외교, 공공재 공급 이외에는 개입하지 않고, 나머지 모두는 개인이나 민간기업에 맡겨서 시장에서 자율적으로 이루어지는 것이 효율적이며, 이것이 바로 진정한 시장경제라고 말하는 사람들이 있다. 시장실패나 외부 비경제성에 대해서는 뒤에서 자세히 설명하고자 한다.

생산물시장(goods market)에서는 수요와 공급에 의해서 생산물의 가격이 결정되어지며, 노동시장에서는 노동의 수요와 공급에 의해서 임금이 결정되고, 증권시장에서는 증권에 대한 수요와 공급에 의해서 주식의 가격과 채권의 가격이 결정되며, 외환시장에서는 수요와 공급에 의해서 환율(exchange rate)이 결정되어 진다.

미국이나 전 세계의 국가들이 1930년 대공황 발생 이전에는 정부개입이 불필요하며, 완전한 시장경제가 효율적이라고 주장하여 왔다. 1930년대 이후에는 대공황을 해결하는 데는 케인즈의 주장대로 정부의 개입으로 재정정책을 써야만 실업문제나 불경기를 해결할 수 있다고 주장하였고, 경제정책의 효과를 입증하였다. 그러나 현재의 불경기 사태는 스태그플레이션(stagflation)현상이 나타나기 때문에 케인즈가 주장한 재정정책만으로는 해결할 수가 없고 공급측면을 중시한 공급경제학 이론이 미국의 레이건대통령 이후 대두되어 적용되어 왔다. 이러한 시장경제의 장단점, 개선방안 등에 대해서 뒤에서 차례로 살펴보기로 하고 각 시장에서의 원리와 실무적인 현상을 파악하고 각 시장과의 연관성을 최종적으로 살펴보기로 한다. 또한 시장경제의 문제점도 검토하기로 한다.

02 시장경제의 체제

시장경제가 이루어지기 위해서는 전제조건이 충족되어져야 한다. 먼저 부에 대한 소유권(property right)인 인정되어져야 되며, 국내나 국제적으로 교환, 무역이 자유로워져서 교환에 대한 상품 특화가 이루어져야 된다. 그리고 시장경제가 건실하게 작용되기 위해서는 중앙집권적 의사결정이 아닌 개별주체별의 분산된 의사결정(decision-making)이 이루어져야 된다. 개인 또는 기업의 노력에 대한 인센티브(incentive)제도가 선행되어져야 한다.

구소련이나 동구 공산권이 실패한 이유도 바로 위에서 언급된 시장경제가 성립되기 위한 선행조건을 지키지 않았고 통제된 중앙집권적 계획경제를 실시하였기 때문에 실패하였다고 원인분석을 할 수 있다.

1. 소유권의 인정 여부

첫째로 자본주의제도와 사회주의제도의 차이점은 자원이나 재산의 개인소유권을 인정하느냐 안 하느냐에 달려 있다. 시장경제 제도하에서도 공공재와 같은 경우 개인소유권을 인정하지 않고 있고, 사회주의제도하에서도 사소한 개인소지품은 소유권을 인정하고는 있으나, 경제생산의 주체가 되는 자원이나 재산의 개인소유권을 인정하느냐 안 하느냐에 달려 있다. 최종적인 결과의 문제는 소유권을 인정하는 것이 사회전체의 파이를 키워서 분배 측면에도 아울러 효과가 있는지 없는지의 문제이다.

2. 교환과 무역에 의한 상품특화

상품이 거래되고 교환되기 위해서는 시장이 필요하다. 그래야만 시장에서 생산물은 물론이고 생산요소, 노동력, 외환, 주식, 채권 등이 거래되며 이것이 시장경제의 자유로운 교환행위이다. 옛날에 화폐가 발명되기 전에는 물물교환이 이루어졌으며 물물교환 이전에는 자급자족에 의한 경제행위가 이루어졌다. 이러한 교환행위가 없이 자급자족에 의한 경제에는 한 가지 상품에만 분업화가 이루어지지 않아서 어느 특정 상품에 대한 특화 현상이 이루어지지 않았다. 이러한 비특화 현상은 자원배분의 비효율성을 가져오므로 경제발전에 도움을 주지 못하며 자원의 낭비를 가져올 수 있다. 이러한 교환행위로 인한 특화현상이 없으면 기술의 발전을 가져올 수 없다. 국제 간의 무역도 마찬가지다. 비교우위에 의한 각 나라의 상품특화가 국제무역을 통하여 교환의 이익을 가져와 국가 간의 부(富)를 증진시킬 수 있다. 실례로 북한과 같은 나라는 국가 간의 교환, 즉 무역하는 국가가 제한되어 있기 때문에 충분한 상품특화에 의한 교환의 혜택을 보지 못하므로, 경제발전이 지연되고 있는 실정이다.

3. 자유롭고 분산된 의사결정

인간이 아침에 일어나서 잠잘 때까지 또는 태어나서 죽을 때까지 매일 몇 번씩, 또는 수십 번씩 의사결정(decision-making)을 해야 한다. 예를 들면 얼마의 돈을 갖고 있는데 얼마짜리 옷을 사야 되는지 얼마짜리 구두를 사야 되는지, 어느 대학 무슨 과를 진학해야 되는지, 수없는 의사결정 속에서 산다고 해도 과언이 아니다. 인간은 합리적(rational)이기 때문에 현명한 의사결정을 한다고 하지만 개인에 따라서 차이는 있다고 할 수 있다. 예를 들면 소비에 있어서도 충동소비 행태가 있기 때문이다.

이와 같이 경제주체 간에도 의사결정이 필요하다. 소비자, 기업, 정부 등의 경제 주체들이 자유롭게 의사결정이 이루어져야지 중앙집권적인 의사결정에 의한 통제된 경제행위는 경제활동의 효율성을 저해한다. 자원배분에 있어서도 각 경제주체들이 자유롭게 어떠한 의사결정이 효율적인지 판단하는 것이 최상의 의사결정이라고 할 수 있다. 옛날에는 일반 소비자나 기업가들이 많이 배우지도 못하고 경제에 관한 지식 또는 기술이 부족했기 때문에 정부관리들이 경제를 이끌어간다고 믿어왔다. 이러한 결과가 관료들에 의한 의사결정으로 말미암아 자원배분의 왜곡을 가져왔으며 시장경제의 틀을 깨뜨렸다고 할 수 있다. 이제는 옛날과 달라서 모든 소비자나 기업들도 정부관료 못지않게 경제적 지식과 기술을 갖고 있기 때문에 정부관료의 간섭과 편협된 일방적 의사결정은 시장경제의 효율성을 저하시킨다고 할 수 있다. 결과적으로 경제주체들의 자유로운 의사결정이 존중 되어야 한다.

4. 인센티브제도(Incentive System)

모든 동물은 동기부여가 필요하며, 결과에 따라서는 보상이 주어져야 된다. 동물을 훈련시킬 때도 사육사가 이러한 동기부여와 보상 시스템을 적절히 이용하고 있다. 하물며 동물도 이러한데 인간은 더욱더 동기부여와 결과에 따른 보상이 따라줘야 한다. 인간 즉 소비자와 기업가들은 본성적으로 이익은 극대화시키고 비용은 최소화시켜야 된다는 경제행위를 알고 있다. 이러한 인센티브제도는 자본주의 제도하에서 소유권을 인정하는 것 자체가 출발점이라고 할 수 있다. 열심히 일한 사람은 보수가 더 많고 일하지 않은 자는 보수를 적게 받는 시스템도 일종의 인센티브 시스템이라고 할 수 있다.

미국과 같은 나라에서 C.E.O들에게 거액의 연봉을 제공하는 것도 일종의 인센티브 시스템이며, 그만큼 회사를 위하여 이윤추구에 최선을 다하라는 소명인 것이다. 그러나 지금 와서는 경제학자 간의 이러한 C.E.O에 대한 거액 연봉제공은 조직원 간의 사기를 저하시키므로 장기적으로 보면 회사 전체적으로 손해라는 견해도 있다. 여하튼 경제적인 동기부여는 경제적으로 효과가 있다는 것이 검증 되었다. 각 회사에서 임원들에게 제공하는 스톡옵션(stock option)제도도 Incentive system의 일종인 것이다. 시장경제에서의 문제점은 개인의 이익과 사회집단의 이익이 상충될 경우이나, 이러한 경우에는 정부에서 상충관계를 해소할 수 있는 시스템을 도입하여 사용하고 있다. 예를 들면 아파트단지의 재건축 문제나 뉴타운 재개발 문제 등에서 찾아 볼 수 있다. 또한 열심히 연구하여 개발된 신기술 등을 정부가 특허권을 부여하여 법적으로 적당한 보상기간을 보장하여 주고 기타 지적재산권(intellectual property rights)을 법적으로 보호하여 주는 것도 경제발전과 효율성을 위하여 인센티브(incentive)제도를 제공하여 주는 것이다.

02

시장경제의 개선방안

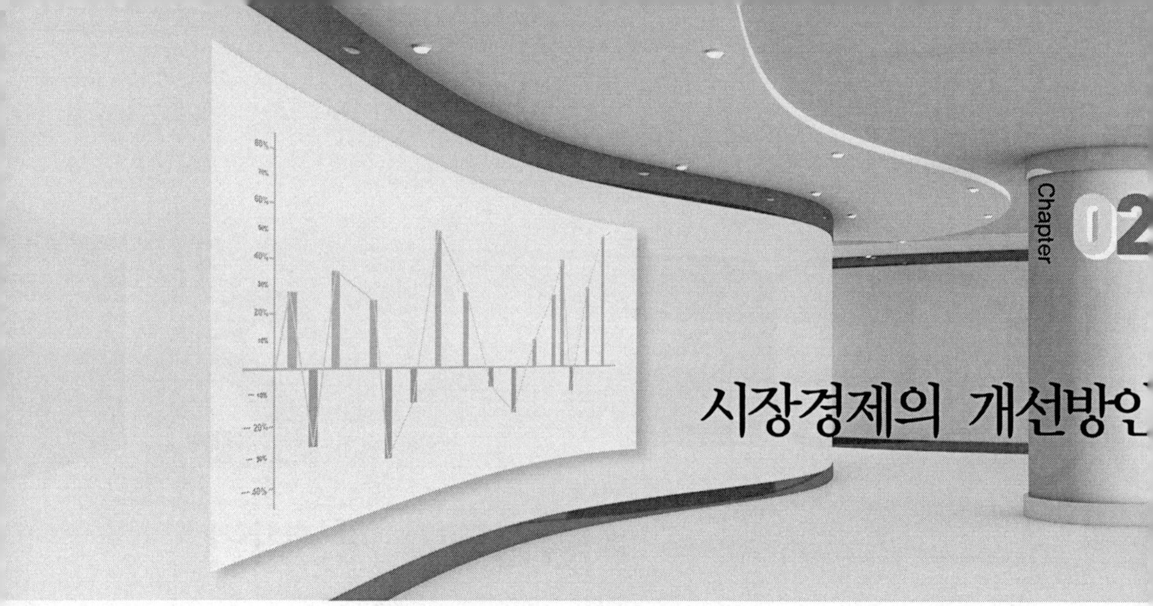

Chapter 02

시장경제의 개선방안

앞장에서 언급했듯이 시장경제의 실패는 여러 가지 이유에서 올 수가 있다. 첫째로 시장체계의 문제에 있어서 시장의 독과점 상태에 있을 때, 둘째는, 성장 위주로 치달리다보니까 소득분배의 형평성 문제가 발생된다. 경제상황도 우리가 두 마리 토끼를 쫓기가 힘들듯이 경제도 성장과 소득의 재분배를 동시에 성취할 수가 없다. 어느 한쪽에 치우치다 보면 다른 한쪽에 희생이 따른다.

미국 정부의 예에서도 볼 수 있듯이 공화당 정권은 시장경제 위주의 성장우선정책이고, 민주당은 서민을 위한 소득재분배정책에 중점을 두고 있다. 우리나라에서도 역대 정권에서는 시장을 통한 경제성장보다는 관치주의의 경제개발을 주도하여 왔기 때문에 압축성장이라는 장점도 있었지만 부작용 또한 많이 발생하였다. 관치주의의 압축성장 정책은 경제발전은 상당히 하였지만 소득재분배, 즉 형평성 문제를 야기시켰다. 그 이후 김대중, 노무현 정권에서는 성장위주보다는 소득재분배 정책을 지향하였지만, 결과적으로 종전보다도 소득재분배 상황이 악화되었다.

그 이유는 시장을 통한 소득재분배보다는 규제측면이 강한 부유세 같은 종부세 도입 또는 부동산시장 규제로 인한 부동산 시장 침체, 건설경기 부진으로 인하여 저소득층의 절대소득이 감소하고 실업자가 양산되는 바람에 결국 시장을 통하지 않은 인위적인 소득재분배 정책은 실패하였다.

현 상황에서 한 가지 시사할 점 또는 경고할 점은 다음과 같다.

근래의 미국발 서브프라임 모기지(sub-prime mortgage) 사태로 인하여 전 세계가 경제적 불황을 겪는 이유는 시장경제 질서가 무너져서 시장경제 메커니즘

(mechanism)이 망가졌다고 할 수 있다. 그리고 또 한 가지 문제점은 파생상품시장의 문제점이다. 처음에 파생상품시장의 발생 취지는 시장의 위험성(market risk)을 줄이려고 출발하였지만 결국은 시장실패를 가져왔고 완전히 도박시장으로 변해 버렸기 때문에 이러한 경제공황을 초래하게 되었다.

파생상품시장은 zero-sum게임시장이기 때문에 경제발전에는 전혀 도움이 되지 않고, 국가들 간의 또는 이 사람 호주머니에서 다른 사람 호주머니로 돈이 단지 옮겨가는 결과이기 때문에 일종의 국가 간의 도박이 될 수도 있고, 국내에서도 서로 기관투자가나 개인들의 도박이나 마찬가지이다. 그러므로 파생상품시장은 본태적으로 건전한 시장경제가 뿌리 박을 수 없으므로 글로벌 파생상품시장은 없어져야 한다.

이러한 취지에서 시장경제의 역사적 배경을 살펴보고, 시장실패의 원인, 그리고 시장실패의 효율성에 관하여 살펴보기로 하자.

01 시장경제의 역사적 배경

중세기까지는 경제사상이 존재하지 않았고 종교와 사회규범에 의하여 경제활동이 운영되어졌다. 따라서 자유로운 의사결정과 경쟁은 제한되었고 개개인의 사회적 신분과 위치에 따라서 결정되어졌다.

근대 국가제도의 발달과 더불어 중상주의가 대두되었다. 중상주의의 중심 사상은 한 국가가 다른 국가들과 무역을 하여 금이나 은 같은 귀금속을 많이 확보하고 국가통제력을 강화하는 것이 국가 부(wealth)의 원천이라고 주장하였다. 18세기에 이르러 애덤스미스의 「국부론」(The Wealth of Nations, 1776)이 발간되면서, 이 책에서는 자연주의 사상을 바탕으로 하여 자유방임주의가 강조되었다. 자유방임주의의 요지는 인간은 합리적(rational)이기 때문에 정부가 간섭을 안 해도 이성적으로 합리적인 경제활동을 할 수 있다는 것이다. 중상주의자들과는 반대로 중농주의자들은 가장 중요한 자원은 농지이기 때문에 상업이나 무역과 같은 사업은 중요하지 않다고 주장하였다. 중농주의자들의 사상은 중상주의자들의 주장과는 다르게 정부의 간섭이나 국가 간의 무역시 관세 부과나 정부의 보조금 지급은 시장경제활동의 위배가 된다고 주장하였다. 이러한 자유방임주의 사상이 후에 시장경제의 기틀이 되었다.

시장경제의 주체인 자본주의(capitalism)는 모든 생산요소나 상품의 소유권을 인정하고 자유교환과 경쟁을 통하여 시장에서 경제 개별주체, 즉 소비자, 기업, 정부가 자유로운 의사결정을 통한 가격이 결정되어지는 제도이다.

애덤스미스의 자유주의 경제사상 다음에 경제학자 리카도는 한 계층의 이익은 다른 계층의 손해로 규정하였다. 경제활동은 zero-sum게임이기 때문에 이러한 경제활동은 소득분배의 불균형이 심화되어 장기적으로 자본주의 체제는 멸망한다고 주장하였다. 이와 같은 리카도의 분배이론은 마르크스이론을 형성하는 데 이바지하였다.

애덤스미스와 리카도의 고전경제학을 접목시켜 발전한 이론이 신고전경제학(neo-classical economics)이다. 신고전경제학은 영국에서는 제본스(Jevons), 오스트리아에서는 멩거(Menger), 스위스에서는 왈라스(Walras) 등에 의해서 발전되었다. 이러한 신고전 경제이론은 케인즈(J.M. Keynes) 전까지의 주류 추세였고 케인즈 이후에도 케인즈 이론의 장기적인 타당성이 부족함으로 인하여 다시 요즘에 각광을 받기 시작하였다.

고전경제학 이후 비주류 경제로 마르크스 사상이 생겨났다. 마르크스 사상의 중요한 점은 사회주의의 계획경제 제도에 근본을 둔 것이 아니고, 자본주의의 장·단점을 분석하여 장기적으로는 결국 사회주의 제도로 돌아가야 한다고 주장하였다. 마르크스 이론의 기본적인 틀은 유물사관(historical materialism)이다. 유물사관의 실체적 요인은 가진 자와 못가진 자의 차이는 결국 물질적 갈등을 초래한다는 이론이다. 마르크스의 자본주의의 몰락은 노동자와 자본가 사이에서 물질적 이해 충돌로 인하여 발생한다고 보았다. 다시 말하면 생산의 주체는 노동임에도 불구하고 생산은 자본대체로 인하여 노동가치는 점점 떨어지고 자본가의 임대료와 이윤은 점차 확대되어 두 계급 간의 불화가 심화되어 자본주의는 결국 몰락되고 사회주의제도가 정착되어야 된다고 강조하는 이론이다.

그러나 이러한 마르크스 이론은 세월이 많이 지난 지금 여러 가지 측면을 간과하였기 때문에 적용되지 못하고 실패한 이론이 되었다. 간과한 이유들 중의 하나는 마르크스 이론이 정확한 분석보다는 주관적인 개념이 많이 내포되어 있고, 노동자와 자본가 사이의 분쟁조정 능력을 예측하지 못하였다. 그리고 1930년대에 대공황으로 인한 케인즈의 재정정책 또는 통화주의자들의 금융정책 효과를 예측하지 못하였다. 그리고 조세정책을 통한 복지후생제도를 생각하지 못하였다.

1920년 이후 신고전경제학파에 의하면 노동시장은 항상 비자발적 실업을 제외하고는 완전고용상태에 이른다고 하였다. 이러한 이론의 뒷받침은 노동시장이 매우 신축적이어서 임금의 상승과 하락으로 인하여 고용의 수요와 공급이 자동적으로 조절되어 완전고용에 이른다고 주장하였다. 그러나 대공황 이후 국민소득은 줄고 실업률은 증가하는 현상이 나타나면서 더 이상 신고전학파 이론의 적용 타당성이 약해지면서 이러한 대공황 같은 경우는 정부가 재정정책을 통한 경기 부양을 진작시켜야 한다는 케인즈 이론이 대두되었다. 신고전경제학파는 시장의 가격조절 메커니즘을 통한 이자율 고용, 국민소득과 같은 거시경제적 접근방법이라는 점에서 차이점이 있다.

케인즈는 임금의 경직성 또는 이자율의 경직성(rigidity)이 있기 때문에 시장에서의 수요와 공급조절로 인한 자동적인 균형상태가 되는 것은 불가능하다고 하였다. 이자율의 경직성을 예를 들면 유동성함정(liquidity trap)이 있다. 유동성함정은 이자율 하락의 경직성으로 인하여 화폐를 아무리 공급하여도 이자율이 더 이상 떨어지기 어려워서 투자유도를 위한 이자율 하락에는 한계가 있다고 하였다. 그래서 이러한 유동성함정에 있어서는 화폐공급에 의한 금융정책은 효과가 없고 재정정책만이 효과가 있다고 주장하였다. 이러한 케인즈 이론은 자유방임주의자인 애덤스미스 이론과는 배치되는 이론이다.

02 시장실패의 원인

시장경제이론의 도입으로 말미암아 시장의 효율성만 강조하다 보니까 노동력이외의 생산요소와 자본을 가진 부자는 점점 더 부자가 되고, 노동력밖에 없는 노동자는 더욱더 가난해지는 빈익빈 부익부의 심화현상이 생겨나게 되었다. 가난을 해결하려면 3대에 걸쳐서 하기에도 힘들다는 말이 있을 정도이다. 자본주의 어느 나라이든 이러한 소득 불평등이 정치적 이슈가 되어왔다. 유럽 국가들은 이러한 소득불평등을 해결하기 위해서 사회보장제도(social security system)를 도입하여 소득불평등을 어느 정도 해소시켰다. 그러나 여기에서 문제점은 사회복지후생제도를 실시하려고 하니까 부유층에 높은 세금을 징수할 수밖에 없었다. 이러한 부유층에 대한 고세율은 경제성장에 대한 동기부여를 위축시키는 결과를 초래하여 국가 전체적으로는 경제성장의 저해를 가져오게 되었다.

위에서 언급하였듯이 시장기능에만 맡겨서는 소득불균형이 해소되지 않기 때문에 정부의 개입에 필요하게 되었다. 그러나 문제는 정부의 시장개입이 효율성을 위한 개입이 되어야지 단순히 소득의 형평성만을 위한 개입이 되어서는 안 된다. 다시 말하면, 정부가 경제성장 즉 피자의 크기를 라지(Large) 사이즈로 일단 만드는 데 노력한 다음 분배에 신경을 써야지 피자 사이즈는 크게 하지 않고 있는 피자를 균등히 나누려고 하면 결국은 각자에게 돌아가는 피자의 크기는 작게 되어 소득의 형평성은 완화될지 모르지만 절대적인 소득은 줄어들게 되어 서민들의 고통은 늘어날 것이다.

이러한 소득불균형을 해소하기 위해서는 미국의 빌게이츠 같이 부가가치가 큰 기술의 개발로 전세계로부터 막대한 부를 축적한 다음에 그 수익을 사회에 환원시키는 방법이 최선의 소득재분배정책의 일환이라고 할 수 있다. 우리나라도 하루 빨리 부가가치가 큰 산업을 육성하여 사회 환원이라든지 조세징수를 통하여 사회보장제도를 튼튼히 한다면 소득재분배를 통하여 시장실패에 대하여 보완할 수 있는 방법이 될 수 있다.

사회보장제도가 소득불균형을 완화시키기 위해서 도입하였으나, 사회보장제도를 시행하기 위해서는 많은 돈이 들어가게 되어 있다. 정부에서는 소득불균형 심화를 완화하기 위에서 각종 의료보험제도, 연금제도를 실시하고 있다. 이러한 사회후생제도를 실현하기 위해서 정부는 종합소득세를 비롯한 과도한 누진세율을 적용시켜서 고소득자의 근로의욕을 저하시키는 결과를 초래하였다.

의료보험제도나 연금 같은 경우에는 운영측면에서 도덕적 해이(moral hazard)가 발생할 소지가 많아 국민의 혈세가 낭비되는 경우가 많다. 예를 들면 보험가입자와 의료기관에서 서로 담합하여 과도한 의료비 청구를 할 수 있다. 이러한 경우에는 도덕적 해이로 인하여 소득불평등 완화차원의 정책이 훼손될 수 있다.

사회보험제도하에서 반드시 점검해야 할 문제는 운영기관의 운영자금 투자 문제이다. 의료보험공단이나 국민연금공단 등 기관투자가들이 국민들로부터 징수한 돈을 잘못 투자하여 오히려 원금을 날려버리는 경우이다. 우리나라도 지금 국민연금 등이 계속 줄어들어서 다음 세대의 수혜자들은 결국 연금을 적게 받는 손해를 보게 될 것이다.

경제이론에 세대별 중복이론(overlapping generation theory)이라는 것이 있다. 이론의 요지는, 인간은 세대 간에 계속 태어나고 죽으면서 겹쳐진다는 이론이다. 다시 말하면 현 세대가 세금을 과도하게 내서 다음 세대는 혜택만 받게 되면 이것도 세대 간의 형평성이 무너진다는 이론이다. 다른 예로는 어느 한 정권에서 외국에서 빚을 많이 내서 그 정권 시절에는 경기가 잘 돌아가고 국민들도 소비가 진작되어서 생산이 늘고 그에 따른 고용이 증가할 수 있다.

그렇지만 다음 정권이 들어서서 빌린 외채가 만기가 되어서 그 돈을 갚아야 된다면, 현 정권은 외채 상환부담으로 인하여 경기가 위축되고 소비, 생산이 줄어들어 실업률이 높아질 수 있다. 이러한 순환은 세대 간의 소득의 불평등을 가져올 수 있으므로, 정권차원에서 세대 간 중복 혜택을 적절히 조절해야 세대 간의 소득불평등이 해소될 수 있다. 또 한 가지 소득불평등을 해소하는 데 있어서의 문제점은 조세부담률이다. 정부는 소득불평등 해소 정책으로 조세징수를 통해서 사회보장제도의 재원을 마련하고자 한다. 그러나 이때의 문제점은 고세율 적용문제이다.

미국의 경제학자 래퍼(Laffer) 교수가 지적하였듯이 세율만 증가시킨다고 해서 절대 세수액이 증가하는 것은 아니다. 왜냐하면 세율이 높으면 기업가 또는 고소득자의 근로의욕을 저하시켜서 세수의 바탕이 되는 세원(tax base)이 줄어든다는 것이며 이는 미국에서도 실제로 검증되었다고 한다. 다시 말하면 사람은 조세저항 이라는 것이 있다. 세율이 너무 높으면, 매출액 신고를 줄여서 신고하거나 무자료거래를 하고 심지어는 지하경제로 파고들어가는 속성이 있다. 대체로 보면 세율이 높은 사치품이나 술과 같은 품목은 고세율을 피하기 위하여 무자료거래를 많이 하게 만들 수 있다. 수입품 같은 경우에도 관세가 너무 높으면 세금을 피하기 위해서 밀수가 늘어나는 경우가 있다.

위에서 살펴보았듯이 고세율을 적용하여 마련한 재원으로 소득재분배 정책을 시행하면 오히려 세수가 감소하여 역효과가 나타날 수 있으며, 심지어는 재정적자, 무역적자를 초래할 수가 있다. 미국에서 레이건 대통령이 당선되고 나서 시행한 공급경제학 이론이 이를 뒷받침해 주었다.

공급경제학 이론의 요지는 다음과 같다. 경제주체인 기업에게 동기부여를 강하게 해 주어야 한다는 이론이다. 다시 말하면 고소득자의 누진세율이나 기업의 법인세율을 낮춰 주게 되면 고소득자는 소득을 늘려서 소비를 더 늘리게 되고, 기업은 낮은 세율로 인하여 투자도 늘리고 고용도 증가시켜서 더 많은 생산을 하게 되면 질 좋은 상품을 시장에 공급하게 되고 수요는 자동적으로 창출되게 마련이라는 이론이다.

결과적으로 정부는 시장에 과도하게 개입하고 일방적인 의사결정으로 인한 총수요측면만 억제하면 경제는 활성화가 되지 않아서 소득재분배 효과는 감소하므로 사회보장제도 역시 약화될 염려가 있다는 주장이다. 다시 말하면 기업에게 자유로운 경쟁을 할 수 있게 여건이 조성되어야 하고 적절한 세율 적용으로 근로의욕을 고취시켜 생산을 증가시키면 세원이 늘어나서 오히려 전체적인 세수가 증가되어 사회보장제도가 더욱 활성화됨으로 인하여 소득재분배 효과가 나타날 수 있다. 이러한 방법이 시장경제의 문제점을 해결하여 더욱더 시장경제가 활성화될 수 있는 방안이다.

03 시장실패의 효율성 개선방안

1. 독과점(monopoly and oligopoly) 시장체계의 문제점

시장경제의 효율성에 있어서의 실패점은 독과점 문제, 또는 규모의 경제문제, 외부 비경제(externality), 또는 공공재(public goods)가 존재할 때 시장경제의 실패가 발생하므로 이런 경우에는 시장경제 자체에 맡겨서는 안 되고 정부가 적절히 간섭하여야 되고 이런 차원에서 기업의 독과점 방지 또는 담합을 저지하기 위하여 정부 내에 공정거래위원회가 설치되어 있으며 장관급으로 공정거래위원장직이 있다. 그리고 공공재가 필요하므로 조세정책을 통한 정부의 재정정책이 필요하다.

독과점 문제에 있어서 시장경제하에서 소비자잉여, 생산자잉여가 최대화되기 때문에 독과점으로 인한 사회적 잉여가 감소하는 독과점을 규제할 필요성이 있다. 또한 이들은 담합으로 인한 이윤극대화를 시도하기 때문에 소비자를 위해서 담합행위를 규제하여야 한다. 공정거래위원회에서 담합업체에 대해서는 적절한 과징금을 부여하고 있으나, 아직까지도 계속하여 담합행위가 대기업 간에 재발되고 있는 실정이다. 이러한 재발 담합행위를 근절시키기 위해서는 과징금만으로는 해결이 안 되고 사법처리까지도 실행할 수 있는 공정거래법이 시행되어야 한다.

그러나 규모의 경제(economy of scale)측면에서는 자동차, 조선, 철강, 항공산업 같은 장치산업은 초기투자비용(sunk cost)이 상당히 필요하고 한 기업이 대량생산 하는 것이 평균생산비용을 낮출 수 있기 때문에, 이러한 경우에는 독과점이라고 할지라도 인정을 해주는 것이 오히려 소비자에게 이익이 되므로 독과점 규제측면에서 제외되어야 된다.

2. 외부 비경제성(external diseconomy)

시장실패는 소비나 생산에 있어서 외부비 경제성이 나타나기 때문이다. 외부비경제성(externality)이란 소비자나 생산자가 소비나 생산활동을 할 때 제3자에게 피해를 주는 경우를 뜻한다. 예를 들면 어느 한 기업이 생산활동을 하는 과정에서 물이나 공기의 오염을 발생시켜서 어느 개인이나 단체의 건강이나 재산상의 손해를 끼치는 경우를 말한다.

이러한 경우에는 피해를 입힌 생산자나 기업이 피해자에게 적절한 보상을 해주어야 하며, 그렇지 않은 경우에는 정부에서 규제를 하는데, 공해를 발생시키는 이유는 외부 비경제를 발생시키는 주체에 대하여 소유권(property right)이 인정되지 않기 때문이다. 예를 들면 물이나 공기, 산, 공원 등은 주인이 없기 때문에 이러한 외부 비경제가 나타나기 쉽다. 이러한 문제를 해결하기 위해서 소유권을 인정하기 때문에 소유권 인정으로 인한 외부 비경제를 해결하려는 방법도 효과가 없다. 경제학에서 "공공의 비극(the tragedy of common)"이라는 용어가 있다. 다시 말하면 푸른 초원은 주인이 없기 때문에 수많은 양떼들을 주인들이 방목시키면 그 초원은 순식간에 망가진다는 이론이다. 이러한 경우도 또한 소유권이 인정되지 않아서 외부 비경제성이 발생하는 경우이다.

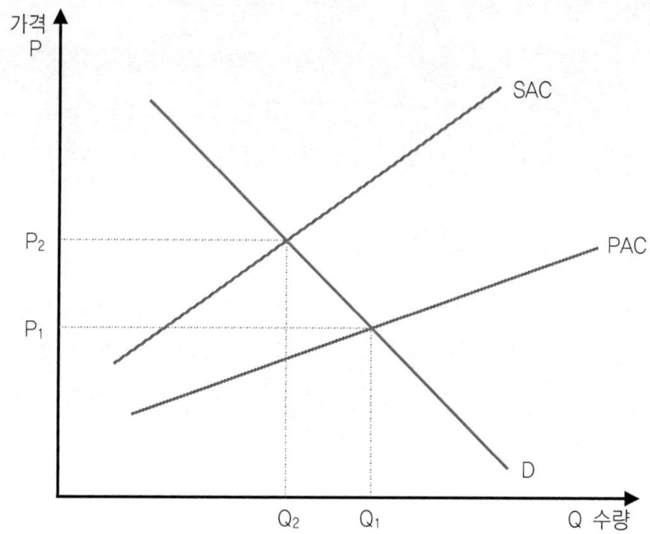

[그림 2-1] 외부 비경제성 해결방안 그래프

이러한 외부 비경제 문제를 해결하기 위해서 정부가 취해야 하는 경제적 정책을 그래프를 사용하여 설명하기로 하자. 기업이 생산활동을 할 때 외부 비경제를 발생시키면 이때 기업의 생산비용과 사회적 비용은 차이가 발생한다.

다시 말하면 사회적 비용이 기업의 생산비용보다 외부 비경제 비용만큼 많이 발생되므로, 이 경우에는 기업의 생산비용을 사회적 비용만큼 상승시키면 자연히 생산이 줄고 생산상품에 대한 가격은 올라갈 것이며, 이러한 조치로 인하여 사회적 잉여가 극대화될 수 있다.

[그림 2-1]의 그래프를 설명하면 다음과 같다. 수요곡선 D는 사회적 수요곡선이고 PAC 곡선은 기업의 생산비용곡선이며, SAC는 사회적 비용곡선이다. 어느

기업이 생산활동을 하면서 외부 비경제성을 나타내면 그 기업은 P_1가격에서 Q_1만큼 생산을 하게 될 것이다. Q_1만큼의 생산은 외부 비경제성을 규제하지 않음으로 인한 사회적 과잉생산량이 될 것이다. 이러한 사회적 과잉생산은 생산으로 인한 외부 비경제로 인하여 사회적 잉여가 감소하는 결과를 초래한다. 이러한 사회적 잉여의 감소는 사회경제자원의 재분배가 왜곡되는 현상이 일어난다.

이러한 외부 비경제성을 해결하는 수단에는 두 가지 방법이 있다. 직접적인 수단은 정부가 외부 비경제성을 일으키지 못하도록 법적으로 규제하는 방법이고 간접적인 방법은 사회적 비용과 기업의 비용에서 차이 나는 만큼 조세를 징수하여 기업의 생산비용을 사회적 비용만큼 상승시켜서 생산량을 줄이게 하는 방법이다. 직접적인 방법이 최선의 방법이며 간접적인 조세부과 정책은 차선의 방법이라고 할 수 있다.

우리나라도 이러한 시장의 외부 비경제성을 감시, 규제하기 위해서 정부기관 중에 환경부가 있으며, 각종 환경감시 단체가 있으나 제대로 작동 집행이 되지 않아, 직접적인 규제의 효과가 없고, 간접적인 조세부과 방안이 강화되고 있어서 실질적인 외부 비경제성 배제효과가 반감되고 있는 실정이다.

이러한 외부 비경제성을 해결하기 위하여 가장 좋은 방법은 정부에 의한 직접적인 규제나 조세부과에 의한 생산량감소 정책도 아니다. 무엇이 가장 좋은 방안이냐 하면 소비자나 기업이 최선의 양심을 갖고 사회적인 비경제성을 일으키지 않고, 부득이 생산활동에서 오염이 발생된다고 하면, 자발적으로 오염방지 처리시설 등을 갖추는 것이다.

현재, 모든 국가가 직면한 세계적인 외부 비경제성 문제는 지구의 온난화 현상이다. 세계의 모든 나라가 생산활동에서 이산화탄소 발생으로 인하여 북극의 빙하가 녹아내림으로 인하여 지구의 온난화 현상이 해가 갈수록 심각해지고 있다. 지구의 온난화 현상을 그대로 방치하면 심각한 지구의 재앙이 초래될 것으로 믿고 있다. 늦은 감은 있지만 지금에 와서 선진국을 비롯해서 지구온난화방지협의회 같은 기구를 만들어서 대처계획을 세우고 있다. 그렇지만 이러한 국제적인 기구의 효과는 한계성을 나타내고 있다.

이러한 세계적인 기후 비경제성을 해결하기 위해서는 각 나라가 양심껏 협조해야지 국제적으로 규제를 하기에는 매우 어려운 실정이다. 만약에 어느 한 나라가 이산화탄소를 많이 배출했다고 해서, 얼마만큼 배출하였는지 측정하기도 어렵고, 그에 대한 조세라든가 규제가 실제로는 매우 어렵다. 어느 한 나라가 중간에서 무임승차하는 비양심적인 행동을 한다면 국제적인 협조는 깨어지고 효과가 없을 것이다. 이러한 결과는 우리 다음 시대의 자손과 지구에 심각한 재앙을 초래할 것이다.

이러한 현상을 고려하여 요즈음 경제학자들은 "지속 가능한 경제발전"(Sustainable Economic Development)을 강조하고 있다. 단기간의 경제발전이 중요한 것이 아니고 장기적으로 경제발전이 가능하여야 하고, 이러한 경제발전이 동시에 인간의 건강이라든가 자연을 훼손시키지 않는 범위에서 이루어져야 된다고 강조하고 있다. 이러한 관점에서 세계적인 기업들이 LOHAS(Lifestyle of Health and Sustainability)개념을 도입하여 마케팅 부분에서 소비자에게 접근하고 있다.

3. 외부 경제성(external economy)

외부 비경제성과는 반대로 외부 경제성이 발생하는 경우도 있다. 어느 기업이나 정부가 저수지나 댐을 만들어서 홍수를 방지하고 전기를 발생시켜서 소비자에게 싼값으로 전기를 제공한다면 이러한 경우 외부 경제성이 나타나는 경우이다. 다른 예로 미국의 빌게이츠 같은 사람은 자기의 연구개발이 미국 국민은 물론 전 세계 국민에게 외부 경제성을 제공하는 경우가 된다. 이렇게 외부 경제성은 제공하는 개인이나 기업이 그 대가로 보상을 받아야 한다. 그러한 결과로 시장에서의 생산량은 기업의 생산량보다 사회적 생산량을 증가시켜야 한다.

외부 경제성으로 인하여 사회적 비용이 개별기업의 비용보다 적게 나타나며, 이러한 차이만큼 정부가 보조를 해주어야 사회적 생산량을 증가시켜 사회적 잉여가 최대가 된다. 정부는 이러한 경우에 직접 현물보조를 해주는 방법도 있고 또는 간접적으로 세제상의 혜택을 주는 경우도 있다. 외부 경제성 효과를 그래프로 설명하면 아래와 같다.

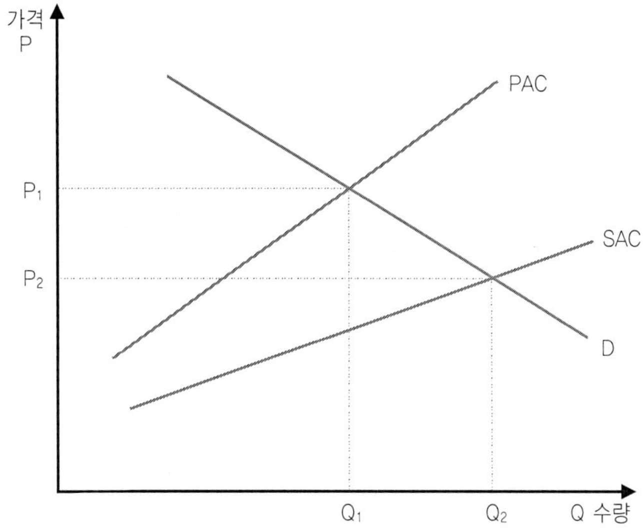

[그림 2-2] 외부 경제성 해결방안 그래프

위의 그래프가 나타내는 것을 설명하면 다음과 같다.

시장에서 생산활동으로 인하여 외부 경제성이 나타나는 경우, 시장에 자율로 맡겨두면 기업비용과 시장수요가 일치하는 P_1 가격에서 Q_1 만큼만 생산하게 될 것이다. 이러한 경우 시장에서의 바람직한 공급량이 공급되지 않음으로 인하여 사회적 잉여가 감소하는 결과가 초래된다. 이러한 이유로 과소공급을 해결하기 위해서는 기업에 인센티브, 즉 현물보조나 세제혜택을 주어서 사회적 비용만큼 기업의 비용을 감소시켜 주어야 한다. 이러한 조치로 인하여 시장에서는 사회적 비용과 시장수요가 일치하는 P_2 가격 하에서 Q_2 만큼의 생산을 하게 되어, 사회적 잉여를 최대화시킬 수 있다. 정부연구기관이나 민간기업 연구기관에서 기술개발을 연구하는 것은 이러한 사회적 비용을 감소시키기 위한 노력이다. 이 결과 사회적 비용이 감소하면 생산량이 증대되어 사회적 잉여가 증대된다. 소비자는 기술개발로 인하여 제품의 가격이 하락되고 기업은 가격인하로 인하여 매출액이 증대되어 결과적으로 소비자나 기업 모두가 해당되는 사회적 잉여가 증가하게 되는 것이다. 특허권(patent rights) 등의 지적재산권(intellectual property rights)을 인정하는 법적 제도 또한 외부 경제성 효과를 인정하는 만큼 법적으로 보호하여 주는 제도이다.

4. 공공재(public goods)

시장에 존재하는 모든 상품은 크게 두 가지로 분류할 수 있다. 한 가지는 사적재(private goods)이고 다른 한 가지는 공공재(public goods)이다. 예를 들어 국방이나 치안 다리 건설 등과 같은 것은 개인기업에게 맡겨서 관리할 수가 없다. 왜냐하면 공공재를 시장 민간기업에게 맡기면 효율성 저하나 기밀유지 등의 시장의 실패가 발생한다. 공공재(public goods)의 두 가지 큰 특징은 소비의 배제성(exclusion)과 경합성(rivalry)이다. 공공재는 사적재와 달리 소비하는 데 있어서 다른 사람을 배제할 수 없고, 소비에 있어서 경쟁성이 존재하지 않는다.

공공재의 두 가지 특징은 소비에 있어서의 비배제성(non-excludability)와 비경합성(non-rivalry)이다. 다시 말하면 사적재는 공동소비가 불가능하지만 공공재는 공동소비가 가능하다. 예를 들어 국방이나 치안 등은 비배제성과 비경합성이 공동으로 적용되며 공원 같은 곳은 입장료를 지불하게 되면 일단 입장료를

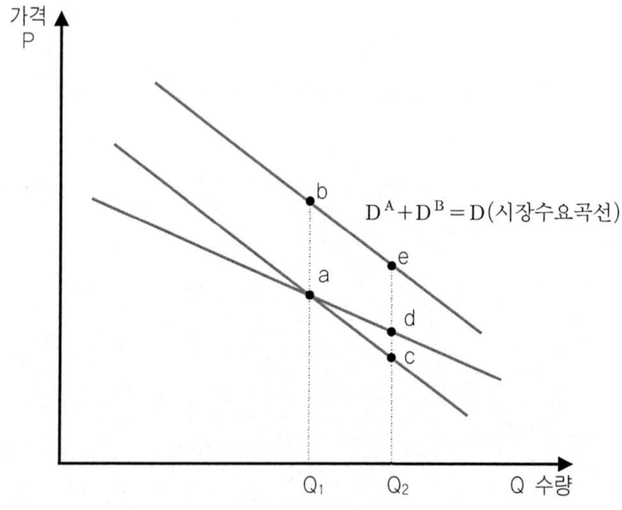

[그림 2-3] 공공재의 시장수요를 나타내는 그래프

지불한다는 것은 경합성이 있으나, 일단 공원에 들어가서 공원을 즐기는 것은 비배제성이 적용된다. 그러므로 입장료를 내고 들어가는 공원 같은 것은 준공공재(semi-public goods)라고 할 수 있다.

위의 [그림 2-3] 그래프는 시장에서의 공공재에 대한 시장수요를 구하는 방법을 보여주는 그래프이다. 만약 시장에 공공재를 소비하는 A라는 사람과 B라는 사람 두 명이 있다고 가정하기로 하자. D^A는 A의 공공재에 대한 시장수요곡선이고 D^B는 B의 공공재에 대한 시장수요곡선이다. 일반 사적재(private goods)의 경우 시장경제 수요곡선은 소비에 있어서 비배제성이 존재하므로 시장수요곡선은 개별수요를 횡적으로 합해주어야 한다.

그러나 공공재의 경우는 소비의 비배제성이 존재하므로 공공재의 시장수요곡선은 개별수요곡선을 상하로 합해 주어야 한다. 위의 그래프에서 보면 Q_1의 경우는 A는 Q_1a만큼, B 또한 Q_1a만큼 수요를 하므로 시장 전체로는 $2Q_1a$만큼 소비를 하려고 할 것이다.

Q_2에서는 A는 Q_2c만큼, B는 Q_2d만큼, 전체로는 Q_2e만큼 소비하려고 할 것이며, cd는 de와 수요의 크기가 같게 될 것이다.

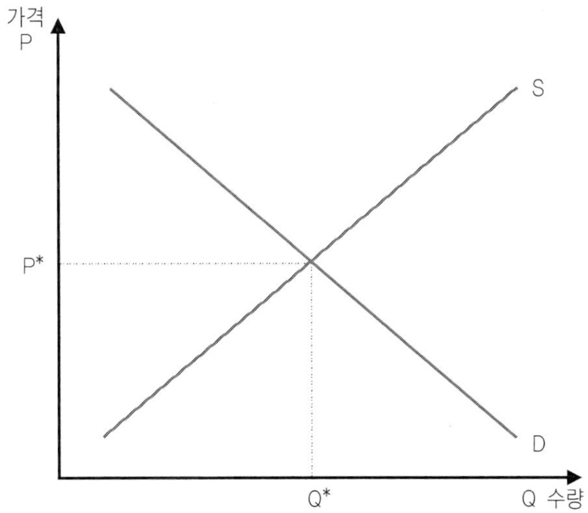

[그림 2-4] 공공재의 수요와 공급

[그림 2-4]에서 보면 D는 공공재 시장에서의 수요곡선이고 S는 공공재 시장에서의 공급곡선이다. 다시 말하면 공공재 시장에서의 시장가격과 공급량의 균형을 나타내어 준다.

여기에서 P*가격은 개인 지불의사가격이 아니고 시장 전체수요자의 공통된 지불가격이며 Q*는 시장에서 P*하에서의 공공재 공급량이다. 그러나 여기에서 문제점은 사적재 시장과는 달리 개인별로 가격을 얼마만큼 내라고 정하는 문제가 쉽지가 않다. 왜냐하면 공공재는 여러 명이 동시에 소비하기 때문에 개인이 공공재 소비에서 얼마만큼의 이득을 보는지를 측정할 수가 없다. 이러한 이유로 가격을 지불하지 않고 무임승차(free-ride)하는 사람이 생겨날 수 있다.

5. 공공재의 장기성(long-term effect of public goods)

끝으로 시장실패가 일어나는 경우는 도덕적 해이(moral hazard)나 정보격차로 인하여 시장의 효율성이 떨어져서 이러한 경우에는 시장에 자율로 맡겨서는 시장실패가 일어난다. 보험회사와 같이 보험자들의 도덕적 해이를 막는 여러 가지 차등화 방안을 모색하여야 한다. 이렇게 하여야만 시장기능이 제대로 작동되게 되는 것이다.

우리가 댐 공사를 하는 이유는 다목적 댐이라는 말도 있듯이 여러 가지 목적이 있다. 우선 첫째는 필요한 전기를 발생시키고, 두 번째는 홍수를 막고 물의 저장량을 조절하여 물의 수급량을 맞추는 목적이 있다. "진정한 댐의 비용은 대차대조표에는 결코 나타낼 수 없다"는 말이 있다(The true cost of dam never shows up on a balance sheet). 이 말은 다시 말하면 비용을 다시 뽑아내려면 백년도 더 걸릴 수 있기 때문에 민간기업에서는 사적재로 건설하기가 힘들다. 단기적으로 보면 안 되고, 공공재는 장기적인 측면에서 고려되어야 한다.

03

시장경제학의 기본원리

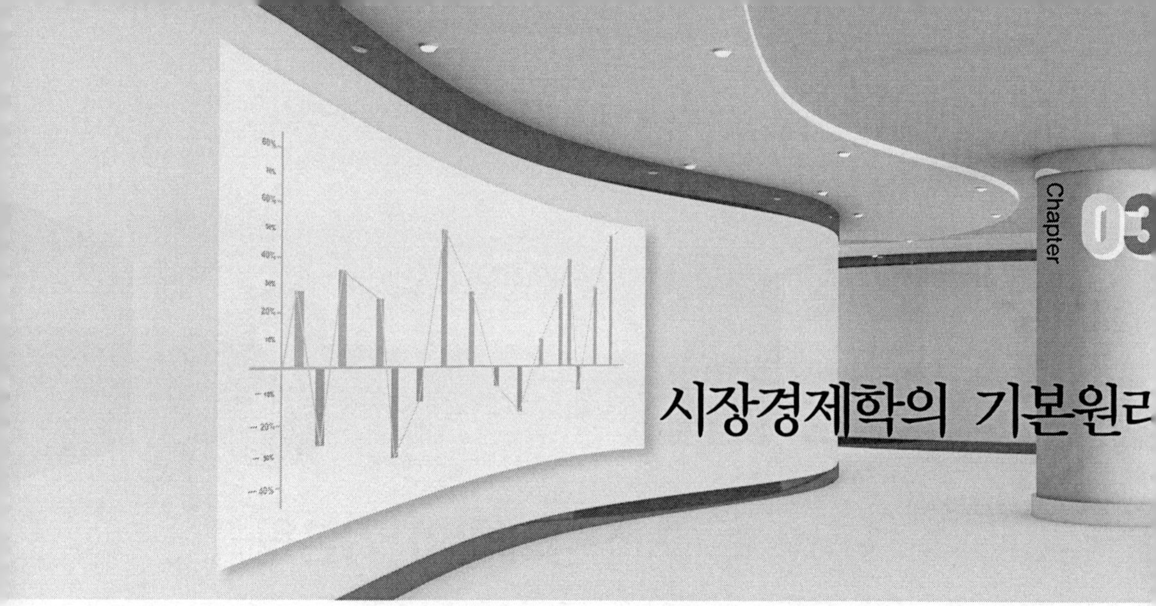

Chapter 03

시장경제학의 기본원리

01 서론

1. 경제란 무엇인가?(What is the economy?)

경제란 경쟁적인 사용 속에서 부족한 자원을 배분하는 조직체이다. 이러한 조직은 다음의 세 가지를 달성하는 데 목적이 있다.

① 무엇을(what)
② 어떻게(how)
③ 누구를 위하여(for whom)

1. 어떤 재화(good)나 용역(service)을 얼마만큼 생산할 것인가? VCR을 좀 더 만들 것인가 아니면 영화관을 더 만들 것인가, 어떤 사람이 휴가를 유럽으로 갈 것인가 또는 동남아시아로 갈 것인가, 승용차와 화물차 중 어떤 차를 더 생산할 것인가?
2. 어떻게 여러 종류의 물건과 서비스가 생산될 것인가? 슈퍼마켓 운영시 checkout line을 3line으로 할 것인가 또는 6line으로 할 것인가, POS를 설치할 것인가 또는 손으로 계산할 것인가, 자동차 공장에서 자동차를 용접하는 데 손으로 할 것인가 또는 로봇(Robot)을 사용해서 할 것인가?

3. 누구를 위하여 여러 가지의 재화와 서비스가 생산되어야 하는가? 경제혜택의 분배는 소득분배에 달려 있다. 고소득자는 재화와 용역의 소비에 있어서 저소득자보다는 더 많이 소비한다. 누가 무엇을 소비한다는 것은 소득에 달려 있다. 교수와 변호사 중 누가 더 소비를 할 것인가, 대만사람과 한국사람 중 누가 더 소비를 할 것인가?

경제가 어떻게 이런 목표를 달성하는가를 이해하기 위하여 우리는 주요 구성주체를 알아야 하며, 이러한 구성주체들이 어떻게 상호작용하는지를 알아야 한다. 주요 구성주체는 두 가지 형태로 되어 있다.

① 의사결정권자
② 시장

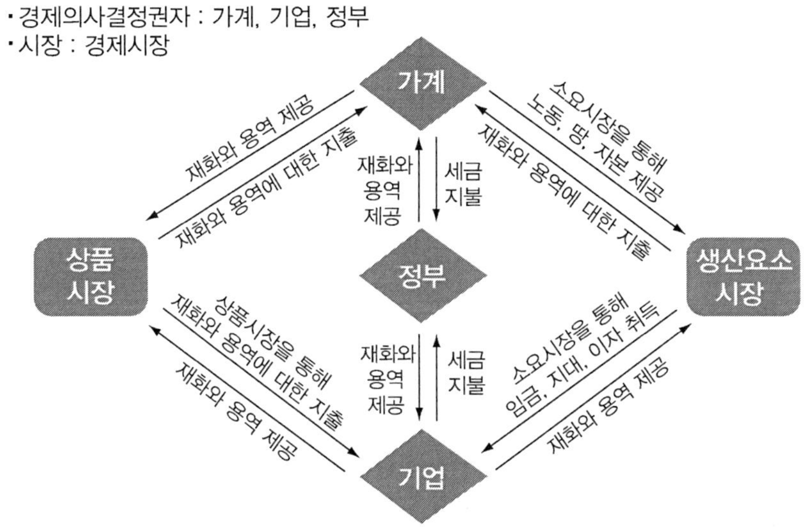

[그림 3-1] 경제의 주요 구성주체

가계, 기업, 정부는 경제적 결정권자이다. 가계는 그들의 노동, 땅, 자본 등을 임금, 지대, 이자 취득에 대한 대가로 얼마만큼 제공할 것인가를 결정하고, 또는 여러 형태의 재화와 서비스에 얼마만큼의 소비를 할 것인가를 결정한다. 기업은 얼마만큼의 노동, 땅, 자본을 사용해서 얼마만큼의 재화와 서비스를 생산할 것인가를 결정하고, 정부는 가계나 기업에게 얼마만큼의 재화와 서비스를 제공하고 세금을 거두어들일 것인가를 결정한다.

이러한 결정은 가계나 기업, 정부에 의하여 시장에서 조정되고 있다. 여기에서 시장이란 상품시장과 요소시장을 말한다. 이러한 시장에서는 가격은 일률적으로 구매와 판매계획을 계속 조정한다.

가계란 의사결정단위로서 함께 모여 사는 그룹이다. 경제의 각 개인은 모두 가계에 속한다. 몇몇의 가계는 단 한 사람으로 이루어져 있는 경우도 있고 또는 관계없는 사람끼리 모여 사는 경우도 있다. 각 가계의 욕망은 무한하지만, 자원은 한정되어 있다.

기업이란 재화나 용역을 생산하기 위하여 자원을 사용하는 조직체이다. 모든 생산자들은 크든 작든 관계없이 또는 무엇을 생산하는지에 관계없이 모두 기업이라고 할 수 있다. 자동차 생산자, 농부, 은행, 보험회사 등 모든 회사를 기업이라고 부를 수 있다.

정부란 재화와 용역을 공급하고 부와 소득을 재분배하는 역할을 한다. 정부가 제공하는 가장 중요한 서비스는 경제와 법체계를 강화할 수 있는 조직이다. 그러나 정부는 또한 서비스로서 국방, 공중보건, 수송과 교육 등을 제공한다.

2. 시장의 개념

일반적으로 시장이란 사람들이 모든 물건을 사고파는 장소를 말한다. 그러나 경제학에서 말하는 시장이란 좀 더 일반적인 의미를 가지고 있는데, 시장이란 물건을 사고팔며 매매를 촉진시키는 조절장치라고 할 수 있다. 예를 들면 오일을 사고파는 시장이 그것이다. 세계적인 오일시장은 장소가 아니다. 이러한 세계적인 오일시장은 서로 모든 사람이 직접 만나서 오일을 사고파는 장소가 따로 있는 곳이 아니라, 오일생산자, 오일사용자, 도매업자 또는 중개인들이 전화나 팩스 또는 컴퓨터를 통해서 거래를 이루는 것 자체를 우리는 기존의 시장개념과는 다른 신규시장이라고 부른다.

[그림 3-1]에서 볼 수 있듯이 두 가지 형태의 시장이 있는데, 상품시장과 요소시장이 그것이다. 상품시장이란 재화나 용역이 직접 사고 팔리는 것, 즉 생산요소들이 사고 팔리는 시장을 말한다. 여기서 생산요소란 경제에 있어서 생산자원을 말한다. 생산요소는 노동, 땅, 자본의 세 가지로 크게 구분된다. 여기에서 말하는 노동이란 지적인 힘과 육체적인 힘 모두를 말하고, 땅이란 모든 종류의 천연자원을 말하며, 자본이란 모든 장비, 건물, 가구 그리고 생산에 필요한 모든 제조품을 말한다.

여기에서 우리가 살펴본 상품시장과 요소시장은 미시적인 관점에서 분류하여 본 것이고 거시적인 관점에서의 시장은 이와 다르게 구분될 수 있다. 거시적인 관점에서의 시장은 ① 생산물시장, ② 노동시장, ③ 화폐시장, ④ 증권시장, ⑤ 외환시장, ⑥ 국제시장, ⑦ 보험시장 등 크게 7가지 형태로 구분되며, 화폐시장은 국내화폐시장과 국외화폐시장(외환시장)으로 다시 구분된다.

이러한 거시적인 차원에서의 시장형태에 대하여는 뒤에서 자세히 살펴보기로 하고, 이 책에서의 기본구성방향은 이 7가지 시장을 경제학적인 관점에서 분석하여 보고 실제 각 시장에서 어떠한 실물경제의 효과가 나타나는지 살펴보는 것이 목적이다. 이 7가지 시장에서 일어나는 현상만 제대로 분석·파악할 수 있으면 경제학의 기본이론을 바탕으로 하여 실물경제를 이해할 수 있으리라 본다. 지금까지의 경제학원론 책들을 살펴보면 경제이론에만 치중하여 설명하다 보니까 실물경제를 이해하는 데 매우 어려운 점이 많았다.

3. 미시(微視)경제와 거시(巨視)경제 모델

경제모델은 두 가지 범주로 구분되는데 미시경제와 거시경제의 구분이 그것이다. 우선 미시경제학이란 각 개개인의 가계와 기업의 의사결정에 대하여 연구하는 것이다. 또한 미시경제학은 시장(상품시장·요소시장)이 어떻게 움직이는지 자세하게 연구하는 것이고 또는 규제와 조세부과가 노동과 재화·용역의 배분에 어떻게 영향을 미치는가를 연구하는 것이다.

이에 비하여 거시경제학이란 경제를 한눈에 전체적으로 보고 연구하는 것을 말한다. 거시경제학은 개개인의 자세한 선택을 보는 것보다는 전체의 숲이 어떻게 이루어져 있고 어떻게 작용하는지를 공부하는 것이다. 특히 거시경제학은 모든 범위의 경제활동의 결정에 관하여 공부하는 것이다. 다시 말하면 실업, 총소득, 평균가격과 인플레이션에 관하여 연구하는 것이다.

미시경제의 문제점은 기술의 변화, 생산과 소비, 임금과 소득 등이고 거시경제의 문제점은 실업, 인플레이션, 부의 차이 등이다.

4. 경제학의 원칙

1) 인간은 선택에 있어서 상충관계에 있다

의사결정을 하는 데 있어서 첫 번째 교훈은 "이 세상에 공짜 점심은 없다"라는 격언에서 살펴볼 수 있다. 경제학에서 말하는 의사결정이란 한 목표를 위해서 다른 것은 포기해야 된다는 것을 말한다. 다시 말하면 우리가 좋아하는 것을 얻기 위해서는 우리가 기존에 좋아하는 다른 것을 포기해야 된다는 것을 말한다. 우리 속담에도 "두 마리 토끼는 한꺼번에 잡을 수 없다"는 말이 있듯이 경제에서도 두 가지 모두를 한꺼번에 추구할 수 없다는 것을 말한다. 경제학에서 예를 들면, 인플레이션과 실업을 동시에 해결할 수 없다는 것을 뜻한다.

다시 말하면, 인플레이션을 해결하기 위해서는 실업률이 올라가는 것을 감수해야 하고, 반대로 실업을 줄이기 위해서는 인플레이션을 감수해야 된다는 것을 뜻한다. 우리가 생활하는 데 있어서 시간도 마찬가지다. 하루의 24시간은 정해져 있다. 예를 들면, 정해진 24시간 중 공부를 더 하기 위해서는 휴식시간이나 잠자는 시간을 줄여야 한다.

가계의 소득도 마찬가지이다. 음식값에 더 소비하려면 옷값의 소비를 줄여야 하는 것이다. 왜냐하면 현재 소득은 정해져 있기 때문이다. 다른 예를 들면, 환경과 경제성장의 문제이다. 경제성장을 위하여 공장을 짓고 물건을 생산하다 보면 그만큼 공해가 발생하여 환경은 나빠져서 우리의 건강을 해치게 되는 것이다. 그 대신 환경보전을 너무 생각하다 보면 공장설립이라든가 생산활동에 위축이 되어서 경제성장에는 지장을 주게 되는 것이다. 여기에서 알 수 있듯이 경제성장을 발전시키고 동시에 환경을 보존한다는 것은 매우 힘든 일이다.

그래서 나온 것이 명목적인 GNP보다는 Green GNP로 계산하여 경제성장을 따져보아야 된다는 것이 현대 경제학자들이 주장하고 있는 이론이다. 또 한 가지 경제학에서 당면하고 있는 문제는 효율성(efficiency)과 형평성(equity)의 문제이다.

효율성이란 제한된 자원으로부터 어떻게 하면 가장 많이 얻어낼 수 있는가의 문제이고, 형평성이란 이러한 자원의 혜택을 어떻게 하면 사회구성원 각자에게 고르게 분배하느냐의 문제이다.

다시 말하면, 효율성은 파이의 크기를 어떻게 하면 크게 만드느냐 하는 문제이고, 형평성이란 이 파이가 어떻게 분배되느냐의 문제이다.

경제정책상 물론 파이도 크게 만들고 분배도 고르게 하면 best policy가 될 수 있지만, 실제로 이 두 가지를 동시에 이루기는 힘들다. 예를 들어 정부에서 소득이 많은 사람한테서 세금을 많이 거둬서 가난한 사람들을 도와준다고 치자. 이렇게 되면 부자들은 열심히 일할 의욕이 줄어들므로 결국 파이의 크기도 줄어들게 될 것이다.

형평성을 위해서 고소득자에게서 세금을 많이 거둬서 가난한 사람을 위한 각종 사회복지제도와 의료혜택제도를 만들면 고소득자들은 열심히 일하여 고소득을 올려도 세금을 많이 내야 하므로 조세에 대한 저항감이 생겨서 생산활동을 등한시 함으로 인하여 파이의 크기가 줄어드는 결과가 초래될 수 있다.

오늘날 미국에서도 공화당과 민주당이 이 두 가지의 문제를 두고 서로 논쟁을 벌이고 있다. 공화당은 효율성을 중요시하는 정책을 쓰고 있고 민주당은 형평성 제고를 위한 정책을 펴고 있다. 극단적으로 이야기하면 자본주의 기본사상과 공산주의 기본사상의 대립문제라고 볼 수 있다.

미국사회 전체적으로 보면 백인들이 열심히 일해서 흑인들을 도와주는 결과가 된다. 백인들은 일하지 않는 흑인들을 우리가 열심히 일한 결과인 소득에서 세금을 거둬서 도와주는 것은 옳지 않다고 주장하는 것이다. 이러한 문제로 인하여 경제학의 딜레마가 발생하는 것이다.

2) 기회비용(한 가지 얻는 것을 포기하는 것은 그것의 비용이라고 할 수 있다)

흔히 사람들은 상충관계에 처했을 때 의사결정을 위해서 비용과 수익을 비교하여 본다. 그러나 많은 경우에 있어서는 어떤 행동에 대한 비용은 표면상에 나타난 것처럼 분명치 않다. 예를 들면 어떤 학생이 고등학교 졸업 후 직장을 잡는 것을 포기하고 대학에 진학한다고 하자. 여기에서 수익은 지적수준을 향상시키고 졸업 후 좀더 나은 직장을 구하는 것이라고 할 수 있다. 이때의 비용은 등록금, 책값, 기타 학교를 다니는 데 필요한 비용이라고 할 수 있다. 여기에서 주의할 것은 먹는 것, 입는 것, 방값 등은 학교를 진학 안 해도 기본적으로 들어가는 것이지 진학을 함으로써 식비, 의복비, 방값 등이 추가적으로 더 들어가는 것은 아니라는 점이다. 이와 같이 수익과 비용문제를 비교할 때 비용 면에서는 고려해볼 다른 면이 있는 것이다.

비용 면에서 생각해 볼 수 있는 것은 대학진학을 함으로써 발생하는 가장 큰 비용은 대학 다니는 동안 다른 것을 얻기 위하여 그동안 벌 수 있는 돈을 포기하는 것이다. 이와 같이 다른 것을 얻기 위하여 발생되는 비용을 우리는 기회비용(opportunity cost)이라고 한다. 개인의 능력에 따라서 또는 어떤 행동을 결정하느냐에 따라서 기회비용은 다르다. 그러나 경우에 따라서는 어떤 행동을 결정하는 데 있어서 수익이 비용보다 적은 경우도 종종 일어날 수 있다.

3) 합리적인 사람은 한계점에서 생각한다

위의 경제원칙을 설명하기 위해서 우리는 비용-수익 면에서 한계비용과 한계수익에 대한 개념을 알아야 한다. 한계수익이란 어떤 한 단위의 행동을 추가로 취할 때 발생하는 추가수익을 뜻하고, 한계비용이란 같은 개념으로 어떤 한 단위의 행동을 추가로 취할 때 발생되는 비용을 말한다.

목욕탕을 예로 들어보자. 내가 목욕탕을 운영한다고 가정하면 목욕탕을 운영하는 데 고정비용이 들어갈 것이다. 목욕탕을 운영하는 데 있어서 한 달간의 고정비용, 즉 목욕탕 건물 월세 비용으로 1,000만원, 보일러 돌리는데 500만원, 목욕탕에 근무하는 직원 월급으로 500만원 등 총 2,000만원이 들어간다고 가정하자.

입장료로 1인당 4,000원씩 받는다면, 하루 평균 고정비용(2,000만원/30일)은 67만원이고 1인당 입장료 4,000원으로 나누면 하루에 평균 170명의 손님이 입장해야 고정비용을 충당하게 된다. 그러나 가격할인정책을 써서 노인에게는 경로

우대정책으로 반값 즉 2,000원씩 입장료를 받으면 노인 한 사람이 추가적으로 입장함으로써 생기는 한계수익은 2,000원인 반면 추가적으로 발생하는 한계비용은 노인 한 사람이 목욕탕에서 쓰는 비누, 물값 또는 수건 사용비 정도가 될 것이다.

이러한 예에서 알 수 있듯이 가격을 할인함으로써 그렇게 하지 않으면 발생하지 않은 수익을 추가적으로 얻게 되는 것이다. 이렇듯이 개인이나 기업은 어떤 한계점에서 좀더 나은 의사결정을 할 수 있다. 합리적인 의사결정권자는 한계수익이 한계비용을 초과하는 경우에 한하여 행동을 취할 것이다.

4) 사람들은 보상에 반응한다(보상제도)

경제주체인 사람들은 비용과 수익을 비교함으로써 의사결정을 하기 때문에 그들의 행동은 비용과 수익이 변하면 바뀔 수 있다. 즉 인센티브(보상)시스템이란 어떤 일을 수행하는 데 있어서 일을 더 잘한 사람에게는 보상을 더 많이 해주고 일을 덜한 사람에게는 적게 보상을 해주는 것이다.

이러한 보상제도는 앞에서 언급한 효율성과 형평성에 견주어보면 효율성에 더 가깝다고 할 수 있다. 우리가 요즈음 회사에서 실시하고 있는 연봉제란 개념은 이러한 보상제도의 일환으로서 효율성을 제고시키기 위한 방법이다. 지금까지는 연공서열에 의한 보상제도가 실시되어 왔다. 다시 말하면, 회사에 근무한지 오래된 사람에게 능력에 관계없이 월급을 많이 준다는 얘기다. 일본이나 우리나라는 지금까지 이러한 연공서열식 시스템을 운영하여 오다가 모든 국가가 세계화에 부응하기 위하여 치열한 경쟁을 하려니까 연공서열식 시스템으로는 한계를 느끼게 됨으로써 그 대비책으로 연봉제 시스템을 실시하고 있는 대기업도 있다.

이러한 인센티브 시스템이 모두 긍정적인 효과만 있는 것은 아니고 부정적인 면도 있는 것이다. 그러나 긍정적인 면이 보다 많으면 이러한 보상제도는 실시되어야 한다. 그래서 어떤 정책을 분석함에 있어서 이러한 보상제도를 실시함으로 인하여 발생하는 직접적인 효과와 간접적인 효과를 함께 고려하여야 한다. 만약 정부정책으로서 보상제도를 바꾸게 되면 사람들의 행동 또한 바뀌게 될 것이다.

몇 년 전에 동구 공산권을 비롯해서 대부분의 공산주의가 몰락하게 된 데에는 이들 공산주의 국가에서는 이러한 보상제도가 없었기 때문이다. 따라서 효율성이 제고되지 못하고 경제성장이 되지 않아서 결국은 몰락하고 만 것이다.

5) 거래는 모든 사람을 부유하게 만든다(benefit from comparative advantage)

우리는 흔히 미국과 일본은 국제무역에 있어서 서로 경쟁자관계에 놓여 있다고 말한다. Ford나 Toyota는 자동차시장에서 서로 경쟁하고 있으며, Compaq이나 Toshiba는 개인용 컴퓨터시장에서 서로 경쟁하고 있기 때문이다.

그러나 두 나라가 이러한 경쟁관계에 있음에도 불구하고 거래는 두 나라 모두에게 이익을 주고 있는 것이다. 국제무역에 있어서는 비교우위라는 개념이 있는데, 이로 인해 무역에 있어서 서로 혜택을 보는 것이다.

비교우위에 대하여 좀더 설명하기로 하자. 한국과 일본을 예로 들면, 한국에서는 옛날부터 도자기 만드는 데 어떤 노하우(know-how)가 있었고, 일본은 자동차를 만드는 데 한국보다는 특화된 기술을 갖고 있다고 한다면, 한국은 일본에 도자기를 수출하고 일본으로부터 자동차를 수입하여 소비하고, 반대로 일본은 자동차를 한국에 수출하고 그 대금으로 한국으로부터 도자기를 수입해 가면 두 나라 모두 거래에 의한 혜택을 보게 되는 것이다.

여기에서 흔히 일본은 자동차를 만드는 데 있어서 한국에 비하여 기술이나 모든 면에서 우월성이 있다고 하여 자동차에 보다 비교우위가 있다고 말하고, 반대로 한국은 일본에 비하여 도자기를 만드는 데 비교우위가 있다고 말할 수 있다. 따라서 우리 모두가 자급자족하게 된다면 얼마나 불편할 것인가를 생각해보면 알 수 있다. 국가 또는 개인은 경쟁관계에 있지만, 서로 거래를 통하여 혜택을 볼 수 있고, 거래를 함으로써 각자는 서로 자기가 하고 있는 일에 특화를 하려고 노력한다. 서로 거래를 하는 가운데 우리는 여러 종류의 재화와 용역을 낮은 가격으로 사고팔 수 있다.

6) 시장제도란 경제활동을 조화시키는 좋은 방법이다

시장제도란 모든 경제활동이 시장경제에 의하여 움직이는 것을 말한다.

시장경제란 많은 가계와 기업이 재화나 용역을 생산하고 소비하는 데 있어서 중앙집권화된 결정에 의해서가 아니라 분권화된 결정에 의하여 자원이 배분되는 경제를 말한다.

과거에 소련이나 동구유럽은 시장경제에 의하여 경제가 움직인 것이 아니라 중앙의 계획자에 의하여 경제활동이 계획되고 움직여져 왔다. 이러한 중앙의 계획자에 의하여 어떤 재화와 용역이 생산되고, 얼마만큼 생산되고, 누가 생산하고, 누가 소비하는 것이 결정되어졌다. 이러한 계획경제제도 때문에 공산주의 경제는 붕괴되었다.

오늘날 모든 국가들은 이러한 중앙계획적 경제체제를 버리고 시장경제를 발전시키려고 노력하고 있다. 모든 선진국들은 이러한 시장경제 시스템을 운영하고 있으나, 아직도 후진국가에서는 완전한 시장경제 체제가 아닌 정부에서 경제체제를 통제하고 있는 국가들도 많이 있다.

우리나라도 지금까지 경제체제를 시장경제에 맡겨놓지 않고 정부에서 통제함으로써 많은 부작용을 낳아 왔으며, IMF관리체제 하에서는 보다 더 시장경제논리를 주장하였다. 다시 말하면 우리나라 대기업들은 정부의 특혜금융이나 무역보호정책 등을 통한 비시장경제에 의하여 성장하여 왔다. 이러한 결과로 세계화정책으로 인하여 모든 제품이 수입자유화가 되고 모든 경제정책이 세계의 시장경제조류에 맞추려다 보니까 그동안 정부의 보호 속에서 성장해온 대기업들은 국제적인 경쟁력을 잃게 되었다.

경제학자 애덤스미스는 그의 저서『국부론』에서 기업이나 가계의 경제활동은 시장경제 시스템인 "보이지 않는 손"(invisible hand)에 의하여 모든 것이 결정된다고 주장하였다. 이러한 "보이지 않는 손"은 모든 경제활동을 이끌어 가는 데 중요한 역할을 한다. 시장경제에서 결정되는 가격이란 이러한 보이지 않는 손에 의하여 결정되어지는 것이다.

다시 말하면 가격이란 시장에서 수요와 공급에 의하여 자연스럽게 결정되어지는 것이다. 정부가 수요를 통제하고 공급을 인위적으로 조절하면 이때에 결정되어지는 가격시스템은 "보이지 않는 손"을 묶어 놓는 것과 같은 결과로 시장경제의 실패를 초래한다.

7) 때로는 정부가 시장결과를 향상시킬 수도 있다

앞에서 설명한 바와 같이 항상 정부의 시장개입이 시장경제를 붕괴시키는 것은 아니다. 시장제도가 경제활동을 잘 움직이게 조절하는 좋은 방법이기는 하지만, 이러한 시장경제제도에도 중요한 예외의 경우가 있다. 정부가 경제에 참여하는 데는 두 가지의 이유가 있는데, 효율성을 제고시키고 형평성을 제고시키는 것이다. 모든 경제정책은 어떻게 하면 경제적인 파이(pie)를 크게 만들고, 어떻게 파이를 분배하는가에 있다. 보이지 않는 손은 자원을 효율성 있게 배분시키기 위하여 시장을 이끌어 온다고 할 수 있다.

그럼에도 불구하고 여러 가지 이유로 경우에 따라서는 보이지 않는 손이 작용하지 않을 때도 있다. 우리는 이러한 경우를 "시장실패"라고 부른다. 다시 말하면 시장자체의 힘으로는 자원을 효율성 있게 배분하지 못한다는 것을 의미한다. 이러한 시장실패의 한 가지 원인은 외부성이다. 여기서 외부성이란 한 사람의 경제행위가 옆에 있는 사람에게 미치는 영향이라고 말할 수 있다. 예를 들면, 공해배출기업이 부근에 사는 주민에게 끼치는 해를 말한다. 이러한 상태를 시장경제 논리에 맡겨놓으면 공해업소는 계속해서 공해를 배출하게 될 것이다. 이때 정부는 환경규제정책을 통해서 부근 주민의 경제적 혜택을 향상시킬 수 있다.

또 다른 시장실패의 원인은 "시장의 권력"에 의하여 발생할 수 있다.

여기에서 시장권력이란 어느 한 사람이나 소규모의 집단에 의하여 시장경제 전체가 영향을 받는 것을 말한다. 다시 말하면 한 사람이나 한 기업이 시장의 가격을 좌지우지할 수 있다는 것을 말한다. 이러한 시장권력은 독점에서 나온다.

이때 정부는 독점기업에 대하여 규제를 할 수 있다. 이러한 규제에 의하여 소비자의 부는 향상될 수 있다. 독점기업이 부과하는 가격에 대하여 정부가 규제함으로써 경제적 효율성을 제고시킬 수 있다는 말이다. 소득세나 사회복지 같은 공공정책의 목적은 경제적인 부를 좀더 균등하게 배분하는 데 있다.

정부가 때로는 시장결과를 향상시킬 수도 있지만, 항상 그렇지는 않다는 것을 의미한다. 공공정책이란 신에 의하여 만들어지는 것이 아니고 정치적인 과정에 의하여 만들어지기 때문에 완벽하다고는 할 수 없다. 때때로 정책은 정치적 권력을 뒷받침하기 위하여 만들어질 수도 있다. 경제학을 공부하는 한 가지의 목적은 정부정책이 합당하게 만들어졌는지 아닌지를 판단하는 데 도움을 주기 위해서이다. 앞에서 설명한 바와 같이 경제의 외부성이나 시장독점에 의하여 시장실패가 나타날 때에 정부가 시장에 관여함으로써 경제적 효과를 가져올 수 있다.

02 수요와 공급의 원리

모든 경제활동은 시장에서 이루어진다. 앞에서도 언급했듯이 거시경제적 관점에서 시장의 구분은 크게 생산물시장, 노동시장, 화폐시장, 증권시장, 국제시장, 보험시장, 외환시장으로 크게 7개의 시장으로 구분되고, 증권시장은 다시 주식시장과 채권시장으로 구분해서 설명할 수 있다.

우리 경제인구는 매일매일 이 일곱 가지의 큰 시장을 상대하며 살아간다고 할 수 있다. 그래서 각 시장에서의 역할과 작용이 무엇인지 이해하면 우리가 경제활동을 영위하면서 살아나가는 데 매우 도움이 되며 생활경제에서 우리가 알아야 할 것이 무엇인지 알 수 있을 것이다.

먼저, 시장이 형성되기 위해서는 모든 시장이 똑같이 수요와 공급이 존재하여야 한다. 앞에서 언급한 바와 같이 시장의 개념은 수요와 공급이 구체적으로 존재하는 어떤 장소를 가리킬 때도 있고 구체적인 장소가 필요 없이 수요와 공급이 서로 다른 위치에 존재하면서 시장이 형성되는 경우도 있다.

이와 같은 경우는 오일시장에서 볼 수 있다. 이러한 시장을 이해하기 위해서는 먼저 수요와 공급이 무엇인지를 이해하여야 한다.

1. 수요의 원리

수요의 원리란 다른 조건이 동일하다면 물건의 가격이 올라가면 그 물건에 대한 수요량은 감소한다는 원리이다. 수요량이란 특정한 주어진 기간 내의 정해진 가격하에서 물건이나 서비스를 소비자가 살려고 하는 양을 뜻한다. 재화와 용역에 대한 사람들의 욕구는 무한하지만 자원의 양은 희소하다. 수요량이란 것도 반드시 실제로 구매한 양과 같지 않다. 때로는 수요량이 실제 확보가능한 양보다 큰 경우도 있다. 그래서 실제구매량이 수요량보다 적은 경우도 있다. 수요량은 반드시 일정하게 주어진 시간 내에서 측정된 양을 말한다.

예를 들어, 어느 한 사람이 하루에 커피 한 잔 마신다고 하면, 그 사람의 커피 수요량은 하루에 1잔, 1주일에 7잔, 1년에 365잔이라고 말할 수 있다. 이렇듯이 시간차원의 개념이 없이, 어느 특정 제품의 수요량이 큰지 적은지는 말할 수가 없다.

1) 구매계획을 결정하는 요인(수요량 결정요인)

소비자가 어떤 특정 제품을 구매하려는 양은 여러 요인에 의하여 결정되는데 주요 요인은 다음과 같다.

① 그 제품의 가격
② 그 제품과 관련된 제품의 가격(대체재, 보완재)
③ 소득
④ 장래에 예상되는 그 제품의 가격
⑤ 인구
⑥ 선호도

소비자들은 구매하려고 하는 제품의 가격이 오르면, 그 제품에 대한 수요량은 줄어들 것이며, 관련제품의 가격변동에 따라 구매량이 변할 것이다.

예를 들면, 어떤 소비자가 커피를 구매하려고 할 때, 커피와 관련된 제품, 즉 creamer, 설탕 또는 녹차의 가격 등이 변하면, 커피구매량이 늘어나던 줄어들던 할 것이다. 여기에서 우리는 creamer나 설탕은 커피에 대한 보완재라고 하고 녹차나 둥글레차와 같이 커피를 대신할 수 있는 제품을 대체재라고 한다. 그래서 대체재나 보완재를 그 제품의 관련재라고 하는 것이다. 따라서, 소득의 증감에 따라 어떤 제품의 수요량은 증감할 것이다.

그러나 소득이 늘었다고 해서 반드시 그 제품의 수요량이 늘어나는 것은 아니다. 보통 정상재의 경우는 소득이 늘어나면 구매량이 늘어나지만, 열등재의 경우는 소득이 늘어나는데도 불구하고 그 제품의 구매량은 줄어든다. 열등재란 소득이 낮았을 때 주로 많이 소비하고 소득이 증가함에 따라 소비량이 줄어드는 제품을 말한다. 예를 들면, 우리나라의 경우 60, 70년대에는 소득이 낮았기 때문에 보리쌀 소비가 많았는데, 지금은 보리쌀 소비가 현저히 줄어들었다. 이와 같이 보리쌀은 열등재에 속한다.

또한, 장래의 예상가격에 따라 수요량이 변하는데, 예를 들어 앞으로 라면 값이 올라갈 것 같다고 예상되면 현재의 라면을 구매하려고 하는 양은 늘어날 것이다. 극단적인 경우가 제품의 사재기 현상이다.

장래에 어떤 제품의 가격이 오른다고 예상된다는 것은 장래에 그 제품의 공급량이 부족하리라고 예상하는 것이다. 이러한 경우 모든 사람은 시장정보에 의하여 현재 더 많이 구매하여 보관하려고 한다.

수요의 법칙을 설명할 때 주의할 점이 있다. 여기에서 말하는 수요의 법칙이란 그 제품의 가격이 변하였을 때 그 제품의 수요량의 변화를 말하는데 이 경우에 그 제품의 가격이 변하였을 때 다른 조건, 즉 그 제품의 관계재의 가격, 소득, 장래에 예상되는 가격, 인구와 선호도는 변하지 않고 전과 동일한 상태에 있다고 조건을 주는 것이다. 이러한 수요의 원리에 의하여 우리는 수요곡선을 그릴 수 있다.

예를 들어 장호원 장날 복숭아 수요량에 대하여 수요곡선을 도출해 보자. [그림 3-2]에서 보여주듯이 장호원 장날 하루에 이루어지는 복숭아가격과 수요량의 변화를 조사하여 수요곡선을 그려보았다.

이 경우는 우리가 소득이나 예상가격, 관련재의 가격 등은 변하지 않는다고 가정하고 그 제품의 가격과 수요량의 관계만 살펴보았다.

구 분	복숭아가격(상자당)	구매량(수요량/상자)
a	30,000원	1,000
b	40,000원	900
c	50,000원	800
d	60,000원	500

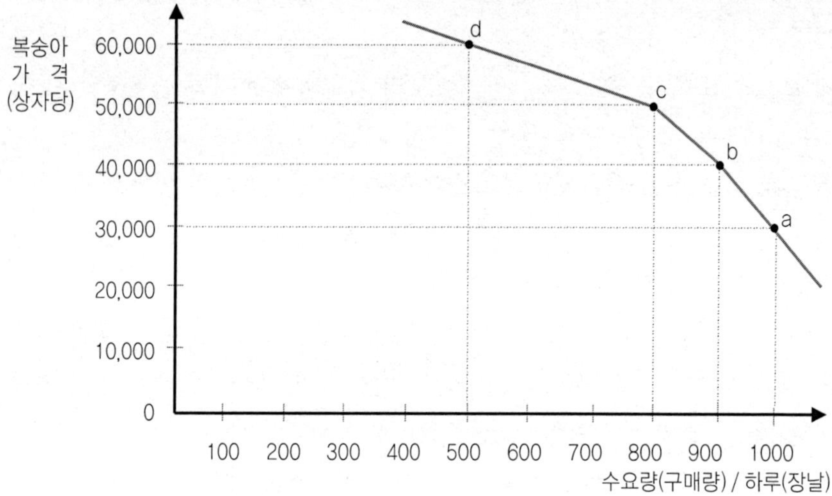

[그림 3-2] 수요곡선

다음에는 관련재의 가격, 소득, 예상가격 등과 같이 다른 조건이 변화하면 그 제품의 수요가 어떻게 변하는지 살펴보기로 한다.

우리는 이 경우에 수요량이 변한다고 하지 않고 수요 자체가 변한다고 하는데, 앞으로는 수요량 변화와 수요의 변화를 구분해서 쓰기로 한다.

▶▶ 수요 자체의 변화

1. 관련재의 가격

소비자가 커피를 구매하려고 하는 양(수요량)은 커피가격 자체에만 의존하지는 않는다. 부분적으로는 관련재의 가격변화에 따라서 커피의 수요가 바뀔 수 있다. 앞에서 설명했듯이 관련재에는 대체재와 보완재 두 가지가 있다.

예를 들어, 커피와 설탕은 보완재이다. 보완재라는 것은 두 재화가 서로 함께 소비될 때 효용이 더욱 커지는 재화를 말한다. 만약 커피의 가격이 올라가면 커피의 수요량은 물론 줄어들지만 설탕의 수요량도 따라서 줄어든다.

그러나 대체재의 경우, 커피의 가격이 올라가면 상대적으로 녹차의 수요량(구매량)은 늘어날 것이다. 이와 같이 관련재 가격의 상승과 하락은 다른 관련재의 수요를 변화시킨다.

2. 소득

수요 변화의 다른 요소는 소비자의 소득이다. 다른 조건이 변하지 않는다고 가정할 때 소비자의 소득이 증가하면 소비자는 재화를 더 많이 구입한다. 저소득층의 소비자는 대부분의 제품을 적게 구입한다. 부자인 사람은 의식주에 필요한 재화와 여가에 필요한 재화나 서비스를 가난한 사람보다는 더 많이 소비한다.

대부분의 경우 소득의 증가는 수요의 증가를 가져오지만 모든 경우에 반드시 그렇지는 않다. 소득이 늘어남으로 인하여 수요량이 늘어나는 재화를 정상재(正常財)라고 하고 소득이 늘어남으로 인하여 수요량이 감소하는 재화를 열등재(劣等財)라고 한다.

열등재의 예로서는 쌀과 감자를 들 수 있다. 이 두 재화는 저소득층에서 대표적으로 소비되는 재화이다. 사람들의 소득이 증가함에 따라 이러한 재화의 수요량은 줄어드는 반면 비싼 고기나 유제품으로 대체된다.

3. 예상가격

만약 어떤 재화의 가격이 오를 것으로 예상되면, 현재 재화를 많이 구입하고 장래에는 적게 구입하려고 하는 것이 소비자로서는 합리적인 구매행동이다.

반대로 장래에 어떤 제품의 가격이 하락할 것이 예상되면 현재의 구매량은 줄이고 장래의 구매량을 늘리려고 할 것이다. 그러므로 어떤 재화의 장래 예상가격이 높을수록 그 재화의 현재 수요량은 증가할 것이다.

4. 인구

수요는 또한 인구의 크기에 달려 있다. 모든 조건이 동일하다면, 인구가 늘어나면 모든 재화와 용역에 대한 수요는 증가하며, 인구가 감소하면 모든 재화의 수요는 감소한다.

5. 선호도

마지막으로, 수요는 선호성에 달려 있다. 선호성이란 재화와 용역에 대한 개개인의 태도이다. 예를 들면 팝송을 좋아하는 사람은 테니스를 좋아하는 사람보다 tape을 더 좋아한다. 그 결과 두 사람이 비록 소득이 같다 할지라도 그들의 tape에 대한 수요는 크게 다를 것이다. 선호도는 직접 관찰될 수는 없다.

우리는 어떤 재화의 현재가격은 측정할 수 있고 그 재화의 관련재에 대한 가격도 측정이 가능하다. 그리고 사람들의 소득이나 인구수도 측정할 수 있다. 예상가격의 측정도 가능하다. 그러나 사람들의 선호성은 측정할 수 없다. 일부 경제학자들은 선호성의 변화는 매우 천천히 나타나기 때문에 선호도가 수용에 미치는 영향은 크지 않다고 가정한다.

▶▶ 수요의 변화와 수요량의 변화

1. 수요곡선상의 움직임

만약 다른 조건이 변하지 않고, 어떤 재화의 가격이 변화하면, 수요곡선상에서의 움직임이 있다. 만약 장호원 장날 복숭아가격이 50,000원에서 40,000원으로 변하면, 그 결과 [그림 3-3]에서 c점에서 b점으로 수요량은 이동한다.

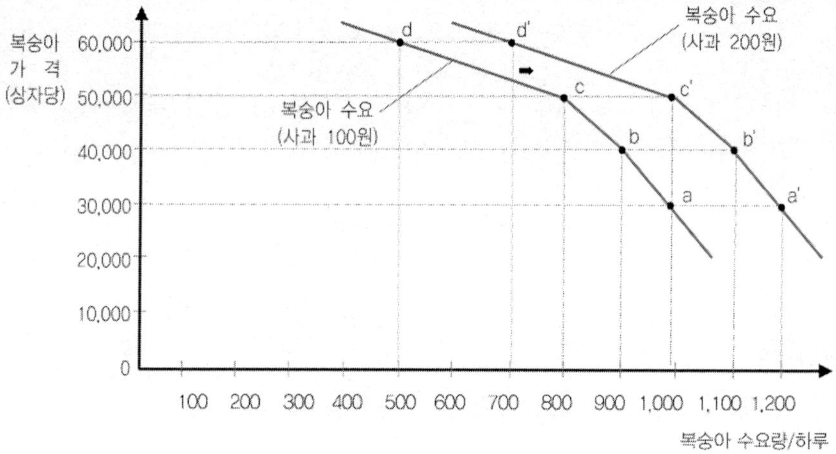

[그림 3-3] 수요곡선 이동

2. 수요곡선 자체의 이동

만약 어떤 재화의 가격은 그냥 있고, 다른 조건이 구매자의 계획에 영향을 미치면, 이럴 때 그 재화에 대한 수요의 변화가 있다고 본다. 수요곡선 자체가 우측으로 이동하거나 좌측으로 이동한다. 여기에서 다른 조건이란 앞에서 언급한 바 있는 관련재 가격, 소득, 인구, 선호도 등을 말한다.

[그림 3-3]에서 보듯이 복숭아와 사과는 대체재라고 할 수 있다. 복숭아의 대체재인 사과의 가격이 개당 100원일 때 복숭아 수요의 스케줄이 a, b, c, d의 점을 잇는 수요곡선이라면 사과의 값이 200원으로 올라가면 복숭아 수요의 스케줄이 a', b', c', d'로 변한다. 다시 말하면, 복숭아에 대한 수요곡선이 우측으로 이동한다. 아래의 그래프는 복숭아의 가격은 그대로 있어도 대체재인 사과의 가격이 100원에서 200원으로 오르면 복숭아에 대한 수요의 스케줄이 변하여 복숭아에 대한 수요곡선 자체가 오른쪽으로 이동하는 것을 보여주고 있다.

▶▶ 그래프로 본 수요의 변화와 수요량의 변화

수요곡선상에서 한 점은 주어진 가격하에서 수요량을 의미한다.

수요곡선 자체 선상에서 움직이는 것은 수요량의 변화를 뜻하고 수요곡선 자체가 이동하는 것은 수요 자체가 변화하는 것이다. [그림 3-4]는 이런 수요량의 변화와 수요의 변화를 보여준다.

재화의 가격이 변할 때, 수요곡선상에서의 움직임이 있고, 이것은 수요량의 변화를 나타낸다. 예를 들면, 수요곡선이 D_0라고 하면, 이 재화가격의 상승은 수요량의 감소를 가져오고, 이 재화가격의 하락은 수요량의 증가를 가져온다.

수요곡선 D_0는 수요곡선 자체상에서의 움직임을 나타낸다. 만약 가격 자체의 변화가 아니고 다른 어떤 영향이 수요변화에 영향을 준다면 수요곡선은 오른쪽으로 이동한다(D_0에서 D_2로 이동). 이것은 수요의 증가를 의미한다. 만약 다른 조건이 수요변화에 영향을 주는데 그 영향이 구매계획의 감소를 가져오면 수요곡선 자체가 왼쪽으로 이동한다(D_0에서 D_1으로 이동). 이것은 수요의 감소를 의미한다.

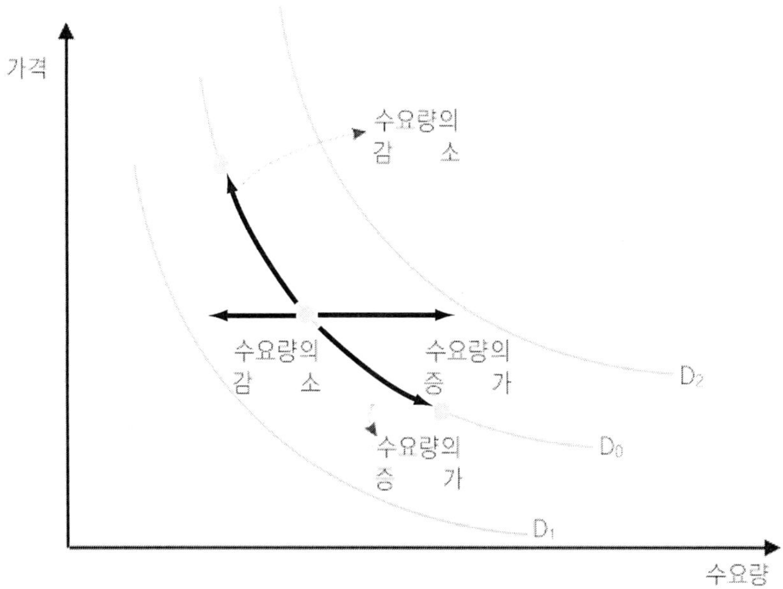

[그림 3-4] 수요량의 변화

2. 공급의 원리

공급의 원리란 다른 조건이 동일하다고 할 때 재화의 가격이 올라가면 재하의 공급량이 증가하는 것을 의미한다. 여기서 공급량이란 생산자가 특정가격으로 주어진 기간 내에 팔려고 한 양을 나타낸다. 공급량이란 어떤 회사가 얼마만큼 팔기를 원하는 양이 아니라 실제로 얼마만큼 팔려고 하는 양이다.

그러나 공급량은 항상 판매된 양과 일치하는 것은 아니다. 만약 소비자가 생산자의 판매계획량만큼 사지 않는다면, 생산자의 판매계획은 좌절될 것이다. 수요량과 마찬가지로 공급량도 시간당 공급된 양을 말한다.

1) 판매계획을 결정하는 요인

기업이 특정재화와 용역을 팔려고 계획하는 양은 여러 요소에 의하여 결정되는데 주요 요소는 다음과 같다.

① 그 재화 자체의 가격
② 생산요소의 가격
③ 그 재화와 관련된 재화의 가격
④ 예상되는 미래가격
⑤ 공급자의 수
⑥ 기술 수준

2) 공급계획과 공급곡선

공급계획이란 각기 다른 가격에서 기업이 판매계획을 세우는데 다른 영향이 일정하다면 그때 대응하는 공급량을 뜻한다.

여기서 말하는 다른 영향이란 다른 재화의 가격, 생산요소의 가격, 예상가격과 기술수준이 전과 동일하다고 가정하는 것이다. 공급계획은 공급곡선에 의하여 보여질 수 있다.

[그림 3-5]에서 볼 수 있듯이 공급계획은 a, b, c, d를 연결하는 공급곡선이다.

구 분	가 격	공급량
a	10,000원	100
b	20,000원	300
c	30,000원	500
d	50,000원	700

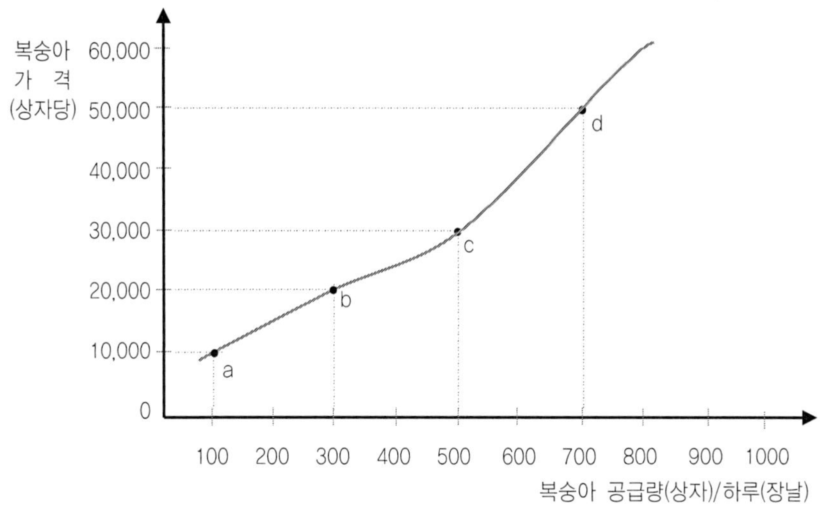

[그림 3-5] 공급곡선

[그림 3-5]에서 점 a, b, c, d를 잇는 공급곡선은 공급의 원리를 설명하여 보여주고 있다. 다시 말하면 그 제품의 가격이 올라갈수록 기업 또는 생산자가 공급하려고 하는 물량을 증가시킨다. 위 그림에서와 같이 복숭아 가격이 올라갈수록 복숭아를 생산하는 과수원에서는 생산량을 증가시켜 복숭아 공급량을 늘리려고 할 것이다.

수요의 변화에서 우리가 살펴본 바와 마찬가지로 공급측면에서도 공급량의 변화와 공급의 변화 두 가지가 있다. 공급량의 변화란 다른 조건이 동일하다면 그 제품가격의 변화는 공급량의 변화를 가져온다. 이러한 공급량의 변화는 점 a, b, c, d와 같이 수요곡선상에서의 움직임 또는 변화를 나타내고, 다른 조건 즉 다른 재화의 가격, 생산요소가격, 예상되는 미래가격, 기술수준이 변하면 공급량의 변화가 아닌 공급자체의 변화를 나타내며, 이는 공급곡선이 왼쪽이나 오른쪽으로 이동하는 것을 의미한다.

3) 공급의 변화(공급곡선의 이동)

위에서 공급곡선을 설명할 때 다른 영향(조건)이 일정하다는 가정을 전제로 한다. 이때의 다른 영향이란 아래와 같으며 어떤 영향을 끼치는지 살펴보기로 하자.

① 생산요소가격

생산요소가격이 상승하면 공급자는 공급을 줄이려고 한다. 왜냐하면 생산요소 가격의 상승은 제조원가의 상승을 가져오므로 제품을 생산하는 데 있어서 생산비용이 증가하므로 공급을 줄이려고 할 것이다. 여기에서 말하는 생산요소가격은 임금, 생산설비기계의 가격, 기타 모든 자본재가격을 나타낸다.

② 관련재화의 가격

어떤 재화의 공급은 관련재화의 가격에 의하여 영향을 받는다. 관련재란 생산에 있어서 대체재와 생산에 있어서의 보완재를 나타낸다.

예를 들어 현대자동차회사에서 자가용차와 트럭을 생산한다고 할 때 자가용차의 생산량은 트럭의 가격에 따라서 바뀔 수 있고 트럭의 생산량은 자가용차의 가격에 따라 바뀔 수 있다. 여기에서 트럭과 자가용은 생산하는 생산자 입장에서 보면 대체재이다. 그러므로 트럭의 가격이 올라가면 자가용의 공급은 줄어들 것이다. 생산에 있어서의 보완재의 예를 들면, 어부가 바다에서 고기를 잡을 때 꽁치와 고등어가 함께 잡힌다고 가정하면 꽁치가격이 올라가면 고등어의 공급은 따라서 증가할 것이다.

③ 예상가격

만약 어떤 재화의 가격이 장래에 올라갈 것으로 예상하면 지금은 조금 팔고 나중에 많이 팔려고 할 것이다. 마찬가지로 재화의 가격이 하락할 것으로 예상하면 현재의 공급을 늘리고 장래의 공급은 줄이려고 하는 것이 생산자 또는 공급자의 일반적인 생각이다.

그러므로 다른 조건이 일정하다면 어떤 재화의 장래 예상가격이 높아지면 그 재화의 현재공급은 줄어들 것이다.

④ **공급자의 수**

다른 조건이 일정하다면, 재화를 공급하는 기업의 수가 많을수록 공급은 증가 할 것이다.

⑤ **기술수준**

새로운 기술이 개발되면 생산원가가 절약되므로 더 많은 공급이 생겨날 것이다. 예를 들어, 삼성전자에서 TV를 생산하는데 새로운 기술이 개발되어서 생산원가를 절감할 수 있다면 삼성전자는 주어진 자금으로 더 많은 TV를 생산할 것이다.

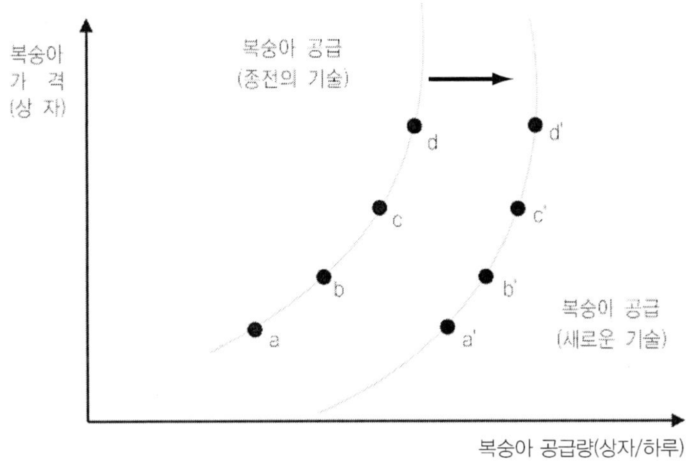

[그림 3-6] 공급계획의 변화와 공급곡선의 이동

[그림 3-6]에서 볼 수 있듯이 공급계획의 변화와 공급 자체의 변화가 어떤지를 구분할 수가 있다. 공급계획은 다른 조건이 일정하다고 가정하고 그 재화의 가격 변화가 공급량에 미치는 관계를 보여주고 있고, 그 재화의 가격은 변하지 않고 다른 조건이 변했을 때의 관계는 공급곡선 자체가 왼쪽이나 오른쪽으로

이동한다. [그림 3-6]은 새로운 기술이 개발되어서 복숭아 공급량이 증가함으로 인하여 복숭아 공급곡선이 우측으로 이동한 것으로 나타나 있다.

어떤 재화의 가격이 변하면 공급곡선 자체상에서 움직임이 있으며 공급량의 변화가 있다. 예를 들어, 공급곡선이 S_0라고 가정할 때 재화의 가격이 상승하면 공급량은 증가한다. 반대로 가격이 하락하면 공급량은 감소한다. 굵은 화살표로 공급곡선 자체 선상에서 움직임을 나타낸다.

만약 다른 조건이 바뀐다면 공급곡선은 오른쪽으로(S_2) 또는 왼쪽(S_1)으로 이동한다. 다시 말하면 다른 조건 즉 기술의 변화가 공급량을 증가시키면 공급곡선은 S_0에서 S_2(오른쪽)으로 이동하고, 생산에 있어서 대체재의 가격이 상승하면 그 재화의 공급은 줄어들므로 공급곡선이 S_0에서 S_1(왼쪽)으로 이동한다.

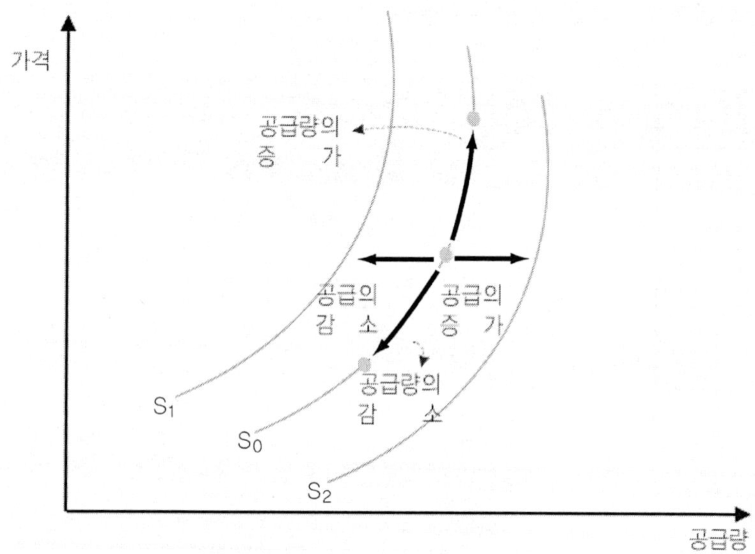

[그림 3-7] 공급의 변화와 공급량의 변화

3. 가격결정

1) 가격이란 무엇인가?

우리는 지금까지 어떤 재화의 가격이 상승하면 수요량은 줄어들고 공급량은 늘어나는 것을 알아보았다. 이제 우리는 이러한 수요·공급의 원리를 이용하여 어떻게 가격조정이 판매자와 구매자의 선택을 조화시킬 수 있는지에 대하여 공부하기로 한다. 만약 가격이 너무 높으면 공급량이 수요량을 초과할 것이며 가격이 너무 낮으면 수요량은 공급량을 초과한다. 공급량과 수요량이 일치하는 곳에서 오직 하나의 가격이 존재한다. 이와 같이 수요량과 공급량이 일치될 때의 가격을 균형가격이라고 말하며, 균형가격에서의 수요량·공급량을 균형수량이라고 부른다.

시장에서는 이러한 수요량과 공급량을 일치하도록 하고 가격의 움직임이 나타나는 자연스러운 힘이 생긴다. 이러한 자연적인 힘이란 애덤스미스가 주장한 바 있는 "보이지 않는 손"에 의한 힘을 말한다.

2) 균형

[그림 3-8]에서 보여주듯이 시장수요곡선과 시장공급곡선이 함께 있다. 우리가 여기서 주의할 것은 수요곡선과 공급곡선이 서로 교차하면서 한 점이 생기는데 이 점을 시장의 균형이라고 한다. 균형을 이루었을 때의 가격은 균형가격이라 하고, 이때의 수량은 균형수량이라고 한다.

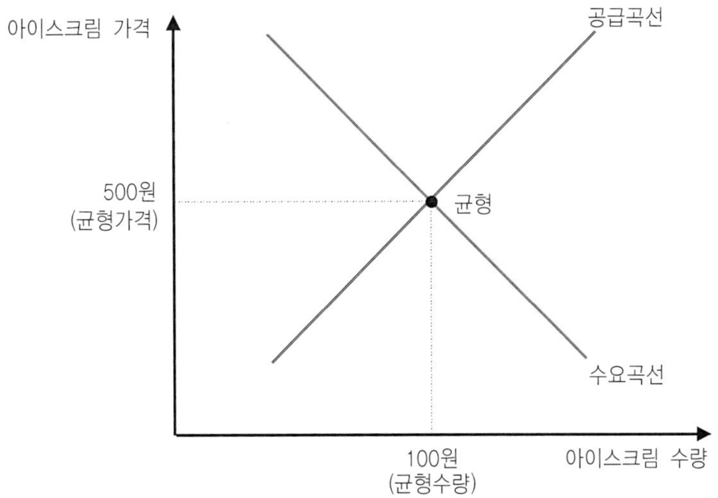

[그림 3-8] 시장의 균형

여기에서 아이스크림의 개당 균형가격은 500원이고 균형수량은 100개이다. 균형의 사전적 의미는 여러 가지의 힘이 서로 균형(balance)상태에 있는 것을 나타내며 이러한 상태가 시장의 균형을 설명하여 준다. 균형가격하에서 구매자가 사려고 하는 재화의 수량과 판매자의 팔려고 하는 수량은 균형상태에 있는 것이다.

때로는 균형가격을 시장청산가격이라고 부른다. 이 가격하에서 시장에 있는 모든 구매자와 판매자는 만족을 하고, 구매자는 자기가 원하는 모든 제품을 샀고, 판매자는 자기가 원하는 모든 제품을 팔았다는 결과가 된다.

판매자와 구매자의 행동은 자연스럽게 시장을 수요와 공급의 균형 쪽으로 움직인다. 왜 그러한지를 살펴보기 위하여, 시장가격이 균형가격과 같지 않을 때 어떤 일이 일어나는가를 알아보자. [그림 3-9]에서 시장가격이 균형가격보다 높다고 가정하자. [그림 3-9]에서 알 수 있듯이 이 경우에는 공급과잉이 발생한다. 높은 시장가격에서는 공급량이 수요량을 초과한다. 그러나 공급자들은 이 가격에서 아이스크림의 공급과잉이 발생하면 아이스크림 판매자는 시장에서 모든 아이스크림을 팔 수 없기 때문에 냉동창고에 보관해야 한다.

판매자는 이러한 경우에 가격을 인하함으로써 공급과잉에 대처하려고 한다. 가격은 시장이 균형으로 갈 때까지 계속해서 떨어진다. 반대로 시장가격이 균형가격보다 아래에 있다면, 수요량이 공급량을 초과한다. 이 경우에는 물자의 부족상태가 발생한다. 수요자는 현재의 가격으로는 자기가 원하는 물건을 모두 살 수 없다. 이러한 경우를 수요초과상태라고 한다. 아이스크림 시장에 초과수요가 발생하면 판매자는 아이스크림 가격을 올림으로써 초과수요에 대처한다. 아이스크림가격이 올라감으로써 시장은 다시 균형상태로 돌아간다.

그러므로 수많은 구매자와 판매자의 행동은 자동적으로 시장가격을 균형가격으로 돌아가게 힘을 가하고 있다고 할 수 있다. 일단 시장이 균형에 이르면, 모든 구매자와 판매자는 만족상태에 이르고 가격이 위로나 아래로 움직이게 하는 힘이 없다. 얼마나 빠르게 균형에 이르는지는 시장마다 다르다. 균형에 도착하는 속도는 가격이 얼마나 빠르게 조정되느냐에 달려 있다. 대부분의 시장에서 부족상태와 과잉상태는 일시적인 현상이다. 왜냐하면 가격은 결국 균형으로 돌아가기 때문이다. 실제로 이러한 현상은 매우 일반적이기 때문에 이러한 현상을 수요와 공급의 법칙이라고 한다. 어떤 재화의 가격은 그 재화의 수요와 공급이 균형상태로 돌아가게끔 조절한다.

[그림 3-9]에서 (a) 초과공급이 있다. 왜냐하면 시장가격 600원은 균형가격인 500원을 초과하기 때문에 공급량(120)이 수요량(90)을 초과한다. 공급자들은 가격을 내리고 판매를 늘리려고 함으로써 가격은 균형으로 돌아간다.

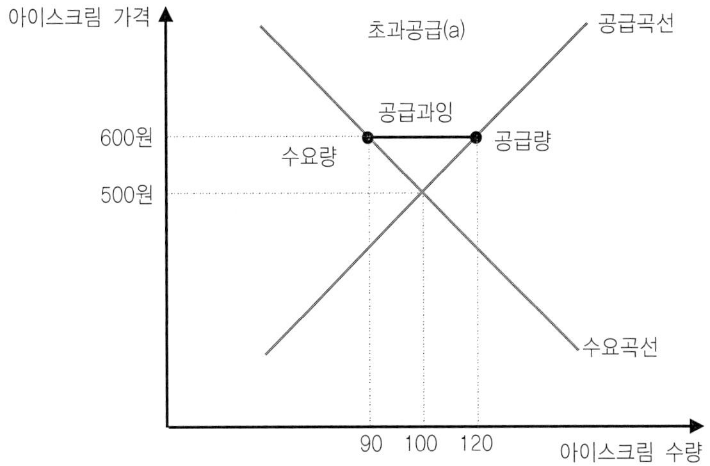

[그림 3-9] 시장의 불균형(초과공급)

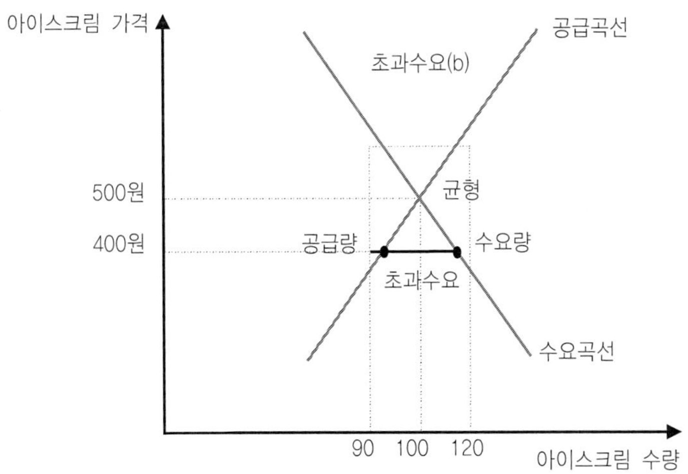

[그림 3-10] 시장의 불균형(초과수요)

[그림 3-10]에서 (b) 초과수요가 있다. 왜냐하면 시장가격 400원은 균형가격인 500원보다 낮기 때문에 수요량(120)이 공급량(90)을 초과한다. 이 경우에는 팔려고 하는 양보다 사려고 하는 양이 많으므로 공급자들은 가격을 인상함으로써 물자부족 상태를 이용한다. 그러므로 두 경우, 가격조절은 시장의 수요·공급의 균형상태를 유지하게끔 만든다.

▶▶ 균형의 변화를 분석하는 단계

① 어떤 경우가 발생할 때 수요곡선이 변하는지 공급곡선이 변하는지를 파악해야 한다.
② 어느 쪽으로 곡선이 이동하는지를 파악한다.
③ 균형이 어떻게 변하는지 수요–공급 도표를 사용한다.

▶▶ 예 1) 수요에 있어서의 변화

어느 한 여름이 무척 더웠다고 가정하자. 이러한 경우 아이스크림 시장에서 어떤 영향을 끼치는지 알아보자. 이 문제를 분석하기 위하여 다음 단계를 거쳐 생각해 보기로 하자.

① 무더운 날씨는 사람들의 아이스크림에 대한 선호도를 바꿔서 수요곡선에 영향을 준다. 무더운 날씨는 사람들이 주어진 가격(종전 처음가격)에서 변하지 않더라도 아이스크림에 대한 수요가 증가한다. 그러나 공급곡선은 변하지 않는다. 왜냐하면 더운 날씨는 직접적으로 아이스크림을 파는데 영향을 주지 않기 때문이다.

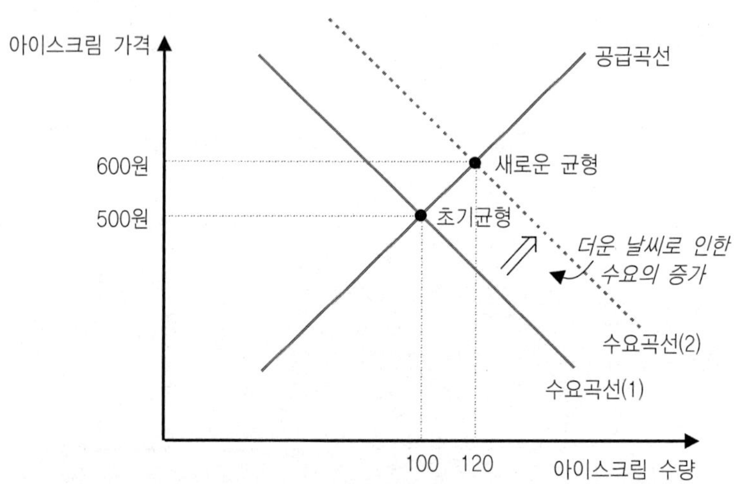

[그림 3-11] 수요에 있어서의 변화

② 더운 날씨는 사람들이 아이스크림을 더 먹게끔 만들기 때문에 수요곡선이 오른쪽으로 이동한다. [그림 3-11]을 살펴보면, 수요의 증가는 수요곡선을 수요곡선(1)에서 수요곡선(2)로 이동하게 한다. 이러한 수요곡선의 이동은 어느 가격에서나 아이스크림의 수요가 높다는 것을 나타낸다.

③ [그림 3-11]에서 보면, 수요의 증가는 균형가격을 500원에서 600원으로 올리며, 균형수량은 100에서 120으로 증가시킨다. 다시 말하면 무더운 날씨는 아이스크림의 가격도 올리며 판매량도 늘리는 역할을 한다.

▶▶ 예 2) 공급에 있어서의 변화

예를 들어 어느 여름철에 장마로 인하여 아이스크림 생산공장이 물에 잠겨서 생산하는 데 막대한 지장이 있다고 가정하면, 이러한 장마로 인하여 아이스크림 시장에 어떠한 영향이 있는지 살펴보기로 하자.

① 장마는 공급곡선에 영향을 준다. 판매자의 수를 감소시킴으로써 장마는 어떤 특정한 가격하에서 기업이 생산하는 아이스크림의 양을 변화시킨다. 수요곡선은 변하지 않는다. 왜냐하면 장마가 각 개인의 아이스크림 구매량에 직접적으로 영향을 주지 않기 때문이다. 여기에서는 장마철도 무더운 장마철로 가정하는 것이다.

② 공급곡선은 왼쪽으로 이동한다. 왜냐하면 각 가격하에서 기업이 판매하려고 하는 공급이 줄었다고 본다. [그림 3-12]는 이러한 공급의 감소가 나타나며 공급곡선이 공급곡선(1)에서 공급곡선(2)로 이동하는 것을 보여주고 있다.

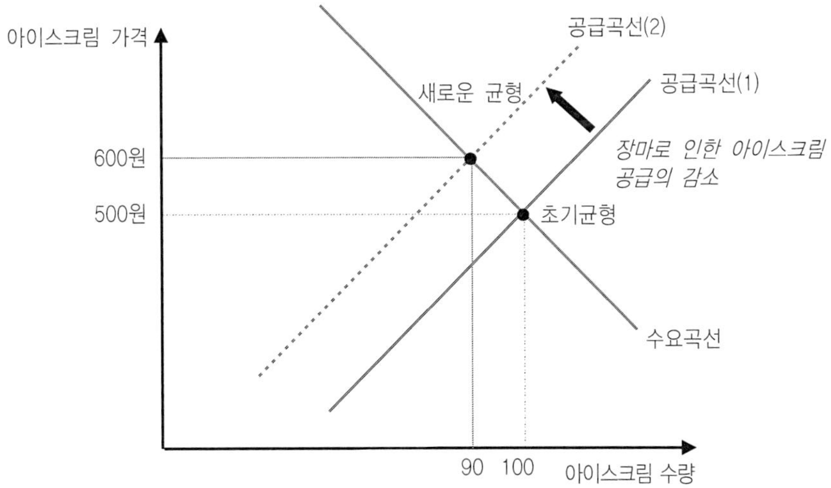

[그림 3-12] 공급에 있어서의 변화

③ [그림 3-12]에서 보여주듯이, 공급곡선의 이동은 균형가격을 500원에서 600원으로 인상시키며 균형수량도 100에서 90으로 줄어들게 한다. 장마로 인하여 아이스크림의 가격은 올라가며, 아이스크림 판매량은 감소한다.

▶▶ 예 3) 수요와 공급에 있어서의 변화

이제 무더운 날씨와 장마가 동시에 일어났다고 가정하면 어떤 현상이 나타날 것인지 분석해 보기로 하자. 다음의 순서로 분석해 보기로 한다.

① 수요·공급곡선이 모두 이동하는 것으로 결정한다. 무더운 날씨는 수요곡선에 영향을 준다. 왜냐하면 가정의 소비자들이 주어진 가격에서 아이스크림의 구매량을 변화시키기 때문이다. 동시에 장마는 공급곡선에 영향을 준다. 왜냐하면 기업이 주어진 가격에서 아이스크림 판매량을 변화시키기 때문이다.

② 곡선은 앞에서 분석한 바와 같이 같은 방향으로 이동한다. 수요곡선은 오른쪽으로 이동하고 공급곡선은 왼쪽으로 이동한다.

③ [그림 3-13, 14]에서 보여주듯이, 수요와 공급이 이동의 상대적 크기에 따라 두 가지 결과를 초래한다. 양쪽 모두 균형가격은 증가한다. 그림(a)에서, 수요는 상당히 늘어나는 반면 공급은 조금 줄어든 상태이고, 균형수량 역시 증가한다. 대조적으로 그림(b)에서는 공급은 상당히 줄어든 반면 수요는 약간 늘어나며, 균형수량은 줄어든다. 그러므로 이러한 영향은 아이스크림의 가격은 반드시 올라가지만, 아이스크림 판매량에 대하여 미치는 효과는 분명치 않다.

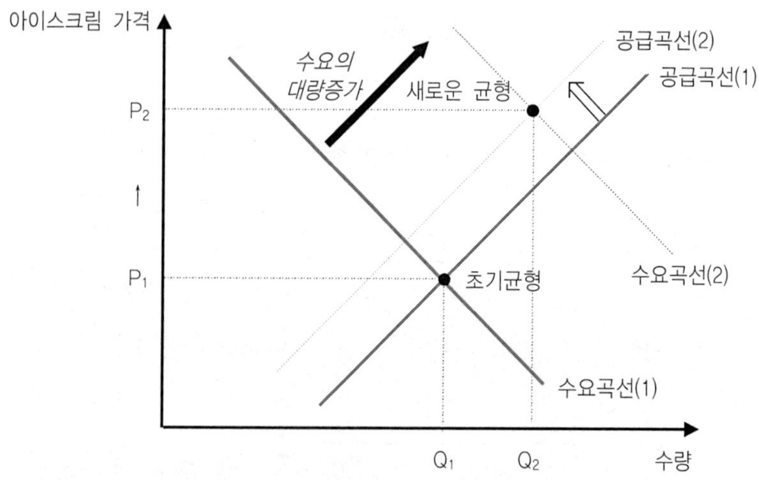

[그림 3-13] 수요와 공급에 있어서의 변화 – (a) 가격상승, 수량 증가

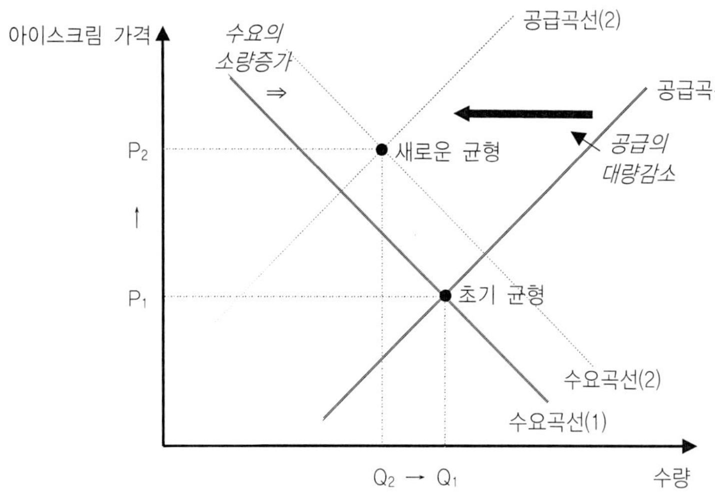

[그림 3-14] 수요와 공급에 있어서의 변화 – (b) 가격상승, 수량 감소

03 탄력성과 응용

미시경제학에서 중요한 개념 중의 하나가 탄력성에 대한 개념이다. 탄력성이란 말 그대로 고무줄이 늘어나듯이 증가하는 개념이다. 고무줄이 늘어난다는 것은 힘을 주니까 늘어난 것이다. 쉽게 이야기하면 한쪽에 힘을 주었을 때 다른 쪽이 변하는 것을 보는 것이다.

수요·공급에 있어서 탄력성이란 어느 요인이 변화했을 때 수요량과 공급량이 어떻게 반응하는가를 나타낸 것이다. 한 예로, 우리가 탄력성 개념을 중요시 하는 이유로서, 어떤 사람이 중국집을 운영한다고 하자. 이때 종전보다 수입을 늘리기 위하여 자장면 값을 인상하려고 할 때 자장면 값 인상으로 인하여 종전보다 그 집의 총수입이 증가할지 감소할지 현재의 상태로는 모른다.

여기에서 총수입이 증가할지 감소할지 알 수 있는 방법은 바로 탄력성에 대한 개념을 알아야 한다. 수요의 원리에 의하여 자장면 값을 인상하면 자장면 수요는 줄어들게 된다. 여기에서 총수입은 가격 × 수량이다. 그러므로 자장면 값의 인상분(기존의 가격에 대한 인상변화율)이 수요량감소분(자장면 값 인상분에 대한 자장면 수요의 감소변화율)에 얼마만큼의 영향을 미치느냐에 따라서 총수입이 종전보다 증가할 수도 있고 감소할 수도 있다.

다른 한 예를 더 들면, OPEC의 행동이다. OPEC에서 석유수출에 의한 수입을 증가시키기 위해서 어떤 때는 석유수출가격을 높일 때도 있고 내릴 때도 있다. 반드시 가격을 올려야 수입이 느는 것도 아니고 반드시 가격을 내려야 수입이 증가하는 것도 아니다. 이것을 결정짓는 요인이 바로 그 물건에 대한 탄력성이다. 수요에 대한 가격탄력성이 큰 제품이라고 할 때 이 제품에 대하여 수입을 증가시키기 위하여 가격을 인상시키면 오히려 종전보다 총수입을 감소시키는 결과를 초래하게 될 것이다.

1. 수요의 가격탄력성과 결정요인들

수요의 가격탄력성이란 위에서도 설명했듯이 어떤 제품의 가격이 종전가격을 기준으로(인상되든 인하되든) 얼마만큼 변화하였을 때 그 제품에 대한 수요량이 종전(인상되든 인하되든)에 비하여 얼마만큼 변화되는가를 알아보는 것이다. 이때 이 제품의 가격변화에 비하여 수요량변화가 크게 나타나면 이 제품은 수요에 대한 가격이 탄력적이라고 하고, 반대로 가격변화에 대하여 수요량변화가 작으면 수요에 대한 가격이 비탄력적이라고 한다.

그래서 어떤 제품의 수요에 대한 가격이 탄력적이냐 비탄력적이냐에 따라서 수입에 미치는 영향이 다르게 나타난다. 그러면 이렇게 어떤 제품을 탄력적으로 또는 비탄력적으로 만드는 요인 중에 무엇이 있는지 알아보기로 하자.

1) 생활필수품 대 사치품

필수품은 가격에 대하여 비탄력적인데 비하여 사치성 제품은 가격에 대하여 비교적 탄력적이다. 예를 들면 쌀, 밀가루 같은 것은 필수음식이기 때문에 가격이 조금 오르거나 내려도 수요량에는 거의 변화가 없을 것이다. 그러나 생활필수품이 아닌 사치품은 가격이 오르면 수요량이 급격히 줄어들 것이다. 그렇지만 아주 부유층 사람들에게는 웬만한 사치품조차 비탄력적일 수도 있다. 그러므로 수요에 대한 가격탄력성은 많은 경제적·사회적·심리적 요인들에 의하여 좌우될 수 있다.

2) 대체재의 가능성

어떤 제품이 대체가능성이 큰 제품을 갖고 있다면, 그 제품에 대한 탄력성은 비교적 크다고 할 수 있다. 왜냐하면 대체재가 있는 한 제품의 가격이 오르면, 소비형태를 대체재로 바꾸고 그 제품의 소비를 상당히 줄이려고 하기 때문이다. 반면에 대체재가 없는 상품일수록 수요의 가격탄력성이 비교적 덜 탄력적이라고 할 수 있다.

예를 들어, 커피와 녹차가 서로 대체재라고 한다면, 커피가격의 상승은 커피 수요량을 급격히 감소시킬 것이다. 왜냐하면 커피가격이 오르면 커피수요자들은 커피수요 대신 녹차로 수요를 바꿈으로써 커피의 수요량은 현저하게 감소하게 되므로 커피는 수요에 대한 가격탄력성이 크다고 할 수 있다. 대체재도 대체성이 얼마나 큰가에 따라 가격탄력성이 다르게 나타날 수 있다.

3) 시간차(단기 대 장기)

어떤 제품의 가격탄력성은 기간에 따라 다를 수 있다. 일반적으로 시간이 길면 길수록 수요에 대한 가격탄력성은 크다고 할 수 있다.

왜냐하면 사람들은 시간이 지남에 따라 가격이 오른 제품에 대하여 대응 또는 적응할 수 있는 여유가 생기므로 장기적으로 볼 때 단기적인 경우보다 수요에 대한 가격탄력성이 크다고 할 수 있다. 예를 들어, 돼지고기 가격이 올라가면 처음에는 돼지수요량이 얼마만큼 줄어들지만, 시간이 지날수록 돼지고기를 대체할 수 있는 쇠고기나 닭고기의 공급량이 증가함으로써 돼지고기에 대한 수요량은 시간이 지남에 따라 더욱더 줄어들 것이다.

2. 수요의 가격탄력성 측정방법

수요에 대한 가격탄력성은 가격의 퍼센트 변화에 대한 수요량의 퍼센트 변화량을 뜻하며 계산방법은 다음과 같다.

$$수요의\ 가격탄력성 = \frac{수요량의\ \%\ 변화율}{가격의\ \%\ 변화율}$$

예를 들어, 사과 값이 1개에 500원에서 600원으로 올라서 수요량이 1,000개에서 800개로 줄어든 경우 사과의 수요에 대한 가격탄력성은 다음과 같이 구할 수 있다.

$$가격의\ \%\ 변화율 = \frac{(600-500)}{500} \times 100 = 20\%$$

$$수요량의\ \%\ 변화율 = \frac{(1000-800)}{1000} \times 100 = 20\%$$

이 경우에 수요의 가격탄력성은

$$수요의\ 가격\ 탄력성 = \frac{20\%}{20\%} = 1$$

여기에서 탄력성이 1이라고 계산된 것은 사과가격이 1% 변하면 사과의 수요량도 1% 준다는 것을 의미한다. 즉 가격과 수요량의 변화율이 같다는 것을 의미한다. 이 경우에 가격은 양의 값으로 20% 변하였지만, 수요량은 음의 값으로 20% 변하였으므로 수요의 가격탄력성은 음의 값을 갖는다.

만약 위의 예에서 사과 1개 값이 500원에서 600원으로 올라갔을 때 수요량이 1000개에서 600개로 줄어들었다면 이때의 가격탄력성은 아래와 같이 구할 수 있다.

$$가격의\ \%\ 변화율 = \frac{(600-500)}{500} \times 100 = 20\%$$

$$수요량의\ \%\ 변화율 = \frac{(1000-600)}{1000} \times 100 = 40\%$$

이 경우에 수요의 가격탄력성은

$$수요의\ 가격탄력성 = \frac{40\%}{20\%} = 2$$

앞의 예에서는 수요에 대한 가격탄력성의 값이 1이고 뒤의 예에서는 가격탄력성이 2의 값이 나왔다. 뒤의 경우가 앞의 경우보다 2배의 크기만큼 가격에 대한 수요량의 변화가 크다고 할 수 있다.

3. 수요곡선의 형태와 탄력성의 크기 비교

수요곡선은 탄력성의 정도에 따라 다양한 형태를 가질 수 있다. 수요의 가격탄력성이 탄력적이냐 비탄력적이냐에 따라 수요곡선의 형태는 다르게 나타난다. 보통 탄력성의 크기가 1보다 크면 탄력적이라고 하고 1보다 작으면 비탄력적이라고 한다. 정확히 탄력성의 크기가 1이면 단위 탄력적이라고 부른다. 가격탄력성이 탄력적이라고 하면 수요량의 움직임이 가격의 움직임보다 비례적으로 크다고 할 수 있다. 비탄력적인 경우는 가격의 움직임보다 수요량의 움직임이 비례적으로 작다고 할 수 있으며, 여기에서 말하는 비례적이라는 말은 % 변화에 대한 비율을 말한다.

수요곡선은 여러 형태의 기울기를 가질 수 있다. 기울기란 수요곡선의 경사도를 말한다. 경사가 완만한가 또는 가파른가를 보고 수요곡선의 탄력성이 탄력적이냐 비탄력적이냐를 분간할 수 있다. 그러면 여러 형태의 수요곡선의 형태를 경사도와 더불어 [그림 3-15]에서 살펴보기로 하자.

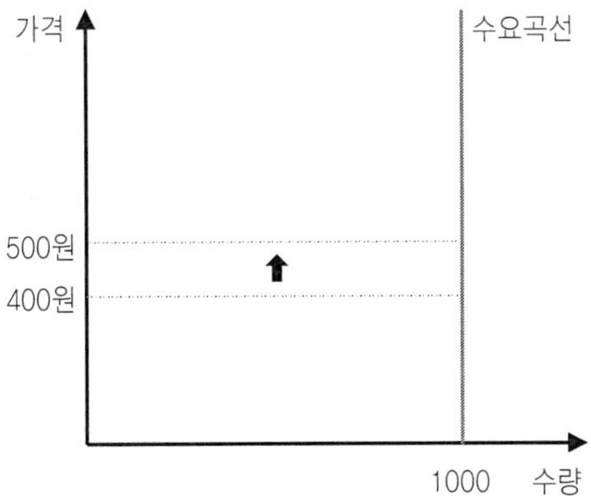

(a) 완전 비탄력적 수요(탄력성 0)

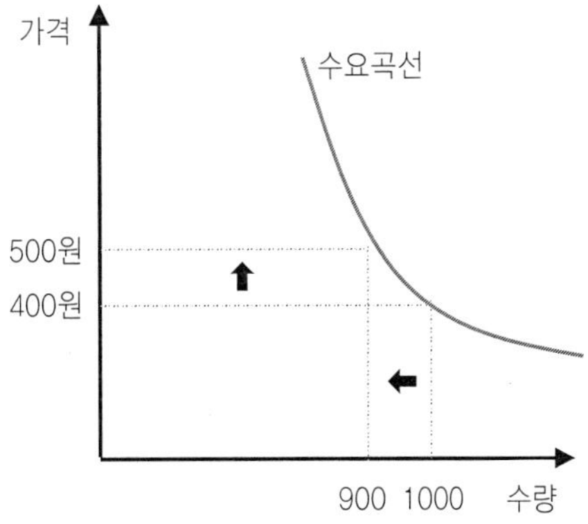

(b) 비탄력적 수요(탄력성 1보다 작음)

[그림 3–15] 수요곡선 형태

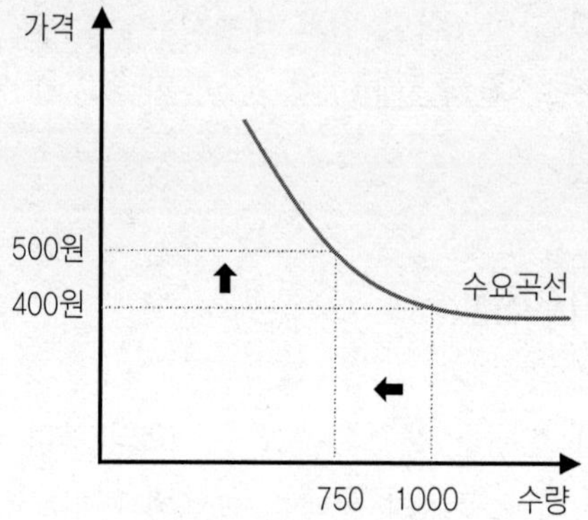

(c) 단위탄력적 수요(탄력성 1)

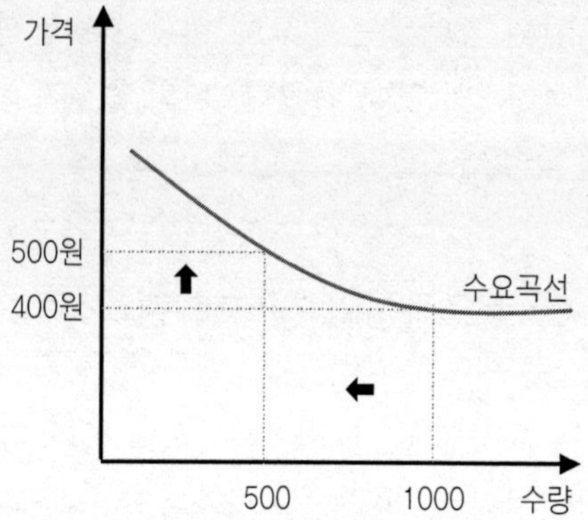

(d) 탄력적 수요(탄력성 1보다 큼)

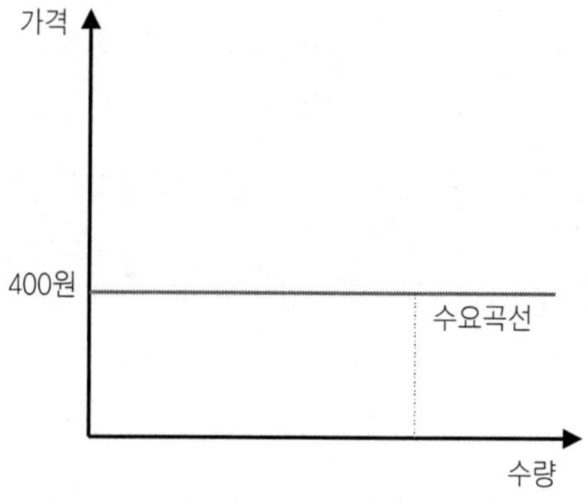

(e) 완전탄력적 수요(탄력성 ∞)

[그림 3-15] 수요곡선 형태(계속)

[그림 3-15]에서 보듯이 수요곡선의 형태를 기울기의 정도 즉 탄력성의 크기에 따라 5가지 형태로 분류하여 보았다.

그림(a)에서 보면 가격이 400원에서 500원으로 올랐는데도 불구하고 수요량은 전혀 변하지 않았다. 이러한 경우 수요가 완전 비탄력적이라고 한다. 예를 들면 마약중독자 같은 경우 마약 값이 올라도 수요량은 변하지 않을 것이다. 이와 같이 생활에 없어서는 안 될 필수품이라든지 중독성이 있는 제품은 거의 완전 비탄력적에 가깝다고 할 수 있다.

그림(b)의 경우는 가격은 400원에서 500원으로 상승하였는데 수요량은 1000에서 900으로 100만큼 줄었다. 가격은 25% 변하였는데 수량은 10% 변하였으므로 여기에서 탄력성은 0.4로 계산되므로 비탄력적이라고 할 수 있다.

그림(c)의 경우는 가격이 400원에서 500원으로 25% 변한 반면 수요량도 1000개에서 750개로 정확히 25% 변하였으므로 이 경우의 가격탄력성은 1로 계산되므로 단위 탄력적이라고 부른다.

그림(d)의 경우는 가격은 400원에서 500원으로 25% 변한 반면 수요량은 1000개에서 500개로 줄어들었으므로 50% 감소의 변화량을 가져옴으로써 여기에서 가격탄력성은 2로 계산되므로 수요에 대한 가격탄력성이 비교적 탄력적이라고 할 수 있다.

그림(e)의 경우는 가격이 전혀 변하지 않았는데도 수요량은 무한히 늘어난 경우인데, 이때 수요에 대한 가격탄력성은 ∞라고 하는데 경우에 따라서 필수품이 아닌 경우는 이러한 가격탄력성을 나타낼 수도 있다.

4. 수요의 가격탄력성과 총수입 간의 상관관계

앞에서 설명했듯이 탄력성에 대하여 공부하는 목적 중의 하나가 바로 총수입에 탄력성의 크기가 어떻게 영향을 미치는가를 알아보는 것이다. 예를 들어 어느 한 회사가 제품을 판매한다고 가정할 때, 이 회사가 총수입을 증가시키기 위해서 제품의 가격을 올려야 되는지, 그렇지 않으면 내려야 되는지를 결정짓는 요인이 바로 그 제품에 대한 수요의 가격탄력성이다.

총수입이란 그 제품의 가격에다 총판매량을 곱하여 구할 수 있다. 가격을 올리면 수요의 법칙에 의하여 수요량이 줄어든다. 이때 수요량이 가격이 올라간 비율보다 더 큰 비율로 줄어들면 총수입은 감소하게 될 것이다.

이 그래프에 의한 총수입개념을 설명하면 다음과 같다.

한 시장에서 사과 1개의 값이 500원에 1,000개가 팔렸다고 가정하면 총수입은 $500 \times 1,000 = 500,000$원이 되며 수요·공급 도표에서 보면 [그림 3-16] 사각형 범위가 총수입을 나타낸다.

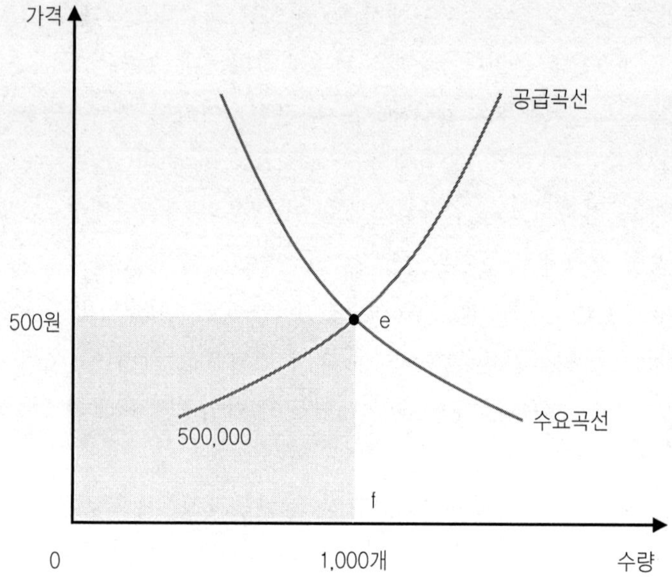

[그림 3-16] 수요 · 공급곡선(도표)

다른 예로, OPEC의 경우 세계의 유가를 올리기 위하여 감산정책을 쓴다고 할 때 세계 각국의 수요의 가격탄력성에 따라 어떻게 총수입에 미치는 영향이 다르게 나타나는지 수요·공급의 도표를 사용하여 설명하면 다음과 같다.

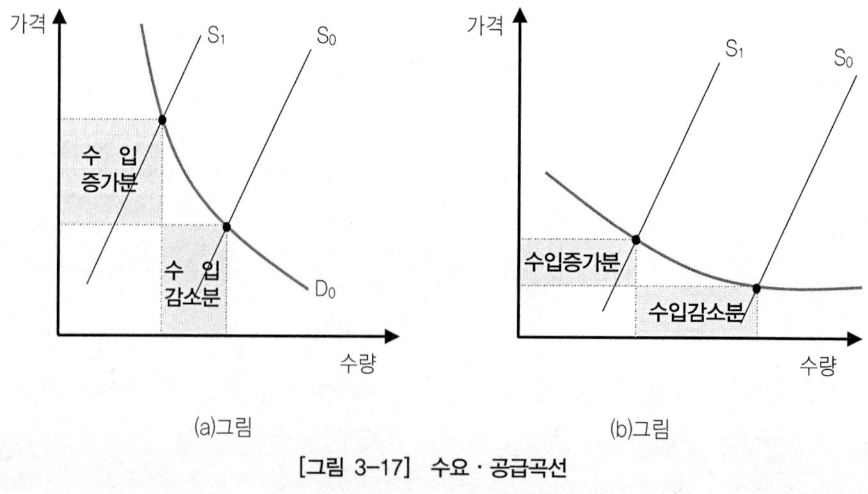

[그림 3-17] 수요 · 공급곡선

[그림 3-17]에서 (a)시장은 석유수요가 비탄력적인 시장이고 (b)시장은 석유수요가 매우 탄력적인 시장이다. 예를 들면 우리나라는 석유가 나오지 않는 나라이므로 석유에 대한 수요의 가격탄력성이 매우 비탄력적이므로 (a)와 같은 시장이고, 미국과 같은 나라는 자체 생산이 가능하므로 석유에 대한 수요의 가격탄력성이 매우 탄력적이므로 (b)와 같은 시장이 될 것이다.

OPEC에서 석유에 대한 수입을 늘리기 위하여 감산정책으로 인한 석유가 인상정책을 사용한다고 할 때 [그림 3-17]에서 보듯이 공급곡선은 양쪽 모두 S_0에서 S_1으로 이동하며 수입액이 다시 결정된다. 가격인상으로 인하여 수입감소분이 발생하는 대신 수입증가분이 생겨난다. 이때 수입증가분이 수입감소분보다 크면 가격인상으로 인하여 총수입액은 종전보다 증가하는 반면, 수입감소분이 수입증가분보다 크면 총수입액은 종전보다 감소하게 된다.

그림(a)에서는 OPEC가 공급량을 줄임으로 인하여 석유가격이 올라감에 따라 수입감소분이 수입증가분보다 적게 나타나며, 그림(b)의 경우는 수입감소분이 수입증가분보다 크게 나타나 있다. 양쪽 그림에서 차이점은 그림(a)에서는 수요에 대한 가격탄력성이 작고 그림(b)에서는 가격탄력성이 크다는 점이다. 결과적으로 수요에 대한 가격탄력성이 큰 시장에서는 가격을 인상시키면 오히려 총수입이 종전보다 줄어들고, 가격탄력성이 비탄력적인 시장에서는 가격을 인상시키면 총수입이 종전보다 늘어난다. 다시 말하면 OPEC에서 한국과 같은 나라에는 석유가격을 인상시킴으로써 수입을 증대시킬 수 있지만, 미국과 같은 석유수요에 대한 가격탄력성이 큰 시장에서는 가격을 인상시킴으로써 총수입은 종전보다 감소하는 결과를 초래한다.

그러므로 OPEC에서 가격인상에 의한 총수입을 증가시키기 위해서는 OPEC에서 석유를 수입해 가는 각 나라의 석유수요에 대한 가격탄력성을 측정하여 보는 것이 매우 중요한 일이라고 할 수 있다. 위로부터 우리는 수요의 가격탄력성과 총수입 간의 일반적인 상관관계를 도출할 수 있다.

① 수요의 가격탄력성이 1보다 클 때에는 가격을 올리면 총수입은 종전보다 감소하고, 가격을 내리면 총수입은 종전보다 증가한다.

② 수요의 가격탄력성이 1보다 작을 때에는 가격을 올리면 총수입은 종전보다 올라가고, 가격을 내리면 총수입은 종전보다 감소한다.

③ 수요의 가격탄력성이 단위 탄력적(탄력성이 1)일 때에는 가격을 인상시키거나 인하시켜도 총수입은 종전과 같다.

04

생산물시장(生産物市場)

Chapter 04

생산물시장(生産物市場

01 시장(市場)의 종류

1. 생산물시장(生産物市場) : Goods market
2. 노동시장(勞動市場) : Labor market
3. 화폐시장(貨幣市場) : Money market
4. 증권시장(證券市場) : Security market
5. 외환시장(外換市場) : Foreign exchange market
6. 국제시장(國際市場) : International trade market
7. 보험시장(保險市場) : Insurance market

시장의 종류로는 크게 생산물시장, 노동시장, 증권시장, 화폐시장, 외환시장, 국제시장, 보험시장으로 구분할 수 있고 증권시장은 다시 주식시장과 채권시장으로 나누어지며, 국제시장이란 국제무역시장을 뜻한다. 우리가 실물경제를 이해하기 위해서는 이러한 시장에서 일어나는 경제적인 현상이 무엇이며 서로 어떠한 연관성이 있고 경제적인 효과가 무엇인지 살펴보면 된다. 어느 시장이건 수요자와 공급자가 있고 상품이 존재하며 수요와 공급의 원리에 의하여 가격이 형성되어진다.

1) **생산물시장**에서는 상품을 사려고 하는 사람이 수요자이고 상품을 팔려고 하는 사람이 공급자이다. 다시 말하면 일반가계는 수요자이고 상품을 만들어 파는 기업은 공급자가 되고 수요와 공급에 의하여 상품가격이 결정된다.
2) **노동시장**에서는 수요자는 노동력을 필요로 하는 즉 기업이 노동에 대한 수요자이고 일반노동자는 노동에 대한 공급자이다. 노동시장에서는 노동의 공급과 수요에 의하여 노동에 대한 가격이 결정되는데 이것이 바로 임금이다. 즉 임금이 노동시장에서는 가격이 되는 것이다.
3) **화폐시장**에서 수요자는 개인이나 기업과 같이 돈을 빌리려는 사람이고 화폐에 대한 공급자는 돈을 빌려주는 금융기관이 된다. 화폐시장에서도 이와 같이 수요와 공급에 의하여 화폐의 가격이 결정되는데 이것이 이자율이다.
4) **증권시장**은 주식시장과 채권시장으로 나누어지는데, 주식시장에서도 마찬가지로 주식을 사고팔려는 수요자와 공급자 사이에서 주식가격이 결정된다. 채권시장도 엄격하게 이야기하면 수요자와 공급자가 존재하며 채권의 가격이 오르고 내릴 수 있다.
5) **외환시장**도 외환에 대한 수요와 공급에 의하여 환율이 결정되는 것이다. 예를 들어 달러 외환시장을 살펴보면 달러에 대한 수요는 수입할 경우 수입대금 결제 때 달러가 필요하고 해외여행을 한다거나 외국에서 차입금이 있을 때 상환시 또는 이자 지급시 필요하다. 이 경우가 달러에 대한 수요이다. 달러에 대한 공급이란 수출을 해서 달러를 벌어들여 보면 수출업자는 달러에 대한 공급자이다. 이렇게 달러에 대한 공급과 수요에 의하여 환율이 결정된다. 외환시장에서의 가격은 환율이 되는 것이다.
6) **국제시장** 역시 수요와 공급에 의하여 시장이 형성되는데, 국제시장에서의 수요자는 수입업자라고 할 수 있으며 수출업자는 공급자라고 할 수 있다. 국제시장에서의 가격은 수입품의 가격 또는 수출품의 가격이다. 어느 한 업자가 어떤 물건을 수입하려고 할 때 수입업자의 수입가격은 동시에 수출업자의 수출가격이 된다.

7) 보험시장도 보험자와 피보험자 즉 보험에 대한 수요자와 공급자에 의하여 보험시장의 가격인 보험료가 결정된다.

▶▶ 생산물시장(Goods market)

앞에서도 설명한 바와 같이 생산물시장에서는 상품을 사려고 하는 사람이 수요자이고, 즉 일반가계이고 상품을 팔려고 하는 주체 즉 기업이 공급자이므로 생산물시장에서는 소비자이론(가계행동이론)과 기업이론(생산자이론)에 대하여 살펴보기로 하자.

02 수요자의 행동이론(가계의 행동이론)

수요자의 행동이론에 있어서 첫째, 수요자의 목적은 주어진 예산으로 어떻게 하면 최대의 효용을 얻을 수 있느냐의 문제다.

만약, 우리의 소득이 제한되어 있지 않고 무한하다면 문제는 되지 않는다. 문제는 주어진 소득을 갖고 여러 재화에 소비를 해야 한다. 이렇게 주어진 소득으로 어떻게 하면 여러 재화의 소비를 최대의 효용을 얻게끔 소비하느냐가 소비자들의 목적인 것이다.

여기서 소비자의 효용(utility)이란 소비자가 어떤 재화를 소비하고 나서 그 소비로부터 얻는 만족감을 나타낸다. 효용이론이란 이러한 소비자의 심리상태(만족감)가 소비를 증가시킴으로 인하여 어떻게 변하는지 살펴보는 이론이다.

우리가 여기서 알아야 할 개념이 있는데 바로 총효용과 한계효용의 개념이 그것이다. 어떤 재화를 소비했을 때 우리의 만족감을 구체적으로 만족감이 10이다 또는 20이다 이렇게 숫자로 나타낼 수는 없지만, 이때의 만족감이 저때의 만족감보다는 크다는 것을 비교할 수는 있다. 여기서는 분석의 편의를 위해 만족도를 구체적으로 숫자로 나타내기로 한다.

총효용과 한계효용을 예를 들어 설명하면 다음과 같다.

내가 배가 고파서 빵을 먹는다고 가정할 때, 배가 매우 고팠을 때 처음에 1개 먹었을 때의 만족감이 50이었다고 가정하면 두 개 먹었을 때는 88, 세 개 먹었을 때는 121, 이런 식으로 처음보다 점차 증가시킬 때 효용은 증가하게 되어 있다. 이때 총효용은 1개 먹었을 때 50이 되고, 2개 먹었을 때 88이 되고, 빵 3개를 먹었을 때 총효용은 121이 된다. 한계효용(marginal utility)이란 처음에 1개 먹었을 때의 효용에서 2개째 먹었을 때의 증가된 효용분을 나타낸다. 1개에서 2개 먹었을 때 증가효용(88－50)은 38이 되고 2개에서 3개째 먹었을 때 한계효용(121－88)은 33이 된다.

여기에서 알 수 있듯이 총효용은 점차 증가하지만 한계효용은 점차 감소한다. 우리는 이렇게 재화의 소비를 증가함으로써 한계효용은 감소하는데 이것을 한계효용체감의 법칙(the principle of diminishing marginal utility)이라고 한다. 이러한 총효용과 한계효용을 도표로 나타내면 다음과 같다.

〈총효용과 한계효용의 크기 비교〉

수량	총효용	한계효용
0	0	
1	50	50
2	88	38
3	121	33
4	150	29
5	175	25
6	196	21
7	214	18
8	229	15
9	241	12
10	250	9

[그림 4-1]에서 보듯이 총효용은 소비가 증가함으로써 같이 증가하는 모습을 보여주는 반면, 한계효용은 소비가 증가함으로써 감소하는 형태의 우하향하는 모습을 보여준다.

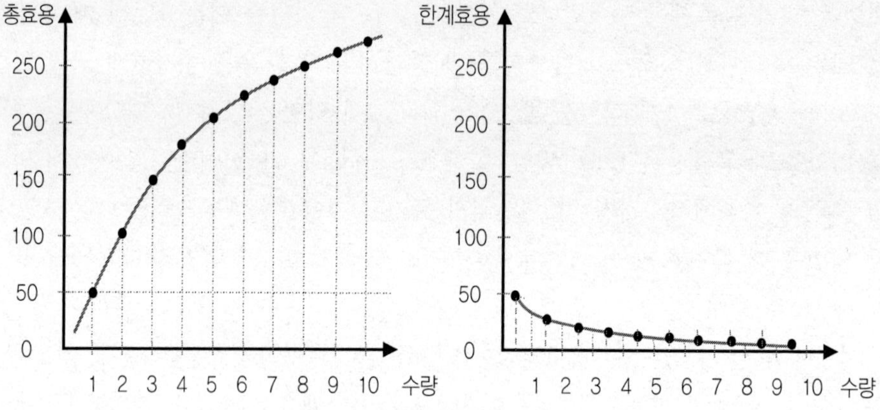

[그림 4-1] 총효용과 한계효용

1. 효용극대화

소비자의 최고의 목표는 효용을 극대화하는 것이다. 그런데 일반가계는 소득이 한정되어 있기 때문에 소득이 허용하는 한도 내에서 효용을 극대화시켜야 한다. 분석의 편의를 위해서 어느 소비자가 빵과 사과 두 재화를 소비한다고 가정하고 두 재화에 소비할 수 있는 예산이 5,000원이라고 할 때, 빵 1개의 가격은 1,000원이고 사과 1개의 값도 1,000원이라고 하면, 이때 소비자는 빵과 사과의 가격을 고려해서 소비할 수 있는 금액의 예산범위 내에서 효용을 극대화시키기 위해서 빵과 사과에 대하여 예산 5,000원을 배분시켜야 한다.

〈표 4-1〉 빵과 사과 소비의 효용 극대화 조합(예산 5,000원)

빵		사 과		빵과 사과의 총효용
수 량	총효용	수 량	총효용	
0	0	5	155	155
1	50	4	145	195
2	88	3	125	213
3	121	2	100	221
4	150	1	67	217
5	175	0	0	175

그러면 이때 어떻게 소득을 배분시키는 것이 이 소비자의 효용을 극대화할 수 있는 방법이냐 하는 문제이다.

1) 효용극대화 선택

위의 〈표 4-1〉에서 보듯이, 어느 소비자가 빵과 사과 두 재화만을 소비한다고 가정하면, 빵을 소비했을 때의 효용과 사과를 소비했을 때의 효용을 합한 총효용이 제일 극대화되는 수량을 선택할 것이다. 위의 〈표 4-1〉에서 보면 3단위의 빵과 2단위의 사과를 택하였을 때의 합한 총효용(121 + 100)이 221의 크기의 효용으로 극대화된다. 가격을 고려한 예산의 범위 내에서 가능한 조합이다. 빵 $(1,000 \times 3) +$ 사과$(1,000 \times 2) = 5,000$원

다시 말하면, 이 경우에 소비자는 5,000원을 가지고 빵 3개와 사과 2개를 사서 먹었을 때 총효용이 221로써 효용이 극대화된다고 할 수 있고, 이렇게 예산이 배분되었을 때 소비행동이 균형상태에 도달하였다고 할 수 있다. 지금까지는 소비자균형을 알아보기 위해 총효용을 합하는 방법으로 알아보았고, 더 좋은 대체방법으로 소비자균형을 알아보는 방법이 있는데 다음과 같다.

▶▶ 각 1원당 소비된 두 재화의 한계효용을 균등하게 하는 방법

소비자의 총효용을 극대화시키는 배분방법을 찾아낸다는 것은 바로 각 재화의 1원당 소비된 두 재화의 한계효용을 균등하게 하는 법이다. 총효용은 모든 소비자의 소득이 전부 소비되고 1원당 소비된 한계효용이 모든 재화가 균등하게 될 때 극대화가 된다.

이 소비자는 빵 3개 소비할 때의 한계효용은 88에서 121로 증가하였으므로 33이고 빵 가격은 1,000원이므로 빵 1원당 한계효용은 33 / 1,000 = 0.033이 된다. 그리고 사과 2개를 소비하였을 때 한계효용은 67에서 100으로 증가하였으므로 33이고, 그러므로 빵 3개를 소비하였을 때 1원당 한계효용과 사과 2개를 소비하였을 때 1원당 한계효용이 일치하므로 이때의 조합 즉 빵 3개, 사과 2개를 소비하였을 때 이 소비자의 총효용은 극대화가 된다.

빵의 한계효용을 M_{uB}라고 하고 빵 1개의 가격을 P_B라고 하면, 빵 1원당 한계효용은 M_{uB}/P_B이다. 그리고 사과의 한계효용을 M_{uA}라고 하고 사과 1개의 가격을 P_A라고 하면, 사과 1원당 한계효용은 M_{uA}/P_A이다.

그러므로 총효용이 극대화되기 위한 조건은 다음과 같다.

$$\frac{M_{UB}}{P_B} = \frac{M_{UA}}{P_A}$$

2) 한계효용이론에 대한 비판

한계효용이론은 우리에게 소비자균형에 대한 이해를 하는데 도움이 되지만, 현실적으로 몇 가지 비현실적인 비판이 있다.

첫 번째의 비판은 효용은 구체적으로 측정이 불가능하다는 점이다

실제로 우리는 효용의 크기를 측정할 수 없고, 굳이 우리는 효용의 크기를 측정할 필요가 없다. 우리는 단순히 재화와 서비스의 수량을 측정할 수 있고 또한 모든 재화와 서비스의 가격을 측정할 수 있다.

우리의 목적은 소비자들의 소득과 가격변화에 대응해서 현명한 선택을 할 수 있도록 이해시키는 데 있다. 그렇게 하기 위해서는 우리는 사람들이 소비형태의 효용을 도출해 낼 수 있어야 한다는 것을 가정하고 있다. 그러나 효용함수를 도출해 낸다는 것은 현실적으로 불가능하다.

두 번째의 비판은 소비자들이 그렇게 현명하지 않다는 점이다

많은 한계효용이론에 대한 비판가들은 소비자들이 1원당 한계효용을 같게 끔하는 선택을 할 만큼 현명하지도 않고 그런 계산을 할 수도 없다는 것이다.

2. 그래프에 의한 소비자균형 분석

소비자균형을 그래프로 분석하기 위해서는 몇 가지 그래프에 대한 개념을 이해해야 한다. 소비자 효용극대화를 그래프로 이해하기 위해서는 예산선과 무차별곡선에 대한 이해가 필요하므로 이 두 가지에 대하여 설명하기로 하자.

1) 예산선(Budget Line)

예산선이란 그래프상에 소비자가 쓸 수 있는 예산, 즉 소득의 소비 가능한 영역을 표시한 선이다.

예를 들어 설명하면, 앞에서 빵 1개의 값이 1,000원이고 사과 1개의 값도 역시 1,000원이라고 가정하고, 이때 소비자가 빵과 사과에 소비할 수 있는 허용예산이 5,000원이라고 한다면 이 소비자는 5,000원을 가지고 빵만 산다면 빵 5개를 살 수 있고 빵을 하나도 사지 않고 사과만 산다면 사과 5개를 살 수 있다. 빵과 사과를 같이 사는 경우 빵 1개를 사면 나머지 돈으로 사과 4개를 살 수 있고 빵 2개를 사면 사과 3개를 살 수 있다. 이와 같이 5,000원을 가지고 빵과 사과를 살 수 있는 영역(조합)을 그래프로 나타낸 것이 예산선이다. 그림으로 설명하면 다음과 같다.

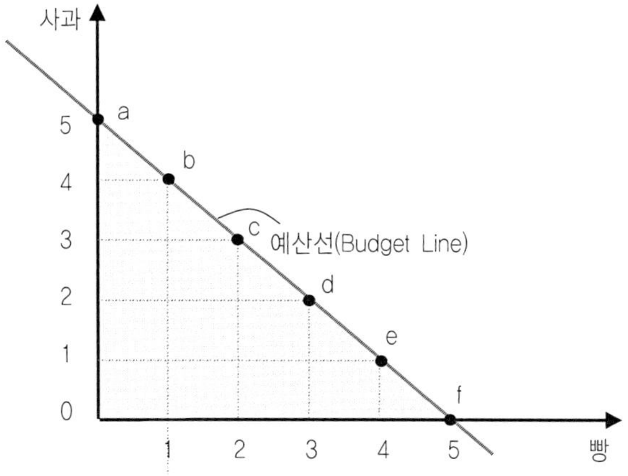

[그림 4-2] 예산선

[그림 4-2]에서 보면 a, b, c, d, e, f를 연결하는 직선이 예산선이다. 빗금친 삼각형의 영역에서는 어디에서나 5,000원의 소득으로 빵과 사과를 구매할 수 있다. 그러면 사과나 배의 가격이 변하거나 소비자들의 소득이 변하면 예산선(Budget Line)이 어떻게 변하는가를 알아보자.

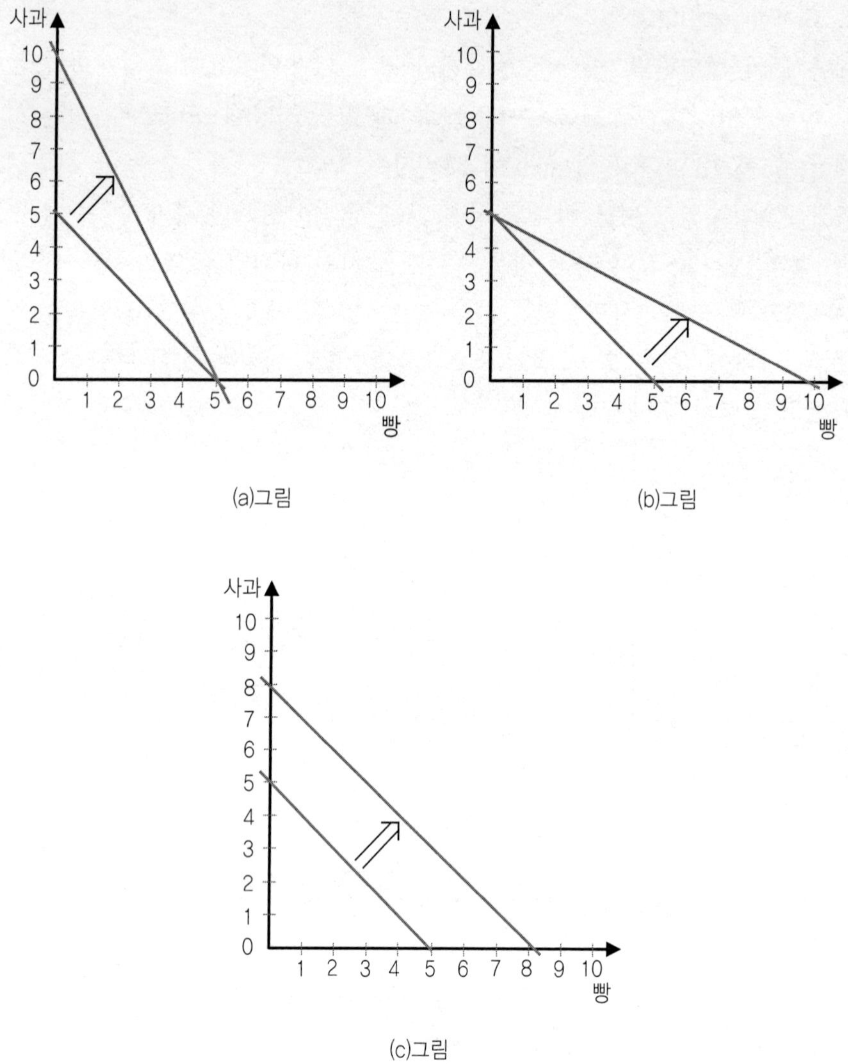

[그림 4-3] 예산선의 변화

[그림 4-3]에서 (a)그림은 사과의 가격이 기존 1개의 값이 1,000원에서 500원으로 떨어졌을 때 예산선이 변하는 것을 보여주고 있고, (b)그림은 반대로 사과의 가격은 1,000원 그대로 있고 빵의 가격이 1,000원에서 500원으로 반으로 떨어졌을 때의 예산선이 변하는 모습을 보여주고 있으며, (c)그림은 소비자의 소득이

5,000원에서 8,000원으로 증가했을 때의 예산선이 변하는 모습을 보여주고 있다.

2) 무차별곡선(indifference curve)

무차별곡선이란 두 재화를 소비하였을 때 같은 만족감을 주는 조합의 집합체를 곡선으로 나타낸 것을 말한다. 다시 말하면 두 재화를 소비하였을 때 효용에 대하여 차별이 없다는 것을 말한다. 구체적으로 예를 들면, 소비자가 빵 3개와 사과 7개를 소비하였을 때의 효용과 빵 5개와 사과 3개를 소비하였을 때 효용 즉 만족감이 서로 같다는 뜻이다. 이때에 소비자는 사과와 빵에 대하여 일반적인 선호도를 갖고 있다고 가정하는 것이다. 예외적으로 소비자가 특히 빵만 좋아한다거나, 사과만 좋아하는 경우는 배제하는 것이다. 그래프를 그려서 설명하면 다음과 같다.

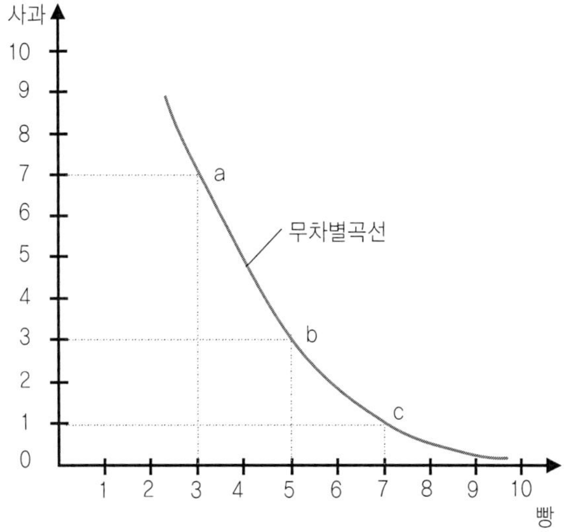

[그림 4-4] 무차별 곡선

[그림 4-4]에서 보면 소비자는 a점에서 사과 7개와 빵 3개를 소비하고 b점에서는 사과 3개와 빵 5개를 소비하는데, a점과 b점에서 소비자는 효용이 같다는 것

을 나타내며 이러한 효용이 같은 점의 조합을 선으로 나타낸 것을 무차별곡선(indifference curve)이라고 부른다. 다음에는 무차별곡선을 이해하기 위해서 한계대체율에 대한 개념을 이해해야 한다. 한계대체율이란 소비자가 두 재화를 소비한다고 가정하면, 즉 빵과 사과를 소비한다고 하면 똑같은 만족감 즉 효용을 유지하면서 빵과 사과의 소비의 조합을 바꿀 수 있다.

소비의 조합을 바꾸기 위해서는 빵의 소비를 줄이는 대신 사과의 소비를 늘리면 똑같은 효용을 유지할 수 있다. 이때 빵의 소비를 포기하는 대신 사과의 소비를 늘릴 때 포기하는 빵의 수량과 그 대신 획득하는 사과 수량의 비율을 한계대체율(the marginal rate of substitution)이라 부른다.

[그림 4-4]에서 보면 일반적으로 무차별곡선은 원점에 대하여 볼록한 모습을 보여주고 있는데, 이러한 이유는 한계대체율체감의 법칙 때문이다. 한계대체율체감의 법칙(the law of diminishing marginal rate of substitution)이란 한계대체율이 체감한다는 법칙인데, 쉽게 이야기하면, 어떤 소비자가 위에서 예를 들었듯이 사과와 빵을 소비할 때 똑같은 효용을 유지하면서 빵과 사과의 소비조합을 바꿀 수 있는데, 처음에는 빵 1개를 추가로 더 소비하기 위해서 사과 3개를 포기했다고 한다면, 그 상태에서 다음에 빵 1개를 추가로 더 얻기 위해서 포기하는 사과의 수량은 먼저 포기했던 3개보다는 줄이려고 할 것이다. 왜냐하면 앞서 빵 1개를 얻기 위하여 사과 3개를 이미 포기하였기 때문에 이번에 다시 추가로 빵 1개를 더 얻기 위해서 종전과 같이 사과 3개를 포기하려고는 하지 않을 것이다. 그것은 사과 3개를 이미 포기하였으므로 사과에 대한 희소가치가 점점 증가하므로 종전과 같은 수량을 포기하려 하지 않는다.

이와 같이, 빵 1개를 추가적으로 더 소비하기 위하여 포기하는 사과의 수량은 점점 더 줄어들 것이다. 이와 같은 법칙을 한계대체율체감의 법칙이라고 하며, 이러한 법칙으로 인하여 무차별곡선이 원점에 대하여 볼록한 형태를 띠게 되는 것이다.

① 무차별곡선의 형태

무차별곡선의 형태는 두 재화 간의 대체성의 정도(degree of substitutability)에 의하여 결정된다. 다시 말하면 무차별곡선은 원점에 대하여 볼록한 형태도 될 수 있고 직선도 될 수 있으며, 또한 완전 직각의 형태로도 그려질 수 있다. 볼록한 형태의 정도는 두 재화 간에 있어서 상호 대체성이 어느 정도인가에 따라 달라질 수 있는 것이다. 그래프를 그려서 설명하면 다음과 같다.

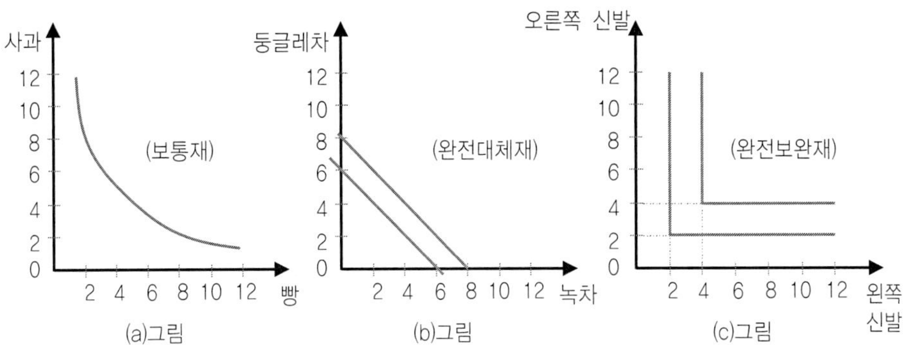

[그림 4-5] 대체성의 정도

[그림 4-5]에서 보듯이, 무차별곡선의 형태는 보통재의 경우 예를 들어, 빵과 사과는 대체성이 어느 정도 있는 보통재화이다. 보통재화인 경우 그림 (a)에서와 같이 원점에 대하여 볼록한 형태를 취하고 그림(b)에서 녹차나 둥글레차와 같이 완전대체인 경우는 직선형태의 무차별곡선이 된다. 이때는 한계대체율이 보통재와 같이 체감하지를 않고 일정하다. 왜냐하면 두 재화에 대한 선호도와 똑같기 때문에 한 재화에 대한 다른 재화의 대체율이 일정하기 때문이다. 그러나 그림(c)의 경우에는 대체성이 완전히 없기 때문에 직선형태의 무차별곡선이 된다.

예를 들어 왼쪽 신발과 오른쪽 신발은 완전보완재이기 때문에 두 재화 간에는 대체성이 전혀 없다.

② 소비자균형

그러면 위에서 설명한 예산선과 무차별곡선을 이용하여 소비자의 효용 극대화조건 즉 소비자균형을 알아보기로 하자.

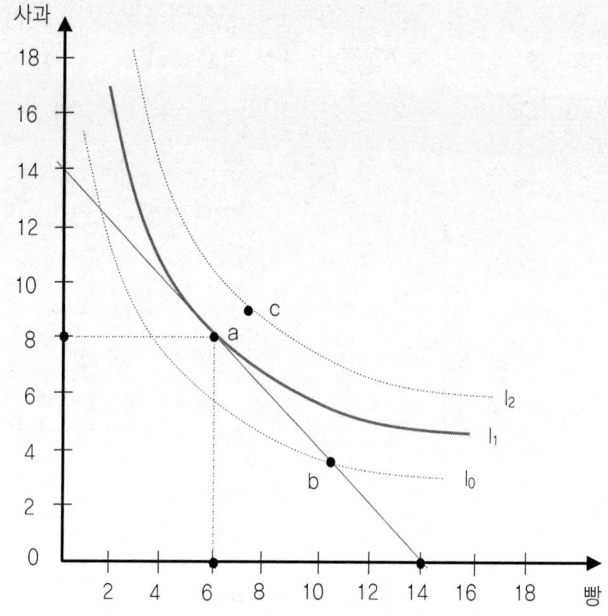

[그림 4-6] 소비자균형

[그림 4-6]에서 보여주듯이 무차별곡선과 예산선이 접하는 접점 a에서 소비자의 효용이 극대화되며 소비자균형이 이루어진다.

b점에서는 예산선범위 안에는 있지만 무차별곡선이 I_1보다는 아래에 위치해 있기 때문에 소비자의 효용이 a점보다는 적은 점이다. 그리고 c점에서는 I_1보다 I_2가 소비자효용이 더 크지만, 예산가능지역이 아니기 때문에 소비자의 효용극대화 조건을 만족시켜 주지 못하므로 c점과 b점에서는 소비자균형이 이루어지지 못하고 a점만이 소비자균형점이다.

3. 가격효과와 수요곡선 도출

일단 소비균형이 이루어졌다가 다른 한 재화의 가격이 오르거나 내려서 변하면 소비자균형점이 다시 이동하게 되며, 이때의 가격변화에 의하여 수요곡선을 도출할 수 있다. 이때 우리는 가격변화에 대한 재화가 Giffen재가 아니라는 것을 가정하고 있다. Giffen재라고 하는 것은 그 재화에 대한 가격이 하락함에도 불구하고 수요량이 오히려 증가하지 않고 줄어드는 그런 성질의 재화를 말한다.

이러한 가격변화에 의한 소비자균형점 이동과 이로 인한 수요곡선의 도출을 그래프에 의하여 설명하여 보기로 한다.

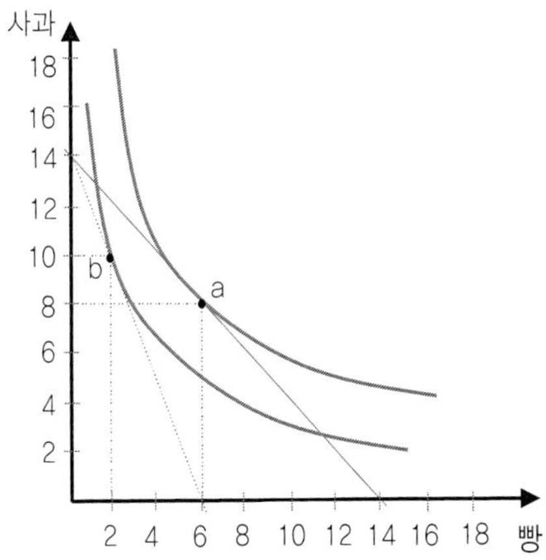

(a)그림

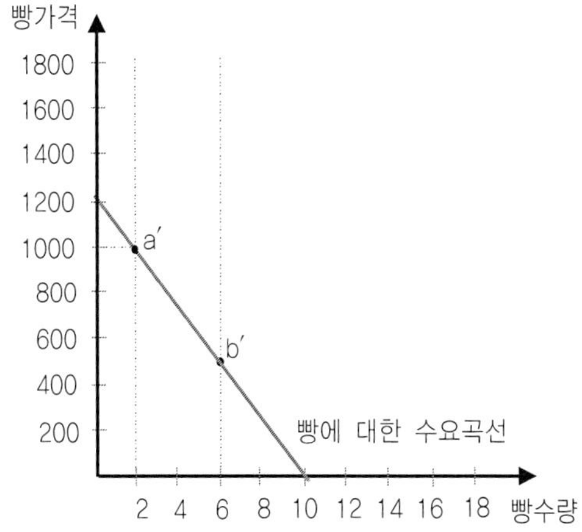

(b)그림

[그림 4-7] 수요곡선의 도출

[그림 4-7]에서 보면 처음에 소비자균형점 a점에서 이루어져 이 소비자는 처음에는 사과 10개와 빵 2개를 소비하고 있다가 빵의 가격이 내려감에 따라 상대적으로 가격이 싸진 빵을 더 소비하고 사과에 대한 소비는 줄여서 소비자균형점이 b로 이동함에 따라 사과는 2개가 줄어든 8개를 소비하고 빵은 4개가 늘어난 6개를 소비하게 되었다. 그림(b)에서 보면 a′점은 그림(a)에서의 a점에 해당되고 b′점은 그림(a)에서 b점에 대응되는 점이다. 빵의 가격이 내려가므로 인하여 빵에 대한 수요는 a′에서 b′로 증가하며 가격효과로 인하여 빵에 대한 수요곡선이 도출되는 것이다.

1) 소득효과

앞에서는 가격의 변화에 의한 소비자균형점의 이동을 살펴보았다. 이번에는 소득이 변화하였을 때 소비자균형이 어떻게 바뀌는지 살펴보기로 하자. 소득효과를 알아보기 전에 먼저 이해하여야 할 개념이 있는데, 소득에 대한 효과가 정상 재와 열등재에 대하여 다르게 나타난다는 것이다. 그러면 정상재와 열등재는 무엇인지 알아보기로 하자.

정상재란 소득이 늘어나면 따라서 그 재화에 대한 소비가 늘어나는 재화를 말하고 열등재란 소득이 늘어남에도 불구하고 그 재화의 소비가 줄어드는 재화를 말한다. 우리나라에서 보면 보리쌀 같은 재화가 열등재에 속한다. 정상재와 열등재의 경우 소득효과가 어떻게 다른지 그래프에 의하여 알아보기로 하자.

[그림 4-8]에서 보면 (a)그림 정상재의 경우는 소득이 증가하면 예산선이 우상향으로 이동하여 소비자균형점이 a에서 b로 이동하여 사과와 빵의 소비가 전에 비하여 모두 증가하였다. 그러나 그림 (b)에서 보면 소득이 증가하기 전에는 쇠고기와 보리쌀의 소비가 a점에서 이루어졌다가 소득이 늘어났음에도 불구하고 소비점은 b점으로 이동하여 보리쌀 소비는 오히려 종전보다 줄어들고 쇠고기

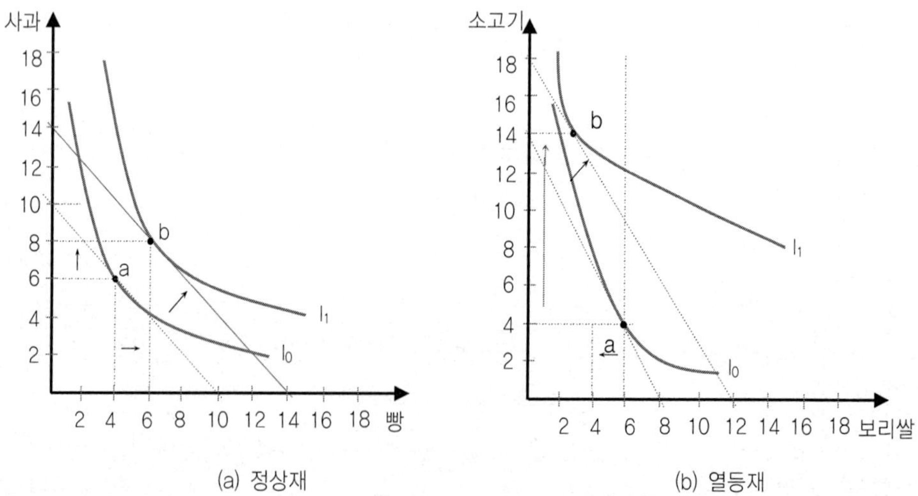

[그림 4-8] 소득효과(정상재, 열등재)

소비는 전보다 증가하였다. 이와 같이 소득이 증가함에도 불구하고 보리쌀과 같이 소비가 줄어드는 재화를 열등재라고 한다.

2) 가격효과에 대한 분석

가격효과는 대체효과와 소득효과로 분리되어서 분석될 수 있다. 예를 들어 빵가격이 내렸다고 치면, 소비자는 상대적으로 싸진 빵을 더 소비하려고 하는 성향이 있는데 이러한 효과를 대체효과라고 하며 가격이 싸지면 그만큼 소득이 늘어난 것과 같은 효과가 있다. 소득이 늘어난 효과로 인하여 빵에 대한 소비가 더 증가하는 효과를 소득효과라고 한다.

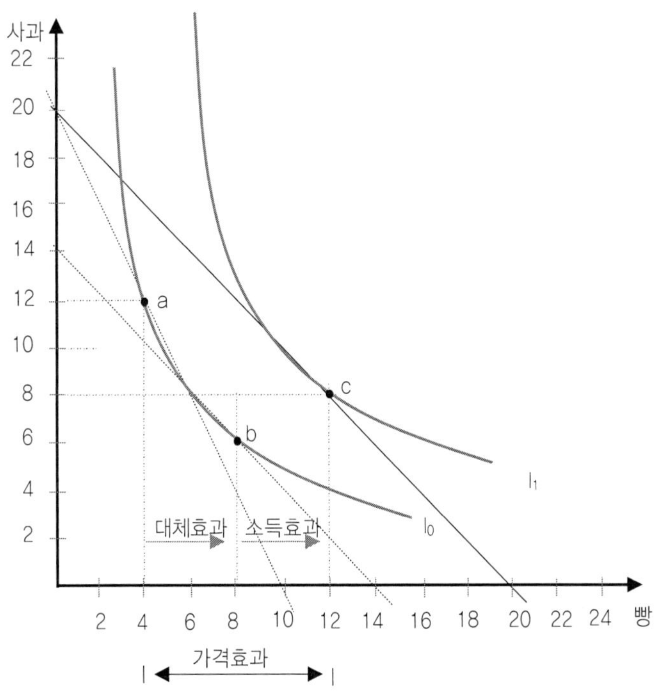

[그림 4-9] 가격효과 분석(대체, 소득효과)

[그림 4-9]에서 보면 가격효과가 대체효과와 소득효과로 나누어져 분석되는 것을 보여주고 있다. 처음에 소비자균형은 예산선과 무차별곡선 I_0가 만나는

접점 a에서 이루어져 소비자는 사과 12개와 빵 4개를 소비한다. 그런데 빵의 가격이 내려서 균형점이 c로 옮겨져 빵의 소비가 12개로 늘어나고 사과의 소비가 8개로 줄어들었다.

결과적으로 빵의 소비가 4개에서 12개로 늘어났으므로 순증가분은 8개가 늘어난 셈이다. 이 순증가분 8개가 가격효과로 인하여 늘어난 것이다. 그런데 여기서 가격효과는 다시 대체효과와 소득효과로 분리된다고 하였다. 실제로 빵의 가격이 떨어졌다는 것은 결과적으로 이 소비자의 소득이 종전보다 늘어난 것이나 같은 이치다.

여기에서 대체효과란 단순히 빵의 가격이 떨어져서 실제적으로 소득이 늘어난 셈인데 소득이 늘어난 효과를 감안하지 않고 가격이 떨어진 상태만 감지하고 사과에 비해 상대적으로 싸진 빵으로 대체시키려고 하는 성향을 말하며, 이때는 효용은 종전과 똑같이 유지하는 상태에서 대체시키려고 하는 효과만 본 경우이므로 균형점이 [그림 4-9]에서 a에서 b로 옮겨간 경우이며 대체효과는 빵의 소비가 4개에서 8개로 증가하여 4개만큼의 대체효과가 일어난 셈이다.

소득효과란 빵의 가격이 떨어져 실제적으로 소비자의 소득증가로 연결되어 무차별곡선 자체가 우상향으로 이동한다. 즉, 소비자균형이 b점에서 c점으로 옮겨가는 경우이다. 이때 빵의 소비는 8개에서 12개로 증가하였으므로 소득효과로 인한 증가분은(12－8) 4개가 된다(소득이 증가하면 예산선 자체가 우상향으로 이동하기 때문에 소비자는 이동된 예산선 접점에서 균형을 이루려고 하므로 무차별곡선 자체가 우상향으로 이동되어서 이동한 예산선에서 소비자균형이 이루어져야 한다).

결과적으로 이야기하면, 빵의 가격하락으로 인하여 소비자균형의 가격효과가 나타나는데, 이때 가격효과는 다시 대체효과와 소득효과로 분리되는데 위의 그래프에서는 소비자균형이 a에서 b로 이동되었을 때 빵에 대한 순수 소비증가분 4가 대체효과이며 소비자균형이 다시 b에서 c로 이동되었을 때 순수증가분 4가 소득효과로 인한 순수증가분인 것이다.

03 생산자행동이론(기업의 행동이론)

기업의 목적은 이윤극대화(profit maximization)에 있다. 기업의 이윤은 총수입에서 총비용을 빼줌으로써 구할 수 있다. 기업의 이윤극대화를 알아보기 위해서는 수입과 비용관계에 대하여 알아보아야 한다. 수입에는 총수입, 평균수입, 한계수입에 대한 개념이 있고 비용에도 총비용, 평균비용, 한계비용에 대한 개념이 있는데 차례로 알아보기로 한다.

기업의 목적은 이윤극대화지만 여기에는 제약조건이 있다. 제약조건에는 크게 두 가지가 있는데 시장제약조건(market constraints)과 기술제약조건(technology con-straints)이다.

기업의 시장제약조건이란 기업이 생산요소를 구입하여 제품을 만들어서 시장에 생산물을 팔 수 있는 조건을 말한다. 시장에서 영향력이 없는 조그만 회사는 모든 기업이 파는 가격에 팔 수밖에 없다. 그러나 시장에서 우위를 갖고 있는 대기업 같은 경우는 특정제품에 대하여 가격을 조작할 수 있다.

생산요소 쪽에서 보면, 제약된 생산요소를 소유하고 있는 기업은 높은 가격에서만 좀더 생산요소를 공급하려고 할 것이다. 대부분의 기업은 시장에서 생산요소를 다른 기업이 구입하려고 하는 가격에 구입할 수밖에 없다. 특별한 경우를 제외하고는 생산요소가격을 시장에서 자기들의 행동을 통하여 조작할 수 없다.

기업의 기술제약조건이란 기업들은 재화를 생산하기 위하여 생산요소 즉 노동, 자본, 토지 등을 사용한다. 이때 생산요소가 생산물로 바뀌게 하는 방법을 기술이라고 한다. 어떤 제품은 자본에 비하여 노동을 많이 제공하게 되는데 이러한 산출물을 노동집약적 기술이라고 하고, 어떤 제품은 생산요소 중 노동에 비하여 자본을 많이 투하하게 되는데 이러한 기술을 자본집약적 기술이라고 한다.

이윤을 극대화하기 위하여 기업은 기술적으로 효율적인 생산방법을 선택할 것이다. 기술적인 효율성(technological efficiency)의 정의는 더 이상의 생산요소를 사용하지 않고는 더 이상의 산출물을 생산할 수 없는 상태를 말한다.

1. 단기와 장기(the short run and the long run)

경제학에서는 주로 어떤 경제정책의 효과를 측정하기 위하여 시간대를 장기와 단기로 나누어서 분석한다. 생산물 효과를 알아보기 위하여 시간대를 단기 또는 장기로 나누어서 분석하는데, 여기서 말하는 단기란 두 생산요소가 있으면 1개의 생산요소는 고정되어 있어서 생산물이 늘어남에도 불구하고 변화할 수 없으며 다른 한 생산요소는 변할 수 있는 그러한 시간을 단기라고 한다. 그리고 장기라고 하는 시간대는 두 가지 생산요소 즉 노동, 자본, 생산물이 증가함에 따라 모두 변화할 수 있는 충분한 시간대를 말한다.

그러면 단기에 있어서 생산물 효과를 알아보기로 하자. 생산물 효과에는 총생산, 평균생산, 한계생산이 있는데, 이러한 생산은 단기에 기술제약조건을 바탕으로 한 것이다.

2. 생산물(단기기술제약조건)

기업이 단기에 생산물을 증가시키기 위해서는 변동생산요소를 늘려야 한다. 여기서 말하는 단기에서 변동생산요소는 노동을 말하며 고정요소는 자본을 말한다. 왜냐하면 노동력은 단기에 늘릴 수 있지만 자본력은 단기에 조달이 불가능하다고 보기 때문이다.

기업의 단기적인 기술제약조건은 기업이 추가생산물을 생산하기 위하여 변동생산요소를 추가적으로 얼마만큼 더 사용해야 하는가를 결정하여 준다.

기업의 단기 기술제약은 다음의 3가지 관련된 곡선에 의하여 설명되어질 수 있다. 3가지 관련된 곡선이란 총생산곡선, 평균생산곡선, 한계생산곡선이다. 총생산곡선이란 단기에 자본은 고정되어 있고 노동만 증가시킬 때 나타나는 총생산량을 그래프로 나타낸 것이고, 평균생산곡선이란 생산량 대 노동투입량 즉 단위노동투입량의 생산량을 그래프로 나타낸 것이며, 한계생산물곡선이란 추가로 1단위의 노동을 투입하였을 때 증가된 생산물의 양을 그래프로 나타낸 것이다.

총생산량을 그래프로 나타낸 것이며, 다음과 같다.

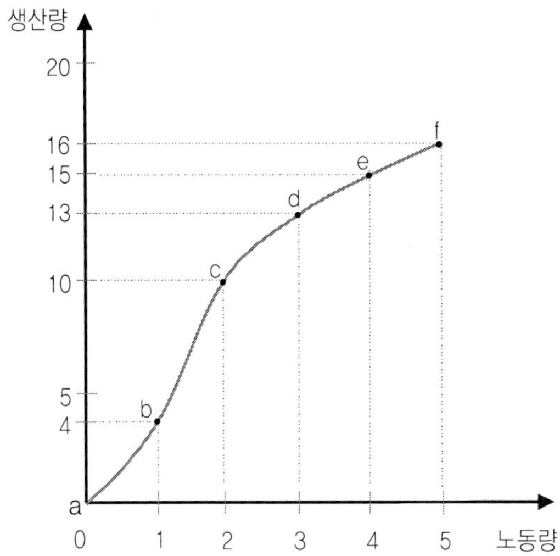

구분	노동량	생산량
a	0	0
b	1	4
c	2	10
d	3	13
e	4	15
f	5	16

[그림 4-10] 총생산량과 노동투입량의 관계

[그림 4-10]은 총생산량과 노동투입량의 관계를 곡선으로 나타내어 주고 있다. 도표에서 나타내준 조합, 즉 노동투입량 대 총생산물과의 관계를 보여준 그래프이며, 여기서 우리가 가정하는 것은 단기이기 때문에 자본의 양은 고정되어 있고 노동의 양만 증가시킨 경우이다. 자세히 이 그래프를 살펴보면 그래프 모양이 어떤 특색을 보여주고 있다. 어떤 특색이냐 하면 차례차례로 노동의 양을 1단위씩 증가시키지만 그에 대응하여 변하는 총생산물의 수량은 차차 감소하는 경향을 보여주고 있다. 이 그래프가 처음에는 경사도가 크게 나타나다가 점차 경사도가 완만하게 나타나는 것이 이러한 경향을 보여주고 있다.

이렇게 노동 1단위당 증가되는 수확량이 점차 감소하는 경향을 수확체감의 법칙(The law of diminishing returns)이라고 한다. 다시 말하면 뒤에서 설명하겠지만, 기업이 고정생산요소는 변화시키지 않고 변동생산요소만 변화시킬 때 한계생산물이 점차 감소하는 현상을 수확체감의 법칙이라고 하며, 이러한 현상이 나타나는 이유는 단기이기 때문에 노동의 투입요소가 증가하는 데도 불구하고 자본의 생산요소는 고정되어 있으므로 인하여 노동의 증가에 의한 생산성 증가에 저해를 가져옴으로써 생산량이 점차 감소하는 것이다.

쉽게 말하면, 노동량에 적절한 기계의 대수가 부족하기 때문에 생산성이 떨어지는 것이다. 여기에서 노동과 자본은 생산요소로써 서로 어느 정도 대체성과 보완성이 있다고 보며, 서로 간에 완전대체재이거나 완전보완재는 아니다.

다음에는 총생산물과 평균생산물·한계생산물의 관계에 대하여 그래프로 알아보자.

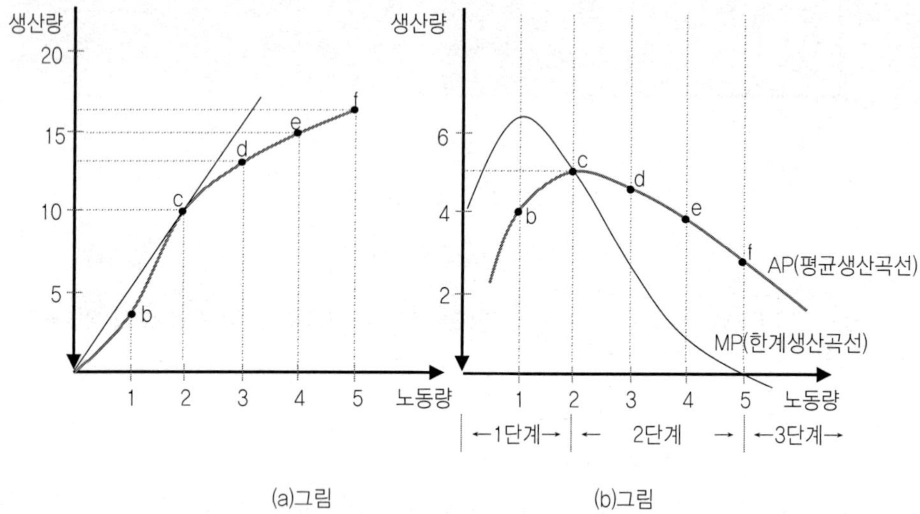

구 분	노동력	생산량	평균생산량	한계생산량
b	1	4	4.00	4
c	2	10	5.00	6
d	3	13	4.33	3
e	4	15	3.75	2
f	5	16	3.20	1

[그림 4-11] 총생산 · 평균생산 · 한계생산의 상관관계

[그림 4-11]은 총생산, 평균생산, 한계생산물의 상관관계를 그래프로 보여주고 있는데, 이들의 상관관계를 설명하면 다음과 같다. [그림 4-11]의 그림(a)에서 보면 총생산물 그래프는 처음에는 급격하게 경사도를 보여주다가 점차 완만한 경사도를 보여주고 있는데, 이는 수확체감의 법칙을 보여주고 있다. 그림(b)에서 평균생산곡선을 살펴보면 처음에는 점차 증가하다가 c점에서 최고치를 나타내다가 c점을 지나면서 평균생산이 점차 감소하고 있는 것을 보여주고 있다. c점 즉 평균생산의 최고점은 노동 2단위를 투입했을 때 총생산물 10단위를 생산하였을 때이다.

그림(b)에서 한계생산물곡선에 대하여 살펴보면 한계생산물곡선은 노동투입량 1단위와 2단위 사이에서 최대가 되며 그 정점을 기점으로 계속 감소되며 한계생산곡선은 평균생산곡선의 정점을 지나고 있다.

우리는 위와 같은 현상에서 평균생산곡선과 한계생산곡선과의 몇 가지 상관관계를 도출할 수 있다.

① 한계생산곡선은 평균생산곡선의 정점을 지난다.
② 평균생산이 증가하는 한 한계생산은 평균생산 위에 위치한다.
③ 평균생산이 감소하는 한 한계생산은 평균생산 아래에 위치한다.

다음에는 비용면에 대하여 살펴보기로 한다.

총비용과 평균비용 및 한계비용에 대한 상관관계를 알아보기로 하자.

총비용이란 제품을 생산하는 데 들어가는 전체비용을 말하고, 평균비용이란 제품 단위당 들어가는 비용을 의미하며, 한계비용은 제품을 추가 1단위당 만드는 데 들어가는 추가비용을 말한다.

3. 총비용

기업의 총비용은 생산하는 데 필요한 모든 생산요소의 비용을 합한 금액을 말한다. 총비용이란 땅을 빌리는 비용, 건물·장비 그리고 인건비 등의 모든 비용을 포함한다. 총비용은 두 가지 비용으로 구성되는데, 하나는 고정비용이고 다른 하나는 변동비용이다. 고정비용이란 생산물 증감에 관계없이 단기적으로 필요한 비용을 말하고, 변동비용이란 생산물의 증감에 따라 변동하는 비용을 말한다.

다시 말하면 총비용은 총고정비용과 총변동비용을 합한 비용이다.

이러한 단기비용을 그래프에 의하여 설명하면 다음과 같다.

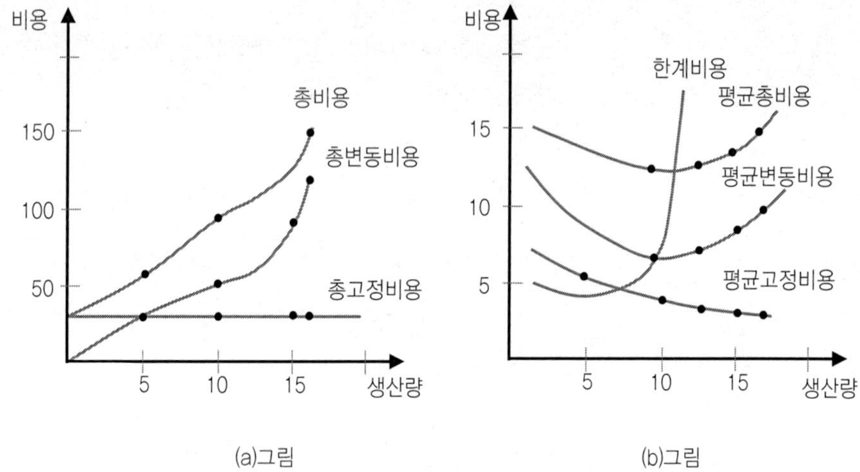

[그림 4-12] 총비용과 평균비용, 한계비용 상관관계

[그림 4-12]에서 총비용과 평균비용, 한계비용의 상관관계가 그래프로 나타나 있다. 그림(a)에서는 총비용이 총변동비용과 총고정비용으로 구성되어 있는 것을 보여주고 있다. 단기에서는 총고정비용은 생산물 증가에 관계없이 똑같다. 예를 들면 빌딩임대료 같은 것은 생산물에 관계없이 일정하다. 그러나 인건비는 생산물을 증가시키면 노동자를 더 많이 고용하여야 하므로 이러한 비용을 총변동비용이라고 한다.

그림(a)에서 보면 총고정비용은 일정하므로 수평선으로 표시되어 있고 총변동비용곡선은 처음에는 서서히 증가하다가 어느 시점이 지나면 급격하게 증가하고 있다. 이러한 이유는 단기이기 때문에 생산량을 증가시키기 위하여 고정요소는 바꾸지 못하고 변동적인 생산요소만 바꾸기 때문에 규모의 경제를 실현할 수 없으므로 총비용이 어느 시점을 지나면 급격히 증가하게 된다. 다시 말하면, 생산량을 증가시키기 위하여 생산요소를 골고루 증가시켜야 되는데, 여기서는 단기이기 때문에 변동요소만 증가시키므로 변동비만 증가되어 생산요소를 혼합시키는 데 효율성이 떨어지므로 총비용이나 총변동비용이 급격히 증가한다.

그림(b)에서 보면 평균고정비용 곡선은 계속해서 하향하는 모습을 보여주고 있는데, 평균고정비용은 총고정비용을 단위당 생산물로 나눈 수치이기 때문에, 총고정비용은 일정하게 고정되어 있는데 생산물 단위가 증가하므로 생산물이 증가하면 할수록 평균고정비용은 감소하게 된다. 한계비용과 평균비용은 어느 시점을 지나면 감소하다가 다시 증가하는데, 바로 이 어느 시점이 시기가 단기이기 때문에 변동요소만 증가시키고 고정요소 투입량은 증가시키지 못함으로써 발생되는 생산요소 혼합의 비효율성 때문에 일어나는 시점이다.

만약 시기가 장기적이어서 고정요소도 생산물 증가로 인하여 같이 증가시킬 수 있다면 한계비용곡선과 평균비용곡선이 U-Shaped의 형태를 띠지 않을 수도 있다. 여기서 주의 깊게 살펴봐야 될 것은 한계비용곡선이 평균비용과 평균변동비용 곡선의 최저점을 통과한다는 점이다. 그 이유에 대하여는 다음 기회에 설명하기로 한다.

평균비용곡선이 U-Shaped 형태를 띠는 이유는 두 가지에 의하여 도래되는데, 첫째는 평균고정비용이 점차 감소한다는 데에 있고, 두 번째는 종국적으로 평균변동비용이 증가하는 데에 있다.

총고정비용은 일정한데(생산물이 증가함에 따라) 비하여 평균고정비용은 감소하므로 평균고정비용곡선은 우하향의 기울기를 갖는다. 산출량이 적은 단계에서는 평균고정비용은 급격하게 줄어들다가 산출량이 더욱 증가하는 단계에서는 평균고정비용은 서서히 감소한다.

수확체감의 법칙, 즉 규모의 경제 때문에 평균변동비용은 종국적으로 증가하므로 평균변동비용곡선도 급격히 증가하므로 기울기도 점점 가파르게 변화하는 것이다.

평균총비용은 평균고정비용과 평균변동비용의 합계이므로, 평균총비용곡선은 이 두 가지의 비용을 결합한 것이다. 처음에 평균총비용곡선이 우하향하는 이유는 그때까지는 평균고정비용의 감소가 평균변동비용의 감소를 압도하는 효과가 작용하고 있고 그 이후로는 평균고정비용의 감소가 평균변동비용감소를 압도하지 못하기 때문이다.

산출량이 증가하면서 수확체감의 법칙은 평균변동비용의 상승을 초래하고 그 결과 평균총비용곡선은 우상향하는 기울기를 나타낸다. 이러한 평균고정비용이 작용하는 힘과 평균변동비용이 작용하는 힘이 산출물이 증가함에 따라 반대로 움직이는데, 어느 시점에서 균형상태가 이루어지고 이 시점에서 평균총비용이 최저점이 된다.

4. 규모에 대한 보수(returns to scale)

규모에 대한 보수란 기존의 생산요소 즉 노동과 자본을 몇 배로 늘렸을 때 산출량이 몇 배로 늘어나는가를 따져보는 것이다. 다시 말하면 노동과 자본을 몇 퍼센트 증가시킬 때 산출량이 몇 퍼센트 증가하는가를 알아보는 것인데, 생산요소 증가율과 생산물이 같은 비율로 증가할 때 규모에 대한 불변이라고 하고, 생산요소 증가율보다 생산물이 더 큰 증가율로 나타나면 규모에 대한 증가라고 하고, 생산요소 증가율보다 생산물이 더 낮게 증가하면 규모에 대한 감소라고 한다. 이 세 가지 경우를 등생산량곡선으로 알아보면 다음과 같다.

[그림 4-13]은 규모에 대한 보수를 나타내 준다. 등생산량곡선을 사용해서 설명하였는데 다음에 설명하겠지만, 여기서는 대략적으로 설명하면 다음과 같다. 등량곡선은 소비자균형에서 살펴본 무차별곡선과 같은 개념이라고 말할 수 있다. 다시 말하면 똑같은 생산량을 생산하기 위하여 생산요소인 노동과 자본을 여러 가지로 결합한 조합을 나타낼 수 있는데, 이러한 조합점을 연결시킨 곡선이 등생산량곡선이다. 여기서 가정하는 것은 노동과 자본을 서로 대체할 수 있다고 가정하는 것이다.

[그림 4-13]에서 보면 처음에 등생산량곡선은 노동과 자본 각각 2단위를 고용하여 100단위의 생산량을 생산한다고 했을 때, 노동과 자본은 각각 4단위씩 즉

2배로 증가 투입하였을 때 (a)의 경우와 같이 생산량이 2배보다 적게 늘어났을 때 이 경우를 규모에 대한 체감이라고 하고, (b)의 경우와 같이 정확하게 2배로 산출량이 증가했을 경우를 규모에 대한 불변이라고 하며, (c)의 경우는 생산요소의 증가율보다 산출량이 더 이상 증가했는데 이 경우는 규모에 대한 체증이라고 한다.

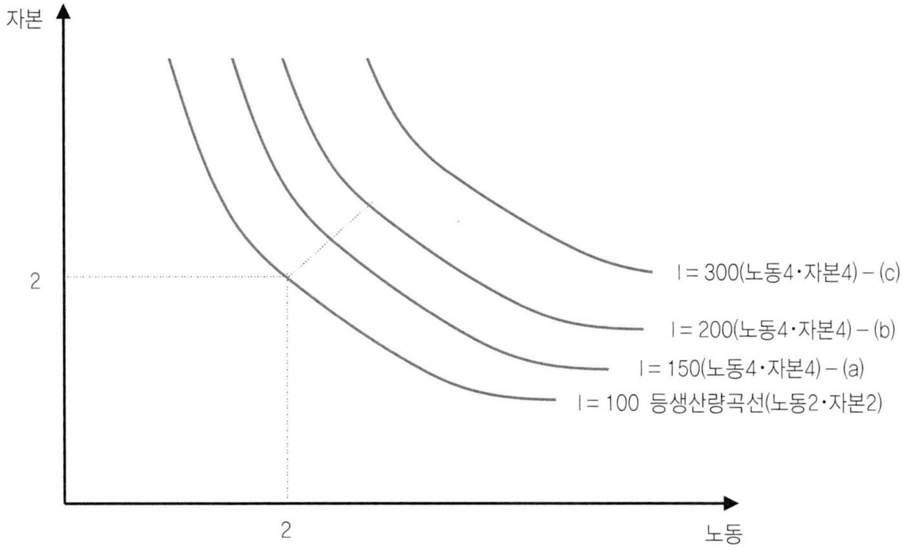

[그림 4-13] 규모에 대한 보수(등생산량곡선)

5. 장기평균비용곡선

장기평균비용곡선이란 생산요소인 노동과 자본이 모두 변화할 수 있을 때 산출량과 가장 저렴한 평균총비용과의 상관관계를 보여주는 곡선이다. 즉 장기적으로 산출량이 늘어남에 따라 산출량 규모에 따른 적합한 공장시설이 다르기 때문이다. 산출량 규모에 따라 적당한 공장시설이 필요하므로 장기적으로는 기업에서 적정한 공장시설을 갖출 수 있다고 보는 것이다.

그러면 앞에서 설명한 규모에 대한 보수와 장기평균비용곡선과의 상관관계를 알아보기로 하자.

장기평균비용곡선과 규모에 대한 보수 사이에는 어떤 일정한 관계가 있다. 장기평균비용곡선이 감소하면 규모에 대한 보수가 체증하는 상태 즉 생산요소 투입이 효율적으로 이루어지고 있는 것을 나타내며, 장기평균비용곡선이 증가하면 규모에 대한 보수가 체감하는 상태로 생산요소 투입이 비효율적으로 쓰이고 있는 비경제적인 단계라고 할 수 있다.

그러나 [그림 4-14]의 경우와 같은 형태의 장기평균비용곡선은 현실적으로 볼 때 항상 존재하는 형태의 곡선으로 볼 수 없고, 흔히 나타나는 형태의 장기의 평균비용곡선은 다음과 같다.

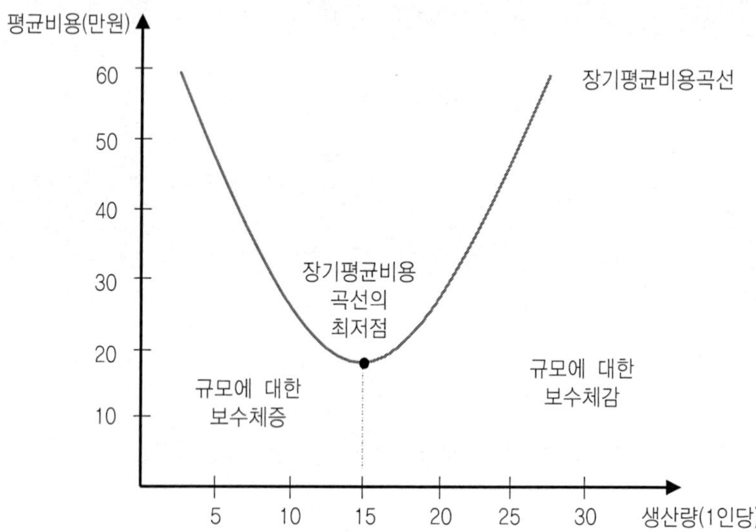

[그림 4-14] 장기평균비용곡선

[그림 4-15]는 평균비용곡선과 규모에 대한 보수와의 상관관계를 나타내주고 있는데, [그림 4-14]와의 차이점은 [그림 4-15]에서는 규모에 대한 보수불변이 어느 정도 오랜 단계에 나타난다고 보았다.

현실적으로 모든 생산량에 대한 적정한 생산설비(plant size)를 갖춘다는 것은 불가능하다. 장기평균비용곡선은 어느 생산단계 기간은 평평하게 유지될 수 있다. 다시 말하면, 장기에서는 규모에 대한 보수체감이 나타나려면 규모에 대한

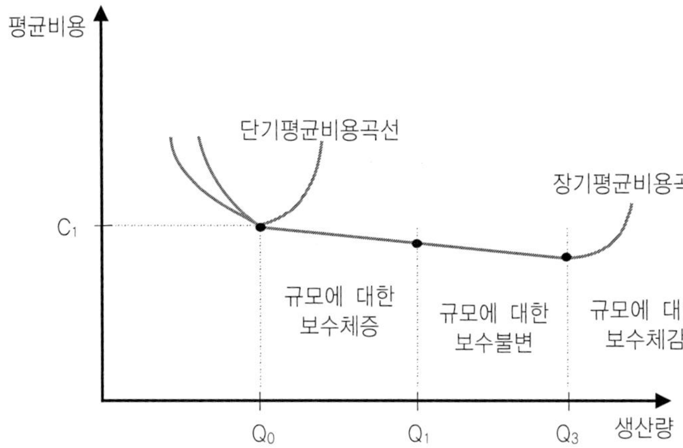

[그림 4-15] 평균비용곡선과 규모에 대한 보수와의 상관관계

보수불변이 어느 정도 지속되다가 시간이 흐른 다음 나타나지, 갑자기 보수체감이 나타나지는 않는다고 보므로 [그림 4-15]의 평균비용곡선이 [그림 4-14]의 평균비용곡선보다 좀더 현실적이라고 할 수 있다.

6. 비용최소화 조건

생산자의 입장에서 보면 어떻게 하면 주어진 비용으로 생산량을 극대화하는가의 문제이다. 비용최소화조건 즉 생산량극대화조건을 이해하기 위하여 등비용곡선과 등생산량곡선에 대한 개념을 이해하여야 한다.

등비용곡선이란 소비자효용극대화조건에서 설명한 소비자의 예산선과 같은 개념이며 등량곡선이란 무차별곡선에 해당되는 개념이다.

비용최소화조건에서 살펴보면 생산요소인 노동과 자본의 대체성이 있다고 보아 같은 양의 생산물을 생산하는 데 여러 가지 형태의 생산요소의 조합이 존재한다고 가정하는 것이다. 이와 같이 같은 양의 산출물을 생산할 수 있는 생산요소의 조합을 연결시킨 곡선이 등량곡선이며, 등비용곡선이란 주어진 비용으로 노동과 자본의 생산요소를 여러 형태로 구입할 수 있는 조합을 연결시킨 직선을 말한다.

여기서 보면, 등량곡선에서 살펴보면 같은 양을 생산하기 위하여 생산요소의 조합을 여러 가지 형태로 할 수 있는데, 한 조합에서 다른 조합으로 바꾸기 위해서는 노동의 생산요소를 줄이는 대신 다른 생산요소 즉 자본의 생산요소를 증가 투입하여야 하는데, 한 생산요소를 포기하는 대신 다른 생산요소를 증가시킬 수 있는 비율을 한계기술대체율(The marginal rate of technical substitution)이라고 하며, 소비자 효용이론에서 MRS(The marginal rate of substitution)와 같은 MRTS(The marginal rate of technical substitution) 역시 체감한다.

이와 같은 현상을 한계기술대체율체감의 법칙(The law of diminishing marginal rate of technical substitution)이라고 하며, 이와 같은 법칙 때문에 등량곡선 역시 원점에 대하여 볼록한 형태를 취한다.

다음에는 위에서 설명한 등비용곡선과 등량곡선을 이용하여 비용극소화조건 또는 생산량극대화조건에 대하여 그래프를 이용하여 설명해 보기로 한다.

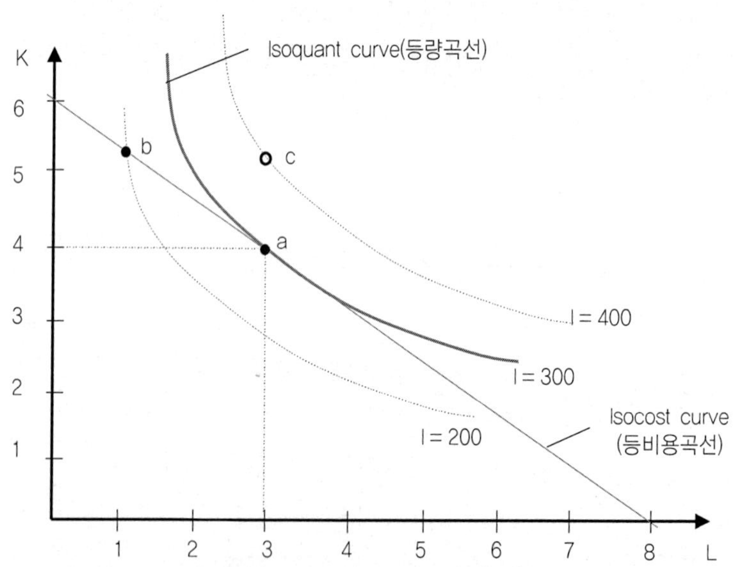

[그림 4-16] 등비용곡선과 등량곡선

[그림 4-16]은 등비용곡선과 등량곡선이 만나는 접점 a에서 노동 3단위와 자

본 4단위를 투입하여 최대한 산출량인 300단위를 생산할 수 있는 조건을 나타낸다. 노동 3단위와 자본 4단위는 주어진 비용으로 구입이 가능하여야 한다. 그러면 왜 b점과 c점에서는 비용극대화 또는 산출량극대화가 이루어지지 않는가에 대하여 설명이 필요하다.

b점에서는 등비용곡선상에 있으므로 생산요소구입은 가지고 있는 비용으로 가능하나, 등량곡선이 아래에 위치하여 기존 등량곡선 300보다 적은 200의 산출량에 머물러 있으므로 비용최소화조건에는 만족하지만 산출량극대화조건은 만족시키지 못하고, c점에서는 산출량극대화조건에는 만족하지만 등비용곡선 밖에 위치하므로 생산요소를 구입할 수 없어 비용최소화조건에는 미치지 못하므로 주어진 비용으로 산출량을 극대화시키는 점은 오로지 a점이므로 a점에서 비용극소화와 산출량극대화가 동시에 이루어지므로 기업이 종국적으로 원하는 상태이다.

04 구조별 시장분류(생산물시장)

다음에는 수입관계에 대하여 알아보기로 하자.

수입(revenue)에도 총생산과 총비용에서와 마찬가지로 총수입, 평균수입, 한계수입의 3가지가 있는데, 서로의 상관관계에 대하여 살펴보기로 하자.

수입에 있어서는 총생산과 총비용에서와는 다르게 기업의 시장구조가 어떠한가에 따라서 틀리게 된다. 다시 말하면, 기업이 완전경쟁상태에 있느냐, 그렇지 않으면 독점상태에 있느냐에 따라서 평균수입과 한계수입이 다르다. 그러한 관계를 그래프를 이용하여 설명하여 보기로 하자. 총비용에서와 같은 개념으로 총수입이란 생산된 물건 전체를 판매하였을 때의 수입을 말하고 평균수입이란 판매된 물품 단위당 수입을 말하고 한계수입이란 한 단위 추가로 물품을 판매하였을 때 늘어난 수입증가분을 나타낸다.

여기에서 평균수입과 한계수입을 이해하기 위하여 완전경쟁기업이 무엇이며 독점기업이 무엇인지를 이해하여야 한다. 시장이 완전경쟁시장이 되기 위해서는 다음의 조건이 성립되어야 한다.

1. 완전경쟁시장

① 동일한 제품을 판매하는 수많은 회사가 있어야 한다(many sellers).
② 시장에는 수많은 구매자가 있어야 한다(many buyers).
③ 어떤 시장산업에 진입하는 데 규제가 없어야 한다(No barriers in entry).
④ 기존의 회사는 새로이 진입하려고 하는 회사에 대하여 어떤 유리한 상태에 있으면 안 된다(No advantage).
⑤ 기업과 구매자는 산업에 존재하는 모든 회사의 가격에 대하여 모든 정보를 갖고 있어야 한다(perfect information).

그러므로 완전경쟁시장에서는 한 회사가 시장의 제품가격에 전혀 영향을 줄 수가 없다. 모든 회사들은 시장가격에 대하여 가격순응자이다. 다시 말하면 각자의 모든 회사들은 제품의 가격에 대하여 전혀 영향을 줄 수가 없다. 현실적으로 이러한 완전경쟁시장은 존재하지 않지만, 모든 산업의 시장은 이러한 경쟁시장으로 접근하려고 계속 노력하고 있는 것이다.

2. 완전경쟁시장에서의 기업의 수입

앞에서도 설명한 바와 같이 수입(revenue)관계는 완전경쟁시장에서의 기업수입과 독점시장에서의 기업수입이 서로 다르다. 먼저 완전경쟁시장에 있어서 기업의 수입관계를 살펴보면 완전경쟁시장에서 각 기업은 다른 기업보다 제품가격을 높여 받을 수도 없고 내려 받을 이유도 없다. 완전경쟁기업에서 총수입은 판매가 곱하기수량이며 판매가는 일정하게 주어져 있으므로 한계수입과 평균수입은 같을 수밖에 없으며 생산량에 관계없이 일정하다. 이러한 관계를 그래프를 통해서 알아보면 다음과 같다.

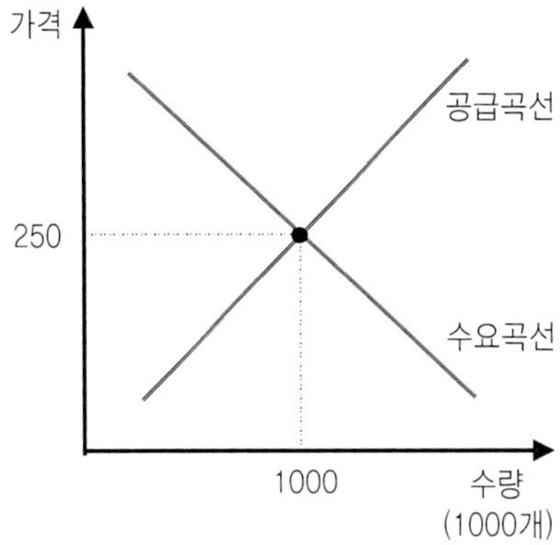

(a)그림

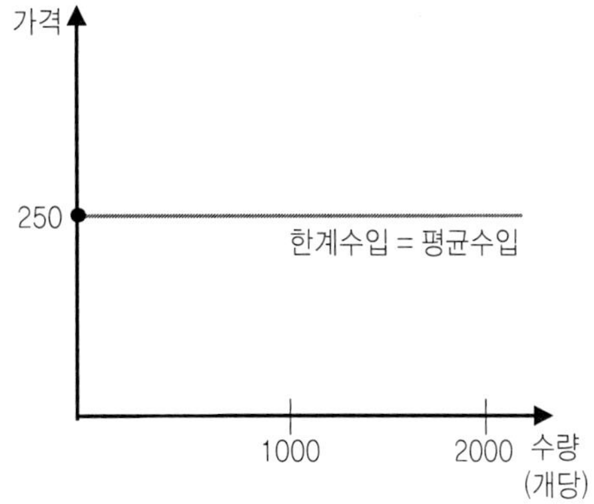

(b)그림

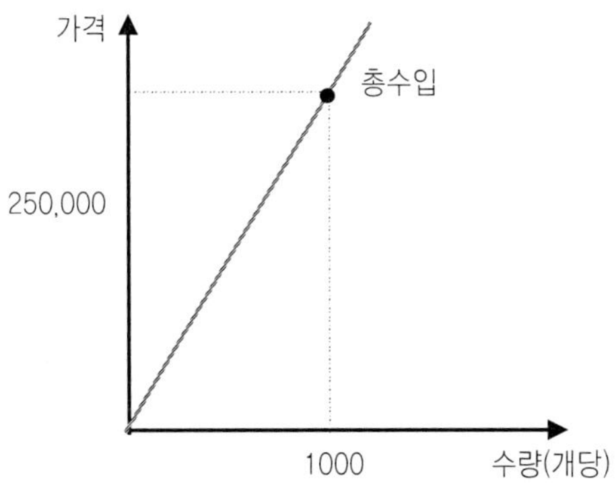

(c)그림

[그림 4-17] 완전경쟁시장 기업의 수입관계

[그림 4-17]에서 보면, 그림(a)는 어느 제품의 전체시장의 수요와 공급이 이루어지는 전체시장을 나타내주고 있다. 예를 들어, 그림(a)에서 전체 산업을 볼펜시장이라고 한다면 볼펜 전체시장에서 볼펜 1개에 250원씩에 백만 개가 팔렸다고 한다면 어느 특정 볼펜제조회사에서는 250원씩에 1,000개를 팔았다면 이 특정 볼펜제조회사의 평균수입과 한계수입곡선은 그림(b)와 같이 나타낼 수 있고 총수입은 $(1,000 \times 250) = 250,000$원이 되므로 그림(c)와 같이 나타낼 수 있다. 그러면 이 특정회사의 수입, 비용, 이익에 관하여 그래프를 이용하여 설명해 보기로 하자.

[그림 4-18]을 살펴보면, 그림(a)에서 총비용곡선은 앞에서 설명한 바와 같이 처음에는 완만하게 증가하다가 나중에는 급격하게 증가하는 비용구조를 갖고 있다. 그러나 총수입곡선은 시장의 제품가격이 동일하기 때문에 일직선으로 표시되어 있다. 총비용과 총수입의 차이가 기업의 이윤인 것이다.

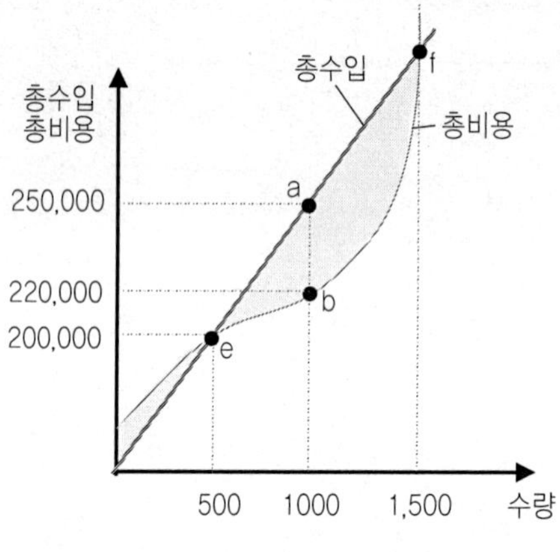

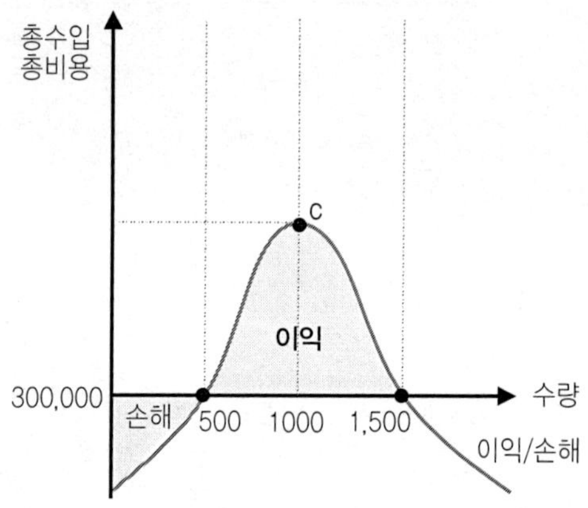

[그림 4-18] 수입, 비용, 이익관계

처음단계에서는 손해를 보다가 500개 이상의 판매물량시점에서는 점차 이익이 발생하다가 1,000개의 판매시점에서 이익이 최고치가 되다가, 다시 감소하여 판매물량이 1,500개 이상 넘어가면 다시 손해가 발생한다.

그림(a)에서 e점과 f점은 손익이 제로가 되는 손익분기점이다.

그러면 다음에는 한계수입과 한계비용을 이용하여 이익극대화 산출량에 대하여 알아보자.

[그림 4-19]는 이익극대화산출량을 한계비용과 한계수입과의 관계로 살펴보고 있다. 이 그래프에서 보면 한계수입이 한계비용을 초과할 때까지, 즉 1,000개까지 생산하여 판매할 때는 이 기업의 이익은 계속 증가하지만, 매출량 1,000개를 넘어서면 한계비용이 한계수입을 초과하기 때문에 기업의 이익은 감소하기 시작하므로 1,000개까지의 산출량이 이익극대화점이 된다. 즉

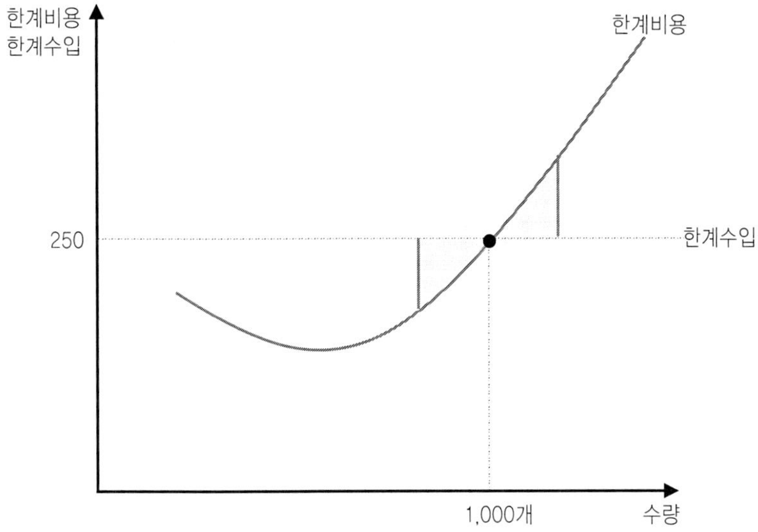

[그림 4-19] 한계비용과 한계수입관계

다시 말하면 한계수입과 한계비용이 일치하는 점에서 생산량을 결정하면 이 회사의 이익은 극대화가 된다.

그러면 그래프를 통하여 한계수입과 한계비용을 통하여 이익이 발생할 경우 이익이 제로인 경우와 손해인 경우에 대하여 알아보자.

[그림 4-20]의 그림(a)에서는 시장가격이 평균비용보다 높기 때문에 이 기업은 이익이 발생하고, 그림(b)에서는 시장가격(한계수입)이 평균비용과 같기 때문에 이익이 제로인 손익분기점 상태이고, 그림(c)에서는 시장가격이 평균비용보다 작기 때문에 이 경우에는 기업의 손실이 발생한다. 그림(a)에서 빗금친 사각형은 이익을 나타내고 그림(c)에서 빗금친 사각형은 기업의 손실을 나타낸다.

단기에 있어서 어느 기업이 손해가 나는지 이익이 나는지, 그렇지 않으면 손익 분기점 상태에 있는지는 시장가격과 평균비용곡선의 비용구조에 따라 위의 3가지 형태로 나타날 수 있다.

그러면 다음에는 독점시장에서 한계수입과 평균수입곡선의 상관관계에 대하여 알아보기로 하자. 독점기업에 있어서 한계수입과 평균수입과의 관계를 살펴보기 전에 독점기업에 대하여 알아보기로 하자.

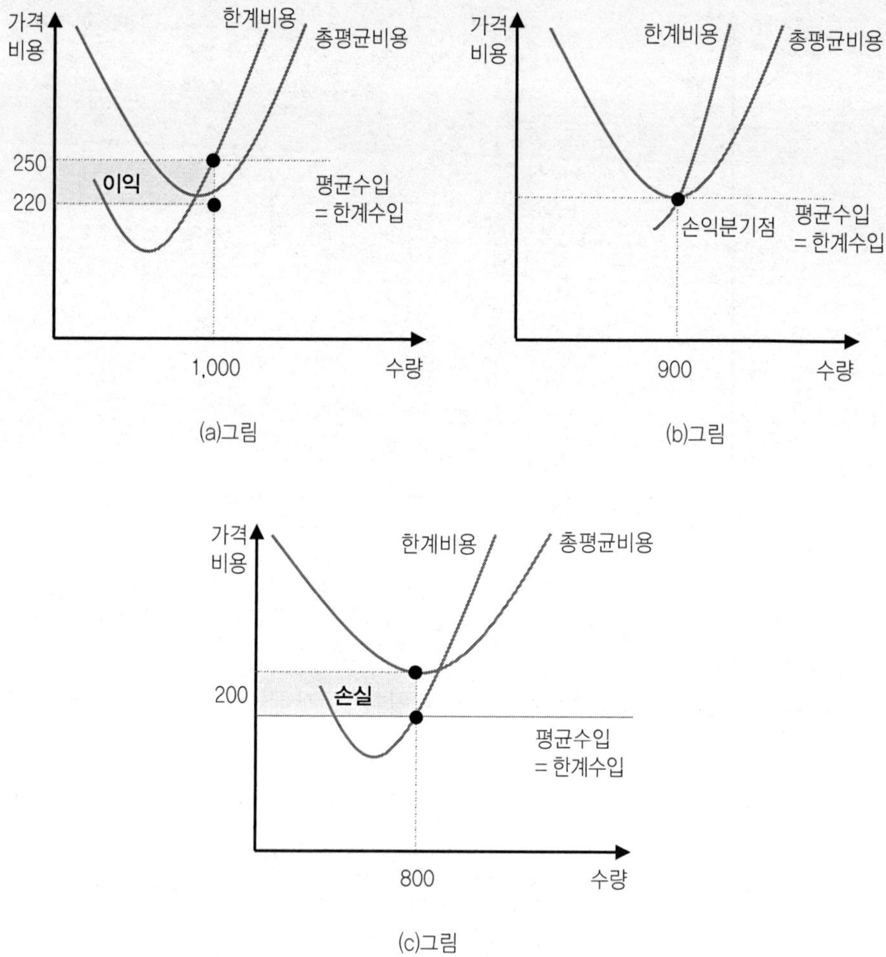

[그림 4-20] 한계수입, 한계비용 이익관계

경제학에서 정의하는 독점기업이란 시장에서 재화를 공급하는 공급자가 오로지 한 기업만이 존재하는 상태를 말한다. 거기에는 비슷한 대체제도 존재하지 않기 때문에 새로운 회사가 시장에 진입하는 데는 장벽이 있다. 예를 들면 가스를 공급하는 가스공사, 지역민방업체, 시내 전화사업을 하고 있는 한국통신 등은 독점기업이라고 할 수 있다. 어떤 기업이 시장에 진입하는 데는 두 가지의 장벽이 있다.

첫 번째는 법적인 독점기업이 있을 수 있다. 법률 또는 자격증 그리고 특허 등에 의하여 경쟁이 제한되는 경우가 있고, 두 번째로는 자연적인 진입장벽이 있는데, 자연적인 진입장벽은 자연독점기업을 탄생시킨다. 여기서 자연독점기업이란 두 가지 형태가 있는데, 첫째는 원재료나 천연자원을 독점하고 있어서 그것을 이용하여 만든 제품도 자연적으로 시장에서 독점할 수 있는 상태가 될 수 있으며, 둘째의 형태로는 경제의 규모성으로 인하여 시장에서 2개 또는 3개의 기업이 존재하는 경우보다 1개의 회사가 사업을 운영하면 평균생산비를 낮출 수 있는 상태로 오히려 가격 면에서 한 개의 기업이 존재하는 것이 2~3개의 기업이 존재하는 경우보다 유리한 상태가 되며, 예를 들면 한국전력, 가스공사, 수자원공사 등의 사업이 자연독점에 해당된다.

독점기업에서는 한 기업이 시장에 존재하기 때문에 독점기업은 시장에서 가격을 따르는 가격순응자가 아니라, 자기가 가격을 결정하는 가격결정자의 역할을 한다. 예를 들어, 도표를 사용하여 독점기업의 한계수입에 대하여 설명해 보기로 한다. 다음의 도표는 독점기업은 가격을 내림으로써 시장에서 판매량을 늘릴 수 있다는 것을 전제로 하여 작성되었다.

가격	수량	총수입	한계수입
20	0	0	18
18	1	18	14
16	2	32	10
14	3	42	6
12	4	48	2
10	5	50	
8	6	48	2
6	7	42	−6
4	8	32	−10
2	9	18	−14
0	10	0	−18

위의 도표를 이용하여 그래프를 그려보면 다음과 같다.

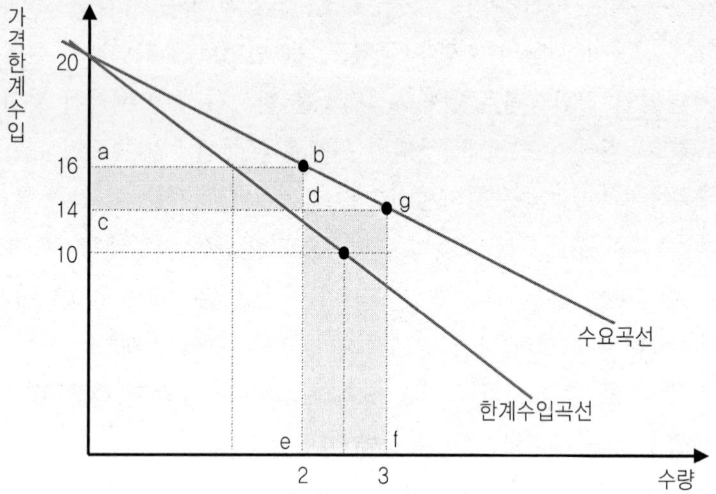

[그림 4-21] 수요곡선과 한계수입곡선

[그림 4-21]은 단일가격 독점기업의 수요곡선과 한계수입곡선을 위의 도표 수치에 의하여 그린 것이다. 위의 그래프의 특징을 살펴보면 독점기업의 한계수입곡선은 우하향의 형태를 띠고 있으며 항상 수요곡선 아래에 위치하고 있다는 특색이 있다.

완전경쟁시장에서는 한 기업의 수요곡선과 한계수입곡선은 일치하며 수평선의 형태를 띤다. 위의 그래프에서 빗금친 사각형 abcd는 독점기업이 가격을 16원에서 14원으로 2원 내렸을 때 잃는 총수입분이 되며, 빗금친 사각형 (defg) 범위는 반대로 16원에서 14원으로 가격을 내림으로 인하여 얻는 총수입분이 된다. 여기에서 독점기업은 가격을 내림으로 인하여 종전보다 총수입이 증가하였다. 그러나 항상 독점기업이 가격을 내린다고 해서 총수입이 증가하는 것은 아니다. 가격의 변화에 대하여 총수입의 증감은 독점기업의 수요탄력성에 따라 다르게 나타날 수 있다.

그러면 수요의 가격탄력성과 총수입과의 상관관계를 그래프를 이용하여 설명해 보기로 하자.

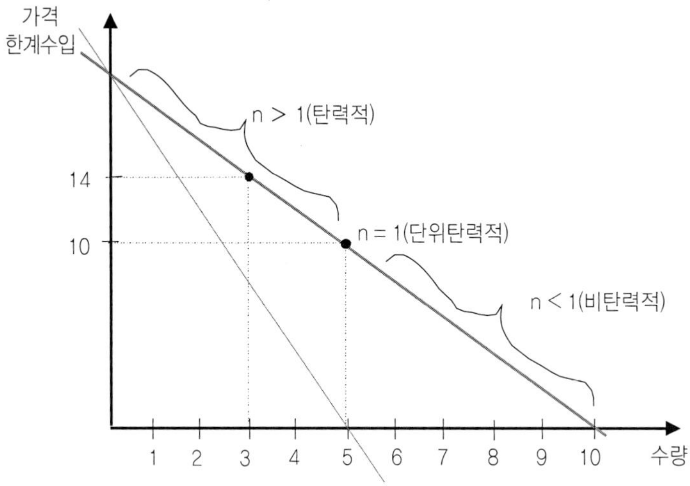

(a)그림

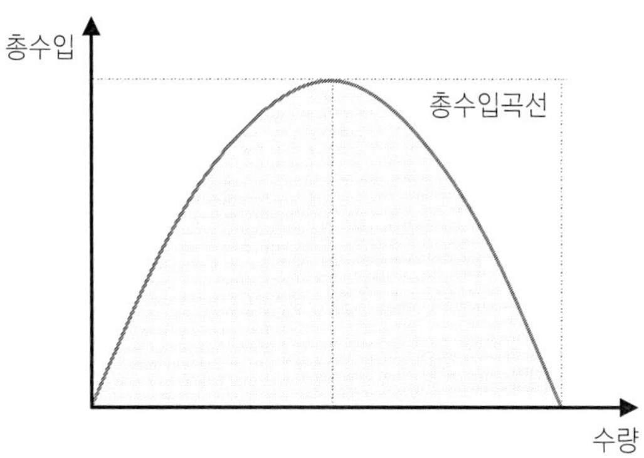

(b)그림

[그림 4-22] 수요의 가격탄력성, 한계수입과 총수입 간의 관계

[그림 4-22]는 수요의 가격탄력성, 한계수입과 총수입 간의 상관관계를 그래프로 보여주고 있다.

그림(a)에서 보면 수요의 가격탄력성이 탄력적이면 한계수입은 +이며 수요의 가격탄력성이 비탄력적이면 한계수입은 −가 된다. 그리고 수요의 가격탄력성이 단위 탄력적이면 한계수입은 0이 된다.

그림(a)와 그림(b)를 비교하여 보면 수요의 가격탄력성이 탄력적이면 가격을 내려야 총수입은 증대하고, 수요의 가격탄력성이 비탄력적이면 가격을 올려야 기업의 총수입이 증가하며, 수요의 가격탄력성이 단위 탄력적일 때 즉 한계수입이 0이 되는 시점에서 총수입은 극대가 된다.

다음은 독점기업의 가격과 산출량 결정에 대하여 그래프로 분석해 보기로 한다.

[그림 4-23]은 독점기업의 가격과 산출량 결정에 관하여 그래프로 그려보았다. 그림(a)에서는 독점기업의 총비용과 총수입과의 관계를 그래프로 보여주고 있

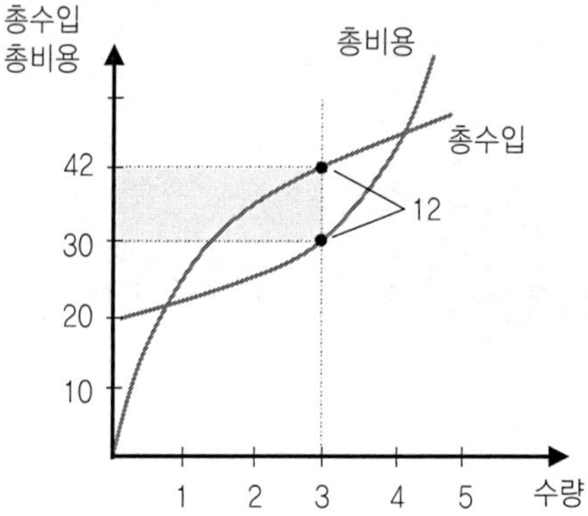

(a)그림

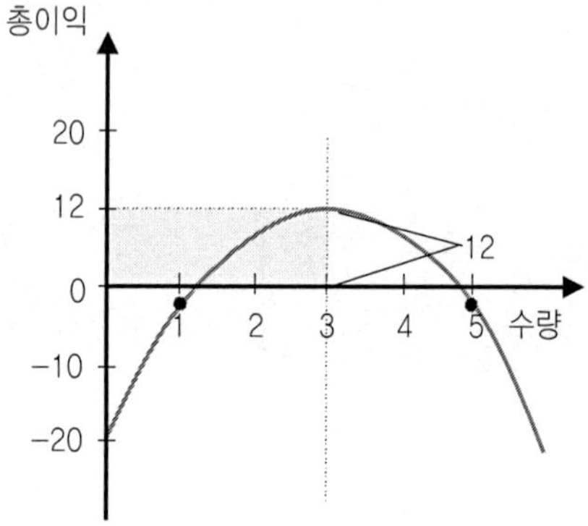

(b)그림

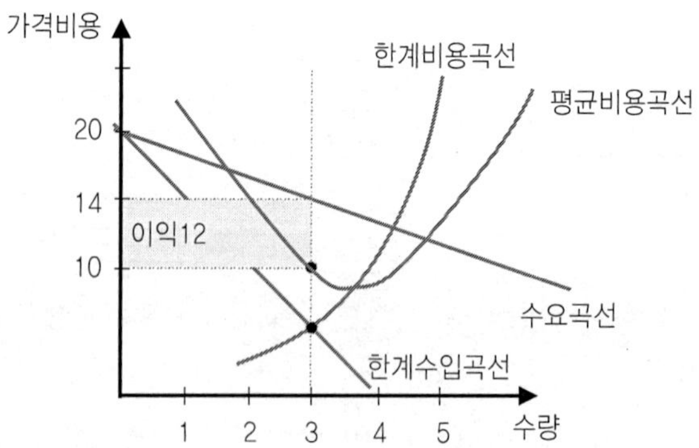

(c)그림

[그림 4-23] 독점기업 가격과 산출량 결정

고 총수입에서 총비용을 감하면 이윤이 발생한다는 것을 그림(b)에서 보여주고 있으며, 그림(c)에서는 한계수입과 한계비용이 일치점 시점까지 생산물을 생산할 때 독점기업의 이윤은 극대가 되는 조건을 보여주고 있다. 다시 말하면 한계수입(MR)과 한계비용(MC)이 일치하는 $(MR = MC)$점에서 산출량 3단위를 생산할 때 독점기업의 이윤 12가 되어 극대가 된다. 그림(c)에서 이윤은 총수입 $(3 \times 14 = 42)$에서 총비용$(10 \times 3 = 30)$을 빼주어서 구한 값이다.

3. 독점기업과 경쟁기업의 비교

가격과 산출량에 있어서 독점기업과 경쟁기업의 차이점이 무엇인지 그래프에 의해서 분석해 보기로 하자.

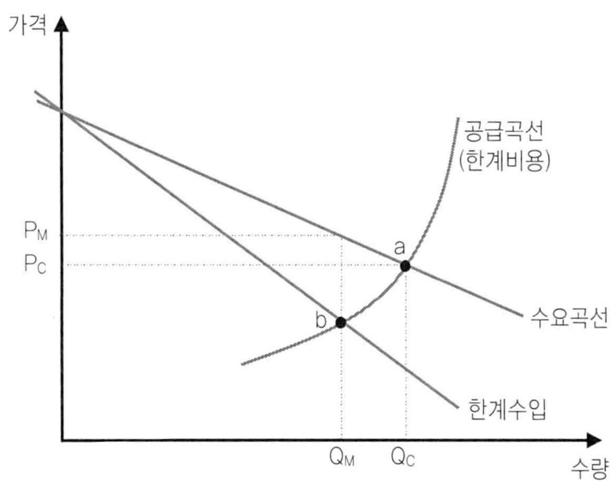

[그림 4-24] 독점기업과 경쟁기업 차이

경쟁기업의 가격과 산출량 결정은 수요곡선과 공급곡선이 만나는 점 a에서 가격과 산출량이 결정되는데, [그림 4-24] 그래프에서 보면 PC가 경쟁기업의 가격이 되고 QC가 산출량이 된다. 독점기업에서는 한계수입곡선과 한계비용곡선이 만나는 점 b에서 가격과 산출량이 결정되는데, [그림 4-24] 그래프에서 보면

PM이 독점기업의 가격이 되고 QM이 산출량이 된다.

가격과 산출량을 경쟁기업과 독점기업 사이에 비교해 보면 가격은 독점기업이 경쟁기업보다 높고 산출량은 독점기업이 경쟁기업보다 적게 생산한다. 다시 말하면 독점기업은 경쟁기업에 비하여 높은 가격으로 적게 생산한다. 그러므로 소비자의 측면에서 고려하면 소비자는 적은 양을 비싸게 구입하여야 되기 때문에 소비자 측면에서 보면 소비자후생이 감소하는 결과를 초래한다.

4. 독점의 경제적 효과

우리는 지금까지 경쟁기업과 독점기업에 관하여 살펴보았다.

경쟁기업과 독점기업 각각 경제적 효과를 갖고 있는 반면에 경제적 비효과도 갖고 있다. 그러면 여기서는 독점기업의 경제적 효과와 비경제적 효과 측면에 관하여 살펴보기로 하자.

독점에서 얻을 수 있는 경제적 효과(economic effect)는 첫째, 독점에서는 규모의 경제를 실현할 수 있다는 점이다. 예를 들면 1개 회사에서 생산할 때 2~3개 회사가 따로 똑같은 제품을 생산할 때보다 생산비가 적게 든다. 이러한 생산비를 낮춤으로써 규모의 경제를 실현할 수 있다.

둘째, 독점의 경제적 효과는 독점기업은 혁신(innovation)할 수 있는 동기가 부여된다는 점이다. 왜냐하면, 특허나 법에 의하여 기업이 독점적 지위를 누릴 수 있다면, 특허나 법에 의한 독점적 지위는 기술의 혁신을 가져올 수 있다. 다른 면에서 보면, 독점기업은 대체로 중소기업이 아닌 대기업이기 때문에 독점기업에서 R&D에 투자할 여력이 있으며 R&D 투자는 기술혁신(technology innovation)으로 연결되어진다.

지금까지는 독점의 경제적 효과에 대하여 알아보았고 다음에는 독점의 비경제적 효과에 대하여 알아보기로 하자.

독점의 비경제적 효과로써 첫 번째는 독점은 소득재분배에 있어서 불평등을 초래한다. 다시 말하면 소비자의 이윤이 독점기업에 돌아감으로써 사회적으로 보면 소득재분배를 불평등하게 만든다. 두 번째의 비경제적 효과는 독점기업은 독점적 지위를 이용하여 중소기업이나 소비자에게 불공정거래를 강요할 수 있다. 즉 독점기업은 중소기업이나 소비자에게 결제조건 시에 불평등하게 요구를 할 수도 있다.

셋째, 경제적 비효과는 독점기업은 독점적 지위를 이용하여 시장의 유통질서를 교란시킬 수도 있다. 다시 말하면 생산량이나 출하량을 조절하여 가격을 높이는 가격조작정책을 실시할 수도 있다. 유통시장에서 흔히 일어나는 끼워 팔기 식도 독점기업의 힘에서 온다고 할 수 있다.

05

노동시장(勞動市場)

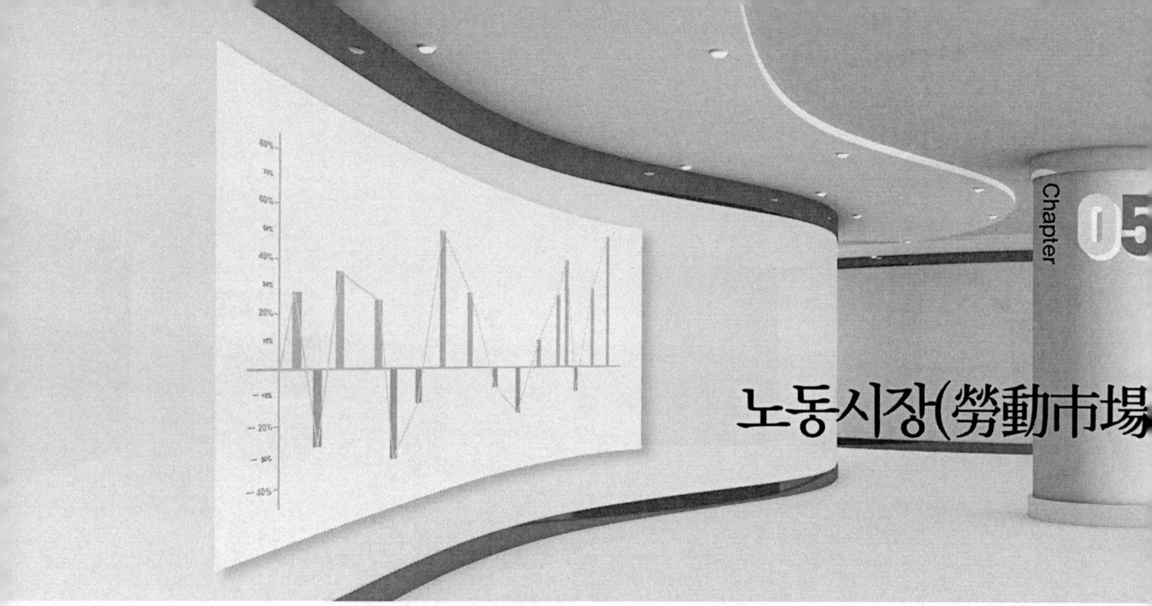

Chapter 05

노동시장(勞動市場

01 생산요소시장(The markets for the factors of production)

p. 88~90의 〈생산물시장〉 참조

노동시장 역시 생산물시장에서와 마찬가지로 노동의 수요와 공급에 의하여 생산물시장에서의 가격인 임금(wage)이 결정된다. 노동의 공급자는 일반개인이며 노동의 수요자는 정부 및 기업이다. 수많은 노동공급자와 노동수요자가 존재하므로 노동시장도 일종의 경쟁시장(competitive market)이라고 할 수 있다. 생산활동에서 노동, 자본, 땅 등이 중요한 생산요소가 되며, 그 중에서도 노동이 가장 많은 부분을 차지하며 가장 중요한 생산요소이다.

그러면 모든 사람이 고등학교든 대학이든 일정한 교육을 마치고 직장을 갖고자 하는데, 직업의 종류에 따라 임금은 다 다르게 책정된다. 왜 이러한 임금격차가 직업에 따라 발생하는지 살펴보기로 하자.

한 개인의 소득은 경제 전체로 볼 때에는 소액이다. 모든 사람은 여러 가지 방법으로 소득을 창출하고 있다. 노동자들은 임금과 또는 부수적인 경제효과로 소득을 구성하고 있다. 대부분의 사람들은 이렇게 임금과 부수적인 경제편익으로 소득을 구성하지만, 그 외의 사람들은 땅을 소유하거나 자본을 소유하여 이익이나 이자 등으로 소득을 올리는 사람들도 있다. 그러면 어떤 사람은 다른 사람보다 임금이 높으며, 어떤 자본을 갖고 있는 사람은 왜 다른 자본을 가진 사람보다 이익이나 이자를 더 발생시키는지 궁금할 수 있다. 또한 컴퓨터나 전자

업종에 종사하는 사람이 다른 3D업종(difficult, dirty, dangerous)에 종사하는 사람보다 임금이 높은지 살펴보기로 하자. 위에 관한 대답은 다른 시장에서와 마찬가지로 노동의 수요와 공급에 의하여 결정되는 것이다.

제3장에서는 경쟁적 이윤극대화기업이 어떻게 생산요소 구매를 결정하는지 살펴보고 노동의 수요가 무엇인지 알아보기로 하자. 앞에서도 설명했듯이 노동으로부터 소득이 결정되기 때문에 사실은 노동이 여러 가지 생산요소 중에서 가장 중요한 생산요소이다.

1. 기업의 노동수요

노동시장도 다른 시장과 마찬가지로 노동의 수요와 공급의 힘에 의하여 결정된다고 볼 수 있다. 우리는 보통 생산물시장과 노동시장을 연결시켜서 생각하여 볼 수 있다. 예를 들어 닭고기시장을 생산물시장과 노동시장으로 나눠서 생각하면 다음과 같다.

생산물시장은 닭고기가 사고 팔리는 시장이고 노동시장은 닭고기를 생산하기 위하여 닭고기생산기업이 노동자를 얼마나 고용하려고 하고 얼마의 노동자가 이 기업에서 일하고 싶어하는가를 수요와 공급의 원리로 설명하고 그래프로 나타내면 다음과 같다.

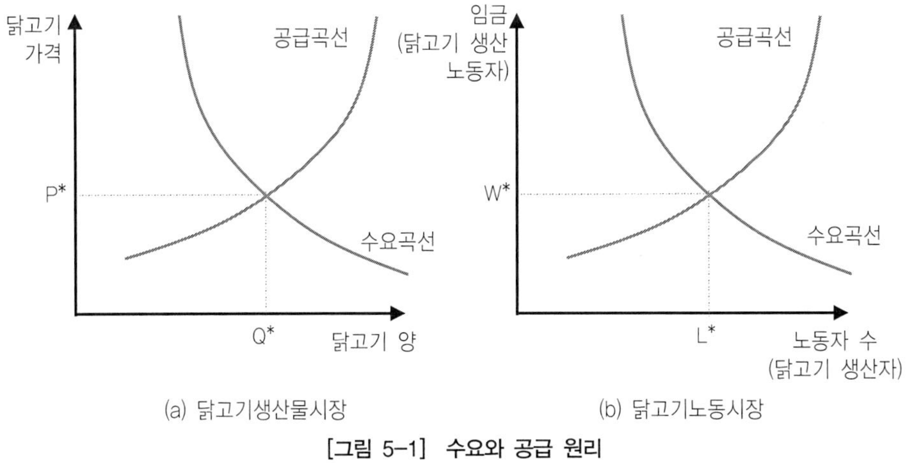

[그림 5-1] 수요와 공급 원리

[그림 5-1]의 그림(a)에서 살펴보면 닭고기생산물시장에서 구매자와 판매자 즉 닭고기에 대한 수요와 공급에 의하여 닭고기가격 p*가 결정되어지며 닭고기 공급량 Q*도 결정된다. 반면에 닭고기생산물시장에서의 공급자는 닭고기생산 노동시장에서는 노동의 수요자가 된다. 노동시장에서도 생산물시장과 마찬가지로 노동을 공급하려는 일반가계와 노동을 수요하는 기업에 의하여 임금이 w*로 결정되며 노동자 수 L*가 또한 결정된다.

2. 경쟁적 이윤극대화 기업

일반적으로 전형적인 기업에서는 어떤 재화를 생산하기 위하여 노동수요를 결정한다. 예를 들면, 닭고기 생산업자는 닭고기를 생산하기 위하여 필요한 인원을 결정하여야 한다. 기업이 고용량을 결정한 다음에는 이 고용한 인원을 총동원하여 될 수 있는 한 많은 양의 닭고기를 생산하려고 노력한다. 닭고기를 팔아서 받는 대금 중 원가와 인건비를 제외한 금액을 이윤으로 보는 것이다.

이러한 기업에 대하여 두 가지의 가정(hypothesis)이 필요한데, 그 중의 첫째 가정은 닭고기생산물시장이나 닭고기생산노동시장 모두 경쟁적 시장이라는 점이다. 경쟁적 기업이란 가격순응자이지 가격결정자는 아니다. 다시 말하면 시장에는 수많은 닭고기 판매자가 있고 닭고기 생산업자 또한 수많이 있다고 가정하는 것이다. 닭고기 가격과 닭고기 생산업자 또한 수많이 있다고 가정하는 것이다. 닭고기 가격과 닭고기 생산업체의 임금은 개별기업이 결정할 수 없고 시장조건에 의하여 주어졌다고 볼 수 있다. 개별기업은 단지 고용량과 판매량만 결정하면 된다.

둘째 가정은 개별기업은 이윤극대화를 추구한다고 보는 것이다. 그래서 개별기업은 고용량이나 생산량에 목적이 있는 것이 아니라 이윤추구에 목적이 있는 것이다. 다시 말하면 닭고기 공급량이나 닭고기 생산업체의 고용인원을 결정하는데 있어서 이윤극대화를 조건으로 하며 결정한다고 볼 수 있다.

3. 생산함수와 노동의 한계생산성

기업이 고용량을 결정하기 위해서는 생산요소 즉 노동력이 생산에 미치는 힘이 어느 정도인가를 먼저 파악하여야 한다. 다시 말하면 닭고기 생산업체의 노동자가 어느 정도 닭고기 생산에 영향을 미치는지, 즉 노동자의 닭고기 생산의 생산성(productivity)이 어느 정도인지를 먼저 알아야 고용량을 결정할 수 있는 것이다.

우리가 먼저 고용량을 결정하기 위해서는 생산함수의 개념을 이해하여야 한다. 생산함수(production function)란 생산요소 투입과 생산량의 상관관계를 나타내는 함수를 말한다. 위의 예를 들면, 닭고기 생산의 노동자가 생산요소가 되고 닭고기 생산량이 산출물(output)이 된다. 닭고기에 대한 생산함수를 이해하기 위해서는 노동의 한계생산(marginal product of labor)에 대하여 알아야 한다. 노동의 한계생산성이란 노동량이 추가로 투입되는데 대한 생산량의 증가분을 나타낸다. 단기의 경우, 즉 자본이나 땅이 고정되어 있는 한 노동의 한계생산성은 체감한다. 여기에서 노동은 자본과 대체재인 동시에 보완재로 보는 것이다.

노동자 수를 늘려서 투입하면 노동의 한계생산성은 체감하는데 이러한 법칙을 한계생산성 체감의 법칙(the law of diminishing marginal product)이라고 한다. 이러한 법칙 때문에 생산함수는 비율적으로 체감하는 증가함수 즉 볼록한 형태의 그래프로 그려질 수 있다. 다시 말하면, 노동자 수를 추가하여 투입시키면 전체 생산량은 절대적으로 증가하지만 증가분은 처음보다 점점 줄어든다. 이와 같은 노동의 한계생산성 체감의 법칙 때문에 생산함수는 다음과 같은 형태로 나타날 수 있다.

[그림 5-2]에서 보여주는 생산함수 그래프는 닭고기 생산의 노동자 수를 1명에서 2명, 2명에서 3명, 3명에서 4명, 4명에서 5명으로 1명씩 늘릴 때 닭고기 생산량은 1명일 때 100, 2명일 때는 180, 3명일 때는 240, 4명일 때는 280, 5명일 때는 300으로 절대총생산량은 증가하지만, 한계생산물은 노동 1단위에서 2단위로 증가시킬 때는 생산량이 80만큼 증가하고 노동 2단위에서 3단위로 증가시킬 때 생산량 증가분은 60(240－180)만큼, 노동 3단위에서 4단위로 증가시킬 때는 40(280－240)만큼 증가하고, 노동을 4단위에서 5단위로 증가시킬 때는 20(300－

240)만큼 증가하므로 닭고기 생산량 증가분은 80, 60, 40, 20으로 노동 1단위가 점차로 증가할수록 생산량 증가분은 점점 감소한다.

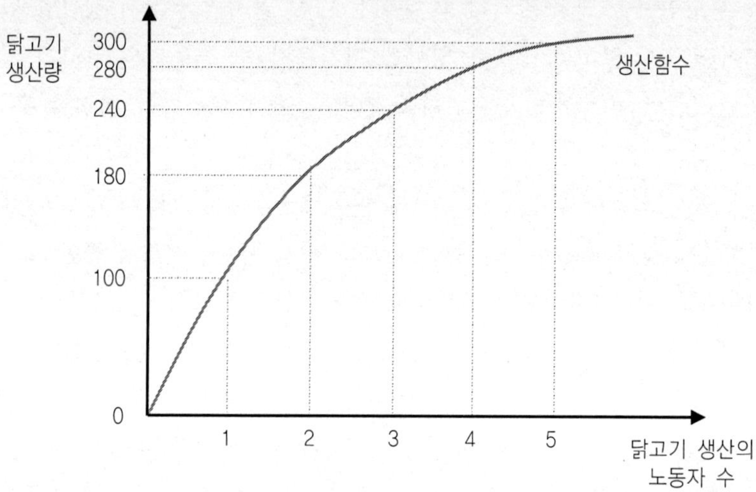

[그림 5-2] 생산함수 그래프

이와 같이 똑같은 1단위의 노동을 증가시키지만 노동이 증가 투입될수록 생산량 증가분이 점점 감소하는데 이러한 현상을 노동의 한계생산성 체감의 법칙이라고 하며, 이러한 법칙으로 인하여 닭고기 생산함수의 그래프는 위와 같은 형태로 나타나는 것이다.

4. 한계생산성의 가치와 노동의 수요

이윤극대화를 추구하는 기업은 닭고기 자체보다는 돈, 즉 이윤에 목적이 있기 때문에 노동량을 결정할 때 노동 1단위가 얼마나 이익을 가져올 것인지에 대하여 고려하게 되는 것이다. 이윤이란 총수입에서 총비용을 뺀 금액이기 때문에 이러한 이윤개념은 노동자가 총수입에 기여하는 몫에서 노동자의 임금을 차감한 금액과 일치하는 개념이다.

노동자의 총수입에 대한 기여도는 한계생산물가치로 나타낼 수 있다. 한계생산물가치(the Value of the marginal product)는 생산요소(즉 노동)의 한계생산성에다 산출물의 가격을 곱하여 산출한다.

예를 들면, 위에서 닭고기 생산업체의 노동자가 처음의 한계생산성은 80이므로 여기에다가 닭고기 1마리의 판매가격이 3,000원이라고 하면 이 노동자의 한계생산물가치는 240,000(80×3,000)원이 되므로 이 노동자가 총수입에 기여한 금액은 한계생산물가치인 240,000원이 되는 것이다. 경쟁기업에서는 생산물가격 즉 닭고기 1마리의 가격은 일정하다고 보기 때문에 한계생산물가치 역시 한계생산물과 같이 노동자 수가 증가, 투입될수록 감소한다.

이러한 한계생산물가치의 속성상, 기업은 과연 몇 단위의 노동량을 고용하려고 할 것인가. 다시 말하면, 기업은 이윤이 발생하는 한도까지 노동량을 결정하려고 할 것이다. 즉 한계생산물가치에서 임금을 빼고 나면 이윤으로 볼 수 있는데, 손해가 발생하지 않는 점까지 노동을 고용하려고 할 것이다. 결과적으로 노동의 한계생산물가치와 임금이 일치하는 점에서의 노동량을 고용하려고 할 것이다. 고용량결정을 그래프로 설명하면 이해하기가 더욱 쉬워진다.

노동의 한계생산성이 체감하기 때문에 한계생산물가치곡선도 노동자 수가 증가 투입될수록 감소하기 때문에 우하향하는 모습을 나타낸다. 시장임금은 경

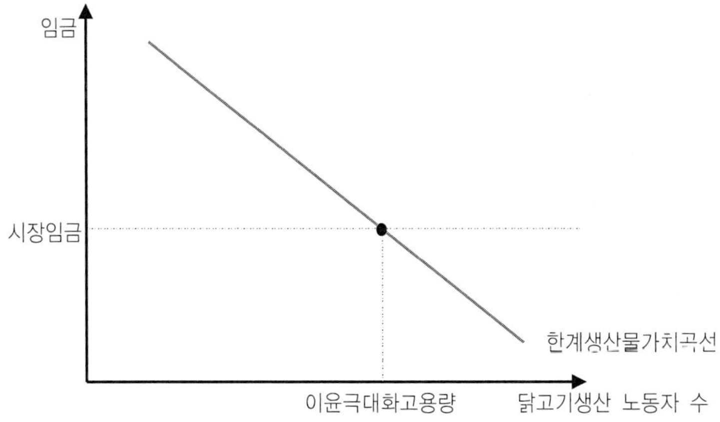

[그림 5-3] 한계생산물가치와 노동의 수요

쟁기업체제하에서는 일정하기 때문에 수평선으로 나타낼 수 있다. 기업은 이익을 극대화하기 위해서 한계생산물가치곡선과 임금곡선이 일치하는 점까지 노동량을 극대화하려고 한다.

이 고용량 이하에서는 한계생산물가치가 임금을 상회하므로 이 점까지는 기업은 노동량을 고용하려고 할 것이며, 이 점을 지나서는 임금이 한계생산물가치를 상회하므로 기업이 적자를 겪게 되므로 이 점 이상은 고용을 더 이상 하려고 하지 않을 것이다.

이와 같은 논리를 그래프로 나타내면 다음과 같다.

위 그래프에서 보듯이 한계생산물가치곡선은 시장임금에 대응한 노동자 수의 수요를 나타내기 때문에 한계생산물가치곡선 자체가 기업의 노동수요곡선이 된다. 결과적으로, 경쟁적이며 이윤극대화기업의 노동수요곡선은 한계생산물가치곡선과 일치하며 이 기업은 임금과 한계생산물가치가 일치하는 점까지 노동을 고용할 것이다.

02 노동시장의 균형(labor-market equilibrium)

노동시장의 균형이란 노동시장의 수요와 공급에 의하여 균형임금과 균형고용량이 결정되어지는 것을 말한다. 첫째 임금은 노동의 수요와 공급을 조정하며 노동의 한계생산물가치는 임금과 일치한다. 노동시장의 균형을 알기 쉽게 그래프로 나타내면 [그림 5-4]와 같다.

[그림 5-4]는 노동시장에서 균형임금과 균형노동량이 노동의 수요와 공급에 의하여 결정되어지는 것을 보여준다. 노동시장이 균형상태에 있게 되면 개별기업은 균형가격하에서 이윤이 발생되는 한 많은 양의 노동력을 고용하려고 할 것이다. 각 기업은 이윤을 극대화하기 위하여 시장임금이 한계생산물가치가 같아지는 점까지 노동량을 증가하려고 할 것이다.

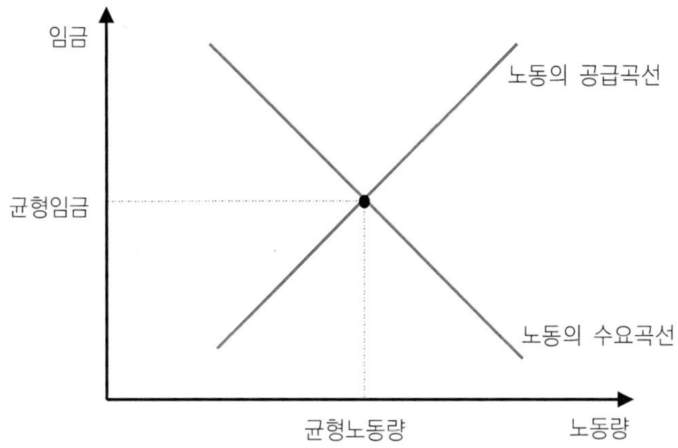

[그림 5-4] 노동의 수요와 공급곡선

일단 노동시장에서 노동의 수요와 공급이 균형상태에 이르면 임금과 노동의 한계생산물가치는 일치하게 된다. 그러므로 노동시장에서 수요와 공급의 변화가 생기면 그에 따라 임금과 한계생산물가치는 똑같은 양만큼 변하게 된다.

1. 노동수요의 이동

만약 닭고기에 대한 선호도가 높아져서 닭고기에 대한 수요가 증가하면 닭고기 생산업체에 종사하는 노동자의 임금은 올라가며 노동자의 고용량도 증가할 것이다. 이러한 현상은 닭고기의 수요가 증가하면 닭고기 판매가격이 올라가서 닭고기 생산업체 노동자의 한계생산성은 증가하지 않아도 한계생산물가치는 증가하기 때문에 닭고기 생산업체 노동자의 임금은 올라가며 노동자고용량 또한 증가한다. 이와 같은 현상을 그래프로 나타내면 [그림 5-5]와 같다.

[그림 5-5]는 노동시장에서 일단 균형을 이루어 W_0에서 임금이 결정되고 L_0에서 노동의 고용량이 결정되었다가 닭고기에 대한 맛과 선호도가 증가하여 닭고기에 대한 가격이 올라가면 이 기업은 수익성이 좋아졌으므로 노동시장에서는 노동의 수요가 더욱 필요하므로 노동에 대한 수요곡선이 1에서 2로 이동하며 그 결과 균형임금은 W_0에서 W_1으로 올라가고 고용량 역시 L_0에서 L_1으로

늘어난다.

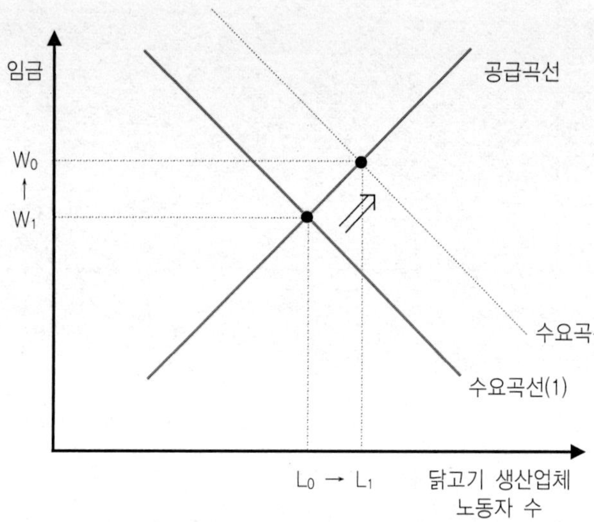

[그림 5-5] 노동수요의 이동

2. 노동공급의 이동

예를 들어, 닭고기 노동시장에 외국의 노동자들이 우리나라에 들어와서 닭고기 생산업체에 노동을 공급한다고 한다면 닭고기 생산업체의 노동량, 즉 노동공급량이 늘어남으로 인하여 노동자의 임금은 하락하므로 닭고기 생산업체의 수익성은 좋아지고 노동자를 더 많이 고용하려고 할 것이다. 다시 말하면 노동자 수가 많아지므로 노동의 한계생산성이 떨어지므로 임금 역시 떨어지게 된다. 이와 같은 현상을 그래프로 나타내면 [그림 5-6]과 같다.

[그림 5-6]에서 보면 닭고기 생산업체의 외국인 근로자가 많이 들어와서 근무하게 되면 노동의 공급량이 늘어나므로 노동의 공급곡선이 1에서 2로 이동하며, 그 결과 균형임금이 W_1에서 W_0로 내려가며 균형노동량은 L_0에서 L_1으로 늘어나게 된다.

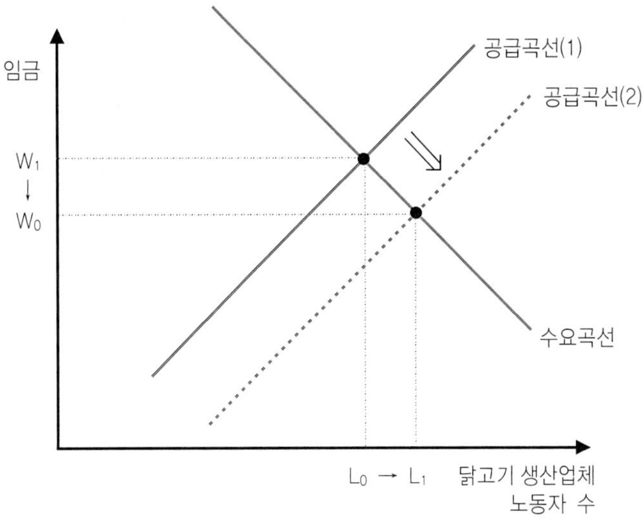

[그림 5-6] 노동공급의 이동

위에서의 노동의 수요이동과 공급이동에서 살펴본 바와 같이 경쟁적 노동시장에서 임금이 어떻게 결정되는가를 보았다. 노동의 수요와 공급이 균형임금을 결정하여 주며 노동의 수요와 공급에 있어서 변화가 있으면 균형임금 또한 변하게 된다. 경쟁적 기업에 있어서의 원리는 기업이 이익을 극대화하기 위해서는 노동의 균형고용량을 임금과 노동의 한계생산물가치가 일치하는 점까지 고용을 하여야 한다.

03 임금과 차별(earnings and discrimination)

우리는 흔히 임금문제에 접하여 보니 유명한 운동선수나 의사 또는 공장근로자 사이에 임금격차가 어떻게 나타나는지 살펴보기로 하자.

이러한 임금차이로 인하여 어떤 사람은 매우 큰 집에서 그리고 고급스러운 차를 타고 여가를 즐기며 생활한다. 반면에 임금이 낮은 사람들은 매일매일 살아가기가 매우 힘든 상태이다. 우리나라가 IMF관리체제하에 있던 시기에는 임금이나 소득격차 즉 빈부격차가 더욱 심하게 나타나서 중산층이 무너져가는 결과가 나타났다. 바람직한 소득계층구조는 중산층이 대다수를 이루는 항아리형 소득구조를 형성해야 함에도 불구하고, 소득격차로 인한 빈부격차가 심해져서 소득계층구조가 중산층이 줄어드는 장구형의 형태를 나타낸다.

신고전학파 이론에 의하면 임금은 노동시장에서 노동의 수요와 공급에 의하여 결정되며 노동의 수요는 한계생산성을 나타낸다. 노동시장의 균형상태에서는 노동자들은 자기가 재화와 용역을 생산하는 데 기여한 만큼 임금을 받는다.

이 장에서의 목적은 노동시장의 이론을 통하여 여러 가지 직업에 따라 임금격차가 발생하는지를 살펴보고 여러 종류의 노동수요와 공급을 결정짓는 요인이 무엇인지 알아보는 것이라고 할 수 있다.

1. 균형임금의 결정요인

1) 차별에 대한 보상(compensating differentials)

노동자들이 일반적으로 직업을 선택할 때 될 수 있으면 편하고 깨끗하고 안전한 직업을 택하려고 한다. 우리가 요사이 흔히 말하는 3D업종(difficult, dirty, dangerous)은 직종으로서 꺼려한다. 다시 말하면, 노동에 대한 공급은 쉽고, 깨끗하고 안전할수록 더 많이 공급하려고 하고 위험하고, 지저분하고, 어려운 일일수록 노동의 공급을 줄이려고 한다. 그러므로 편하고 깨끗한 직업일수록 시장에서의 임금은 더럽고 위험한 직업의 임금보다는 낮은 경향이 있다.

위에서 설명한 편하고 쉬운 직업일수록 위험하고 어려운 직업의 임금보다는 당연히 낮아야 하는 것이 경쟁시장원리이다. 미국에서는 이와 같은 경쟁노동시장원리가 적용되지만, 우리나라를 비롯한 개발도상국가들은 깨끗하고 편한 직종의 임금이 위험하고 어려운 직종의 임금보다 오히려 많은 경우가 많다. 이러한 현상은 노동시장이 왜곡되어 있고 시장경쟁원리가 적용되지 않기 때문이다.

예를 들어, 같은 학력의 노동자라면 당연히 힘든 일에 종사하는 사람이 쉽고 깨끗한 직업에 종사하는 사람보다 임금을 더 받아야 하므로 이와 같이 어렵고 위험한 직종일수록 임금이 높아져야 되는 원리를 차별에 대한 보상(compensating differential)이라고 한다. 차별에 대한 보상의 예를 들어보면 다음과 같다.

탄광의 광부는 힘들고 위험한 일을 하므로 동등한 교육수준의 다른 노동자보다는 임금을 더 받아야 한다는 원리가 바로 차별에 대한 보상이다.

또다른 예로는 간호사의 경우 낮에 근무하는 간호사보다는 밤에 근무하는 간호사의 임금이 더 높다. 왜냐하면 낮에 근무하는 것보다 밤에 근무하는 것이 힘들고 생활리듬이 깨지므로 더 피곤하기 때문이다. 이와 같은 현상도 임금에 대한 차별보상인 것이다.

2) 인적 자본(human capital)

우리는 흔히 자본(capital)이라고 하면 건축물, 기계, 구조물 같은 자본재를 뜻한다. 그러나 엄격히 따져보면 사람도 자본재라고 할 수 있다. 왜냐하면 사람의 능력향상은 학교교육이나 직업훈련 등을 통하여 이루어진다. 이와 같은 학교교육이나 직업훈련에는 돈이 들어가기 때문에 인적 자본이란 인간에 대한 투자라고 할 수 있다. 인적 자본에 대한 정의는 교육이나 직업훈련을 통한 인간에 대한 투자의 축적이라고 할 수 있다. 가장 중요한 형태의 인적 자본은 교육이라고 할 수 있다. 예를 들면, 평균적으로 대학을 졸업한 사람이 고등학교만 졸업한 사람보다는 인적 자본 면에서 자본재로서의 가치가 높다고 할 수 있다.

세계적으로 살펴보아도 대학졸업자의 임금이 고등학교 졸업자보다는 상당히 높은 경향이 있다. 미국과 같은 경우는 대학졸업자의 임금이 고등학교 졸업자의 임금보다 무려 65%가 높다. 개발도상국일수록 이러한 고학력자와 저학력자의 임금격차는 더욱 심하게 나타난다. 이유는 개발도상국일수록 고학력자가 많지 않으므로 노동의 수요와 공급의 원칙에 의하여 고학력자의 임금이 매우 높은 편이다. 노동시장의 논리에 의하면 고학력자일수록 노동의 한계생산성이 높다고 보기 때문이다.

그러므로 기업에서는 학력이 높은 사람에게 더 많은 임금을 지급하려고 할 것이다. 우리가 여기에서 고학력자가 저학력자보다 한계생산성이 높다는 것은 절대적인 평가가 아니고 평균적인 평가를 나타낸다. 고학력자의 임금과 저학력자의 임금차이는 고학력자와 저학력자 간에 교육에 투자한 비용에서 발생한다고 볼 수 있다.

04 소득분배(income distribution)

1. 소득분배

1) 소득분배의 원칙

소득은 원칙적으로 공정하고 형평성 있게 분배되는 것이 가장 바람직한 형태이다. 그러나 현실적으로 공정하고 형평성 있게 분배하는 데는 많은 어려움이 뒤따른다. 그러면 과연 공정하고 형평성 있는 소득을 분배하기 위해서는 어떤 기준을 근거로 하여 시행되어야 하는가가 최대 관심사이며 가장 중요한 것이다.

지금까지 자본주의와 공산주의 간에 심각하게 대립되어 온 이념 중의 하나도 바로 소득분배 측면이 서로 다르기 때문이다. 자본주의하에서는 능력이 있는 사람에게 소득이 더 돌아가게끔 하는 주의이고 공산주의하에서는 능력에 관계없이 균등하게 소득이 돌아가게끔 하는 제도이다. 결과적으로 동구 공산권을 비롯하여 공산주의는 거의 몰락하고 현재는 북한과 쿠바 정도가 버티고 있는 실정이다.

이러한 생산성과 능력에만 의존하여 소득을 분배하게 되면 장점도 많은 반면에 단점도 발생하게 된다. 장점으로는 능력과 생산성을 기준으로 하여 소득이 높아지게 되면 사람들이 일에 대한 인센티브(incentive)가 생겨서 열심히 또는 창의력을 발휘하게 되는 반면에, 단점으로는 능력과 능률에만 치우치다보면 부익부 빈익빈의 현상을 초래하게 된다.

미국에서도 딜레마가 바로 경제에 있어 효율(efficiency)을 중시할 것인지, 그렇지 않으면 형평(equity)을 중시해야 되는지가 문제이다. 경제의 원칙은 바로 효율성과 형평성은 대체성(trade-off)이 있는 것이다. 간단한 예로, 효율성 즉 능력과 생산성을 중시하다 보니까 효율성이 없는 흑인들은 점점 더 가난해지고,

능력과 생산성이 있는 백인들은 점점 더 부자가 되는 것이다. 반대로 형평성을 중시하다보면 능력 있는 백인들은 불만이 많게 되는 것이다. 다시 말하면, 형평성을 중시하기 위해서는 부자에게서 많은 세금을 걷어서 가난한 사람에게 보조를 해주어야 되기 때문이다. 그러므로 가장 바람직한 소득분배는 먼저 생산성과 능력에 따라 소득이 더 많이 돌아가게 하고 세금과 재정정책을 통해서 가난한 사람에게 소득이 이전되게끔 소득재분배정책을 써야 한다.

소득분배의 원칙으로는 일반적으로 생산성원칙, 필요의 원칙, 균등의 원칙, 수고의 원칙이 있다. 먼저 생산성원칙이란 앞에서 예를 들어 설명했듯이 창의적이며 능력이 있어서 생산성이 높은 사람에게 소득이 더 돌아가게끔 하는 정책이며, 필요의 원칙이란 사회주의에서 채택하는 방법으로 능력이나 생산성에 관계없이 결과를 필요에 따라 분배하는 것이 공정한 분배라고 주장하는 원칙을 말한다.

이러한 필요의 원칙에 의한 소득분배는 사람들에게 열심히 일한 인센티브를 빼앗아가므로 사람들이 열심히 일하려고 하지 않으므로 경제성장에 막대한 지장을 초래하게 되며, 그 결과로 공산주의가 몰락하게 된 것이다. 끝으로 수고의 원칙이란 우리가 흔히 말하는 3D업종(difficult, dirty, dangerous)에 근무하는 사람은 업종차별에 대한 보상으로서 임금을 동등한 능력을 가진 자로서 다른 직종에 근무하는 사람보다는 더 받아야 한다는 원칙이다.

2) 소득재분배

소득재분배는 경제의 효율성(efficiency)만 추구하다보면 부익부 빈익빈의 결과를 초래하게 되어 형평성(equity)의 문제가 대두되므로 정부는 부자와 가난한 자의 빈부격차를 줄이기 위하여 세금이나 사회보장제도(welfare system)를 이용하여 소득을 재분배하려고 노력한다.

첫째는 소득재분배를 위하여 세제제도를 이용할 수 있는데, 그 중의 누진세제도가 바로 형평성을 고려한 세금제도이다. 누진세제도란 소득이 많은 사람일수록 세금 내는 비율이 높은 제도를 말한다. 다시 말하면 고소득자일수록 세금을 많이 내야 되는 제도이다. 그러나 이러한 누진세제도는 빈부격차를 줄이는 역할을 하지만, 소득이 많은 사람에게는 일할 의욕을 감소시키기 때문에 너무 높은 누진세율은 바람직하지 않다고 할 수 있다.

예를 들면, 미국의 레이건 행정부 때 래퍼라는 경제학자가 래퍼커브라는 것을 설명하였는데, 래퍼커브(Laffer curve)란 세율이 너무 높으면 오히려 세원이 줄어들므로 세수가 줄어든다는 원리이다. 그러므로 세수를 최대화시키기 위해서는 적정세율을 책정하여야 한다.

빈부격차를 줄이기 위한 또 하나의 세금제도로는 상속세나 증여세를 30~60%에 이르기까지 고율로 정해져 있다는 것이다. 이와 같이 상속이나 증여에 있어서 세율이 높은 이유는 부의 세습이 이루어져서 빈부격차가 심화되지 않게 하기 위하여 만들어진 세금제도인 것이다. 그러나 일부 사람들은 편법을 써서 고세율인 증여세와 상속세를 탈세하는 경우도 있다.

또 하나의 형평성을 위한 방법으로는 정부가 세금을 거두어서 재정정책의 일환으로 시행하는 사회복지제도가 있다. 사회복지제도는 결국 부자보다는 가난한 사람들을 위하여 만들어진 제도이다. 예를 들면 노인들을 위한 양로원, 소년소녀가장 지원제도, 또한 비교적 소득이 적은 노인들을 위한 각종 경로할인제도 등을 사회복지제도라고 할 수 있다. 사회복지제도가 잘 되어 있는 유럽국가들을 보면 세금을 많이 내는 대신 노후에는 사회복지제도를 이용하여 많은 혜택을 받고 있다.

결국 소득재분배의 문제점은 바로 형평성에 치중하다가 효율성을 잃어서 얻는 것보다는 잃는 게 많이 발생하는 경우이다. 소득재분배란 결과적으로 빈부의 격차를 줄이기 위하여 정부가 세금제도를 이용하여 간섭하는 제도이다. 정부가 소득재분배정책에 너무 치우치다 보면 사람들에게 일할 의욕을 잃게 함으로써 결국은 세원이 줄어들어서 세수가 줄게 되므로 사회보장제도를 실시하는데 오히려 어려움이 따르게 될 수 있다. 이와 같이 소득재분배정책을 적정하게 시행하지 못하면 악순환이 계속될 수 있다. 결과적으로 문제는 효율성과 형평성을 얼마만큼 잘 조화시키느냐이다.

2. 소득불평등

개인 간의 소득불평등이 생기는 이유는 여러 가지가 있다. 그 중에서 대표적인 것으로는 개인 간의 능력차이, 부모로부터 물려받은 유산의 유무 또는 정치적으로나 사회적인 규제로 인하여 기회가 불평등하게 주어졌을 때 소득불평등이 발생한다. 개인 간의 능력이란 타고날 때부터 지능지수의 차별이나 신체적인 조건 또는 외모 등이 있을 수 있으며, 교육수준이나 직업훈련을 통한 개인 간의 능력 차가 생길 수 있다. 또 다른 소득불평등의 원인인 증여나 상속은 개인이 태어날 때부터 소득의 불평등이 발생한다.

이와 같은 소득의 불평등을 해소하기 위하여 고율의 증여세나 상속세가 적용되지만, 부자들의 자본으로부터 얻는 소득은 가난한 사람이나 보통소득수준의 사람들이 임금으로부터 얻는 소득보다는 매우 높기 때문에 소득불평등의 요인은 계속 남게 된다. 또 하나의 소득불평등 원인은 기회의 불평등에서 초래되는데, 우리나라에는 고질병인 학연, 지연, 혈연에 따른 기회의 불평등에서 소득불평등이 발생되고 있으므로 하루빨리 이러한 학연, 지연, 혈연에 따른 소득불평등을 없애야 한다.

또한 소득불평등의 원인으로 사회적인 제도나 규제를 들 수 있다. 사회적인 제도란 경제제도를 말할 수 있는데, 한 나라의 경제정책에서 우선순위가 무엇이냐에 따라 소득불평등이 생겨날 수 있다. 예를 들면, 파이를 크게 만드는 경제성장이 우선정책이라면 형평성보다는 효율성을 강조해야 하므로 소득의 불평등은 더 크게 나타난다. 반면에 경제성장보다는 경제안정과 사회안정을 위해서는 형평성을 고려한 경제정책을 수행하여야 한다.

또 하나의 사회적인 소득불평등요인으로 규제 등을 들 수 있다. 예를 들면 사회구조가 기득권층을 위해서 만들어진 경우가 많은데, 사회에서 이른바 고소득층인 세무사, 회계사, 의사, 변호사 등은 부가세를 면제받고 있기 때문에 이러한 제도가 소득의 불평등을 심화시킨다.

세무사, 회계사, 변호사, 의사 등은 고소득자이기 때문에 오히려 누진세제도에 의하여 보통사람보다 세금을 더 내야 함에도 불구하고 이들 집단의 로비에 의하여 지금은 부가세를 면제받고 있다. 이러한 기득권집단이 부가세를 안내려고 하는 이유는 부가세 자체 금액이 문제가 아니라 부가세를 내게 되면 세원 즉 소득이 노출되는 것이 두려워서이다. 이러한 것이 하루 빨리 개선되어야 함에도 불구하고 기득권층 반발에 의하여 아직 실현되지 못하고 있는 실정이다.

3. 소득불평등 측정

소득불평등을 측정하는 방법으로서 십분위분배율, 로렌츠곡선, 지니계수 등이 있다. 이러한 지표들은 소득의 분배상태가 얼마나 균등하게 나타나는지를 보여주는 그래프 또는 계수이다.

1) 십분위분배율

소득불평등을 측정하는 퍼센티지 방법으로서 모든 가계의 소득계층을 저소득층에서 고소득층으로 배열한 다음 가계의 총숫자를 10단위로 구분한 다음, 10단위 구분을 기준으로 하여 최하위 40%가 차지하는 소득을 최상위 20%가 차지하는 소득으로 나눈 비율을 십분위분배율이라고 하며, 십분위분배율 값이 클수록 소득이 평등하게 나누어져서 소득불평등이 적게 나타난다고 할 수 있다.

2) 로렌츠곡선(Lorenz curve)

로렌츠곡선도 소득불평등도를 측정하기 위한 한 방법으로서 그래프로 나타낼 수 있다. 로렌츠곡선은 가계수의 누적비율과 소득의 누적비율과의 상관관계를 정사각형 그래프로 나타내는데, 가로축은 가계수의 누적률 세로축은 소득의 누적비율로 나타내면 [그림 5-7]과 같다.

[그림 5-7]은 소득불평등도를 나타내는 로렌츠곡선으로써 로렌츠곡선이 무엇을 나타내는지 살펴보기로 한다.

위의 정사각형에서 대각선 OO′는 가계수의 누적비율과 소득의 누적비율이 항시 같기 때문에 완전 평등한 소득분배를 나타내며 로렌츠곡선이 아래쪽으로 처질수록 소득의 불평등도가 심한 것을 나타낸다. 왜냐하면 위의 그래프에서 A점은 가계수 10%가 소득의 2.5%를 나타내며, B점에서는 가계수의 20%가 소득누적의 6%를 나타내고, C점에서는 50%의 가계수가 20%의 소득누적을 나타내며, D점에서는 80%의 가계수가 50%의 소득누적을 나타내며 로렌츠곡선이 아래쪽으로 처질수록 가계수의 누적이 소득의 누적을 차지하는 비율이 적기 때문에 소득불평등도가 심하다고 볼 수 있다.

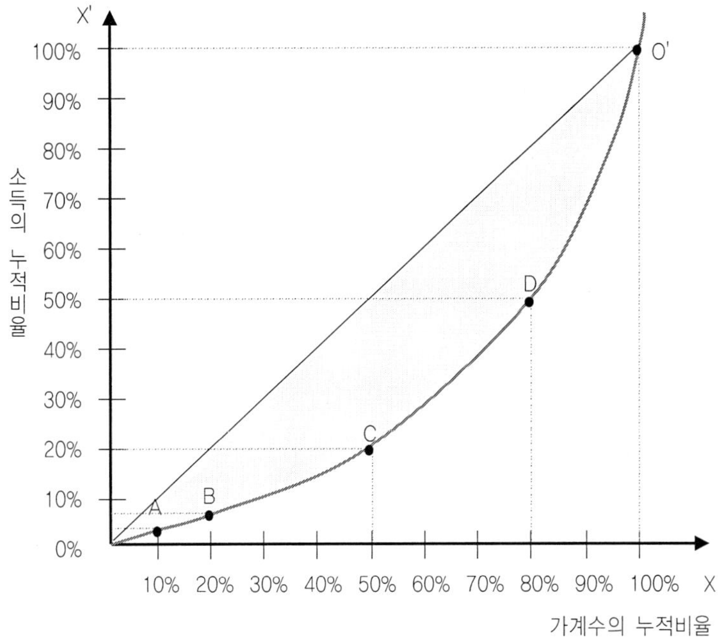

[그림 5-7] 로렌츠곡선

다시 말하면 [그림 5-7]의 그래프에서 빗금친 면적이 클수록, 그리고 로렌츠곡선이 아래로 쳐질수록 소득불평등도가 심하다. 세계적 통계로 보면 선진국보다는 개발도상국가들이 위의 그래프에서 빗금친 부분 면적이 크게 나타나므로 개발도상국가들이 소득불평등도가 심한 것을 나타내주고 있다.

3) 지니(Gini)계수

지니계수란 거의 로렌츠곡선과 개념은 같으나 비율을 나타내는 방법이 다를 뿐이다. 지니계수는 위의 그래프에서 보면 빗금친 부분, 즉 OABCDO′가 △O×O′중의 얼마만큼 차지하는가의 비율을 뜻하며, 빗금친 부분이 전혀 없으면 지니계수는 0가 되고 빗금친 부분이 △O×O′전체를 차지하면 지니계수는 1이 된다. 그러므로 소득불평등도를 나타내는 지니계수는 0에서 1까지의 범위에 속하며 지니계수가 1에 가까워질수록 소득불평등도는 심한 것을 나타내준다.

$$\text{지니계수} = \frac{\text{색칠한 면적(OABCDO}')}{\triangle O \times O'}$$

4. 쿠츠네츠의 U자 가설

쿠츠네츠(Kuznets)의 U자 가설이란 소득불평등도가 경제발전단계에 따라 다르게 나타난다고 하는 가설이다. 경제발전단계를 크게 3단계로 나눠보면, 첫 단계는 경제발전 초기단계이므로 절대빈곤은 존재하더라도 경제성장이 되지 않았기 때문에 소득불평등은 심하지 않고 약간만 나타나는 단계이고, 두 번째 단계는 경제발전 중기단계로서 경제성장을 이루려다 보니까 효율성에만 치우치고 형평성은 돌볼 겨를이 없기 때문에 소득불평등도가 심해지는 단계이며, 마지막단계는 경제성숙기 단계로써 어느 정도 경제가 성장하고 나면 분배문제가 대두되므로 형평성을 고려한 정책이 시행되는데, 이 단계에 와서는 소득불평등도가 다시 완화되는 현상을 보여준다. 이와 같이 경제발전단계에 따라 소득불평등도가 변화되는 과정을 쿠츠네츠의 U자 가설이라고 한다.

이와 같은 논리는 반드시 어느 나라든지 적용되는 논리가 아니기 때문에 가설이라고 하는 것이다.

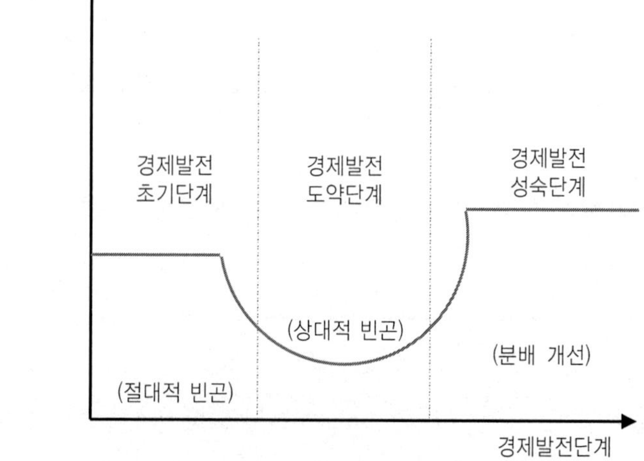

[그림 5-8] 쿠츠네츠의 U자 가설

[그림 5-8]은 쿠츠네츠의 U자 가설을 설명해 주는 그래프이다. 이 그래프가

뜻하는 것은 경제발전을 3단계 즉 경제발전 초기단계, 경제발전 도약단계, 경제발전 성숙단계별로 소득분배평등도가 어느 정도인지 나타내주는 그래프인데, 처음 단계인 경제발전 초기단계에서는 소득불평등도가 약간 나타나다가 경제발전 도약단계에서는 효율성을 강조하다보니 소득불평등도가 심해지며, 마지막 단계인 경제성숙단계에서는 세금제도의 개선이나 사회복지제도를 통하여 소득분배개선을 하려고 하므로 소득불평등도가 다시 줄어드는 현상을 나타낸다. 이와 같이 경제발전단계별로 소득불평등도를 나타내보니 형태가 U자형을 나타내서 이러한 현상을 쿠즈네츠의 U자 가설이라고 한다.

05 국민소득

1. 국민소득의 개념

국민소득은 한 나라에서 이루어진 가계, 기업, 정부, 해외부문의 모든 경제주체가 일정기간 동안에 새로이 생산한 재화와 서비스의 가치를 금액으로 나타낸 것을 말하는데, 경제수준을 나타내는 지표라고 할 수 있다.

흔히 영어로 나타내면 GNP(Gross National Product)라고 하여 국민총생산액이라고 한다.

위에서 말하는 재화와 서비스는 의식주에 필요한 눈에 보이는 물질적인 상품과 교육이나 문화활동 등도 서비스의 일종으로서 국민총생산액에 포함된다. 여기서 말하는 일정기간 동안이란 통상 1년을 말하며, GNP금액을 산정할 때는 최종 판매금액 즉 소비자에게 판매한 가격을 말한다. 다시 말하면 최종판매금액은 부가가치의 총합계금액과 일치한다.

예를 들어 설명하면 다음과 같다. 빵이 한 제과점에서 소비자에게 1년 동안 100만 원어치를 팔았다고 가정하면 이 100만원은 최종판매가격이기 때문에 GNP 집계금액으로 100만원이 산정되는 것이다. 그러나 이 빵 100만원어치가 팔리기 위한 과정을 살펴보면 다음과 같다.

첫째 단계로 밀을 농사짓는 농부가 밀농사를 지어서 빵 100만 원어치에 대한 밀을 제분업자한테 30만원을 주고 팔았다고 가정하고, 이 농부는 밀을 생산하기 위해 씨앗을 10만원 주고 구입하였다고 하면, 30만원에서 10만원을 제외한 20만원이 밀 생산 농부가 창출한 부가가치가 된다.

둘째 단계로 제분업자가 밀 생산 농부한테서 30만원에 구입한 밀을 제분하여 밀가루로 만들어서 다시 빵을 30만원에 구입한 밀을 제분하여 밀가루로 만들어서 다시 빵을 만드는 빵공장에 50만원에 팔았다고 한다면, 제분업자가 창출한 부가가치는 50만원에서 30만원을 제외한 20만원이 제분업자가 창출한 부가가치이다.

셋째 단계로 빵공장에서 밀가루를 제분업자로부터 50만원에 사들여서 공장 설비와 인원 그리고 빵을 만드는 데 필요한 부가원료를 사용하여 제과점 소매업자에게 80만원에 팔았다고 한다면 빵공장이 부가적으로 창출한 부가가치는 80만원에서 50만원을 제외한 30만원이 된다.

넷째 마지막 단계로 소매제과점이 빵공장으로부터 80만원에서 구입해서 최종소비자에게 100만원의 매출을 올렸다고 한다면 100만원에서 80만원을 제외한 20만원이 소매제과점이 창출한 부가가치인 것이다.

여기에서 소매제과점이 최종소비자에게 판매한 금액 100만원이 GNP금액이 되며 이 금액은 단계별 부가가치 총액과 일치한다. 처음 씨앗값 10만원에 단계별 부가가치금액을 합계하면 최종 소비자에게 판매한 금액인 100만원이 된다.

위에서 살펴본 국민소득개념은 생산측면에서 살펴본 개념으로서 분배측면이나 또는 지출측면에서도 살펴볼 수 있다. 이러한 생산, 분배, 지출측면에서 GNP의 금액은 일치하게 되어 있는데 이를 국민소득 3면등가(國民所得 三面等價)의 원칙이라고 한다. 이와 같이 3측면에서 GNP가 같아지는 이유는 생산된 것이 모두 분배된다고 보며 분배된 것이 다시 모두 지출된다고 보기 때문이다.

다시 말하면 기업이 노동, 자본, 토지 등을 이용하여 재화나 서비스를 생산하게 되면 이 생산된 것은 다시 근로자에게 급여를 주게 되고 자본을 빌려준 사람에게는 이자(利子)로 다시 분배되며 땅을 제공한 사람에게는 임대료(賃貸料)

로 지급되고 나머지는 기업가의 이윤(利潤)으로 남게 되는데, 여기에서 말하는 급여, 이자, 임대료, 이윤을 합한 금액을 분배측면에서 본 GNP라고 한다. 여기에서 분배된 소득 즉 급여를 받은 소비자는 다시 재화나 서비스를 구입하기 위해 지출하게 되며, 기업이 보유한 이윤은 다시 설비투자 등을 비롯한 지출을 하게 되므로 분배된 소득이 다시 모두 지출된다고 보기 때문에, 국민소득은 생산, 분배, 지출 3측면에서 일치된다고 보며 국민소득 3면등가의 원칙이 성립하는 것이다.

2. 명목 GNP와 실질 GNP

위에서 설명했듯이 한 나라의 어느 연도의 GNP는 모든 재화나 서비스의 최종판매가액의 합계로 나타낼 수 있다. 그러나 우리가 여기에서 주의할 점은 어느 한 연도의 GNP가 60조원이라고 한다면 이 60조원은 그해 연도의 재화나 서비스의 가격을 적용하여 환산한 금액이다. 이 60조원이라고 하는 금액은 그해 연도의 물가가 그대로 반영된 금액이다. 그러나 실질경제성장률이 얼마나 늘어났는가를 알아보기 위해서는 어느 기준연도를 정하여야 하고, 그 기준연도보다 GNP가 실질적으로 얼마나 늘어났는가를 알아보기 위해서는 실질 GNP를 계산해 내야 한다.

실질 GNP란 어느 기준연도를 기준으로 해서 어느 한 연도의 GNP를 계산하는데 가격은 기준연도의 가격을 적용하고 수량은 그해 연도를 적용하여 합계한 금액을 실질 GNP라고 한다. 예를 들어 2000년도의 GNP가 60조원이라고 가정하고 2008년의 명목 GNP가 120조원이라고 하면, 2008년도의 실질 GNP는 2008년도의 생산량에 2000년도의 가격을 적용하여 합계한 금액으로 나타낼 수 있는데, 이렇게 계산하니까 100조원이 나왔다고 한다면 2008년도의 실질 GNP는 100조원이 되는 것이다.

여기서 명목 GNP를 실질 GNP로 나눈 비율을 GNP 디플레이터(GNP deflator)라고 하며 최종생산물의 시장가격이 기준연도에 비하여 얼마나 상승 또는 하락하였는지를 나타내주는 지표라고 할 수 있다.

$$① \text{GNP 디플레이터} = \frac{\text{명목 GNP}}{\text{실질 GNP}}$$

$$② \text{실질 GNP} = \frac{\text{명목 GNP}}{\text{GNP 디플레이터}}$$

위의 공식에 의하여 위의 예로는 GNP 디플레이터는 120/100 = 1.2 즉 기준연도 2000년에 비하여 2008년도의 물가는 20% 올랐다고 볼 수 있으며, 실질 GNP는 다시 명목 GNP를 GNP 디플레이터로 나누어주면 구할 수 있다. 이러한 이유로 국민소득과 다른 변수와의 상관관계를 분석하는 계량모델에서는 명목 GNP 대신 실질 GNP를 쓰게 되는 것이다. 예를 들면, 국민소득과 에너지 소비량의 상관관계를 알아보고자 할 때에는 명목국민소득 대신 실질국민소득을 써야만 바람직하고 정확한 상관관계를 유출해 낼 수가 있다.

3. 양적(量的)인 GNP와 질적(質的)인 GNP

지금까지 생산, 분배, 지출 즉 3면에서 살펴본 GNP는 양적인 GNP라고 할 수 있다. 왜냐하면 양적인 GNP는 생산된 재화와 서비스의 최종생산물의 시장가격의 합으로 나타날 수 있기 때문이다. 그러나 이러한 단순한 최종생산물에 대한 시장가격의 합으로 산출한 양적인 GNP는 사람의 복리후생은 전혀 고려치 않은 GNP인 것이다. 양적인 GNP 산출방법은 여러 가지의 문제점을 안고 있다.

첫째, 주부들의 가사노동은 전혀 반영하지 못한다는 점이다. 집에서 단순히 가사일만 하는 주부들의 노동가치는 전혀 시장가격에 포함되어 있지 않다는 점이다.

둘째, 마약, 밀수, 매춘 같은 지하경제에서 이루어지는 경제활동 즉 지하경제의 가치가 GNP의 계상에 포함되지 않는다는 점이다. 후진국일수록 지하경제규모가 큰 편이므로 후진국 GNP는 다소 적게 산출된다고 할 수 있다.

셋째, 자동차를 생산하게 되면 자동차를 해외에 수출하거나 국내에 판매하게 되어 GNP는 올라가게 되지만, 부수적으로 발생되는 교통체증, 공해 등으로 인한 사람들의 복리후생의 감소분은 고려되지 않기 때문에 양적인 GNP는 문제점이 되는 것이다.

끝으로 사람들의 여가선용은 그만큼 생산활동에 참여하는 시간이 적기 때문에 양적인 GNP는 줄어들 수 있으나, 사람들의 정신적인 면 즉 복리후생은 증가하기 때문에 질적인 GNP는 오히려 증가할 수도 있는 것이다.

위에서 살펴본 바와 같이 경제발전속도가 느리고 경제발전으로 인한 부작용, 즉 부정적인 효과가 적었던 '70년대까지만 해도 양적인 GNP가 물질적인 면뿐만 아니라 복리후생 면까지도 증가하는 것으로 간주되어 오다가 '80년대에 접어들면서 세계 모든 국가의 공업화가 추진됨으로 인하여 공기오염, 수질오염, 토질오염, 그리고 교통체증 등 여러 가지 경제발전을 위한 공업화의 부작용이 크게 나타남으로 인하여 세계 각국들은 양적(量的)인 GNP보다는 질적(質的)인 GNP에 대하여 관심을 갖게 되었다.

선진국들은 이미 공해산업은 개발도상국에 수출하거나 이전하여 생산하고 있으며 우루과이라운드(Uruguay Round)나 그린라운드(Green Round)를 제정하여 세계국가들이 공해산업을 하지 못하도록 규정하고 있다. 다시 말하면 공해를 발생하여 만든 제품은 상대국 다른 나라에서 수입을 하지 않겠다는 조치인 것이다. 앞으로는 공해발생제품은 수출하기도 힘들어지는 시대가 오는 것이다. 이렇게 환경을 고려하여 산출하는 GNP를 그린 GNP(Green GNP)라고 하며 질적(質的)인 GNP를 나타내 주는 것이다.

위에서 설명한 바와 같이 사람들의 복리후생까지를 포함한 질적(質的)인 GNP를 고려하는 것이 중요하게 되었다. 그러나 여기에서 문제점은 질적인 GNP에 대한 개념과 발상은 좋지만 추계상의 문제점이 많다. 예를 들면 공기오염, 수질오염, 토질오염 그리고 교통체증 등과 같은 것을 금액으로 환산하기가 매우 힘들기 때문이다. 앞으로 경제학자들의 연구과제는 질적인 GNP를 얼마만큼 정확히 산출해 내느냐 하는 점이다.

4. 평가방법에 따른 국민소득

국민소득은 생산의 범위나 평가방법에 따라 여러 가지 다른 개념으로 구분되어진다.

첫째, GNP(Gross National Product)와 GDP(Gross Domestic Product)의 개념이 있다. GDP란 국민경제가 창출한 생산규모의 파악방법으로서 국내에 거주하는 모든 생산자가 생산한 부가가치를 총합산함으로써 집계되는 국민총생산액을 말하며, GNP는 우리 국민이 해외에서 벌어들인 금액, 즉 대외 수취요소소득은 더해주고 외국인이 우리나라에서 벌어들인 소득금액 즉 대외지급요소소득은 감해준 금액을 말한다. 다시 말하면 GNP는 GDP에다가 대외순 수취요소소득을 더하여 산출하게 되는데, 여기에서 말하는 대외순 수취요소소득은 대외 수취요소소득에서 대외지급 요소소득을 감하여 산출한다.

둘째, 총생산과 순생산(純生産)의 국민소득개념이 있는데 고정자본소모 즉 감가상각을 감해준 것을 순국민소득이라고 한다. 고정자본소모란 어떤 재화를 생산하기 위해서는 기계나 설비 즉 자본재가 마모되는데 이를 고정자본소모라고 하며 회계상에서는 감가상각비로 계상하게 되어 있다. 이와 같이 국민총생산 즉 GNP에서 감가상각비를 빼주면 순국민생산(Net National Product: NNP)을 산출할 수 있다. 정확한 국민소득개념으로는 NNP가 더 정확한 개념이나 감가상각비 추계가 정확하지 않고 용이하지 않기 때문에 NNP 개념보다는 GNP 개념을 더 널리 사용하고 있다.

셋째, 시장가격으로 평가한 국민소득과 요소비용(要素費用)으로 평가한 국민소득이 있다. 시장가격이란 물건이 시장에서 실제 매매되는 가격을 말하며, 요소비용은 가계가 소유한 생산요소를 기업에 공급하고 그 대가로 받는 요소소득으로서 임금, 지대, 이자 등을 말한다. 기업에서 창출한 이윤을 요소소득과 합하여 이를 요소비용으로 평가한 것이 국민소득이며 국민소득(National Income : NI)은 NNP에서 간접세를 빼주고 정부의 보조금을 합하여 산출한다.

넷째, 개인소득(Personal Income : PI)개념이 있는데, 개인소득은 가계가 받는 순소득을 의미하는데 국민소득에서 법인세와 근로자들의 의료보험이나 연금과 같은 사회보장분담금을 빼주어서 산출한다. 그리고 정부로부터 받는 이전지출을 더하여 계산한다.

다섯째, 가처분소득(Disposable Income : DI)의 개념이 있는데, 가처분소득은 개인소득(PI)에서 개인소득세를 감해주어서 산출하며 개인이 최종적으로 사용할 수 있는 소득을 말한다.

위의 여러 가지 다른 개념의 국민소득을 도표로 나타내면 [그림 5-9]와 같다.

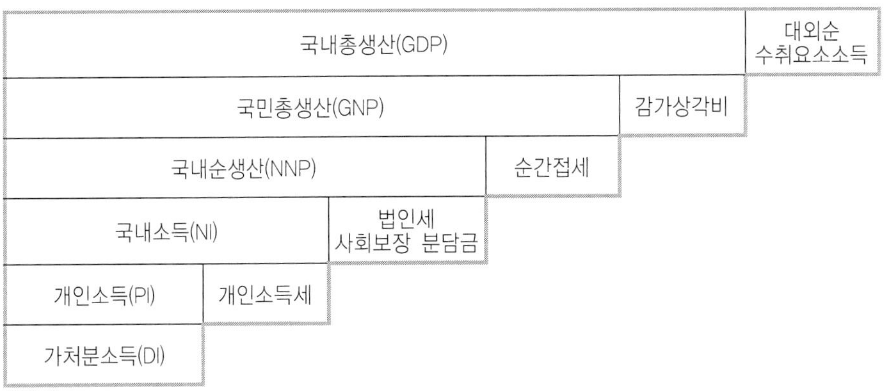

[그림 5-9] 주요 국민소득지표의 범위

06

화폐시장(貨幣市場)

Chapter 06

화폐시장(貨幣市場

위에서 설명한 시장의 한 종류로서 화폐시장(money market)이 경제에 존재하는데 이번에는 화폐시장에 대하여 살펴보기로 하자. 화폐시장에도 다른 시장과 마찬가지로 화폐에 대한 수요와 공급이 존재하고 이러한 수요와 공급에 의하여 화폐에 대한 가격이 이자율로써 나타내진다. 화폐에 대한 수요자는 개인이나 금융기관으로부터 돈을 빌리고자 하는 개인이나 기업이 될 수 있고, 화폐에 대한 공급자는 개인이나 금융기관이 될 수 있다.

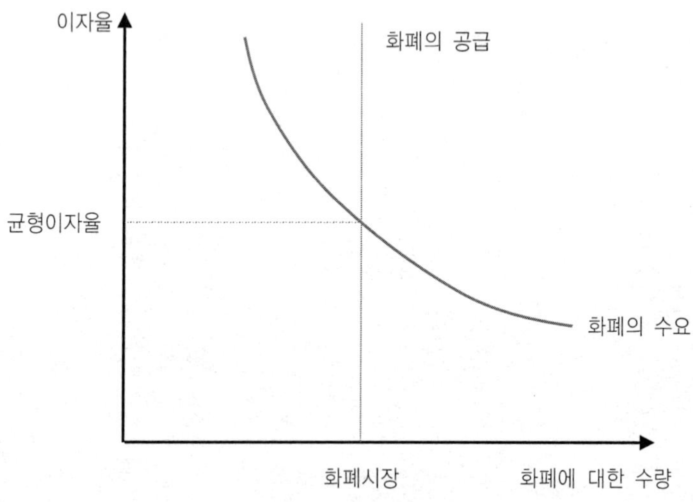

[그림 6-1] 수요와 공급 원리

화폐를 공급하려는 공급자보다 수요자가 더 많으면 이자율(금리)은 상승하고 화폐에 대한 수요자보다 공급자가 더 많으면 금리는 하락한다고 볼 수 있다. 우리가 생산물시장에서 수요와 공급의 원리를 살펴보았듯이 화폐시장에 대하여 수요와 공급의 원리를 그래프에 의하여 설명하면 다음과 같다.

[그림 6-1]에서 보면 알 수 있듯이 화폐시장에서의 이자율과 화폐량은 화폐에 대한 수요와 공급이 일치하는 점에서 결정된다. 화폐의 공급곡선이 이자율에 관계없이 일정하게 공급되는 수직으로 표시된 이유는 화폐의 공급을 국책은행인 한국은행에서 결정하여 이자율에 관계없이 공급한다고 보기 때문이다.

01 화폐의 기능 및 종류

1. 화폐의 정의

옛날과 같이 물물교환시대에는 직접 물건과 물건을 교환하였기 때문에 화폐가 필요 없었다. 그러나 이러한 물물교환경제는 경제의 거래단위가 증가하고 거래지역이 광역화됨으로써 물물교환을 대신할 수 있는 어떠한 매개체가 필요하게 되었는데, 이 매개체로 고안되어 등장한 것이 바로 화폐이다. 다시 말하면, 물건 대신 물건의 값을 나타내는 매개체가 바로 화폐인 것이다. 이러한 화폐의 등장으로 물물교환이 사라지게 되고 경제거래 단위의 증가로 인한 불편성과 경제거래지역 광역화에 대한 불편성을 해결하게 되었다.

이러한 이유로 인하여 화폐에 대한 정의는 교환수단과 가치척도의 기능을 중심으로 정의되어질 수 있다. 왜냐하면 화폐는 물건의 가치를 나타낼 수 있는 동시에 상품매매 시 지급수단으로서 교환의 수단이 될 수 있기 때문이다.

2. 화폐의 기능

화폐의 기능은 화폐의 정의에서 설명한 바와 같이 상품의 가치를 나타내줄 수도 있고 상품매매 시 지급수단이 되며 이러한 지급수단을 통하여 화폐보유가 가능하므로 교환수단의 역할도 한다. 다시 말하면, 교환의 매개수단(medium of exchange)을 통하여 거래비용(transaction cost)을 없앨 수 있다.

거래비용이란 물물교환경제라면 서로 필요한 물건과 교환하기 위하여 물품의 크기 또는 거래지역의 거리에 따라 운반비 또는 시간의 낭비가 발생되는데, 화폐의 사용으로 인하여 이러한 비용을 대폭 줄일 수 있는 것이다. 그러므로 화폐의 본원적 기능은 교환의 매개수단(medium of exchange) 기능이다. 그러므로 이러한 화폐의 기능을 세분하여 살펴보면 다음과 같다.

첫째, 화폐는 교환의 매개수단 기능을 한다. 예를 들어 경제 내에 갑, 을, 병이라는 세 사람이 있는데 갑은 옷을 가지고 있고 을은 쌀을, 병은 고기를 갖고 있다고 한다면 갑이라는 사람은 옷을 팔아서 그 돈으로 병으로부터 고기를 살 수도 있고 을로부터 쌀을 살 수도 있다. 반대로 을은 또 쌀을 팔아서 그 돈으로 갑이나 병으로부터 옷이나 고기를 살 수 있다. 이러한 화폐의 기능을 우리는 화폐의 교환매개수단이라고 한다.

둘째, 화폐의 역할은 가치척도 또는 회계의 단위가 되는 기능이다. 예를 들어, 담배 1갑의 가격이 1,000원이고 술 한 병의 가격이 2,000원이면 담배가격은 술가격의 1/2의 가치를 나타내주고 있다. 그러므로 여기에서 말하는 화폐의 가치척도는 여러 가지 상품이 있을 때 각 상품마다 화폐의 단위를 가치로 표시할 수 있기 때문에 상품 간의 가치를 서로 비교할 수 있는 척도의 단위가 될 수 있으며 서로 상품을 매매할 때 계산의 기준이 되는 역할을 한다.

셋째, 화폐의 가치저장기능을 들 수 있다. 여기서 가치저장(store of value)이란 화폐는 언제나 어디서나 실제물건과 바꿀 수 있기 때문에 화폐 자체가 물건의 가치를 저장하고 있다고 할 수 있다. 화폐가 가치를 저장하고 있다는 말은 화폐는 현재뿐만 아니라 미래에도 화폐만 가지고 있으면 상품과 바꿀 수 있다는 기능을 말하며, 가치저장의 역할이 미래에 늘어날 수도 있고 줄어들 수도 있는데 이는 물가수준 즉 인플레이션(inflation)이 어느 정도 변화했는지에 따라 결정되는데 물가가 종전보다 상승했으면 화폐의 가치저장의 기능은 줄어든 것이고 물가가 종전보다 떨어졌으면 화폐의 가치저장기능은 증가했다.

우리나라 경제여건을 과거로부터 살펴보면 IMF 외환위기(1997) 이전에는 계속 물가수준이 상승되어 왔기 때문에 해방 이후부터 IMF 외환위기 이전까지는 화폐의 가치저장기능은 하락하여 왔다고 할 수 있으며, IMF 외환위기 이후부터는 디플레이션 즉 물가가 오히려 하락하는 현상을 보여 IMF 외환위기 이후 화폐의 가치저장기능은 증가하였으므로 현금 즉 화폐를 보유하고 있는 사람이 더욱 유리하다고 볼 수 있다.

3. 화폐의 종류

화폐의 형태는 오래 전부터 다양한 형태로 발전되어 왔다. 우리나라 역사상 발전되어온 화폐의 형태는 크게 상품(물건)화폐, 금속화폐, 지폐, 예금화폐, 전자화폐의 순으로 발전되어 왔다.

이렇게 화폐의 형태가 바뀐 것은 경제발전과 더불어 그 경제에 맞게끔, 다시 말하면 경제가 복잡다양하게 변화되고 사람들이 화폐에 대한 교환수단으로써 편리성을 찾다보니까 화폐도 거기에 맞게 개발되었다고 할 수 있다.

처음에는 상품화폐로써 어떤 상품을 지정해서 그 상품을 화폐로 사용하기로 정하여 놓고 그 상품은 다른 모든 상품과 바꿀 수 있는 교환의 매개수단으로 사용되어졌으나, 경제거래단위가 증가하거나 거래지역이 멀리 떨어진 상태에서는 매우 불편하다. 이러한 불편성을 해결하고자 금속화폐가 등장하였다.

금속화폐란 구리, 동, 니켈 등 여러 가지 금속으로 만들 수 있다. 그러나 이러한 금속화폐는 위조될 가능성이 높고 경제의 거래규모가 더욱 증가하고 경제거래지역이 보다 광역화가 되면서 운반·보관이 편리한 화폐의 필요성을 느껴서 지폐를 더 발행하게 된 것이다. 경제가 더욱 발전하고 거래관계가 복잡해짐에 따라 신용화폐(信用貨幣)인 어음이나 수표 및 신용카드(credit card)가 등장하게 되었다.

수표는 지폐의 운반·보관 기능성을 더욱 강화하고자 개발된 교환수단이지만 거래 시 위험성은 더욱 크다고 할 수 있다. 왜냐하면 수표는 액면이 크기 때문에 위조수표나 분실된 수표가 유통될 때 그에 대한 진위 확인에 시간이 걸리며, 확인이 어려운 지방에서 발행된 수표는 거래 시에 수수료(추심료)를 떼는 경우도 있다.

신용화폐의 일종으로써 어음이라는 것이 있는데, 어음이란 기업을 운영하는 자에게 거래의 활성화 또는 자금사정의 융통성을 부여해 주기 위하여 금융기관에서 지폐 대신 발행하여 거래기업에게 발행하여 준다. 거래기업의 그동안 신용상태에 따라 어음발행 한도액이 정해진다. 기업은 거래대금으로 외상 대신 어음을 지급하는데 어음 1장당 금액의 제한은 없고 만기일도 대금을 받는 사람과 주는 사람이 합의하여 만기일을 정하는데 짧게는 1개월에서 9개월까지가 있다. 어음을 발행하여 대금으로 지급하려는 자는 될 수 있는 한 만기일을 늘려서 어음을 발행하려고 하고 어음을 받는 사람은 될 수 있는 한 만기일이 짧은 어음을 받으려고 한다.

만기일의 결정은 어음을 주고받는 거래당사자 간의 합의에 의하여 결정되지만, 만기일이 짧으냐 또는 길으냐에 따라 상품대금가격이 높을 수도 있고 낮을 수도 있다. 다시 말하면, 만기일이 긴 어음은 짧은 어음보다 그 기간 차이만큼의 이자만큼 가치가 적은 것이기 때문에 거래당사자 간 어음기간이 긴 어음을 받는 사람은 그 대신 상품가격 즉 거래대금을 그 기간 이자차액만큼 높이게 되어 있다.

어음의 종류를 다시 크게 구분하면 진성어음과 융통어음이 있는데, 진성어음이란 실제상품이 거래되는 과정에서 주고받는 어음이고, 융통어음이란 상품이 거래되지 않고 어음보유자가 단지 자금사정 즉 다른 데 빚을 갚기 위해 발행되는 어음이다. 시중 금융기관에서 할인하려고 할 때 진성어음보다 융통어음은 할인율이 높으며 할인 받기가 일반적으로 힘들다. 왜냐하면 융통어음은 진성어음보다 부도의 위험성이 크기 때문이다.

그 다음에 요즈음 개발되고 있는 것이 전자화폐(electronic money)이다. 전자화폐란 다시 말하여, 국내 간 또는 국제 간에 상거래가 전자상거래(electronic commerce)에 의하여 이루어질 때 사용될 수 있는 화폐를 말한다.

전자상거래(electronic commerce)란 상품거래 시 모든 거래를 컴퓨터로 연결시켜서 물품을 구입하고 그 대금은 전자화폐를 사용하여 지급하는 제도를 말하며, 지금 국제 간에도 앞으로의 국제무역에 있어서 이러한 전자상거래 또는 EDI (Electronic Data Interchange)시스템에 의하여 할 수 있도록 추진하고 있다. 이때에 대금지급수단으로서 필요한 것이 전자화폐인데, 전자화폐의 문제점은 컴퓨터전산망을 통하여 가짜 전자화폐가 발생할 가능성이 크기 때문에 누군가 전자화폐를 복사해서 사용하면 전자상거래 시 유동성 문제 등 크게 혼란이 야기될 수 있기 때문에 전자화폐 복사를 막는 방안의 연구가 시급히 필요한 상태이다.

02 통화지표 및 금융기관

1. 통화지표(通貨指標)

우리나라의 중앙은행인 한국은행은 시중의 화폐량을 적절하게 유지시켜야 한다. 화폐의 양이 너무 많아도 인플레이션이 일어나 화폐가치가 하락되고 반대로 화폐의 양이 필요 분보다 적으면 화폐의 공급부족으로 시중의 금리가 상승하고 기업의 운용자금이 부족하여 생산활동이 위축되어서 저물가시대의 악순환이 지속된다.

저물가시대의 악순환이란 소비위축→생산활동감소→실업자증가→소득감소→소비위축→생산활동 감소의 악순환이 반복되므로 시중의 통화량은 시중에 너무 많이 풀려도 문제가 되고 너무 적게 풀려도 문제가 되므로 시중의 통화량을 적절히 조절하기 위하여 유통되는 돈의 총량을 파악하여야 하는데, 이때에 적용되는 기준이 통화지표이다.

중앙은행인 한국은행이 통화량을 적절히 조절하기 위하여 통화의 크기와 변동을 파악할 수 있는 통화지표가 작성되어야 한다. 통화지표는 시중에 돈이 얼마나 풀려 있는가를 가늠할 수 있는 척도로서 통화신용정책의 기초자료가 된다.

통화지표를 분류하기 위해서는 통화에 대한 정의가 먼저 결정되어야 하며,

통화의 정의와 기능 면에서 볼 때 어디까지 통화의 범주에 포함시킬 것인지를 결정하여야 한다. 통화에 대한 지표는 새로운 금융자산이 출현하거나 금융제도가 바뀌게 되면 통화에 대한 성격이 바뀌게 되므로 통화지표가 새로 만들어져야 된다.

현재 우리나라에서는 현금을 제외한 여러 가지의 금융자산을 어디까지 화폐의 범주에 포함시키느냐에 여부에 따라 M_1, M_2, M_2A, M_2B, 그리고 M_3 등의 통화지표를 만들고 있으며 통화정책의 지표로 사용하고 있다.

첫째, M_1의 화폐지표는 지급수단의 기능을 중심으로 하며, 민간이 소유하는 현금과 요구불예금을 포함시킨 통화지표이다. 여기에서 요구불예금이란 보통예금이나 당좌예금 및 가계종합예금을 말한다. 요구불예금은 즉시 지급할 수 있는 현금 다음으로 유동성이 크기 때문에 M_1 통화지표에 포함시키고 있다.

둘째, 통화지표인 M_2는 M_1의 통화지표에다 정기예금, 정기적금 그리고 거주자 외화예금을 포함한 통화지표로서 M_1 통화지표보다는 유동성이 적은 저축성예금을 포함시키고 있다. 그러나 저축성예금은 이자만 포기하면 언제든지 요구불예금과 마찬가지로 지급결제수단이 될 수 있기 때문에 M_2에 포함시키고 있다. 저축성예금은 거래적 동기보다는 예비적 또는 자산증식을 위한 투기적 동기로 보아야 하며 미래에 대비한 예비적 동기로 볼 수 있다.

또한 거주자외화예금은 자국인이 자국은행이나 외국은행 국내지점에 외화로 예금한 예금으로서 국내의 지급결제수단으로서는 다소 제약이 있지만 언제든지 원화로 바꾸어 국내에서 유통될 수 있으므로 M_2 통화지표에 포함시키고 있다.

우리나라는 1979년부터 M_2 통화지표를 통화관리의 중심지표로 사용하고 있는데, 그 이유는 M_2 지표가 경제성장이나 물가수준을 반영시키는 데 다른 통화지표보다는 더욱 현실성이 있으며 합리적이라는 관점에서 M_2 통화지표가 통화의 중심지표로서 사용되어지고 있다.

셋째, 통화지표인 M_2A는 M_2 통화지표에서 비교적 유동성이 적은 2년 이상 만기저축성예금인 정기예금, 정기적금을 제외한 단기통화지표이다.

넷째, M_2B 통화지표는 M_2 통화지표에 은행이 발행한 양도성예금증서(CD)와 기업금전신탁, 어음관리구좌(CMA), 통화채권투자신탁(BMF) 등의 비통화금융기관의 단기예수금을 포함한 지표이다. 우리나라는 1989년부터 금융자산의 다양화와 금융시장구조의 변화로 비은행금융기관에서도 단기성 금융자산이 많이 발생하였고 금융자산 비중이 높아짐에 따라 M_2B를 통화지표로 선정하여 통화에 대한 보조지표로 사용하고 있다.

다섯째, M_3 통화지표는 화폐의 가치저장수단의 기능을 중시하는 관점에서 편제된 통화지표로서 M_2에 종합금융회사, 투자신탁회사 등 비은행금융기관의 각종 예수금과 금융기관이 발행하는 금융채, 양도성예금증서(CD), 상업어음(CP) 매출액, 표지어음매출, 환매조건부채권(RP) 등을 포함시키고 있다. 환매조건부채권에 대하여는 채권시장편에서 설명되고 있다. 양도성예금증서(CD : Negotiable Certi- ficate of Deposit)는 일종의 정기예금증서로 양도가 가능하여 매우 유동성이 높은 상품이다. CD는 무기명이며 중도해약이 불가능하다. 중도해약이 불가능하므로 지불준비율이 필요없고 다른 상품에 비하여 이자율이 높다.

마지막으로 통화지표인 MCT가 있는데, 이 통화지표는 비은행금융기관이 단기유동성 상품을 많이 개발하면서 M_2 통화지표는 중심지표로서의 한계성에 도달하여 이러한 결점을 보완하고자 개발된 통화지표이다. 이 통화지표는 M_2 통화지표에 양도성예금증서(CD)와 은행신탁계정의 금전신탁을 포함시킨 지표이다.

위의 통화지표를 간략하게 정리하면 〈표 6-1〉과 같다.

〈표 6-1〉 통화지표

① M_1 = 현금 + 요구불예금(보통예금, 당좌예금, 가계종합예금)
② M_2 = M_1 + 정기예금 + 정기적금 + 거주자외화예금
③ M_2A = M_2 − (2년 이상 만기저축성예금)
④ M_2B = M_2 + 비통화금융기관의 단기예금(기업금전신탁 + 어음관리구좌) + 양도성예금증서(CD)
⑤ M_3 = M_2 + 비은행금융기관의 각종예수금 + 금융채 + CD + 상업어음매출(CP) + 표지어음매출 + 환매조건부채권(RP)
⑥ MCT = M_2 + 양도성예금증서(CD) + 은행신탁계정의 금전신탁(Trust)

〈표 6-2〉 통화지표별 구성내역

(단위 : 억원)

					M_3 (4,426,632)
				M_2B (1,334,968)	비은행기관의 각종 예수금, 금융채, CD, 상업어음매출, 표지어음매출, 환매채
			M_2 (1,331,787)	양도성예금증서 비통화금융기관의 단기예수금	
		M_2A (875,287)	2년 이상 장기성 저축예금		
	M_1 (325,106)	단기 저축성 예금(2년 미만)			
현 금 (131,272)	요구불예금 (193,384)				
민간화폐보유액 (131,272)					

2. 금융기관

우리나라 금융기관은 크게 공금융기관과 사금융기관으로 나누어진다. 공금융기관은 공적으로 조직된 제도금융기관이고 사금융기관은 사채시장과 같이 공식적으로 제도화되지 않은 시장을 말하며, 다시 기능에 따라 분류하면 통화당국, 예금은행, 기타금융기관으로 나눠진다.

통화당국이란 화폐발행, 금융기관 지급준비율 제정, 대외지급준비금 관리 및 은행업무통제 등의 기능을 수행하는 금융기관으로서 우리나라는 중앙은행인 한국은행이 여기에 해당된다.

예금은행은 시중은행, 지방은행 및 국내지점의 외국은행 그리고 특수은행인 중소기업은행, 농협, 수협, 축협이 이에 해당된다. 한국산업은행, 한국장기신용은행, 한국수출입은행 등은 요구불예금의 비중이 낮기 때문에 예금은행에 포함되지 않고 있다.

기타 금융기관은 한국은행과 예금은행을 제외한 모든 금융기관을 포함하고 있으며, 자금조달 및 운용상태에 따라 개발기관, 투자기관, 저축기관 그리고 보험기관으로 구분된다. 흔히 제도상 한국은행과 예금은행을 합쳐서 제1금융권이라하고 기타금융기관은 제2금융권이라고 부른다.

개발기관은 한국산업은행, 한국장은, 한국수출입은행 등으로 장기설비투자 또는 수출입업무를 지원하기 위하여 설립된 금융기관이다.

투자기관은 투자금융회사, 종합금융회사, 투자신탁회사, 증권금융회사 등을 가리키며 주로 단기금융시장과 주식 및 채권시장을 말한다.

저축기관은 은행신탁, 상호신용금고, 신용협동조합, 상호금융 등이 포함되며 보험기관으로서는 생명보험만이 포함되고 손해보험은 저축성의 성격을 띠고 있지 않으므로 금융기관의 보험기관에서는 제외된다.

03 화폐시장의 균형

1. 화폐의 수요

생산물시장에서 설명했듯이 모든 시장이란 수요와 공급이 존재하게 되어 있다. 수요와 공급이 존재하면 반드시 가격이 또한 존재한다. 화폐시장에서 화폐에 대한 수요자는 일반개인이나 기업 즉 돈을 빌리려고 하는 사람이 화폐에 대한 수요자이고 화폐에 대한 공급자는 일반적으로 중앙은행인 한국은행이 돈을 발행하여 공급하는 공급자가 될 수 있다.

일반적인 대부시장(貸付市場)에서는 수요자는 일반개인이나 기업이 되고 공급자는 한국은행이 아니라 일반은행 또는 개인, 사채시장에서는 사채업자가 공급자가 된다. 화폐의 수요에 대하여 살펴보면 보통 사람들은 화폐를 필요로 하는데, 화폐를 필요로 하는 이유에 대하여는 여러 가지 동기로 나누어서 생각하여 볼 수 있다.

1) 화폐수요의 동기

화폐의 수요에 대한 동기에는 대체로 3가지 동기에 의하여 나타날 수 있는데, 첫 번째는 거래적 동기(transactionary motive), 두 번째는 예비적 동기(precautionary motive)이며, 세 번째는 투자적 동기(speculative motive)에 의하여 화폐는 수요된다고 볼 수 있다. 여기서 마지막으로 대두된 투자적 동기는 지금까지는 투기적 동기라고 많은 학자들이 사용하였다. 우리나라에서는 투자와 투기는 해석상의 차이가 있으므로 경제적인 입장에서는 투기라고 보기보다는 투자의 개념으로 사용하는 것이 타당하다고 볼 수 있다.

이렇게 사람들이 다른 수익증권보다 일정한 포션은 화폐로 보유하려고 하는 것은 화폐가 유동성이 매우 크기 때문이라고 할 수 있다. 그렇지만 우리가 화폐에 대한 유동성을 포기하고 돈을 은행에 정기예금을 했다고 치면 이자를 얻는 대신 유동성은 어느 정도 포기하는 것이다. 금융에서 이자라는 것은 유동성을 포기하는 데서 얻는 것이다.

① 거래적 동기에 의한 수요

화폐수요의 거래적 동기는 일반인들이 거래를 목적으로 화폐를 보유하고자 하는 동기를 말한다. 즉 사람은 눈만 뜨면 물건을 사야 되고 교통비, 식대, 물품구입비 등 매일매일 거래를 통한 지급수단으로 화폐가 필요한데, 이러한 소비를 위하여 화폐를 보관코자 하는 동기를 말한다. 거래적 화폐수요는 엄밀하게 말하면 예비적 화폐수요와 구분짓기가 쉽지 않다. 예를 들어, 예비적 화폐수요에 의하여 화폐를 보유하고 있다가 거래적 화폐수요에 대체될 수도 있는 것이다.

이러한 점으로 볼 때 화폐수요의 동기는 사전적 의미의 수요이지 사후적 의미는 아닌 것이다. 즉 어느 사람이 2년 후에 결혼자금으로 쓰기 위하여 돈을 보관하고 있다가 만약 1년 후에 다른 물건을 사는 데 이 자금을 썼다면 처음의 화폐수요의 동기는 예비적 동기였지만 결과적인 사후의 화폐수요 동기는 거래적 동기라고 할 수 있다. 거래적 화폐수요는 소득이 증가할수록 늘어난다.

② 예비적 동기에 의한 수요

보통 화폐수요의 예비적 동기라고 하면 미래의 불확실하거나 예상치 못한 일이 발생하여 돈이 필요할 때를 대비하여 돈을 준비해 놓는 것이다. 다시 말하면 저축을 하거나 하는 행동이 화폐의 예비적 동기도 될 수 있지만, 미래에 일어날 일이 확실한 경우도 기간이 길거나 거래금액이 높은 경우 미리 돈을 저축하려고 할 때 이때도 미래에는 결국 거래를 위한 동기가 될지 모르지만 현재는 예비적 동기라고 할 수 있다. 예비적 화폐수요도 소득이 증가할수록 늘어날 것이다.

③ 투자적 동기에 의한 수요

앞에서도 설명했지만 현재 우리나라에서는 투자라는 개념과 투기라는 개념이 구분되어서 쓰이고 있는데, 엄격히 말하면 투기라는 개념이 안 좋은 뜻으로 쓰이면 안 된다. 투기는 투자나 같은 개념이다. 우리나라에서 쓰이는 투기의 개념은 일반적으로 법을 어겨서 투자하여 수익을 얻으려는 행동으로 간주하는데, 실은 그렇지 않다. 문제가 된다면 사회형평성을 고려한 부의 분배면에서 도덕적인 문제가 되는 것이지 법적인 문제와는 관계가 없는 것이다.

예를 들어, 한 사람이 부동산 가격상승으로 인한 수익을 얻기 위하여 주택 10채를 소유하고 있다면, 사회형평성 문제로 볼 때 집이 없어서 고생하고 있는 사람이 많은데 필요 이상으로 집을 소유하고 있으면 도덕적으로는 문제가 되지만, 자본주의하에서는 법적으로 전혀 문제가 없다. 왜냐하면 재산소유에 대한 재산세만 제대로 납부하면 되는 것이다. 이와 같이 주식이나 채권, 부동산 등을 구입하여 투자이익을 얻기 위하여 필요한 화폐수요를 투자적 화폐수요라고 한다. 투자적 화폐수요를 설명하자면 경영학에서 Portfolio 이론이라는 것이 있다.

Portfolio 이론이란 자기재산을 위험성에 따라 분배하는 것을 말한다. 예를 들어 미래수익을 최대화시키기 위하여 위험성과 수익성을 비교하여 다른 투자부문에 적절히 재산을 분배하여 투자하는 것을 말하는데, 여기에서 투자자가 재산을 분배 투자할 때 부동산, 주식, 채권에도 투자할 수 있고 일정부분은 그냥 현금으로 보유할 수 있는데, 이때 현금으로 보유하는 화폐의 동기도 투자적 동기라고 할 수 있다.

재산 중에서 일부분을 현금으로 보유하고 있는 것도 일종의 투자인 것이다. 투자적 수요는 이자율과 역관계에 있다. 왜냐하면 투자적 화폐수요에 있어서 이자율이 높으면 투자에 대비하여 사람들이 화폐를 보유하고 있지 않고 예금하여 이자를 많이 받으려고 하므로 이때 투자적 화폐수요는 감소하므로 투자적 화폐수요와 이자율과는 역관계에 있다고 할 수 있다.

2) 화폐수요에 대한 이론

화폐수요에 대한 이론에는 고전학파 수요이론과 케인즈학파 수요이론 두 가지가 있는데, 이 두 가지 이론에 대하여 간략하게 살펴보기로 하자. 두 이론에 있어서 근본적인 차이점은 다음과 같다.

고전학파가 주장하는 화폐수요는 단순히 소득에 의하여 결정된다고 보는 이론이며 케인즈 수요이론은 화폐수요는 소득뿐만 아니라 이자율도 영향을 미친다고 보는 이론이다. 이 두 화폐수요이론의 근본적인 차이점은 이자율이 화폐수요에 영향을 미치느냐 아니냐 하는 문제이다.

① 고전학파 화폐수요이론

고전학파의 화폐수요이론은 미국의 경제학자 Irving Fisher의 화폐의 교환방정식에 의하여 설명할 수 있다.

화폐의 교환방정식은 다음과 같다.

$$MV = PY$$

여기에서 M은 통화량
V는 화폐의 유통속도
P는 물가수준
Y는 실질국민생산

M(통화량)은 일정기간 동안 한국은행에서 발행하여 시중에 방출한 화폐량을 말하고, V는 화폐의 유통속도로서 일정기간 동안에 발생한 총생산량 즉 총명목국민소득을 발생시키는 데 통화 한 단위가 평균적으로 몇 번 사용되었는가 하는 횟수로서, 즉 몇 번이나 일정기간 동안 총거래에서 화폐 1단위가 사용된 횟수를 말한다.

물가수준 P는 일정기간 동안 평균물가수준을 말하며, Y는 물가상승률을 고려치 않은 실질국민소득을 말한다.

위의 화폐교환방정식을 다시 정리하면

$$MV = PY$$

$$V = \frac{PY}{M}$$

화폐의 유통속도 V는 총명목국민소득을 통화량으로 나누면 산출되는데 화폐수량설에서는 이 화폐의 유통속도가 일정하다고 보는 이론이다. 이러한 화폐의 유통속도는 사회의 관습이나 금융기관의 관행, 지급방법 등이 바뀌지 않으면 일정하다고 보는 이론이다.

고전학파가 주장하는 또다른 이론은 위의 식에서 실질국민소득인 Y도 완전고용하에서 이루어진다고 보아서 $MV = PY$ 에서 V와 Y가 일정하다고 보면 통화량 M은 단순히 물가수준(P)과 정비례관계가 있다고 보았으며, 통화량 M은 국민소득 Y와도 정비례관계에 있다고 보아 화폐에 대한 수요는 소득에 의하여 좌우된다고 보는 이론이다.

다시 정리하면

$M = \frac{1}{V}PY$ 에서 $\frac{1}{V}$ 이 일정하다고 하면 M은 PY에 의하여 좌우된다고 보았다. 다시 말하면 화폐의 수요는 명목국민소득에 의하여 결정된다고 보는 이론이다.

② 케인즈의 화폐수요이론

케인즈의 화폐수요이론이란 일명 유동성선호설(liquidity preference theory)이라고 한다. 유동성선호설이란 유동성이 큰 화폐를 우선적으로 선호하는 이론으로서 화폐에 대한 수요를 말하며 앞에서 설명한 3가지 화폐의 수요동기 즉 거래적·예비적·투자적 수요동기는 유동성을 기준으로 분류한 것이다. 거래적 동기는 유동성이 큰 화폐를 수요하는 것이고, 예비적 동기는 유동성이 약간 줄어든 상태의 수요를 말하고, 투기적 동기는 화폐의 유동성이 매우 줄어든 상태의 화폐수요를 나타낸다.

케인즈(Keynes)의 화폐수요이론은 이러한 유동성을 기준으로 하여 분석했기 때문에 소득은 물론 이자율이 화폐수요에 영향을 미친다고 보았다. 왜냐하면 이자란 화폐의 유동성을 포기하는 데서 얻는 반대급부이다.

케인즈의 화폐수요이론이 고전학파와 다른 점은 고전학파는 화폐의 수요가 경제실물부문 즉 자본의 한계생산력 등에 의하여 결정된다고 보는 반면에 케인즈(Keynes)는 실물적 요인과는 관계없이 화폐시장에서 명목이자율과 같은 명목적 요인에 의하여 결정된다고 보았다. 다시 말하면 고전학파의 화폐수요는 생산물(P·Y)시장을 중심으로 하여 결정되지만, 케인즈(Keynes)의 화폐수요는 생산물시장뿐만 아니라 화폐시장에 의하여 결정된다고 보는 이론이다.

케인즈의 화폐수요는 등식으로 표현하면 다음과 같다.

화폐수요 = (거래적 수요 + 예비적 수요) + 투자적 수요

$$Md = Lt(Y) + Ls(r) = L(Y,\ r)$$

위 식에서 보면 화폐의 수요는 거래적 수요, 예비적 수요, 투자적 수요로 구분되는데 거래적 수요와 예비적 수요는 소득의 증가함수이므로 Lt(Y)로 표시되었고 투자적 화폐수요는 이자율의 감소함수이므로 Ls(r)로 표시되었다.

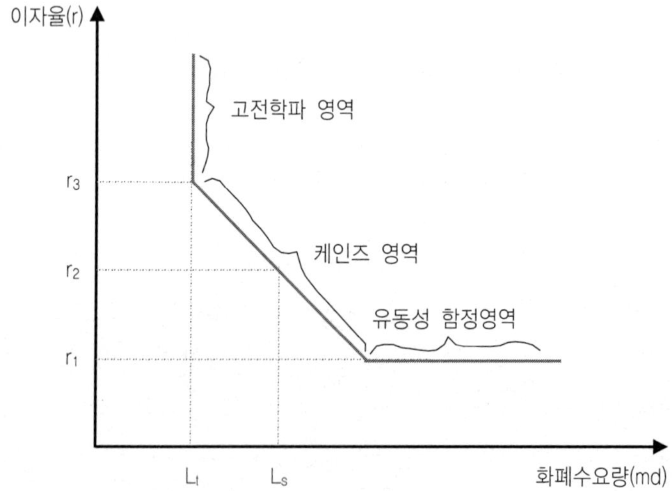

[그림 6-2] 화폐수요에 대한 3영역

[그림 6-2]의 그래프에 의하여 화폐의 거래적·예비적·투자적 수요에 대하여 알아보자. 위의 그래프를 설명하면 화폐수요에 대한 영역이 3영역으로 구분된다.

첫째 영역인 고전학파 영역은 수직선으로 나타나 있는데 이 수직선의 수요곡선은 이자율에 관계없이 일정하다는 것을 보여주고 있다. 즉 이자율이 그 이상은 오르지 않으리라 간주하고 그 상태에서도 화폐수요는 일정하다고 보는 이론으로서 이 상태에서는 이자율이 더 이상은 오르지 않고 내려가면 내려갔지 오르지는 않는다고 보기 때문에 투자자들은 현금으로만 보관하려고 하고 주식이나 채권 같은 수익증권에는 투자하지 않는다고 보아 화폐수요는 이자율과는 무관하다고 보는 이론이다.

둘째 영역인 케인즈 영역에서는 소득뿐만 아니라 투기적 화폐수요는 이자율의 감소함수이므로 이자율이 내려가면 투기적 화폐수요가 증가하여 우하향 부분을 나타내고 있으며 이자율이 R1 상태에 이르면 이자율이 더 이상은 하락하지 않는다고 보아서 이 상태가 되면 투자자들은 무조건 수익성증권을 사서 보관하려고 해서 시중에 화폐가 부족하게 되는 상태가 초래되는데, 이러한 화폐시장의 상태를 '유동성 함정(liquidity trap)'이라고 한다.

셋째 영역인 유동성 함정영역에서는 이자율이 너무 내려가면 투자자들이 수익성증권을 보유할 매력이 전혀 없어서 수익성 금융자산 대신 화폐로만 보유하려고 하므로 투기적 화폐수요가 이 상태에서는 최대가 됨을 나타낸다.

이와 같은 상태는 투자가들이 향후에는 이자율이 올라가서 수익성증권을 매입하는 것이 유리하다고 판단하기 때문이다.

2. 화폐의 공급

중앙은행은 발권은행으로서 본원통화를 공급하는데 본원통화란 중앙은행이 국민과 금융기관에 대한 통화의 부채를 말한다. 통화부채란 중앙은행이 발행한 화폐발행액과 일반금융기관이 중앙은행에 예치한 지급준비금을 합한 금액을 말한다.

1) 본원통화(reserve base)

중앙은행은 발권은행으로서 지폐와 주화를 발행하여 공급한다. 이러한 화폐 즉 지폐와 주화가 한국은행에 의하여 시중에 방출될 때 우리는 보통 화폐로서 인정하며 조폐공사에서 한국은행에 이관되어 한국은행 창고에 보관되어 있기만 하고 시중에 방출되지 않았으면 화폐로서 인정이 안 된다. 다시 말하면 한국은행창구를 통하여 시장에 방출된 지폐와 주화를 통화라고 한다.

이러한 화폐(현금)는 한국은행창구를 통하여 개인이나 기업에 의하여 보유될 수 있고 또다른 보유기관은 금융기관을 통하여 보유될 수 있는데, 이때 개인이나 기업에 의하여 보유된 화폐를 민간화폐보유액이라고 하며, 금융기관이 한국은행에 예치한 화폐금액을 법정지급준비금이라고 한다. 법정지급준비금이란 예금은행이 만약의 사태, 즉 예금인출 불능사태를 방지하기 위하여 법적으로 정해진 비율만큼 중앙은행에 예치시키는 화폐금액을 말한다. 본원통화란 민간이 보유한 화폐금액과 예금은행이 중앙은행에 예치한 법정지급준비금을 합한 금액을 뜻한다.

2) 본원통화의 공급경로

본원통화의 공급경로가 어떻게 이루어지는가를 파악하기 위해 중앙은행의 대차대조표(〈표 6-4〉 참조)를 통하여 쉽게 알 수 있다.

본원통화는 중앙은행의 대차대조표 대변란에 부채로서 나타난다. 중앙은행의 자산은 정부의 은행으로서 정부에 대한 대출금, 은행에 대한 대출금, 해외자산, 중앙은행이 보유한 유가증권, 건물 등으로 분류되며, 중앙은행의 부채는 본원통화, 정부예금, 해외부채, 기타부채 등으로 분류되어진다.

부기의 원리에 따라 대차대조표는 차변과 대변의 합계가 같아야 하며 다음과 같이 다시 수정하여 정리할 수 있다.

대정부대출 − 정부예금 = 순(純)대정부대출
해외자산 − 해외부채 = 순(純)해외자산
기타자산 − 기타부채 = 순(純)기타자산

〈표 6-3〉 한국은행 대차대조표

차변(자산)	대변(부채)
정부대출	정부예금
	본원통화
대예금은행대출	화폐발행민간보유액
	법정지급준비예치금
해외자산(외환매입)	해외부채
기타자산(국채, 지방채 → 유가증권)	기타부채

〈표 6-4〉 중앙은행의 대차대조표

차변(자산)	대변(부채)
순대정부대출	본원통화:
대예금은행대출	화폐발행민간보유액
순해외자산(외환매입)	법정지급준비예치금
순기타자산(국채, 지방채)	

본원통화의 경로를 살펴보면 다음과 같다.

첫째, 본원통화는 정부부문을 통하여 공급되는데, 중앙은행의 정부에 대한 대출이 크고 정부의 중앙은행 예금이 감소할수록 본원통화의 공급은 늘어나는 것이다. 순대정부대출이 크다는 것은 재정적자가 늘어나는 경우이며 지출보다 조세수입이 줄어들기 때문이다.

둘째, 본원통화는 예금은행을 통하여 공급되는데, 예금은행이 중앙은행으로부터 대출을 많이 받을수록 본원통화의 공급은 늘어난다.

셋째, 본원통화는 해외부문을 통하여 공급되는데, 이 경우는 수출을 통한 외환의 국내유입 또는 외국자본의 국내유치로 인하여 중앙은행이 외환을 매입하게 되면 본원통화의 공급은 늘어나는 것이다. 반대로 중앙은행이 수입이나 외국투자를 위하여 외환을 기업이나 개인에게 매각할 경우 본원통화의 공급은 줄어든다.

넷째, 중앙은행은 기타자산의 순증가를 통하여 본원통화의 공급을 증가시킬 수 있는데, 한국은행이 국채, 지방채의 공채나 유가증권을 매입하면 현금이 시중으로 방출되므로 본원통화의 공급이 늘어나고 반대로 매각하면 본원통화의 공급은 줄어든다.

3) 예금은행의 신용창조

은행의 업무를 살펴보면 은행은 개인이나 기업이 예금한 돈을 가지고 개인이나 기업에게 다시 대출하여 이윤을 얻는다. 은행은 이와 같이 대출업무도 하지만, 예금의 일부를 한국은행에 법정지급준비율만큼 예치하여야 하고 기관투자자로서 주식이나 채권을 매입하여 투자이익을 올릴 수 있다. 예대금리를 통한 은행의 마진이란 은행이 예금자에게 지급하는 금리와 대출업체에서 받는 대출금리와의 차이에서 발생하는 금리를 통한 이익을 올리는 것을 말한다. 당연히 대출금리가 예금금리보다는 높은 것이 사실이다.

지금 우리나라 실정에서는 지나치게 대출금리가 예금금리보다 높으므로 예대금리차가 많이 발생하고 있다. 이와 같은 광폭의 금리차는 그동안 부실해진 은행들이 예대마진폭으로 부실채권을 줄여보려고 하는 일환이다. 그러나 이러한 현상을 경제학적으로 설명하면 은행부실채권은 정부나 금융기관, 대기업에서 저질러 놓고 부담은 일반국민에게 떠넘기려고 하는 것이므로 국민후생을 감소시키는 결과를 초래한다.

이와 같이 은행은 예금을 대출하는 과정에서 다시 예금과 준통화를 창조하게 되는데, 이와 같은 창출과정을 예금은행의 신용창조라고 한다. 은행의 신용창조과정을 설명하기 위하여 몇 가지 가정이 필요한데 가정은 다음과 같다.

① 은행의 모든 예금은 요구불예금이라고 간주한다.
② 모든 거래는 요구불예금형태이며 은행 밖으로의 현금유출은 없다고 가정한다.
③ 예금 중 은행법정지급준비금을 제외하고는 모두 대출에 이용되며 기관투자자로서 일부예금으로 수익성 종목인 주식이나 채권 등을 매입하지 않는다고 가정한다.

예금의 신용창조과정을 예를 들어 설명하면 다음과 같다. 갑이라는 사람이 자신이 갖고 있는 통화 중에서 일정부분만 현금으로 보유하고 나머지는 거래은행인 A은행에 요구불예금의 형태로 예금을 하였다고 가정하면 A은행은 갑의 예금 중 일정비율만큼 법정지급준비금으로 예치하고 나머지는 다시 다른 사람인 을에게 대출하였다고 하면, 이 경우 을은 다시 일부분을 현금으로 보유하고 다시 B은행에 예금하였다고 하면, B은행은 다시 을이 예금한 금액 중 일부를 지급준비금으로 예치하고 나머지는 다시 병이라는 사람에게 대출할 수 있다.

이러한 은행조직을 통하여 본원통화는 처음 화폐액의 몇 배에 해당하는 예금통화를 창조하게 되며 이러한 과정을 통하여 창조된 예금통화는 전체통화량 중의 일부를 구성하게 되는 것이다.

예금의 신용창조과정을 대출받은 개인이나 기업이 그 중 일부분을 현금으로 보유하지 않고 전체를 은행에 예금한다고 가정하고 신용창조과정을 설명할 수도 있으나, 이러한 가정은 현실성이 없으므로 여기서는 생략하기로 하고, 위에 설명한 것과 마찬가지로 그 중 일부를 현금으로 보유하고 나머지를 예금한다고 가정하고 신용창조과정을 설명하는 것이 보다 현실성이 있는 것이다. 보다 현실성을 높이기 위하여 개인이나 기업이 예금을 하면 그 중 일부는 대출받은 개인이나 기업이 현금으로 보유하려고 할 뿐만 아니라 은행으로서는 예금 중 일부를 법정지급준비금으로 예치시키고 나머지 일부분을 초과지급준비금 즉 시재금으로 보유하려고 한다.

이와 같이 예금은행으로서는 예금의 일부분을 법정지급준비금과 시재금으로 남겨 놓는다는 가정과 대출받은 기업이나 개인은 대출금 전액을 다시 예금하지 않고 일정부분을 현금으로 보유하려고 하는 현실을 감안하고 예금의 신용창조 과정을 설명하는 것이 가장 바람직한 설명이라고 할 수 있다.

그렇게 되면 원래 예금자의 화폐보유액은 그대로 있으면서 대출받은 사람의 화폐보유액은 증가하는 것이다. 즉 신용창조는 예금은행조직의 예금과 대출을 통하여 일정한 현금통화를 여러 사람이 동시에 화폐로 사용할 수 있는 것이다. 이와 같이 신용창조는 본원통화의 사용횟수를 늘려 통화량을 증가시킴으로써 통화량공급의 일조를 한다고 볼 수 있다.

그러면 과연 예금은행의 신용창조의 크기를 결정짓는 요인에 대하여 생각해 볼 수 있는데, 첫째는 개인이나 기업이 예금은행으로부터 대출받은 대출금 중 얼마만큼 현금으로 보유하려고 하느냐에 따라 예금의 신용창조금액은 다르게 나타날 수 있다. 그러므로 개인이나 기업이 현금보유를 선호하면 할수록 신용창조의 금액은 줄어들며, 예금은행에 대한 법정지급준비율이 높으면 높을수록 신용창조금액은 줄어들 것이다.

끝으로 위에서 살펴본 바와 같이 화폐의 공급량은 무엇이 결정하는가를 분석해 볼 수 있다. 화폐의 공급량은 일차적으로 중앙은행이 공급하는 본원통화량에 달려 있고 다음에는 개인이나 기업이 얼마나 현금을 선호하느냐에 달려 있고, 마지막으로 법정지급준비율 그리고 초과지급준비율 즉 시재금을 얼마나 갖고 있으려고 하느냐에 달려 있다고 할 수 있다.

3. 화폐시장의 균형

앞에서 설명한 바와 같이 생산물시장에서는 생산물의 수요와 공급에 의하여 생산물이 결정되듯이 화폐시장에서도 화폐의 수요와 공급에 의하여 화폐의 가격이 결정된다. 화폐시장에서 화폐의 가격이란 바로 이자율을 가리킨다. 이자율이란 화폐를 사용하는 대신 지급하는 대가이다.

화폐시장이란 두 가지 공급측면에서 다르게 설명할 수 있는데, 첫째, 화폐시장은 화폐의 공급이 중앙은행에 의하여 이루어지는 시장으로서 이자율과는 관계없이 중앙은행이 일방적으로 화폐를 공급한다고 보는 것이다.

둘째, 공급측면의 화폐시장은 대부자금설을 통한 시장이다. 개인이나 기업은 예금은행조직을 통하지 않고 개인이나 기업으로부터 돈을 빌릴 수도 있다. 이때 개인이나 기업은 화폐의 공급자가 된다. 이때의 공급자는 중앙은행이 아닌 개인이나 기업 또는 기타 금융권이 될 수 있는데, 이때는 화폐의 공급이 이자율에 영향을 받는다고 보는데 이때의 화폐시장균형이론이 대부자금설(貸付資金說)이다.

먼저 중앙은행이 화폐의 공급자라고 할 때의 화폐시장에 대하여 살펴보기로 하자. 이때는 중앙은행이 본원통화를 공급하기 때문에 통화공급은 이자율에 관계없이 일정하다고 보며 화폐의 수요는 이자율이 높으면 감소하고 이자율이 낮으면 증가한다고 보는 것이다. 이러한 화폐시장 균형을 그래프에 의하여 설명하면 [그림 6-3]과 같다.

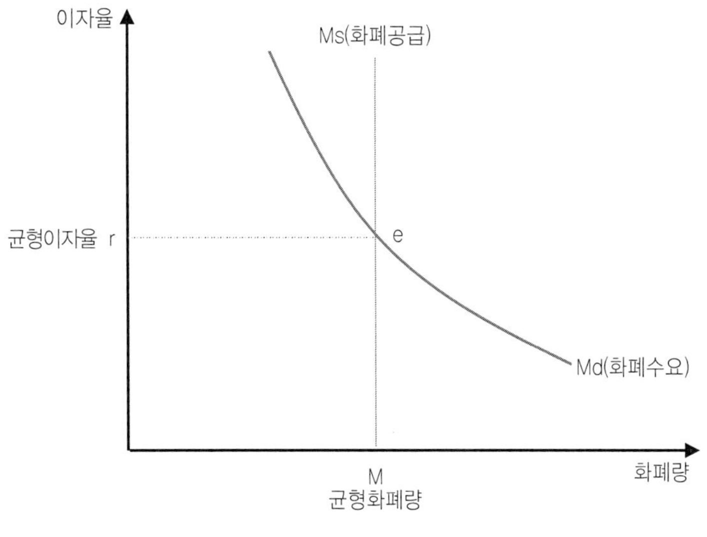

[그림 6-3] 화폐시장의 균형

앞에서 설명한 바와 같이 화폐시장에서 이자율은 화폐의 수요와 공급에 의하여 결정된다.

여기에서의 화폐시장은 중앙은행이 화폐공급자가 되므로 화폐의 공급은 이자율에 관계없이 항시 일정하고 화폐의 수요만 이자율에 의하여 영향을 받는데 화폐의 수요는 이자율의 감소함수이다. 즉 이자율이 높으면 화폐의 수요는 감소한다.

위의 [그림 6-3] 그래프에서 보면 화폐의 공급곡선과 수요곡선이 교차하는 e 지점에서 균형이자율이 결정된다. 그러면 균형이자율은 무엇에 의하여 변하는가를 살펴볼 수 있다. 균형이자율을 바꾸는 데는 화폐의 수요측면과 화폐의 공급측면 양쪽에서 생각해 볼 수 있다. 먼저 화폐의 공급측면에서 살펴보면 중앙은행이 본원통화량을 늘릴 수 있다. 이 경우에는 수요에 비해 공급이 많아지므로 이자율이 내려간다.

다른 측면인 수요측면에서 살펴보면 화폐수요자 즉 개인이나 기업의 소득이 증가하면 화폐의 수요가 증가한다. 화폐의 수요가 증가하면 공급량은 일정하다고 하면 이자율은 올라간다. 통화공급량의 변화에 의하여 이자율이 변하는 경

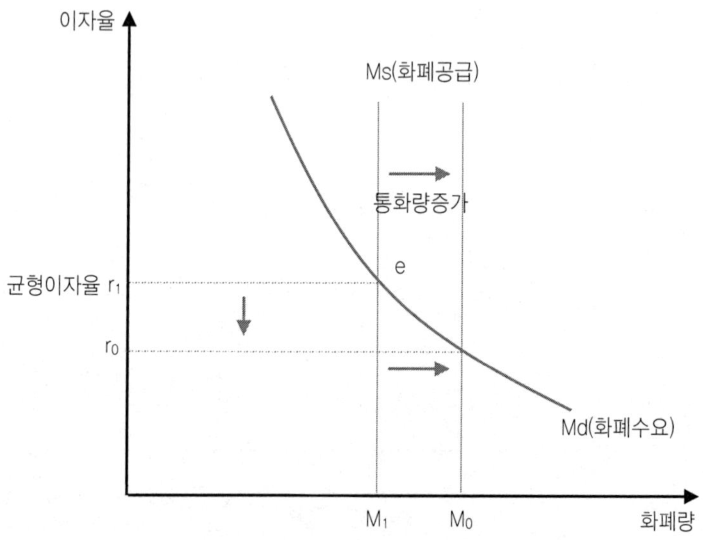

[그림 6-4] 화폐시장의 균형

우를 그래프에 의하여 설명하면 [그림 6-4]와 같다.

[그림 6-4]에서 보면 중앙은행이 통화량을 증가시켰을 때 화폐공급곡선이 우측으로 이동하여 이자율은 r_1에서 r_0로 하락하며 통화량은 M_1에 M_0로 증가한다. 채권시장에서 채권가격은 이자율과 역관계가 있다고 설명하였다. 화폐시장에서 화폐의 수요는 일정한데 화폐공급량이 증가하면 초과공급분의 통화량만큼은 다른 데로 이동하게 되는데, 만약에 초과통화량이 채권매입에 쓰이게 되면 채권가격이 올라가므로 이자율이 하락하게 된다. 반대의 경우 중앙은행이 화폐공급량을 줄이면 균형이자율은 상승한다.

다음에는 수요측면에서 볼 때 화폐수요자의 소득이 증가하는 경우 균형이자율이 어떻게 변하는지 그래프에 의하여 살펴보기로 하자.

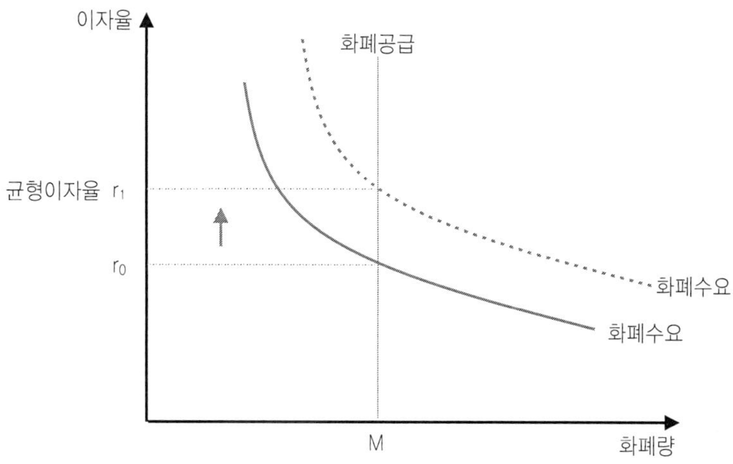

[그림 6-5] 화폐수요자 소득증가, 균형이자율 변화

위의 [그림 6-5]에서 살펴보면 화폐수요자의 소득이 증가하면 화폐수요곡선이 위로 이동하면서 이자율이 r_0에서 r_1으로 상승한다. 당연히 시장논리로써 공급보다 수요가 증가하면 시장에서의 가격은 상승하게 되어 있다. 화폐시장에서는 가격이 이자율이기 때문에 이자율이 상승하는 것이다.

채권가격과 비교하여 설명하면, 화폐에 대한 수요가 생겨나면 수요자들은 늘어난 수요를 메우기 위하여 대체방법을 찾게 되는데, 만약 화폐수요자들이 주식이나 채권을 보유하고 있으면 매각을 통하여 화폐수요의 부족분을 채우려고 하기 때문에 채권가격이 하락하여 채권수익률이 올라감으로 인하여 이자율은 상승하게 되어 있다. 정부는 이러한 화폐시장의 균형이자율을 조절하려고 다양한 금융정책을 사용할 수 있다. 다음에는 금융정책의 목표와 수단에 대하여 알아보기로 하자.

위의 화폐시장에서의 균형이자율은 중앙은행이 화폐공급을 하였을 때, 즉 이자율에 관계없이 통화를 공급하였을 때 이자율이 어떻게 결정되는가를 설명하였는데, 이러한 분석은 공급자가 중앙은행인 한국은행이지만 일단 한국은행이 본원통화를 공급하고 나면 개인이나 기업이 화폐를 보유하게 되고 화폐를 보유한 개인이나 기업은 다른 화폐수요자에게 이자를 받고 자금을 빌려줄 수 있는데, 이때 화폐의 공급자는 중앙은행이 아니고 개인이나 기업이기 때문에 화폐를 빌려줄 때, 즉 화폐의 수요자가 될 때 이자율에 영향을 받는다.

이때 화폐의 수요자와 공급자가 형성하는 화폐시장을 우리는 대부자금시장(貸付資金市場)이라고 하며, 화폐공급자는 이자율이 높을수록 자금을 더 공급하려고 하고 수요자는 이자율이 낮을수록 수요를 더 증가시키려고 한다.

이러한 대부자금시장의 현상을 그래프로 설명하면 [그림 6-6]과 같다.

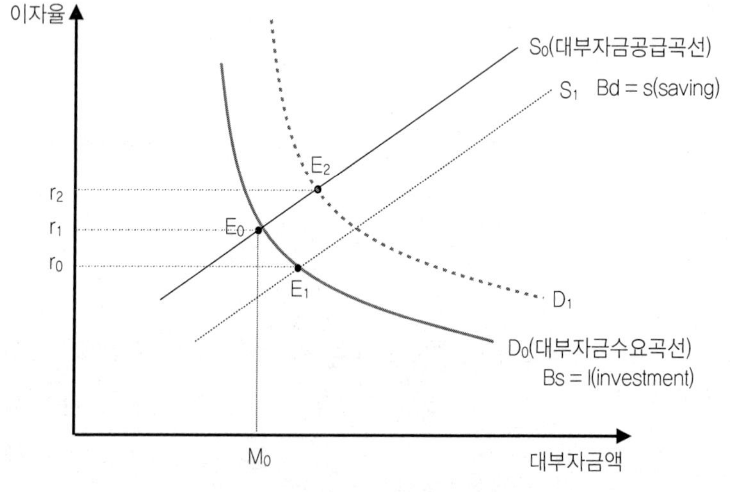

[그림 6-6] 대부자금시장 현황

[그림 6-6]에서 보듯이 대부자금시장에서는 대부자금공급곡선은 이자율이 높을수록 공급을 더 늘리려고 하므로 우상향하는 곡선을 나타내며, 대부자금수요곡선은 개인이나 기업이 돈을 빌릴 때 이자율이 낮아야 돈을 더 많이 빌리려고 하기 때문에 우하향하는 곡선을 나타낸다. 대부자금곡선과 대부자금수요곡선이 만나는 E_0에서 균형이 이루어지며 이때의 균형이자율은 r_1이다.

만약 통화당국이 화폐공급량을 증가시키면 대부자금에 대한 공급도 늘어나므로 대부자금공급곡선이 S_0에서 S_1으로 이동하여 이자율은 r_1에서 r_0로 하락한다. 이와 같은 통화당국의 통화량 공급증가로 인한 이자율 하락은 대부자금시장에서나 중앙은행이 본원통화공급을 증가시킬 때와 같이 이자율이 감소하므로 이자율과 통화공급은 서로 역관계에 있다고 할 수 있다.

기업은 투자자금을 조달하기 위하여 채권을 발행하기 때문에 채권공급도 투자 수준(I)과 일치하며, 가계는 저축행위로써 채권을 수요하기 때문에 채권에 대한 수요는 저축(S)과 같다. 이자율 하락은 투자를 증가시키므로 채권의 수요곡선이 우하향의 모습을 나타내며, 이자율이 상승하면 저축이 증가하므로 채권공급곡선은 우상향한다.

04 금융정책

1. 금융정책의 의의

금융정책이란 정부와 중앙은행이 국민경제의 안정적 성장을 위하여 통화량이나 이자율을 조절하는 정책을 말한다. 이와 같은 금융정책은 통화신용정책이라고도 하는데, 통화신용정책의 최종목표는 물가안정, 완전고용, 경제성장, 국제수지균형이며 이러한 최종목표를 달성하기 위하여 통화당국이 직접적으로 영향을 미칠 수 있는 통화량 또는 이자율을 중간목표라고 할 수 있다.

통화신용정책의 기본체계를 좀더 자세히 살펴보면 다음과 같다. 만일 경제성장이 금융정책의 최종목표라고 한다면 경제성장을 달성하기 위하여 경제성장에 영향을 주는 통화량이나 금리를 중간목표로 설정하고 이를 매체로 하여 경제성장을 달성하게 하는 정책을 말한다. 예를 들어, 물가안정이 통화신용정책의 최종목표라고 한다면 금융정책 당국은 직접 모든 물가를 통제할 수 없기 때문에 통화량을 조절함으로써 물가조절을 할 수 있다. 이와 같이 최종목표를 달성하기 위하여 중간목표 즉 이자율과 통화량이 있고 이러한 중간목표를 또 이룩하기 위하여 금융정책수단이 있다.

금융정책의 수단에는 직접적인 수단과 간접적인 수단이 있는데 직접적인 수단에는 대출한도제, 선별적 금융 등이 있고 간접적 수단에는 공개시장조작, 지급준비율정책, 재할인정책 등의 금융정책수단을 통하여 중간목표인 통화량이나 금리를 조절함으로써 최종목표인 물가안정, 완전고용, 경제성장, 국제수지균형을 달성할 수 있는 것이다. 이러한 통화신용정책의 체계를 도표로 나타내면 다음과 같다.

(통화신용정책 체계)

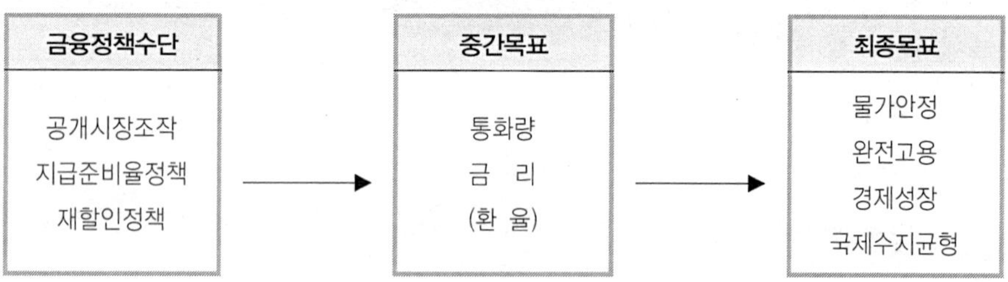

2. 간접적 정책수단

간접적인 금융정책수단에는 공개시장조작, 지급준비율정책, 재할인율정책 등이 있는데, 한 가지씩 살펴보기로 하자.

1) 공개시장조작(open market operation)

(중앙은행 국채매입 → 국채공급 감소 → 국채가격 상승 → 이자율 하락)

공개시장조작정책이란 중앙은행이 공개시장(증권거래소, 증권회사)에서 주식이나 채권 등의 유가증권을 매매함으로써 통화량을 조절하는 방법을 말한다. 채권시장에서 설명되었듯이 채권에는 국채(國債), 지방채(地方債), 회사채(會社債), 금융채(金融債) 등이 있는데, 공개시장에서 가장 많이 사용되는 것은 국채이며 우리나라에서는 중앙은행이 통화안정증권을 발행하여 예금은행 및 제2금융권이 인수하게 함으로써 통화량을 조절하는 방식을 사용하고 있다.

중앙은행이 공개시장에서 국채를 매입하게 되면 시중에서 국채를 매입한 만큼 본원통화가 증가하고 이는 다시 예금은행의 신용창조를 거쳐서 통화량을 더욱더 증가시키게 된다. 반대로 중앙은행이 국채를 매각하면 시중에서 본원통화가 감소하므로 통화량이 줄어든다. 또한 공개시장조작을 통한 중앙은행의 국채매입은 국채의 공급이 줄어든 결과이므로 국채의 수요가 증가하여 국채가격의 상승으로 인하여 국채에 대한 수익률 감소로 다시 이자율의 하락을 가져온다.

2) 지급준비율정책(reserve requirement policy)

지급준비율정책이란 앞에서도 설명했듯이 중앙은행이 통화량을 조절하기 위하여 사용하는 정책수단인데, 시중에 통화량이 너무 많이 방출되어서 물가가 매우 상승하리라고 예상되면 물가수준을 안정시키기 위해 시중의 통화량을 수축하기 위해서 중앙은행이 예금은행에 대한 법정지급준비율을 상향조정하면 중앙은행으로 시중통화량이 흡수되는 격이 된다.

반대로 시중에 통화량이 너무 부족하다고 하면 중앙은행이 예금은행에 대하여 법정지급준비율을 하향조정하여 예금은행으로 하여금 개인이나 기업에게 대출자금을 늘리게 하여 시중에 통화공급을 늘리게 되는 것이다.

3) 재할인율정책(rediscount rate policy)

재할인율정책이란 기업이 예금은행과 거래하면서 현금 대신 어음을 주고받는데 이것을 기업어음(CP)이라고 한다. 기업은 다른 거래처로부터 받은 어음을 만기 전에 현금화시킬 수 있는데 이를 어음할인이라고 하며, 기업의 신용도에 따라 할인한도액 내에서 기업어음을 만기일 이전에 할인하여 현금화시킬 수 있다. 물론 신용이 좋은 기업일수록 어음할인한도액이 많다. 거래기업에서 할인해서 받은 어음을 은행은 다시 이 어음을 중앙은행에 다시 할인하여 현금화시킬 수 있는데 이때 적용되는 할인율이 재할인율이다. 이 재할인율은 기업이 예금은행에서 받은 할인율보다는 낮다.

이렇게 재할인율을 중앙은행이 인상시키면 예금은행은 기업으로부터 할인하여 받은 어음을 높은 할인율로 할인하여 중앙은행으로부터 대금을 받기 때문에 예금은행으로서는 대출능력이 떨어져서 개인이나 기업에게 대출을 감소시킬 수밖에 없으므로 시중의 통화량이 감소한다.

3. 직접적 정책수단

대출한도제란 앞에서 설명한 간접적인 정책수단이 통화량조절 효과가 없을 때보다 직접적인 규제수단으로서 사용되는 수단이 대출한도제(貸出限度制)이다. 대출한도제에는 모든 금융기관의 국내여신한도제, 중앙은행 및 민간은행의 자산규제 등의 방법이 있으나, 이러한 직접적인 방법은 경직성과 효율성이 떨어지는 역효과가 있을 수 있다. 중앙은행의 자산규제란 중앙은행이 자산을 규제하면 대차대조표상에서 본원통화가 규제되고 통화량이 조절된다. 민간은행의 자산규제란, 금융기관의 자산이 증가하므로 그만큼 통화성부채가 증가하는 것을 나타내는데, 이러한 예금은행의 예금통화를 규제함으로써 통화량증가를 줄일 수 있다.

직접적 수단의 다른 방법으로서 선별적 정책수단이 있는데, 경제의 어떤 특정부분에 자금의 공급을 촉진시켜 선택적·차별적으로 취해지는 금융정책수단으로서 경제의 특정부문을 개발하거나 육성하기 위하여 취해지는 정책수단이다. 중소기업을 위한 중소기업육성자금 또는 수출산업을 위한 수출장려금 또는 수출입은행을 통한 저리의 수출업체에 대한 융자금, 농업협동조합을 통한 농어민 장기 저리 대출금 등이 있다. 또한 산업은행, 중소기업은행, 국민은행 등을 통한 정책금융 등이 선별적 정책수단이 되는 것이다. 이러한 특수은행을 통한 정책금융은 중앙은행의 통제를 받지 않으므로 선별적 금융이라고 할 수 있다.

05 물가수준과 인플레이션(price level and inflation)

우리는 흔히 물가와 인플레이션의 개념에 대하여 혼동하는 경우가 있다. 물가와 인플레이션 개념이 같다고 생각하는 사람이 많은 것 같다. 엄격히 말하면 물가와 인플레이션은 다른 개념이다.

물가(物價)란 어떤 물건의 가격수준(price level)을 가리키고 인플레이션이란 물가수준이 상승하는 비율을 가리킨다. 그러므로 물가수준이 높다고 해서 반드시 인플레이션이 높은 것을 의미하지 않는다. 예를 들면, 일본과 같은 경우는 물가수준은 높지만 인플레이션이 높다고 볼 수는 없는 것이다.

일본이나 영국과 같은 선진국은 물가수준은 다른 나라에 비하여 높지만 인플레이션은 다른 나라보다 높지 않고 안정적이라고 볼 수 있다. 쉬운 예를 들면, 일본에서 생선인 꽁치 한 마리 값이 한국 돈으로 5,000원이라고 하고 한국에서는 꽁치 한 마리 값이 1,000원이라고 하면 일본이 한국에 비하여 꽁치 한 마리에 대한 물가가 5배가 높다고 할 수 있다. 그런데 내년도 꽁치 값이 일본에서는 5,000원에서 5,500원으로 올랐고 한국에서는 꽁치 한 마리 값이 1,000원에서 2,000원으로 2배가 올랐다고 한다면, 꽁치에 대한 물가수준은 일본이 한국보다 훨씬 높지만, 인플레이션은 한국이 일본보다 훨씬 높은 상태인 것이다.

다음 장에서는 물가지수란 무엇이고, 물가지수에 대한 종류, 물가지수에 대한 산출방법 그리고 인플레이션에 대한 원인과 경제적 효과 및 대책에 대하여 알아보기로 한다.

1. 물가(price)

1) 물가지수에 대한 전반적인 개념

우리가 보통 물가라고 하면 어떤 물건의 가격수준(price level)을 말하며, 우리의 경제활동에서 차지하는 중요도나 오르고 내리는 정도가 제각기 다른 모든 상품의 가격을 가중평균한 종합적인 가격수준을 말한다. 개별상품의 가격이 수요와 공급에 의하여 결정되듯이, 모든 상품의 가중평균치인 물가도 총수요와 총공급에 의하여 결정되고 변화하는 것이다. 그러므로 물가지수는 한 나라의 모든 경제활동의 결과를 반영하는 것이기 때문에 경제동향을 분석하거나 경제정책을 수립하는 데 있어서 매우 중요한 자료가 되는 것이다.

물가지수의 종류로는 크게 생산자물가지수(producer price index : PPI), 소비자물가지수(consumer price index : CPI), 수출입물가지수 그리고 앞에서 설명한 GNP디플레이터 등이 있다.

위에서 설명한 바와 같이 물가지수(price index)는 모든 상품의 가격을 가중평균(加重平均)한 것이라고 하였는데, 가중평균이란 개념은 다음과 같다.

개별 모든 재화와 서비스는 전체 매출가격에서 차지하는 비율이 틀린다. 다시 말하면, 자동차 판매액과 운동화 판매가격은 전체 판매액 중에서 차지하는 비율이 틀린 것이다.

예를 들어, 전체 총판매가격 합계에서 자동차 판매가격이 1/20을 차지하고 운동화 판매금액이 1/100을 차지한다고 할 때, 자동차 가격이 기준연도에 비하여 10%가 올랐고, 운동화 가격이 10% 올랐다고 하였을 때 평균물가가 10% 올랐다고 할 수가 없다. 왜냐하면 자동차판매가격은 전체 판매금액 중에서 차지하는 비중이 크기 때문에 그 비중만큼 고려를 해야 되는데, 이때 단순히 산술평균(arithmetic average)이 아닌 가중평균(weighted average)을 해야 정확하고 의미 있는 물가에 대한 평균값이 산출되게 되는 것이다.

즉 물가는 시장에서 거래되는 모든 재화와 서비스의 가격을 일정한 가중치를 주어서 종합평균한 가격수준이라고 할 수 있다. 이와 같이 물가의 동향을 파악하기 위하여 작성되는 것이 물가지수이다. 물가지수는 모든 개별재화와 서비스를 가중평균하여 작성한 것으로서 어떤 기준연도의 물가수준을 100으로 기준하여 다른 연도의 물가수준을 나타내주는 지수이다. 물가지수는 이와 같이 기준연도와 비교연도의 물가지수를 비교함으로써 그 기간 동안의 물가수준변동을 파악할 수 있는 것이다.

물가지수는 이와 같이 경제동향 분석이나 경제정책수립 등에 필요한 기초자료로써 사용되고 있다. 물가지수의 용도로서는 화폐의 구매력(購買力) 측정수단, 경기동향(景氣動向) 판단지표, 명목가치를 실질가치로 환산하는 디플레이터로서의 기능, 그리고 전반적인 상품수급동향 판단자료로써 사용될 수 있다.

첫째, 물가지수가 화폐의 구매력측정수단으로 사용된다는 뜻은 예를 들어 1997년도에 사과 1개의 값이 100원이었는데 1998년도에 사과 1개의 값이 200원으로 올랐다면 물가수준이 1997년도에 비하여 1998년도에 2배로 상승하게 되어 화폐의 실질가치는 반으로 줄어들게 되는 것이다. 왜냐하면 1998년도에는 100원으로 사과 반개 값밖에 안되므로 화폐 100원에 대한 실질구매력은 1997년도에 비하여 1998년도에 반으로 줄어들었다고 할 수 있다.

둘째, 물가지수의 경기판단지표로써 역할이란, 일반적으로 경기가 상승국면에 접어들면 수요가 증가하여 물가가 상승하며, 경기가 하강국면 즉 불경기에 접어들면 물가가 하락하는 경향을 보이게 된다. 그러나 제1, 2차에 걸친 세계 석유파동에 의한 경기침체와 더불어 물가가 상승하는 스태그플레이션(stagflation)의 경우는 예외라고 할 수 있다.

셋째, 물가는 디플레이터로서의 기능을 갖는다는 의미는 예를 들어 농수산업부문 근로자의 월평균 임금이 1990년도에 100만원이었는데 1998년도에 200만원이라고 하면 그동안 8년 동안에 물가가 상승하였기 때문에 실질적으로 임금이 1990년도에 비교하여 1998년에 2배로 증가하였다고 볼 수가 없다.

그동안의 물가지수가 50% 증가하였다고 한다면 1990년을 기준으로 하여 1998년도의 실질임금을 계산하면 약 133만원(200만원/1.5)이 되므로 실질적으로 임금이 33% 오른 셈이 되는 것이다. 이와 같이 물가는 명목가치를 실질가치로 나타내주는 지수 역할을 하게 되는데 이러한 지수를 디플레이터(deflator)라고 한다.

넷째, 물가지수는 상품의 전반적인 수급동향(需給動向)을 판단하기 위한 자료로써 사용되는 의미는 물가지수에는 모든 상품의 가격변동을 나타내주는 총물가지수(總物價指數)도 있고 상품종류별로 작성한 유별지수(類別指數)도 있어서 부문별로 상품수급동향을 분석할 수 있다.

예를 들어, 공산품에 대한 물가지수와 농수산품에 대한 물가지수가 서로 큰 차이를 보일 수도 있다. 공산품에 대한 물가지수가 농산품에 대한 물가지수보다 적게 나타나면 공산품에 대한 수급상황이 농산품에 비하여 비교적 안정적이라고 할 수 있다.

2) 물가지수의 종류

물가지수는 목적에 따라 여러 가지로 작성할 수 있는데 우리나라에서는 현재 한국은행에서 작성하는 생산자물가지수(生產者物價指數) 및 수출입물가지수(輸出入物價指數), 통계청에서 작성하는 소비자물가지수(消費者物價指數)가 있다. 이밖에 GNP 추계 시 명목(名目) GNP를 실질(實質) GNP로 나누어서 산출한 지수인 GNP 디플레이터(deflator)도 물가지수의 한 종류로써 포함된다.

① 생산자물가지수(producer price index : PPI)

국내시장의 제1차 거래단계에서 기업 상호간에 거래되는 모든 재화의 평균적인 가격변화를 측정하기 위하여 작성되는 물가지수이다. 생산자물가지수 산정에는 서비스업의 가격은 제외된다. 생산자물가지수에 사용되는 가격은 제1차 거래단계가격, 다시 말하면 국내 생산품의 경우는 부가가치세를 제외한 생산자판매가격(生產者販賣價格 ; 工場渡價格)을 기준으로 하고 있고 수입상품의 경우는 수입상판매가격(輸入商販賣價格)을 기준으로 하고 있다.

1998년 기준물가지수의 경우 해당품목 거래액이 국내시장에서 거래되는 모든 상품거래액의 1/10,000 이상이 되는 품목으로서 어떤 특정한 상품집단의 가격변동을 대표할 수 있고 매년도의 가격유지가 가능한 896개의 품목을 대상으로 하고 있다.

이와 같이 선정된 품목들은 한국표준산업분류체계(韓國標準產業分類體系)로 분류되어 물가지수가 작성되며, 특수한 이용목적을 위하여 품목의 속성이나 용도 등에 따라 특수분류로 재분류되어 작성될 수도 있다.

한편, 생산자물가지수의 보조지수로서 작성되는 가공단계별 물가지수는 생산자물가지수의 조사대상품목과 실수요자 직수입품을 대상으로 원재료, 중간재 및 최종재로 가중치를 분할하여 각각 지수를 작성함으로써 물가파급과정을 단계별로 파악할 수 있는 물가지수이다.

가공단계별물가지수(加工段階別物價指數)의 조사대상품목은 생산자물가지수의 조사품목 896개와 실수요자 직수입품 177개를 합한 1,073개이다.

〈표 6-5〉 생산자 물가지수

(2001~2002)

분 류		품목수	가중치	2001	2002
총 지 수		896	1000.0	108.6	111.6
기본분류	농림수산물	64	105.1	117.7	132.0
	광 산 품	14	14.3	106.2	107.9
	공 산 품	814	850.7	107.5	109.2
	음식료품 및 담배	98	109.1	111.0	116.9
	섬유제품 및 의복	71	50.7	109.7	113.4
	가죽제품 및 신발	14	18.8	114.8	120.3
	목재 및 나무제품	15	12.7	154.0	151.1
	펄프, 종이제품 및 출판물	34	36.3	111.2	114.5
	코크스 및 석유제품	21	55.3	120.1	119.4
	화학제품	138	90.2	101.0	102.8
	고무 및 플라스틱제품	31	33.9	101.4	102.7
	비금속광물제품	44	45.9	112.5	108.6
	금속1차제품	67	80.9	101.6	103.4
	조립금속제품	34	30.5	106.0	107.7
	일반기계 및 장비	99	91.6	105.6	106.7
	전기기계 및 장비	29	30.7	101.6	102.3
	영상, 음향 및 통신장치	41	44.8	97.7	96.8
	정밀기기	15	9.3	108.5	110.9
	운송장비	30	91.6	103.0	103.3
	가구 및 기타공산품	33	18.4	118.7	123.9
	전력, 수도 및 도시가스	4	29.9	109.8	110.4
특수분류	식료품	141	176.3	114.6	124.5
	식료품 이외	755	823.7	107.3	108.3
	신선식품	33	35.0	127.5	160.8
	신선식품 이외	863	965.0	107.9	109.8
	에너지	16	85.4	115.4	115.5
	에너지 이외	880	914.6	108.0	111.2

② 소비자물가지수(Consumer Price Index : CPI)

소비자물가지수(消費者物價指數)는 일반도시가구(都市家口)가 소비생활을 영위하기 위하여 구입하는 재화의 가격과 서비스 요금의 변동을 종합적으로 측정하기 위하여 작성되는 물가지수로서 최종소비자 구입단계에서의 물가변동을 파악하여 일반도시가구의 평균적인 생계비 내지 소비자 구매력을 측정하기 위한 지수이다.

〈표 6-6〉 소비자물가지수(2000 = 100, 연평균 기준)

(2001~2002)

분류		품목수	가중치	2001	2002
총 지 수		470	1000.0	121.7	129.3
기본분류	식료품	167	324.9	123.8	135.4
	식료품 이외	303	675.1	120.7	126.4
	주거비	20	141.7	126.8	132.3
	광열·수도	9	91.6	119.4	123.3
	가구집기·가사용품	62	18.4	113.2	117.0
	피복 및 신발	53	88.4	115.2	117.9
	보건의료	27	54.5	114.3	118.0
	교육·교양·오락	71	142.4	124.3	132.5
	교통·통신	26	93.6	123.9	131.0
	기타잡비	35	47.2	113.8	122.2
상품성	상 품	363	594.5	115.5	122.5
	농축수산물	74	191.1	119.7	134.4
	공업제품	289	403.4	113.5	116.9
	서비스	107	405.5	130.8	139.3
	집세	2	118.7	127.7	132.1
	공공요금	44	144.1	127.1	137.5
	개인서비스	40	84.0	135.1	145.5
	외식	21	58.7	139.5	149.1

소비자물가지수의 조사대상품목은 2000년을 기준지수로 하여 서울을 비롯한 32개 주요 도시가계의 2000년도 총소비지출액 중에서 품목별소비지출액이 1/10,000 이상의 비중을 가지는 470개 품목을 대상으로 하여 가중치를 주어서

산출하고 있다.

소비자물가지수 산출 시에는 매시점 동일한 품목을 선정하여야 일관된 물가지수를 구할 수 있지 중간에 물가지수 대상산출 품목이 바뀌면 정확한 물가지수를 구할 수가 없다. 소비자물가지수에는 원자재나 자본재가격은 포함되지 않으므로 원자재가격의 상승은 생산자물가지수에는 포함되지만 소비자물가지수에는 포함되지 않는다.

③ GNP 디플레이터

GNP 디플레이터는 GNP를 추계하는 과정에서 경상 GNP가격을 불변 GNP가격으로 나누어서 산출하는데 GNP 추계에 관련되는 모든 재화와 서비스의 국내거래가격뿐만 아니라 수출입가격 변동까지도 포함하기 때문에 가장 포괄적인 물가지수로 볼 수 있다. GNP 디플레이터는 가격변동을 품목별로 직접 조사하여 가중치를 주어서 직접 산출한 지수가 아니기 때문에 생산자물가지수나 소비자물가지수와는 다른 개념의 물가지수라고 할 수 있다.

예를 들어, 2000년 경상 GNP가 400조원이고 2000년도의 가격을 기준으로 하여 산출한 2000년도의 GNP 불변가격이 216조원이라고 한다면 2000년도의 GNP 디플레이터는 185(400 / 216 × 100)가 된다.

④ 수출입물가지수(輸出入物價指數)

수출입물가지수는 수출입상품의 가격변동을 파악하고 그 가격변동이 국내물가에 미치는 영향을 측정하기 위한 물가지수로서 수출입관련업체들의 수출채산성변동이나 수입원가부담 등을 파악하고 수출입물가지수를 파악하여 가격측면에서 수출입업체들의 교역조건 등을 측정할 수 있다.

수출입물가지수의 경우 가격조사 대상품목은 2000년 기준지수의 경우 2000년의 상품 총수출입액 중 1/2,000 이상의 수출입비중을 갖는 품목을 선정하고, 수출물가지수는 228개, 품목 수입물가지수는 201개 품목을 조사대상으로 하여 산정하고 있다. 일반적으로 수출은 FOB가격, 수입은 CIF가격을 기준으로 하여 산출하므로 그 당시의 달러 : 원화(환율)의 비율에 의하여 산출된다.

〈표 6-7〉 수출입물가지수(2000＝100, 연평균 기준)

(2001～2002)

	분 류	품목수	가중치	2001	2002
	총 지 수	896	1000.0	108.6	111.6
수출물가지수	농림수산물	11	24.4	147.3	167.3
	광 산 품	1	6.2	125.6	124.9
	공 산 품	216	969.4	108.1	110.7
	음식료품 및 담배	9	18.4	111.3	111.2
	섬유제품 및 의복	17	350.9	112.8	116.3
	목재 및 나무제품	3	2.6	154.5	166.3
	종이 및 종이제품	4	7.8	113.5	123.8
	화학, 석유 및 고무제품	33	112.6	100.9	105.6
	비금속광물제품	3	7.0	116.7	121.6
	금속1차제품	17	81.3	105.8	108.7
	금속제품, 기계 및 장비	67	347.9	104.4	105.3
	기타공산품	13	40.9	116.9	117.7
	총 지 수	201	1,000.0	104.7	108.9
수입물가지수	농림수산물	16	95.6	127.2	137.5
	광 산 품	13	153.5	88.8	84.6
	공 산 품	172	750.9	10.51	110.2
	음식료품 및 담배	9	25.3	120.8	136.0
	섬유제품 및 의복	17	49.3	94.7	106.4
	목재 및 나무제품	3	10.6	182.4	191.1
	종이 및 종이제품	4	17.9	76.4	97.5
	화학, 석유 및 고무제품	51	179.9	96.0	101.2
	비금속광물제품	5	15.4	104.2	102.8
	금속1차제품	24	87.7	96.8	102.4
	금속제품, 기계 및 장비	55	339.2	111.4	113.3
	기타공산품	4	25.6	108.0	119.6

3) 물가지수 작성방법

일반적으로 생산자물가지수나 소비자물가지수를 산출할 때에는 먼저 산출품목을 선정하여야 되는데, 앞에서 각각 선정품목 수를 설명하였다. 조사대상품목을 선정하는 기준으로는 일반적으로 거래액이나 소비지출액 등을 이용한다.

다시 말하면 생산자물가지수는 상품의 국내 1차 거래액(부가세 제외)을, 소비자물가지수는 가계의 소비지출액을, 수출입물가지수는 수출입액을 기준으로 하여 산출한다. 생산자물가지수를 예로 들면 다음과 같다. 2000년도의 국내 총거래액은 153조원 정도이고 그 중에서 중요한 품목 총거래액의 1/10,000 이상인 153억원 정도를 차지하는 비중이 큰 품목을 조사대상품목으로 선정해 보니 농림수산품이 64개, 광산품이 14개, 공산품이 814개 그리고 전력, 수도 및 도시 가스가 4개로 모두 896개 품목이다.

이러한 총 896개 품목을 선정품목으로 하여 생산자물가지수를 구하려면 다음과 같다. 예를 들어, 맥주 한 품목이 선정되었다고 한다면 우선 맥주 한 품목에 대한 물가지수가 기준연도에 비하여 어떻게 변하였는가를 계산하여야 한다. 이러한 경우 맥주에도 여러 규격의 여러 회사의 제품이 있는데 대표되는 품목을 사이즈 별로 물가수준 변동을 구하여서 산술평균으로 구하면 맥주 품목에 대한 대표적인 물가지수가 구해질 수 있다. 예를 들면 다음과 같다. OB맥주 500 ml짜리가 2000년도에 비하여 2008년도에 20%가 상승하고 640 ml짜리는 30% 그리고 조선맥주 하이트 500 ml짜리가 15% 상승하였다고 한다면 맥주품목에 대한 평균 물가상승률은 3종류에 대한 산술평균으로 구할 수 있다.

구하는 산술평균공식은 다음과 같다.

$$121.7(120 + 130 + 115 / 3 = 121.7)$$

다시 말하면 맥주 평균 물가상승률은 21.7%가 오른 결과가 된다. 위에서 말한 생산자물가지수는 896개 전체품목에 대한 지수이므로 밑에서부터 소분류로 묶어서 물가지수를 구한 다음 다시 중분류, 대분류 식으로 해서 종합물가지수를 구하는 것이다. 물가지수의 작성과정을 도표로 나타내면 다음과 같다.

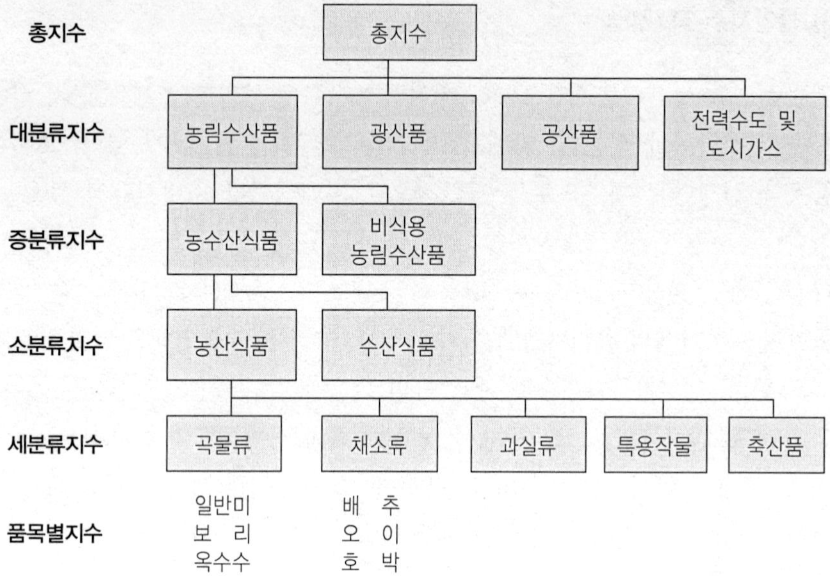

[그림 6-7] 물가지수 작성과정

위의 [그림 6-7]에서 물가지수 작성과정을 도표로 설명하였다. 물가지수작성 방법은 밑에서부터 구하여 올라가는 것이다.

예를 들면 품목별지수인 일반미, 보리, 옥수수 등을 가지고 세분류지수인 곡물류에 대한 물가지수를 구한다. 그 다음엔 오이, 배추, 호박 등을 가지고 세분류 지수인 채소류에 대한 물가지수를 구하고, 같은 방법으로 과실류에 대한 품목별지수를 이용하여 과실류에 대한 물가지수를 구한다. 그리고 특용작물에 대한 물가지수, 축산물에 대한 물가지수를 구한 다음 이 5가지 세분류지수에 대한 총거래액의 가중치를 주어서 소분류지수인 농산식품에 대한 물가지수를 구하고, 같은 방법으로 구한 수산식품에 대한 물가지수를 구하여 다시 이 2가지 소분류지수에다 다시 가중치를 주어서 중분류지수인 농수산식품에 대한 물가지수를 구한다.

같은 방법으로 구한 비식용 농림수산품에 대한 물가지수를 구하여 이 2가지 중분류지수에 다시 가중치를 주어서 농수산품에 대한 물가지수를 구한 다음 같은 방법으로 구간 대분류지수인 광산품, 공산품, 전력수도 및 도시가스에다 다시 총거래액의 가중치를 주어서 총지수인 종합물가지수 즉 생산자물가지수를 구하는 것이다. 그러면 이해를 돕기 위하여 품목별지수를 사용하여 세분류지수를 구하는 방법을 설명하면 다음과 같다.

	사 과	배	포도	복숭아	귤	토마토
가중치 × 지 수	2.5 × 120.4	1.4 × 130.7	2.1 × 140.5	2.7 × 121.7	0.9 × 116.4	0.7 × 105.7
가중치	2.5	1.4	2.1	2.7	0.9	0.7

$$\frac{\text{가중치}\times\text{지 수}}{\text{가중치}} = \frac{2.5\times120.4 + 1.4\times130.7 + 2.1\times140.5 + 2.7\times121.7 + 0.9\times116.4 + 0.7\times105.7}{2.5 + 1.4 + 2.1 + 2.7 + 0.9 + 0.7} = \frac{1286.4}{10.3} = 124.89$$

[그림 6-8] 물가지수의 작성방법(2001년 11월 과실류)

위의 세분류지수를 구하는 방법을 설명하면 다음과 같다. 먼저 1단계로 사과, 배, 포도, 복숭아, 귤 그리고 토마토에 대한 기준연도에 비교하여 품목별 물가지수를 구한 다음, 2단계로 각 품목이 총거래액에 차지하는 비율이 차례대로 2.5%, 1.4%, 2.1%, 2.7%, 0.9% 그리고 0.7%라고 하면 이 가중치를 각각 품목별지수에 곱하여 모두 합한 다음 가중치 합계인 (10.3)으로 나누어주면 채소류에 대한 세분류 물가지수를 구할 수 있으며, 품목별지수란 기준연도에 비하여 2001년도에 각 품목의 물가상승률을 말한다. 다음 단계인 소분류지수, 중분류지수, 대분류지수 및 총지수의 작성방법도 세분류지수와 동일하게 산출하면 된다.

4) 생산자물가지수(生産者物價指數)와 소비자물가지수(消費者物價指數)의 차이

일반적인 물가수준을 나타내는 생산자물가지수와 소비자물가지수와의 차이점을 살펴보면 다음과 같다. 앞에서도 언급했듯이 생산자물가지수는 한국은행에서 작성하고 소비자물가지수는 통계청에서 작성한다고 하였는데 이렇게 분리 작성하는 이유는 한국은행에서는 광공업 동태보고서와 같은 실제 기업 간의 생산, 판매, 거래되는 자료를 수집·분석하는 업무를 하고 있어서 생산자물가지수를 작성하는 데 용이한 업무를 하고 있고 통계청에서는 일반소비자를 상대로 한 지출 또는 구매력 평가 자료를 수집·분석하므로 통계청에서 소비자물가지수를 작성하는데 다음과 같은 차이점을 갖고 있기 때문이다.

첫째, 생산자물가지수와 소비자물가지수는 서로 작성목적이 다르기 때문에 서로 차이가 나타나는데, 생산자물가지수는 전반적인 상품수급동향과 일반물가수준을 측정하기 위한 기업 간의 1차 거래 판매액을 기준으로 하여 작성하지만, 소비자물가지수는 일반가계의 소비지출 또는 구매력을 측정할 목적으로 작성되는 물가지수이다.

둘째, 생산자물가지수와 소비자물가지수 작성 시 선정되는 품목수가 서로 다르다. 예를 들면, 소비자물가지수에는 생산자물가지수 산정 시 포함되는 원자재나 자본재 같은 품목이 포함되어 있지 않고 대신 소비자물가지수에는 생산자물가지수 산정 시 포함되지 않는 소비자 지출중심의 품목인 교육비, 대중요금, 집세와 같은 서비스 품목이 포함된다.

셋째, 두 물가지수 간에 조사하는 단계가 서로 다르다. 생산자물가지수 산정 시 기준으로 하는 가격은 공장도가격이 되는 반면에 소비자물가지수 산정 시 기준가격은 최종소비자가격이 된다.

넷째, 생산자물가지수와 소비자물가지수 산정 시 선정품목이 다르기 때문에 품목에 대한 가중치가 서로 틀리게 주어지기 때문이다. 생산자물가지수의 가중치는 기업 간의 1차 거래 생산판매액을 기준으로 하여 가중치(加重值)가 결정되지만, 소비물가지수 산정 시의 가중치는 최종소비자가 각종 재화와 서비스 구입 시 지출한 금액을 갖고 결정하기 때문에 서로 가중치가 틀리게 결정되므로 동일한 품목이라 할지라도 생산자물가지수와 소비자물가지수는 서로 다르게 작성되는 것이다.

이상 위에서 설명한 네 가지 이유 때문에 생산자물가지수와 소비자물가지수는 서로 다르게 작성된다고 할 수 있다. 예를 들면, 중화학공업부문의 경우 기업 간의 생산판매액은 매우 높지만 소비자의 지출이 중화학공업에 차지하는 비율은 적기 때문에 같은 중화학공업부문이라 할지라도 생산자물가지수와 소비자물가지수의 가중치는 매우 다르다고 할 수 있다. 생산자물가지수와 소비자물가지수의 품목구성 및 가중치 구조비교와 생산자물가지수와 소비자물가지수의 차이점을 표로 나타내면 다음과 같다.

〈표 6-8〉 생산자물가지수와 소비자물가지수의 품목구성 및 가중치구조 비교

구 분	생산자물가지수		소비자물가지수	
	품목수	가중치	품목수	가중치
총지수	896	1,000.0	470	1,000.0
농림수산품	64	105.1	74	191.1
광공업제품	826	865.0	289	403.4
서비스1)	4	29.9	107	405.5

주: 1) 생산자물가지수의 서비스는 전력·수도 및 도시가스임.

〈표 6-9〉 생산자물가지수와 소비자물가지수의 차이

작성기관	생산자물가지수	소비자물가지수
	한 국 은 행	통 계 청
작성목적	기업 간의 부가세를 제외한 거래가 가격의 변동을 측정	최종소비자가 지출하는 상품가격변동 측정
포괄범위	국내에서 1차 거래되는 모든 상품 • 서비스 제외[1)] • 원자재, 자본재, 소비재 포함	가계가 지출하는 모든 재화와 서비스
대상품목 및 가중치 결정기준	품목별 생산액과 수입액 중 국내 판매액	품목별 가계소비 지출액
조사가격	공장도가격 및 수입품 판매가격	최종소비자가격
이용범위	상품동향분석, 시장상품, 수급조절, 구매 및 판매계획	소비자의 지출금액파악 구매액 변동파악 소비자의 소득파악

주: 1) 단, 전력·수도 및 도시가스 포함

2. 인플레이션

1) 인플레이션의 개념과 원인

인플레이션이란 물가수준과는 다른 개념이라는 것을 앞에서 설명하였다. 인플레이션이란 물가가 지속적으로 상승하는 비율 즉 물가상승률을 말한다. 물가가 상승한다는 의미는 물가지수가 높아진다는 것과 같은 개념이다. 소비자물가지수를 예로 들면, 1999년도의 소비자물가지수가 125.7이었고 2000년도의 소비자물가지수가 138.8이라고 한다면 인플레이션 즉 물가상승률은 다음과 같다.

$$\frac{138.8 - 125.7}{125.7} \times 100$$

앞에서도 설명했듯이 물가수준이 높다고 해서 인플레이션이 반드시 크다고 생각해서는 안 되는 것이다. 예를 들면, 멕시코 같은 남미나라들은 물가수준도 높은 반면 인플레이션도 높다고 할 수 있지만, 영국이나 일본과 같은 나라는 물가수준은 높지만 물가상승률(인플레이션율)은 낮다고 할 수 있다. 그러므로 물가수준이 높다고 해서 반드시 인플레이션이 높다고는 할 수 없다.

인플레이션이 경제에 미치는 효과와 대책에 대해서는 다음에 살펴보기로 하고, 먼저 인플레이션의 원인에 대하여 알아보기로 하자.

물가수준의 변동은 상품에 대한 수요나 공급에 영향을 미쳐 물가를 변동시키는 수급요인(需給要因)과 상품원가의 변동을 초래하여 물가를 변동시키는 비용요인(費用要因)을 살펴보면 다음과 같다.

생산물시장에서 설명했듯이 수요가 공급보다 많으면 상품가격이 상승하게 되어 있고 공급이 수요보다 많으면 상품가격은 하락하게 된다는 것이 수요와 공급의 원리라고 설명하였다. 이와 같이 수요와 공급에 영향을 주어 물가를 변동시키는 수급요인에는 통화량, 소득, 소비수준 및 인플레이션 기대심리 등과 같이 주로 수요변화의 요인이 있고, 생산기술 및 설비, 수출입, 자연조건 등과 같이 공급측면의 요인이 있다.

통화량이 증가하게 되면 사람들은 전보다 돈을 많이 보유하게 되므로 재화나 서비스구입을 증가시키려고 하므로 상품에 대한 수요는 늘어나게 되므로 상품에 대한 물가는 상승하게 되며, 반대로 통화량이 줄어들게 되면 물가는 하락하게 되는 것이다. 이러한 통화량 증가와 물가상승과의 관계를 경제학적인 측면에서 살펴보면 다음과 같다.

고전학파의 화폐수량설에 의하면 물가는 통화량과 직접적인 상관관계가 있다고 설명하였다. 다시 말하면 통화량의 증가는 직접적으로 물가의 상승을 가져온다고 하였다. 피셔(Fisher)의 화폐수량공식 $MV = PY$에서 설명하면 화폐의 유통속도와 소득이 단기적으로 일정하다고 하면 통화량(M)은 물가(P)하고 직접적인 관계가 있는 것이다.

그러나 프리드먼(M. Friedman)과 같은 화폐주의자들은 통화량의 증가가 직접적으로 물가의 상승을 초래하는 것이 아니라 오히려 과다한 재정정책과 같은 정책을 수행하기 위하여 발행한 통화량이 인플레이션에 원인이 된다고 보았다. 반면에 케인즈(Keynes) 같은 경제학자는 물가상승은 통화량 증가와 직접적인 상관관계가 없고 오히려 통화량 증가가 이자율 하락을 가져와 투자와 소비가 증가하여 총수요가 완전고용소득수준 이상으로 증가함으로써 인플레이션 갭이 발생하여 물가가 상승한다고 보았다. 케인즈(Keynes)는 이와 같이 총수요 증가에 의하여 발생하는 인플레이션을 진성인플레이션(true inflation)이라고 보았다.

인플레이션의 수요측면 요인의 하나인 소득은 가계구매력의 원천이기 때문에 소득이 증가하면 수요가 증가하여 물가가 상승한다. 또다른 수요요인의 하나인 사람들의 인플레이션에 대한 기대심리는 사람들로 하여금 화폐보유보다는 물건으로 보유하는 것이 이익이라는 생각을 갖게 하여 수요가 증가하여 물가가 상승하게 하는 요인이 되며, 특히 우리나라와 같은 경우에는 화폐보유보다는 부동산에 투자를 하게 하여 부동산에 대한 가수요를 발생하게 하여 물가상승을 부채질하고 있는 것이다.

공급측면에 영향을 미치는 생산기술의 발전이나 생산설비의 투자는 R&D 효과에 의하여 생산비용을 낮춰서 대량공급을 가능케 함으로써 공급증가로 인한 물가하락을 가져올 수 있다. 물가상승의 비용측면의 요인으로는 원자재가격, 환율, 임금, 세금, 금융비용, 유통비용 등이 있다. 우리나라와 같은 경우는 수출위주의 산업으로 경제구조가 편성되어 있으나, 부존자원의 부족으로 인하여 원재료를 외국에서 거의 수입하여야 하므로 원자재가격이나 환율변동이 국내물가에 미치는 영향이 크다고 할 수 있다. 다시 말하면, 원자재가격이 상승하면 생산자물가가 상승하고 이로 인하여 다시 소비자물가가 상승하는 것이다.

위에서 살펴본 수급요인이나 비용요인 이외에도 유통구조나 정부의 제도적인 요인에 의해서도 물가가 변동하게 된다. 지금까지 가장 문제가 되어온 것이 유통구조의 문제였다. 왜냐하면 복잡한 유통구조 때문에 물품의 생산자가격과 최종소비자가격이 엄청난 차이가 발생되어 물가상승의 가장 큰 요인이 되어 왔기 때문이다. 그러므로 효율적인 유통구조개선책이 물가상승을 막는 대비책이 되며 소비자 효용을 증대시키는 방안이 될 수 있는 것이다.

수요에 의한 인플레이션과 비용상승에 의한 인플레이션을 그래프로 나타내면 [그림 6-9]와 같다.

한 나라 경제 전체를 시장개념으로 생각하면 한 나라 경제도 수요와 공급에 의하여 운영된다고 본다면, 이때의 수요곡선은 총수요곡선이 되며 공급곡선은 총공급곡선이 되므로 [그림 6-9]와 같이 그래프로 나타낼 수 있다.

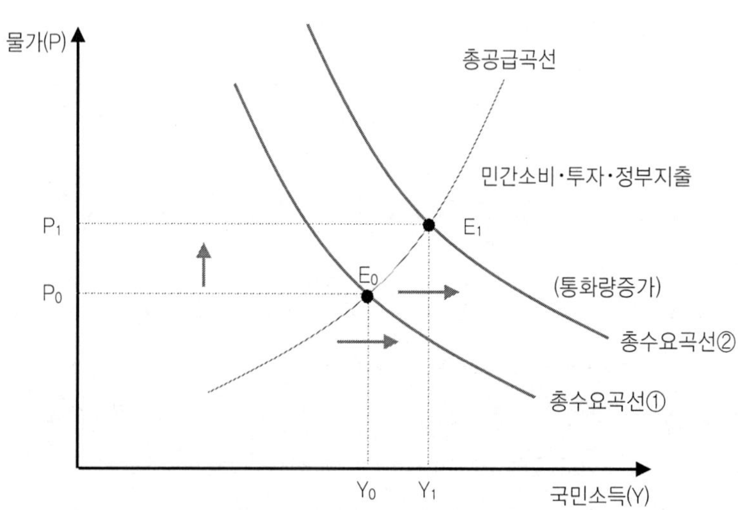

[그림 6-9] 수요에 의한 인플레이션

예를 들어, 통화량이 증가하면 상품에 대한 수요가 증가하므로 총수요곡선이 1에서 2로 이동하므로 물가는 P_0에서 P_1으로 상승하고 국민소득 역시 Y_0에서 Y_1으로 증가하게 되며, 이와 같은 총수요증가는 통화량 증가뿐만 아니라 민간소비, 투자, 정부지출 증가에 의하여 발생된다.

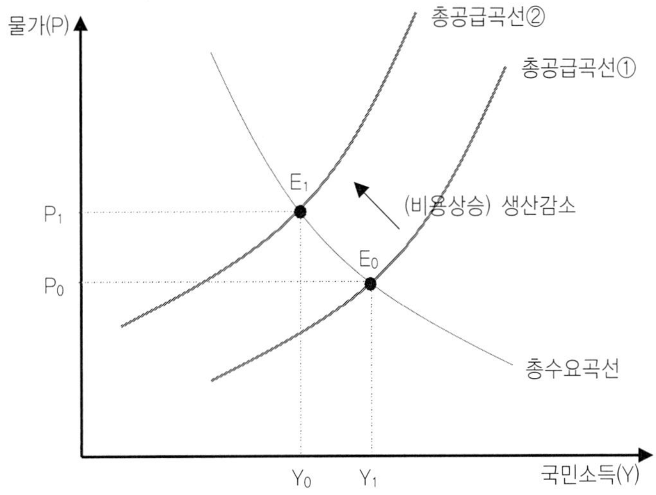

[그림 6-10] 비용상승에 의한 인플레이션

위의 [그림 6-10]은 비용상승으로 인한 인플레이션을 나타내는데, 비용이 상승하게 되면 제품원가가 상승하게 되어 기업은 제품원가를 올리는 반면 생산을 줄이게 되어 결과적으로 물가상승과 국민소득의 감소를 가져온다. 위의 그래프로 살펴보면 비용의 상승은 총공급곡선을 1에서 2로 이동시켜서 물가를 P_0에서 P_1으로 상승시키며 국민소득은 Y_0에서 Y_1으로 감소시킨다.

이와 같은 비용상승은 제품원가 상승을 초래하고 제품원가상승은 다시 물가상승을 초래하고 물가상승은 다시 근로자들의 임금인상을 요구하게 되며, 이러한 임금인상은 비용상승을 초래하게 되므로 이러한 현상을 물가의 악순환이라고 한다.

2) 인플레이션의 경제적 효과와 대책

인플레이션의 경제적 효과는 다음과 같다.

첫째, 소득의 재분배효과를 들 수 있다. 일단 인플레이션이 발생하여 물가가 상승하면 부동산이나 실물을 갖고 있는 사람은 오히려 인플레이션에 의한 화폐가치의 하락으로 구매력이 감소되어 실질소득이 증가하는 셈이 되고 은행에 일정한 이율로 저축을 한 사람이나 채권을 보유하고 있는 사람 또는 정액월급을 받는 사람은 소득이 줄어드는 결과가 되므로 소득의 재분배효과가 있다. 다시 말하면 인플레이션으로 인하여 빈익빈 부익부의 현상을 초래할 수가 있다.

둘째, 명목금리의 상승을 초래한다. 명목이자율이란 실질이자율에다가 예상되는 인플레이션율을 합한 결과가 된다. 예를 들어, 은행에 저축예금으로 명목이자율 연 10%로 저축을 했는데 1년 후에 인플레이션율이 3%였다면 실질이자율은 7%(10%~3%)로 줄어들게 되므로 인플레이션은 저축의 감소를 가져와 투자의 감소로 인한 경제성장의 저해를 가져올 수 있다.

셋째, 국내물건 값의 상승으로 인하여 수출경쟁력을 약화시켜서 국제수지를 악화시키는 결과를 초래한다. 수출은 줄어드는 반면 수입은 증가하여 국내생산을 위축시키는 효과도 있게 된다. 또한 국제수지의 악화로 인하여 원화의 평가절하의 효과도 동시에 발생할 수 있다. 그러나 변동환율제도하에서는 국제수지 악화가 자동적으로 원화의 평가절하로 수출이 다시 증가하여 국제수지 악화현상이 줄어들게 되어 있다. 이러한 현상이 변동환율제의 장점이라고 할 수 있다.

넷째, 인플레이션으로 인하여 실업률을 줄일 수 있다. 왜냐하면 기업은 인플레이션으로 인한 비용상승으로 제품가격이 올라가면 그만큼 채산성이 올라가서 근로자고용을 늘리게 된다. 이러한 인플레이션을 통한 실업을 줄이는 효과는 단기적으로는 효과가 있지만 장기적으로는 실업률을 줄이는 효과는 없고 물가만 상승시킨다는 경제학자들의 주장이 펼쳐지고 있다.

여기서 말하는 단기적인 경우에는 일반근로자들이 인플레이션이 발생될 것을 예측하지 못하는 짧은 기간이고 장기적인 경우에는 일반근로자가 반복된 인플레이션으로 인하여 충분히 예상되는 인플레이션을 파악할 수 있는 충분한 기간을 말한다. 위에서 설명한 실업률과 인플레이션의 관계를 설명한 것이 필립스 곡선(Phillip's curve)이라고 하며 다음과 같이 나타내진다.

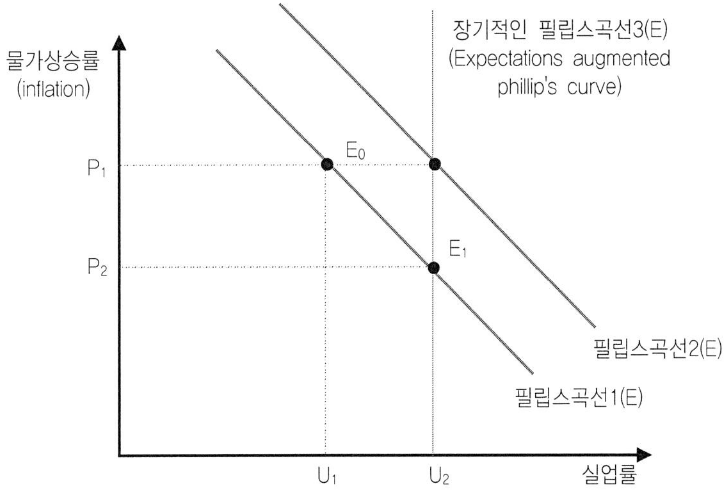

[그림 6-11] 필립스곡선

위의 [그림 6-11]은 실업률과 물가상승률과의 관계를 나타내주는 그래프로서 필립스곡선이라고 하는데, 필립스곡선 1은 단기적인 입장에서의 곡선이고 필립스곡선 2는 장기적인 입장에서의 곡선이다. 단기적인 경우, 즉 예를 들어 근로자가 인플레이션을 예상치 못한 경우 정부가 물가를 상승시키면 물건을 생산하는 기업은 제품가격만 일단 올릴 수 있고 인건비 상승은 아직 반영되지 않기 때문에 수익성이 좋아져서 근로자를 더 고용할 수 있어서 실업률을 줄일 수 있으나, 장기적으로 근로자가 물가가 상승한 것을 감지하고 인건비를 높여 달라고 요구하면 기업가는 인건비 상승을 제품원가에 포함시키게 되므로 수익성은 원래 상태로 돌아가게 되어 실업률을 줄일 수가 없다.

오히려 장기적으로는 실업률을 줄이지 못하고 물가수준만 상승시키는 결과를 초래하게 된다. 이 경우 정부와 근로자는 인플레이션을 놓고 일정한 게임을 하게 되는 것이다. 정부의 목적은 근로자를 속여서라도 일단 실업률을 줄이려고 할 것이고, 일반근로자는 예상 인플레이션을 파악하여 근로자의 후생을 높이는 데 목적이 있다. 그러므로 정부의 정책이 솔직하게 추진되어야 장기적으로 근로자의 후생을 증진시키는 결과가 된다.

마지막으로 물가상승은 경제의 비효율성에서 초래된다. 우리나라와 같은 경우 쉽게 예를 들면 통화가 생산성 있는 부문으로 유통되어야 되는데, 향락산업 같은 비효율성이 있는 부문에 유통된다든가, 정치인의 뇌물 같은 것은 경제적으로 거의 생산성이 없는 부분이다.

그리고 인플레이션의 대책으로는 총수요가 총공급을 초과하지 못하도록 총수요를 억제하여야 되는데, 총수요란 통화량의 과다한 증가, 민간소비지출, 투자수요, 정부지출 등을 억제하여야 한다. 그리고 특히 통화량의 적정공급 측면에서는 통화증가율을 예상경제성장률 만큼만 하게 되면 인플레이션을 방지할 수 있는 방법인데, 이렇게 되기 위해서는 우리나라와 같은 경우는 한국은행이 정부로부터 완전 벗어나서 독자적인 정책을 써야 되는데, 아직까지 우리나라는 이러한 정책이 시행되고 있지 않다.

하루 빨리 정경이 분리되는 때가 와서 정부의 정치논리가 경제논리를 지배해서는 안 되는 것이다. 위에서 인플레이션 방지책으로 총수요를 억제하라고 하였는데, 무조건 총수요만 억제해서는 안 되고 적절한 수준에서 민간의 소비수요, 투자수요, 정부지출수요, 수출수요 등을 적절히 조절하여 경기를 침체시키지 않는 범위 내에서 총수요 과다지출에 대한 억제가 이루어져야 한다.

케인즈(Keynes)와 같은 경제학자는 인플레이션 방지책으로서 소득정책을 예로 들고 있는데, 임금상승에 따른 물가상승의 악순환을 제거하는 정책은 단기적인 정책에 불과하므로 장기적으로는 총수요억제 대신 총공급을 늘려나가는 소득정책을 써야 한다고 주장하였다. 총공급의 증가정책으로는 생산기술의 증가로 인한 노동생산성의 향상, R&D에 의한 투자, 교육이나 OJT를 통한 직업훈련 등이 있을 수 있다.

06 금리스왑(Interest Swap)

금리스왑이란 채권을 자산이나 부채로 가지고 있는 자들이 시장에서의 서로 다른 조건, 즉 다시 말하면 서로 각기 금융시장에서 신용 상태가 틀리므로, 다른 조건의 부채를 서로 교환하여 갚음으로써 서로 이익을 얻게 되는 거래를 뜻한다.

금리스왑 계약은 미래의 이자율 변동에 대하여 서로 다른 예상을 하는 자들과의 사이에 체결될 수도 있으며 하나의 위험회피 수단으로써 이용될 수도 있다. 금리스왑에는 크게 세 가지 형태가 있으며, 첫째 쿠폰스왑으로써 변동금리와 고정금리 간의 SWAP을 말하며, 두 번째로는 기준금리 스왑이 있고, 마지막 세 번째로 역금리 스왑이 있다. 순서대로 살펴보면 다음과 같다.

1. Coupon SWAP(변동금리와 고정금리 간 SWAP)

두 회사 A와 B가 SWAP 거래를 통하여 얻는 거래와 비용절감효과

> 회사 A는 변동금리 시장에서 비교우위에 있으므로 10.40%의 이자율로 자금을 차입한 후, 6개월 LIBOR를 지급하고 10.45% 고정금리를 수취하는 조건
> 회사 B는 변동금리 시장에서 LIBOR + 0.75%로 자금을 차입하여 회사 A와 스왑거래, 기업 B는 변동금리 시장을 이용하여 6개월 LIBOR + 0.75%로 차입한 연후에 고정금리 10.45% 지급하기로 하는 스왑계약 체결

〈표 6-10〉 SWAP 거래로부터의 이익

구 분	회사 A	회사 B	금리 Spread
신용도	A A A	B B B	
고정금리	10.40%	11.50%	1.10%
변동금리	6개월 LIBOR+0.25%	6개월 LIBOR+0.75%	0.50%

〈표 6-11〉 SWAP 거래로부터의 이익

구 분	회사 A	회사 B
자금차입계획		
고정금리	10.40%	
변동금리		6개월 LIBOR+0.75%
스왑계약		
회사 A		
고정금리 수취	10.45%	
변동금리 지급	6개월 LIBOR	
회사 B		
변동금리 수취		6개월 LIBOR
고정금리지급		10.45%
실제 차입비용	LIBOR−(10.45%−10.4%) =LIBOR−0.05%	10.45%, LIBOR−(LIBOR+0.75) =11.20%
비교가능한 차입비용	LIBOR+0.25%	11.50%
차입비용절감	0.30%	0.30%

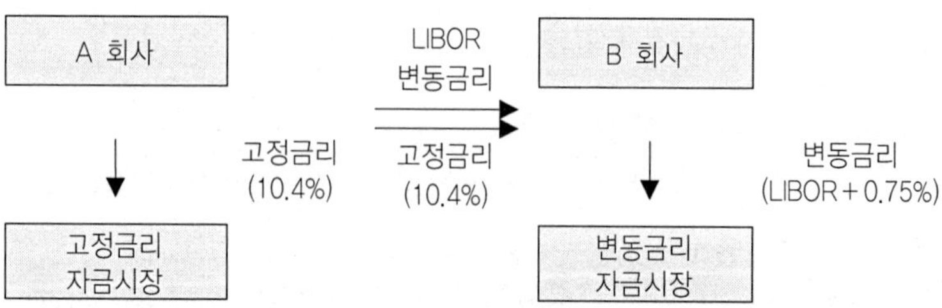

[그림 6-12] 금리스왑의 이자지급 흐름

2. 기준금리 스왑(Basis Rate Swap)

기준금리 스왑이란 변동금리 산정이 상이한 두 종류의 채무에 대한 금리스왑의 일종이다. 1개월 LIBOR와 6개월 LIBOR 혹은 LIBOR와 CP 금리 간 스왑거래 등이 이용되고 있다. 채무자의 신용도가 각각 변동금리 자금시장에서 다르게 반영되는 이익의 원천이 있다.

회사 A는 LIBOR 자금시장에서 비교우위가 있고 회사 B는 CP 자금시장에서 우위가 있다면 스왑거래를 통하여 두 회사 모두 차익거래 이익을 얻을 수 있다.

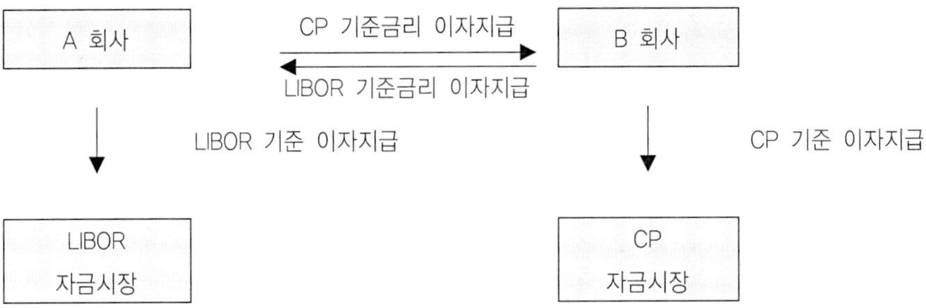

[그림 6-13] 기준금리 스왑의 이자지급 흐름

3. 역금리 스왑(Interest Rate Swap Reversals)

역금리 스왑이란 두 거래당사자가 금리스왑을 하는 중에 시장금리의 변화가 생기는 경우 이제까지 취하던 포지션과 반대방향으로 다른 3자와 스왑을 하는 것이다.

ex) 기업 A는 기업 B로부터 $100,000,000에 대한 이자액을 LIBOR(4%)로 받고 DM 200,000,000에 대해 고정이자율 8%를 지급하는 스왑을 체결하였다고 하자.

시장금리가 상승하여 동일한 부채에 대한 고정금리가 10%로 증가되었다면 기존의 포지션과 반대방향으로 제3자와 스왑 계약을 체결한다. 이렇게 되면 기업 A는 기업 B로부터 받을 $4,000,000을 기업 C에게 주고 기업 C로부터 받은 10% 고정금리 중 8%를 기업 B에게 지급함으로써 2%의 차익을 얻을 수 있다.

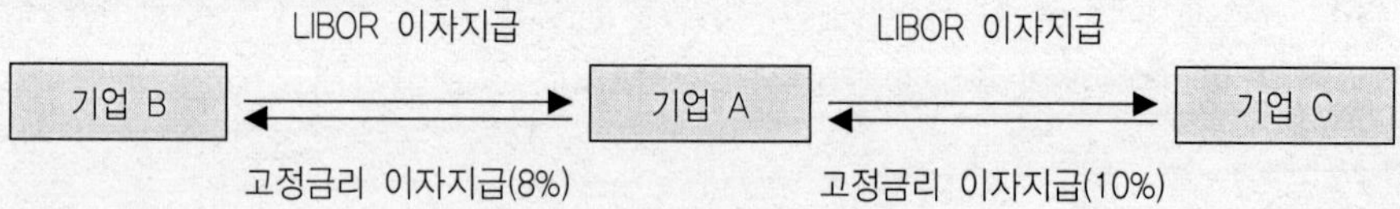

[그림 6-14] 역금리 스왑의 이자지급 흐름

07

증권시장(證券市場)

Chapter 07 증권시장(證券市場)

01 증권시장(證券市場)

우리가 흔히 말하는 증권시장이라 함은 주식시장과 채권시장을 합쳐서 얘기하고 있다. 보통 증권가격이 얼마냐고 묻거나 증권시세가 어떻게 변하고 있느냐고 묻는 것은 엄밀히 말하면 추상적이고 막연한 질문이다. 가격을 묻거나 거래상황을 얘기할 때에는 반드시 주식과 채권을 구분해서 얘기해야 한다.

증권시장의 전체적인 동향을 파악할 수 있는 지표로는 주가지수, 주가수익비율, 매매거래량, 채권수익률, 채권발행규모, 주식배당수익률 등이 있는데, 이러한 용어는 서로 상당히 밀접한 관계를 갖고 있다. 채권가격과 금리와의 관계는 추후에 설명하기로 한다.

그렇다면 우선, 과연 주식은 무엇이고 채권은 무엇인지 알아야 하겠다. 증권시장을 주식시장과 채권시장으로 나눠서 설명해 나가는 것이 공부하는 학생들이나 일반인들이 이해하기가 쉽다.

02 주식시장(株式市場)

1. 주식(株式)의 개념

주식이란 어떤 회사를 설립하는 데 필요한 자본금을 마련하기 위하여 필요한 자본금만큼 자본증권인 주식을 발행하여 자본금을 마련하는 방법이다. 다시 말하면, 조그마한 구멍가게를 개업하려고 하면 사업 밑천이 많이 필요하지 않으므로 개인 혼자 자본을 마련하여 장사를 할 수 있지만, 사업성격상 공장설립비용이라든가 운영자금이 매우 많이 필요한 사업은 개인 혼자 마련할 수 없으므로 여러 사람의 자본을 끌어 모아야 되는데, 각자의 투자한 금액만큼 주식을 발행하여 투자금액의 증표로서 주식을 투자한 각자에게 투자금액만큼 주는 것이다.

이러한 자본조달방법에 의하여 설립된 회사를 주식회사라고 부른다. 주식을 보유하고 있는 각자는 주주로서 보유한 주식금액에 상당한 회사경영에 대한 경영권을 상법상 갖고 있는 것이다. 주식을 갖고 있는 주주들은 자기가 보유하고 있는 주식의 금액만큼 회사운영상태에 따라 이익도 보고 손해도 본다. 우리가 보통 주식회사를 유한회사(有限會社)라고 부르는 것은 회사경영이 잘못되어서 회사가 부도가 났거나 회사가 망했을 때 자기가 투자한 금액만큼만 책임을 지는 것이다. 그래서 우리는 보통 주식회사를 무한회사(無限會社)라 하지 아니하고 유한회사라고 일컫는 것이다. 또한 회사 경영실적에 따라서 주주(株主)는 연말결산결과 회사가 이익이 났으면 상법에 의거하여 이익금 중 몇 %에 해당하는 주식배당금을 받게 되어 있다.

2. 주식매매의 방법

주식시장에서 주식거래는 증권거래법에 의하여 증권회사에서 매수·매도에 의하여 증권회사가 중간에서 중개하여 매매가 이루어진다. 주식시장도 일반시장과 마찬가지로 주식을 팔려고 하는 매도인과 주식을 사려고 하는 매수인에 의하여 수요공급원리에 의하여 주식가격이 결정된다. 어떤 주식, 다시 말하면 어떤 특정회사의 주식을 팔려고 하는 사람보다 사려고 하는 사람이 많으면 그 주식의 가격은 올라간다. 주식을 사거나 팔고자 하는 사람은 자기가 거래하고자 하는 증권회사를 정해서 자기 거래계좌를 열고 증권회사 영업장에서 매매주문을 한다.

여기서 우리가 알아야 할 것은 여러 증권회사에 여러 사람이 어떤 같은 주식에 대하여 매매주문이 이루어질 수 있는데 이것을 연결시켜 주는 곳이 증권거래소이다. 증권거래소 전산망에는 각 증권회사 각 매매인의 정보가 올라와 있기 때문에 각 증권회사에서는 증권거래소 전산망을 통하여 매매를 연결시켜 주고 매수자·매도자에게서 수수료를 받는다. 즉 증권회사는 옛날말로 부동산 매매를 중개 시켜주던 복덕방과 같은 역할을 한다고 볼 수 있다. 지금은 우리가 복덕방을 공인중개사 사무실이라고 부른다.

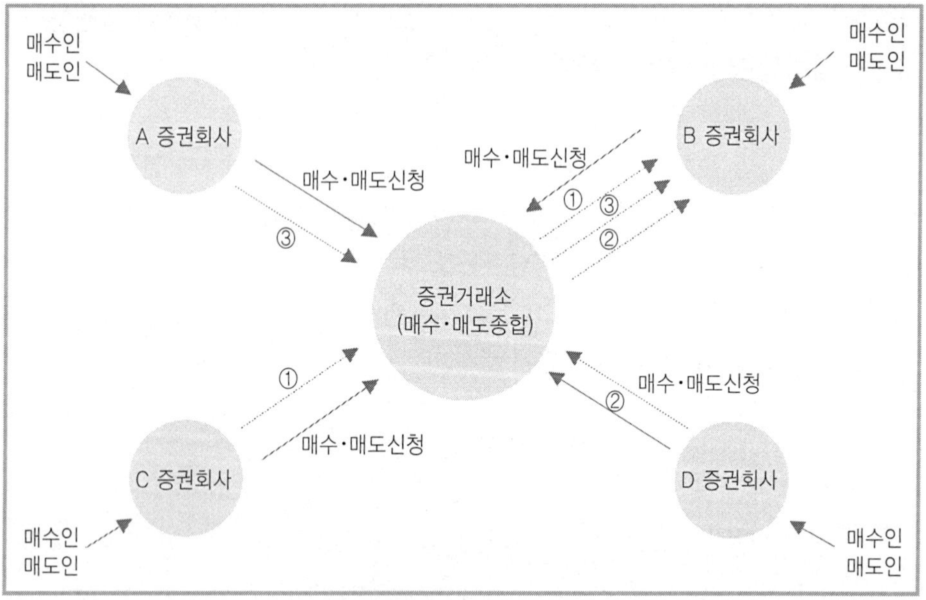

[그림 7-1] 주식매매 방법

즉 증권회사 입장에서 보면, 주식의 매매가 활발하게 이루어져 매매의 횟수가 많이 발생하여야 수수료가 올라가므로 회사수입이 늘어난다. 다시 말하면, 경기가 좋아야 주식의 매매가 빈번히 이루어지므로 경기가 나쁘면 증권회사 역시 심한 타격을 입게 된다.

3. 거래시장에 따른 분류

1) 유가증권시장(KOSPI : Korean Composite Price Index)

국내 종합주가지수, 유가증권시장본부(증권거래소)에 상장된 종목들의 주식 가격을 종합적으로 표시한 수치이다. 유가증권(코스피)시장은 1956년에 한국증권거래소에 개설된 대기업 중심의 최초의 주식시장이다. 증권거래소는 1964년 1월 4일을 기준으로 미국의 다우존스식 주가평균을 지수화한 수정주가 평균지수를 산출하여 발표하였는데, 점차 시장규모가 확대되어감에 따라 1972년 1월 4일부터는 지수의 채용종목을 늘리고 기준시점을 변경한 한국종합주가지수를 발표하였다.

2) 코스닥(KOSDAQ : Korea Securities Dealers Automated Quotation)시장

코스닥위원회가 운영하는 시장으로서 미국의 나스닥(NASDAQ)과 유사한 기능을 하는 중소, 벤처기업을 위한 증권시장이다. 명칭은 미국의 나스닥(NASDAQ)을 한국식으로 합성한 것으로 1996년 7월 1일 증권업협회에 의하여 개설되었다. 운영은 처음에는 증권업협회의 자외시장관리실에서 담당하였으며, 1996년 5월 상대매매에서 경쟁매매로 거래 방식을 변경하면서 주식중개만을 담당하는 증권회사인 코스닥증권시장(주)을 설립하여 매매체결 업무를 위임하였다.

1998년 코스닥시장 운영의 공정성 및 투명성을 확립하기 위하여 시장운영에 관한 의사결정기구인 코스닥위원회를 증권협회 내에 설치했다. 이후 2001년 코스닥위원회의 설치근거와 업무를 증권거래법에 명시함으로써 코스닥시장의 운영체계가 확립되었다. 2005년 1월 한국증권거래소법에 따라 한국증권거래소와 코스닥, 한국선물거래소, 코스닥위원회가 합병된 한국증권선물거래소(통합거래소)가 출범하면서 코스닥과 코스닥위원회는 한국증권선물거래소 코스닥시장본부로 바뀌었다. 유가증권시장보다는 상장기준이 완화된 편이어서 일반기업은 자기자본 30억원 이상 또는 시가총액 90억원 이상이고, 벤처기업은 자기자본 15억원 이상 또는 시가총액 90억원 이상이다.

3) 프리보드(Free Board)시장

프리보드는 유가증권시장 및 코스닥시장에 상장되지 아니한 비상장주식의 매매거래를 위하여 2000년 한국금융투자협회가 "자본시장과 금융투자업에 관한 법률"을 개설·운영하는 제도화된 장외시장임. 특히 비상장기업 중 성장단계에 있는 벤처기업 등 혁신형 기업들이 자본시장을 통하여 자금조달이 가능하도록 하기 위하여 개설되었다.

4) 코넥스(KONEX : Korea New Exchange)시장

코넥스는 자본시장을 통한 초기 중소기업 지원을 강화하여 창조경제 생태계 기반을 조성하기 위해 새로이 개설된 중소기업전용시장으로 2013년 7월 1일 개설되었고, 상장기준은 "중소기업법"상 중소기업만 상장 가능한 시장으로 자기자본 5억원 이상, 매출액 10억원 이상, 연간순이익 3억원의 3가지 조건 중 한 가지 충족 시 가능한 초기 중소기업에 특화된 시장이다.

4. 주가지수

주식시장에는 많은 종목의 주식이 거래되고 있고 거래된 결과 주식의 종목마다 거래량과 거래금액이 서로 상이하게 다르므로 주식시장 전체의 동향을 파악할 수 있는 주식시장에 대한 지표가 필요하다. 이러한 주식시장 지표는 투자판단의 중요한 척도가 될 수 있고 주식을 팔고 사려는 사람에게는 중요한 정보로써 활용될 수 있다. 증권당국에게는 시장관리와 정책결정의 참고자료로 이용될 수 있다. 주식시장 지표로 주가지수, 거래량, 주식배당수익률, 주가수익비율, 주가순자산비율 등이 있으나, 주가지수가 대표적인 지수로 사용되므로 주가지수가 무엇인지 먼저 설명하기로 하자.

첫째로, 주가지수는 주식시장 전체의 동향을 파악하기 위하여 개별 주식의 주가변동을 종합하여 작성한 지수로서 기준시점의 시장전체 주가수준을 100으로 하고 기준시점의 주가수준과 비교시점의 주가수준을 비교하여 산출한다. 주가지수의 산출방법은 크게 시가총액식 주가지수와 다우존스식 주가지수 두 가지로 구분된다.

시가총액식 주가지수는 1923년부터 미국의 스탠다드 앤드 푸어스(Standard and Poor's)가 작성하기 시작한 주가지표로서 상장주식 전품목을 대상으로 주가에 상장주식수를 곱하여 산출한 시가총액을 기준으로 기준시점의 시가총액과 비교시점의 시가총액을 비교하여 산출하는데 산출방식은 다음과 같다.

$$\text{주가지수} = \left[\begin{matrix}\text{KOSPI} \\ \\ \text{시가총액식}\end{matrix}\right] = \frac{\text{비교시점의 시가총액}}{\text{기준시점의 시가총액}} \times 100$$

(※ 우리나라 증권거래소는 1983년부터 한국종합주가지수(KOSPI: Korea Composite Stock Price Index)로 표기하고 있다.)

$$\text{시가총액} = \sum_{i=1}^{n} (i\ \text{주식의 주가} \times i\ \text{주식의 상장주식수})$$

예를 들어, 기준시점인 1980년 1월 4일의 상장시가 총액이 20조이고 1998년 9월 20일의 시가총액이 60조이면 시가총액식 종합지수는 $(60/20)\times 100 = 300$이 되며 이는 기준시점에 비하여 비교시점인 1998년 9월 20일의 주가가 평균 300%로 올라갔음을 뜻한다. 다시 말하면 1980년 1월 4일에 비하여 1998년 9월 20일의 주가가 3배 증가하였음을 뜻한다. 현재 경제신문의 내용을 보면 주가지수가 300선으로 보도되고 있는데 이 300선은 그간의 경제성장률·물가상승률을 고려해 볼 때 비록 3배 증가하였지만, 실질적으로 주가상승률은 마이너스 성장을 하였다고 볼 수 있다. 여기서 또 한 가지 주의할 점은 주가지수를 산출할 때 신규상장, 유무상증자 등 주가변동 이외의 요인에 의한 시가총액 변동이 주가지수를 왜곡시키지 않도록 기준시점의 시가총액을 다음과 같이 수정하여 줄 수 있다.

$$\text{수정기준시가총액} = \text{기준시가총액} \times \frac{\text{수정일 전일의 시가총액} \pm \text{수정액}}{\text{수정일 전일의 시가총액}}$$

$$\text{수정액} = \text{주식변동수} \times \text{발행가 또는 전일종가}$$

시가총액식 주가지수의 장점은 상장주식수가 주가에 가중되고 전상장 종목을 대상으로 작성되므로 전체적인 주가수준을 비교적 정확히 반영할 수 있고 전체적인 주식시장의 시황파악이 용이하다. 그러나 단점으로는 자본금 규모가 큰 대형주의 등락이 전체 주가지수 변동을 좌우함에 따라 중·소형주의 시황파악을 정확히 나타내주지 못하는 불합리성을 내포하고 있다.

다시 말하면 대형주(전자주, 은행주) 등이 상승하면 시가총액이 크게 증가하므로 주가지수는 큰 폭으로 상승하는 반면, 가중치가 적은 소형주들은 다소 상승하더라도 시가총액은 큰 폭으로 증가하지 않으므로 정확한 주식시장 시황을 분석하기가 어렵다. 이러한 단점을 보완하기 위해서는 부문별 주가동향을 나타내는 자본금 규모별지수, 산업별지수 등을 참고하여야 한다.

둘째로, 다우존스(Dow Jones)식 주가지수는 상장종목 가운데 거래가 활발하고 개별주가의 동향을 잘 반영하는 대표적인 우량주만 골라 이들 종목의 주가를 단순평균냄으로써 기준시점과 비교시점의 주가를 비교하는 방법이다. 우리나라 증권거래소도 1972년부터 10년간은 다우존스 방식으로 종합주가지수를 산출했다. 미국의 '다우존스지수', 일본의 '닛케이(NIKKET·日經)지수'가 다우존스 방식을 사용한다. 한국경제신문사가 1980년 1월 4일을 기준으로 작성하여 발표하는 '한경다우지수'는 우리나라 증권거래소에서 주가지수 산출을 위해 쓰던 다우존스 방식의 한 방법이다.

$$\text{다우존스주가지수} = \frac{\text{비교시점의 우량품목 주가평균}}{\text{기준시점의 우량품목 주가평균}} \times 100$$

(주가평균 = 채택종목의 주가합계 / 채택종목수)

그러나 위와 같은 단순주가 평균에 의한 다우존스주가 평균방식은 불합리성을 내포하고 있어서 현재에는 이를 수정하여 사용하고 있다. 여기에서 불합리성이란 단순 다우존스 주가평균방식으로는 채용 종목의 유무상증자에 의한 권리락, 주식분할 등으로 인한 주가평균의 단점을 보완하기 위하여 채용종목수를 수정하여 산출한 주가평균을 사용하며 산출방식은 다음과 같다.

$$\text{다우존스 수정주가지수} = \frac{\text{비교시 수정주가평균}}{\text{기준시 수정주가평균}} \times 100$$

다우존스식 주가지수의 특징은 상장종목 중 거래가 활발한 대표적인 소수의 우량주를 채택하여 시황을 민감하게 파악하는 데 있으며, 원칙적으로 채택종목을 변경하지 않는다. 이 방법이 시가총액식 방법보다 유리한 것은 작성에 소요되는 경비나 인력을 절약할 수 있는 장점이 있다.

우리나라에서는 그동안 한국종합주가지수(KOSPI) 산출 시 한국증권거래소에서 1972년부터 35개 회사를 선정하여 다우존스 방식으로 산출, 사용하여 왔으나, 1983년부터는 다우존스 방식의 단점을 보완한 시가총액식을 사용하여 오고 있으며, 한국종합주가지수의 기준시점은 1980년 1월 4일로서 동기준일의 주가지수를 100으로 하고 있으며 상장된 보통주 전 종목을 대상으로 산출하고 있다.

그리고 한경다우지수란 한국증권거래소가 한국종합지수를 시가총액식으로 하기 전에 사용하였던 다우존스 방식을 한국경제신문사가 이어받아 1983년부터 작성 발표하고 있는 주가지수를 말한다.

한경다우지수는 10년간 변동없이 시계열을 유지하여 오다가 1994년 1월 3일 그동안의 증시여건 변동을 반영하기 위하여 지수체제를 개편, 기준연도를 1990년 1월 3일로 하고 대상종목도 종전의 80개에서 70개로 줄였다. 종합주가지수는 한국종합지수(KOSPI)를 말하며 위에서 설명하였다.

KOSPI 200이란 우리나라 주식시장에 상장된 전 종목에 걸쳐 시가총액이 시장 전체의 70%를 차지하는 우량주 200종목의 시가를 한데 묶어 만들어낸 주가지수를 뜻한다. 'KOSPI 200'은 '선물주가지수', '주가지수선물'이라고도 부르며 다음과 같이 산출된다.

$$\text{KOSPI 200} = \frac{\text{선물지수 구성종목의 비교시점 시가총액}}{\text{선물지수 구성종목의 기준시점(1990년 1월 3일) 시가총액}} \times 100$$

5. 주식시장의 장세(場勢)를 반영하는 지표설명

1) 상장주식회전율과 시가총액회전율

주가지수와 함께 주식시장의 장세를 판단하는 중요한 지표로서 사용되고 있는 것이 주식거래량이다. 주식거래량이란 주식시장에서 매매된 주식의 수량을 나타낸 것으로 이를 금액으로 나타낸 것이 거래대금이다. 이와 같이 거래량에 의해 시황(市況)을 판단할 때 사용되는 지표가 회전율이다. 대표적인 회전율 지표로서는 상장주식회전율과 시가총액회전율이 있는데 산출방식은 다음과 같다.

$$\text{화폐교환방정식: } M \cdot V = P \cdot Q$$

$$\text{주식회전율(\%)} = \frac{\text{당해 연도 주식거래량}}{\text{당해 연도 주식수}} \times 100$$

$$\text{상장주식회전율(\%)} = \frac{\text{당해 기간 중의 거래량}}{\text{한 해 동안 거래된 주식수}} \times 100$$

$$\text{시가총액회전율(\%)} = \frac{\text{당해 기간 중의 거래대금}}{\text{당해 기간 중의 평균시가총액}} \times 100$$

우리나라에서는 한국증권거래소에서 연별, 월별로 시가총액회전율 및 상장주식회전율을 산출하여 발표하고 있다.

2) 주식배당수익률, 주가수익비율(PER)과 주가순자산비율(PBR)

우리가 주식을 사서 갖고 있으면 연말에 결산을 하게 되어 회사의 영업실적에 따라 배당금을 지급받게 된다. 주식투자를 위한 대표적인 판단지표인 주식배당수익률은 1주당 배당금을 주가로 나누어 산출하는데 1주당 배당금으로는 전기의 확정 배당금을 이용한다.

$$\text{배당수익률(\%)} = \frac{\text{1주당 배당금}}{\text{주가}} \times 100$$

예를 들면, 액면가액이 5,000원인 주식의 현재시가가 15,000원이고 전기배당률이 5%라고 하면 배당금은 5,000 × 0.05 = 250원이고 주식배당수익률은 (250 / 15,000) × 100 = 1.7%가 된다. 이와 같이 배당수익률은 어떤 주식에 투자할 경우 그 투자자금이 배당에 의하여 연간 어느 정도의 수익을 실현시킬 수 있는가를 나타내는 지표로서 정기예금이나 회사채 등 주식 이외의 투자대상과의 수익성 정도를 비교하거나 증권거래소에 상장된 여러 종목의 주가수준을 상호 비교할 때 이용되는 주식투자 판단지표이다.

또한 주식투자의 판단지표로서 주식배당률 이외에 주가수익비율과 주가순자산비율이 있다. 주가수익비율(PER : price earning ratio)이란 현재의 1주당 주가를 작년에 당회사가 낸 1주당 순이익으로 나눈 비율이다. 작년에 한 회사가 낸 1주당 순이익은 〈회사의 연간 순이익〉/〈회사의 총발행주식수〉로 계산한다.

$$\text{따라서 어느 주식의} \quad PER = \frac{(\text{현재의 1주당 주가})}{(\text{해당회사의 연간 순이익})/(\text{해당회사의 총발행 주식수})}$$

예를 들어, 어느 회사의 주식시가가 50,000원이고 1999년에 낸 1주당 순이익이 2,500이라고 하면 이 회사의 주가수익률은 20이 된다. 다시 말하면 주가가 수익력의 20배가 된다는 뜻이다. 즉 이 회사의 주식은 금기에도 전기와 같은 수익을 회계학적인 뜻에서 다시 살펴보면,

$$PER = \frac{\text{주가}}{\text{1주당 법인세 차감 후 순이익}}$$

*1주당 법인세 차감 후 순이익 = 전기의 법인세 차감 후 순이익 / 총발행 주식수

우리가 위에서 PER(주가수익비율)에 대하여 살펴보았듯이 흔히 주식매입 시 PER가 낮은 종목에 투자하라는 말이 있는데 이것은 무엇을 뜻하는 것일까? 예를 들면, 어떤 주식의 시가가 똑같이 10,000원이라고 가정하면, A종목의 PER가 8이고 B종목의 PER가 4라고 가정하면 B는 주가가 수익력과 비교할 때 4배 비싸고 A는 8배가 비싸다. 다시 말하면, A는 B에 비하여 2배 만큼 높게 평가되어 있다. 반면 PER가 낮은 종목 B는 수익성에 비해 주가가 상대적으로 낮게 평가되어 있으므로 장래에는 B가 A보다 주가가 더 상승할 가능성이 있다고 볼 수 있다. 그러므로 같은 업종에서는 PER 수치가 낮을수록 투자가치가 높다고 할 수 있다.

회계학적인 측면에서 다시 말하면, 이 주가수익률은 주가가 1주당 세공제 후 순이익의 몇 배 가격으로 형성되고 있는가를 나타내는 지표로서 배당수익률이

당기에 발생한 이익을 주주에게 분배한 배당만을 기초로 산출되는데 비해 주가수익비율은 배당뿐만 아니라 기업의 내부유보분까지도 포함하는 이익 전체를 기초로 해서 산출된다는 특징을 가지고 있다. 주가수준 판단지표로서는 배당수익률보다는 주가수익비율이 더 적합하다고 할 수 있다.

끝으로 주가수익률을 보고 주식투자 판단지표로 사용할 때의 주의점은 1주당 순이익의 산출은 전기에 실현된 이익이므로 장래주가에 영향을 미치는 장래수익이나 배당이 아니라는 점을 주의해야 하므로 주식투자 시 오로지 주가수익비율만 보고 판단하는 것은 위험성이 따른다고 하겠다.

다음으로 주가순자산비율(PBR : price book-value ratio)은 주가를 1주당 순자산으로 나누어 산출한다. 즉,

$$\text{PBR} = \frac{\text{주가}}{\text{1주당 순자산}} \qquad \text{1주당 순자산} = \frac{\text{전기 순자산}}{\text{총발행주식수}}$$

여기에서 말하는 순자산은 전기(前期) 대차대조표의 자산에서 부채(負債)를 빼서 계산하는데 이는 회사가 해산될 때 주주에게 분배되는 금액을 의미한다. 예를 들어, A회사의 전기 대차대조표상 자산이 500억원이고 부채가 300억원일 경우 이 회사의 순자산은 500 − 300 = 200억원이며 총발행 주식수가 10만주라면 1주당 순자산은 200억원/10만주 = 200,000원이 된다.

주가수익비율(PER)이 기업의 수익성 측면에서 주가를 판단하는 지표라고 할 수 있다. 다시 말하면, PBR이 높다면 주가가 재무상태에 비하여 높은 수준이라고 할 수 있으며 PBR이 낮다면 주가가 재무상태에 비하여 낮은 수준이라고 할 수 있다.

주가수익률(PER)에서와 마찬가지로 주식투자 판단 시 PBR이 낮은 종목에 투자하는 것이 바람직하다고 할 수 있다. 왜냐하면 장래에 재무상태에 비하여 주가가 낮은 종목이 상승할 가능성이 높기 때문이다.

6. 주식시세표를 이해하기 위하여 알아야 할 용어

지금까지 주식에 관한 설명과 몇 가지 용어를 더 이해하면 우리가 매일 접하

는 경제신문이나 일간지의 증권란에서 주식시세표를 읽을 수 있고 주식시장의 동향이 어떻게 움직이고 있는지 이해할 수 있다. 각종 신문의 증권란에서 주식시세표를 보면 전체적인 주식시장의 시황을 나타내는 유가증권시장의 코스피지수, 코스닥시장의 코스닥지수 주식시세표로 구분되어 있다.

[그림 7-2]에 나타낸 유가증권시장의 주식시세표에서와 같이 코스피는 어업·광업·음식료품업, 섬유제품업, 의복, 가죽, 신발, 출판·영상·통신·장비, 화학제품업, 의약업, 석유·고무·플라스틱, 비금속광물, 금속·제조·조립, 전자통신장비, 기타 전기기계, 운수장비·정밀·기구·기타제조·전기, 건설업, 자동차판매·도소매업, 운수·기타서비스업, 은행, 종합금융, 증권, 보험, 해외원주·예탁증서, 상장지수펀드 등의 주가지수가 종목, 종가, 전일대비, 거래대금, 등락률(전일대비)로 나타나 있으며, 상한가, 상승, 보합, 하락, 하한가 등의 항목으로 구성되어 있다. 주식코스피지수를 보면 지수는 1962.91로 나와 있다. 이것은 1980년 1월 4일 기준을 100으로 볼 때, 19.6배 정도 주식가치가 증가한 것을 보여준다. 19.6배 정도의 증가는 앞에서 설명했듯이 경제성장률이나 물가상승률을 고려할 때 플러스 증가로 볼 수 있으며 실질적인 가치도 증가하였다고 볼 수 있다.

거래량 23,410만주는 전날 거래된 총주식수의 양(매수분, 매도분)을 뜻하며, 거래대금 3,788,318백만원은 전날 거래된 총주식 거래량에 주식의 시가평균액을 곱하여 산출된 금액을 나타낸다. 상한가, 하한가는 증권거래소에 정해진 주식가격이 전날 대비 +15%, −15%의 변동 폭을 법률로 정하여 전날에 비하여 15% 이상 오르거나 15% 이하 내려가지 못하게 되어 있다.

신고가, 신저가, 권리락, 배당락 등의 용어에 대하여 알아보면, 신고가, 신저가는 현재까지 이르는 동안 가장 높은 종가기록을 경신한 것을 말하고, 신저가는 더 낮은 가격을 기록했다는 뜻이다. 그러면 이러한 신고가, 신저가를 이해하기 위해서는 시가, 고가, 저가, 전일종가, 종가에 대하여 설명이 되어야 한다. 시가(始價)란 어느 한 주식이 그날 처음에 이루어진 매매가격을 나타내고, 고가(高價)란 그날 하루 동안 이루어진 매매 중에서 가장 높았던 시점의 가격을 나타낸다. 종가(終價)란 그날 하루 동안 이루어진 매매 중에서 마지막으로 매매된 시점의 주식가격을 말하며, 전일(前日終價)종가란 당일의 그 전날의 종가(終價)를 나타낸다.

주식시세표

한경다우지수	226.36(-0.09)	상승	363종목
KRX100지수	4236.46(-13.51)	상한가	2종목
거래량(만주)	23,410	하락	426종목
거래대금(백만원)	3,788,318	하한가	5종목
거래형성(종목)	877(95%)	보합	98종목

코스피지수

1962.91 -5.02(0.26%)

▲ 상승 ◉ 권리락 ① 투자주의 N 신형 우선주
▽ 하락 ★ 배당락 ② 투자경고 H 52주신고가
⬆ 상한가 × 기세 ③ 투자위험 L 52주신저가
⇩ 하한가 ▶액면가구분 A=100 B=200 C=500 D=1000
E=2500 G=무액면 무표시=5000 F=달러 K=홍콩달러 (단위=원,10주)

일반종목

어업·광업

(종목코드)	종목명	종가	등락	거래량(10주)	고가	저가	투자심리도	PER
003580	동원	4285	▽ 5	214	4565	4200	40	-
006040	동원산업	316500	▲ 1000	269	317000	311500	50	10.4
030720	동원수산	10650	▲ 150	8264	10900	10250	50	16.1
007160	사조산업	28200	▲ 800	1757	28600	27000	40	11.4
006090	사조오양	7840	▽ 180	94	8110	7840	80	59.4
004970 C	신라교역	24400	▽ 550	569	24850	24350	10	5.6

음식료품

(종목코드)	종목명	종가	등락	거래량(10주)	고가	저가	투자심리도	PER
011150 C	CJ씨푸드	2365 L	▽ 15	5269	2390	2365	20	15.0
011155 C	"1우	5780	▽ 80	32	5820	5580	20	-
097950	**CJ제일제**	257000	-	2848	259000	253000	40	14.0
097955	"1우	94600	▲ 600	360	94900	93000	60	-
033780	KT&G	75300	▽ 400	18374	76300	75100	20	12.8
023150 C	MH에탄올	2970	▽ 15	157	2985	2930	50	50.3
002140 D	고려산업	1145	▽ 5	4157	1150	1120	30	3.6
003920	남양유업	938000	▲ 53000	652	938000	872000	50	10.5
003925	"1우	306000	▲ 5500	3	306000	300000	30	-
004370	농심	240000	▲ 1000	718	241500	237000	20	-
001680 D	**대상**	37650	▲ 300	9030	37700	36600	50	14.9
001685 D	"1우	9860	-	1301	10250	9830	40	-
001689 D	"3우N	30100	-	31	30800	30100	40	-
001790 E	대한제당	26650	▽ 50	435	27300	26450	30	6.2
001795 E	"1우	11200	-	0	11200	11200	20	-
001799 E	"3우N	23550	-	0	23550	23550	-	-
001130	대한제분	150000	▽ 500	182	151500	147500	40	7.9
008040 C	동아원	3380	▽ 30	9230	3445	3340	40	63.8
049770	동원F&B	128500	▲ 2000	302	129000	126000	30	23.4
004990	**롯데제과**	1716000	▲ 46000	52	1716000	1670000	30	26.4
005300	롯데칠성	1496000	▲ 17000	66	1500000	1477000	40	24.5
005305	"1우	449000	▽ 3000	29	452000	437000	60	-
002270	롯데푸드	734000	▽ 1000	374	745000	724000	50	15.2
027740 C	마니커	673	-	11557	687	665	30	-
033920 B	무학	18100	▲ 200	3258	18250	17700	30	13.6
000890 C	보해양조	812	-	4706	814	797	50	-
000895 C	"1우	26800	▲ 600	7	27200	25650	40	-
005180	**빙그레**	97100	-	3126	97200	95400	40	16.9
003960	사조대림	11150	▽ 300	66	11900	11150	40	-
003965	"1우	149000	⇩ 26000	580	184500	149000	50	-
014710 D	사조씨푸	4680	▲ 105	1656	4690	4570	50	6.3
079660	사조해표	7460	▽ 410	1367	7920	7460	30	19.4
005610	삼립식품	64300	▽ 300	7410	65500	63300	50	50.9
145990	삼양사	42400	▽ 700	303	43500	42350	20	6.9
145995	"1우	26800	▽ 1150	330	27900	26800	30	-
003230	삼양식품	23750	▲ 100	1768	23850	23450	40	32.6
003940	**삼양제넥**	90000	▽ 200	20	90300	89000	40	8.1
003945	"1우	45000	-	5	45300	45000	40	-
007540 D	샘표식품	21850	▽ 150	1386	22650	21700	30	8.9
004410 E	서울식품	2500	▲ 5	2379	2515	2430	60	34.3
004415 E	"1우	13450	-	122	14100	13350	30	-
136490 C	선진	25150	▽ 250	972	25700	25100	40	6.8
007310	오뚜기	367000	▲ 4000	487	371000	362000	50	16.6
001800	**오리온**	893000	▲ 2000	441	897000	890000	50	31.0
006980 C	우성사료	2820	▲ 35	12580	2820	2770	20	10.2
002600	조흥	89900	▽ 400		90400	88600	60	6.8
005740	크라운제	254500	▲ 4500	427	254500	245000	60	11.4
005745	"1우	76800	▲ 500	18	77700	74000	60	-
036580 C	팜스코	9130	▽ 210	8585	9370	8580	50	10.7
000080	**하이트진**	22000 L	▽ 600	40164	22600	21800	30	14.3
000087	"2우N	17500	▽ 200	1958	17850	16900	30	-
003680	한성기업	5910 L	▽ 70	368	6010	5890	20	7.7

섬유·의복

(종목코드)	종목명	종가	등락	거래량(10주)	고가	저가	투자심리도	PER
001460	BYC	188500	▽ 500	1	189000	187000	30	4.8
001465	"1우	70800	▽ 100	2	72000	70700	40	-
155660 C	DSR	3770	▽ 10	1083	3810	3690	20	5.0
007700 C	F&F	7140	▲ 20	180	7150	7040	40	13.6
093050	**LG패션**	32000	▽ 700	7787	32650	31750	40	15.4
001380 C	SG충남방	1645	▲ 40	1162	1655	1560	50	-
000050	경방	113000	▲ 3000	64	113500	107000	50	-
002070 D	남영비비	6380	-	1	6380	6380	20	-
001070	대한방직	17950	▽ 600	315	18100	17800	10	-
016090 C	대현	2290	▽ 35	17589	2340	2280	40	14.9
001530	동일방직	49550	▲ 250	22	49550	49050	50	-
003610	방림	11350	-	4925	11350	11250	30	-
084870 C	베이직하	22750	▲ 550	3742	22750	21850	50	32.8
002170	삼양통상	24800	▽ 200	44	25000	24700	10	12.4
011300 C	성안	688 L	▽ 2	5939	694	682	20	9.4
005800	신영와코	97900	▲ 500	3	98700	97200	30	5.7
025620 C	신우	〈 매매 거래 정지 〉					20	-
009270 C	신원	1080	▽ 20	36647	1115	1065	30	-
009275 C	"1우	9560	▽ 440	45	9800	9030	50	-
102280 C	쌍방울	740	▽ 9	66400	752	730	30	18.1
090370 C	아비스타	6460	▲ 60	1167	6460	6280	30	-

의약품

(종목코드)	종목명	종가	등락	거래량(10주)	고가	저가	투자심리도	PER
000020 D	동화약품	4855	▽ 35	1831	4900	4800	30	103.3
017180 C	명문제약	2080 L	▽ 70	12148	2150	2055	10	-
003850 E	보령제약	34850	▽ 50	508	34900	34200	50	25.1
003000 C	부광약품	14700	▲ 250	7916	14750	14300	40	23.8
001360 C	삼성제약	1780 L	▽ 80	6930	1860	1780	30	-
000520 D	삼일제약	5550	▲ 50	3537	5580	5490	50	-
005500 D	삼진제약	14700	▲ 300	8971	14950	14400	50	18.0
003060 C	슈넬생명	429	-	105960	435	421	30	-
019170 C	신풍제약	4680	-	3009	4710	4650	10	12.3
019175 C	"1우	3190	-	0	3190	3190	50	8.0
003520 C	영진약품	1695	▲ 15	25723	1700	1670	40	169.5
002630 C	오리엔트	543	▲ 3	14408	548	540	40	60.3
004720 C	우리들제	408	▽ 5	61450	417	407	50	-
033270 C	**유나이티**	9520	▽ 130	8129	9820	9520	50	8.2
000220 D	유유제약	6820	▲ 190	803	6830	6600	50	11.3
000225 D	"1우	2765	▽ 5	726	2765	2720	10	-
000227 D	"2우N	5980	▽ 10	41	6080	5720	30	-
000100	**유한양행**	180000	▲ 1000	2437	181500	175500	40	23.3
000105	"1우	92500	-	9	93100	92000	20	-
102460 C	이연제약	17300	▲ 100	1895	17400	16850	50	13.1
000230 D	일동제약	10600	-	1915	10800	10400	20	15.2
003120	일성신약	76900	▽ 900	199	77900	76900	50	2.9
007570 E	일양약품	25000	▽ 650	4886	25550	25000	30	204.9
007575 E	"1우	15800	▽ 200	32	15950	15700	30	-
002620 C	제일약품	13150	▲ 150	252	13150	12900	50	15.6
185750 E	종근당	69800	▲ 2800	10708	70600	66200	20	-
063160 E	종근당바	16000	-	1218	16050	15600	20	11.6
001630 E	**종근당홀**	46600	▲ 350	5820	47350	45250	20	19.1
005690 C	파미셀	3845	▽ 45	36882	3910	3800	20	-
002390 C	한독	17400	-	29371	20000	17400	40	35.0
128940 E	**한미약품**	123000	▲ 2000	3431	123500	120000	60	44.9
009420 C	한올바이	4080	▲ 70	10264	4080	3975	40	-
004310 C	현대약품	1675	▽ 5	4627	1695	1670	10	-
016580 C	환인제약	10250	▲ 200	1236	10250	10050	30	9.9

고무·플라스틱

(종목코드)	종목명	종가	등락	거래량(10주)	고가	저가	투자심리도	PER
004840 C	DRB동일	7800	▽ 20	1166	7910	7740	20	5.0
108670	**LG하우시**	138500	▲ 4000	5632	141000	133500	40	47.8
108675	"1우	47100 H	▲ 1600	158	47100	45800	40	-
004250 C	NPC	5400	▽ 30	2462	5430	5330	60	10.7
004255 C	"1우	1815	▽ 5	124	1820	1770	50	-
024070 C	WISCOM	4985	▽ 25	568	5010	4980	30	10.2
073240	금호타이	11200	-	16278	11250	10950	30	10.9
002350 C	**넥센타이**	14400	-	18022	14450	14250	20	10.8
002355 C	"1우N	3995	▽ 5	516	4125	3875	50	-
024890 C	대원화성	1595	▽ 15	2800	1650	1580	30	-
004830 C	덕성	2840	-	3211	2860	2815	20	21.5
004835 C	"1우	1630	▲ 5	131	1650	1600	50	-
007340 C	동아타이	19150	▲ 400	1172	19150	18500	40	6.8
014820	동원시스	8650	▲ 50	292	8690	8500	50	-
014825	"1우	7570	▲ 70	5	7570	7570	40	-
163560 C	동일고무	8460	▽ 20	755	8600	8330	40	-
115390 C	락앤락	22050	▽ 50	13479	22250	21550	30	20.1
035150 C	백산	6830	▽ 30	6945	6890	6700	40	13.8
003720 C	삼영화학	1970 L	-	6399	1985	1960	20	10.9
014440 C	영보화학	3810	▽ 80	6805	3890	3740	50	14.8
008730 C	율촌화학	12500	▲ 150	5226	12550	12150	30	13.7
003780 C	진양산업	2415	▲ 10	1555	2425	2400	50	8.0
051630 C	진양화학	2015	▽ 30	3116	2055	2000	30	10.2
161390 C	한국타이	60100	▲ 600	26082	60100	58500	40	-
006060 C	화승인더	1125	▲ 50	120051	1125	1075	70	38.8

비금속광물

(종목코드)	종목명	종가	등락	거래량(10주)	고가	저가	투자심리도	PER
008870	금비	29400	-	2	29400	29400	30	50.1
005750 D	대림B&Co	2510 H	▲ 70	30176	2630	2375	40	-
014580	백광소재	22600	▽ 50	187	22650	22350	30	7.2
007210 C	벽산	2595	▲ 75	43096	2600	2480	50	29.8
011390	부산산업	18900	-	438	19700	18750	40	-
005090	삼광글라	45900	▲ 1700	1854	46000	43850	50	14.3
004980	성신양회	6000	▽ 100	5967	6080	6000	30	33.3
004985	"1우	2610	▽ 50	267	2665	2610	40	-
004987	"2우N	6670	▽ 40	412	6720	6540	30	-
004989	"3우N	5450	▲ 50	1	5450	5450	60	-
047400 C	쌍용머티	1925	▽ 5	1992	1950	1870	50	19.4
003410	쌍용양회	6210	▽ 10	2863	6280	6090	40	14.9
003415	"1우	2940	▽ 15	239	2950	2925	20	-
003419	"3우N	5870	▽ 60	× 0	5930	5930	30	-
00341A	"4우N	〈 매매 거래 정지 〉					-	-
00341D	"5우N	〈 매매 거래 정지 〉					-	-
183190	아세아시	81300	▽ 100	1059	83300	79300	30	-
010780 C	아이에스	16800	▲ 200	6542	16850	16200	70	96.0
000910 C	유니온	4250	-	3114	4255	4190	40	11.7
001560 C	제일연마	6310	▲ 60	16	6390	6190	30	8.7
000480	조선내화	82100	-	117	85100	82100	30	8.2
004870 C	티웨이홀	2870	▲ 45	2047	2885	2775	40	-
010040 C	한국내화	3305	▲ 20	2389	3325	3260	40	5.8
004090	한국석유	47350	▽ 150	118	47500	46700	20	8.1
002000	한국유리	15600	-	5	15600	15600	30	-

[그림 7-2] 유가증권시장 주식시세표(2013년 12월 14일)

권리락(權利落)이란 주식회사가 자본금을 늘리기 위하여 유무상증자 시 기존의 주주(株主)들에게 다른 주주가 아닌 사람보다(기존 보유 주식수에 비례하여) 우선 매입할 수 있는 권리를 부여하게 되는데, 이때 새로운 주식이 발행되면 기존의 주주들은 일정기한 내에 새 주식을 매입할 수 있는데 이 기한이 될 때까지 기존주주가 위주주식을 매입하지 않은 주식을 실권주(失權株)라고 하며, 이때 증자된 분량을 받는 대신 주가를 하락시키는 것을 권리락이라고 한다. 배당(配當)이란 회사의 결말 말일 현재 주주로 등록되어 있는 사람에게만 돌아가게 되어 있다. 배당기준일이 지나서 주주가 된 사람은 결산 시에 배당을 받을 권리가 없어진다. 이러한 배당기준일을 넘겨서 배당금을 받을 권리가 없어지며 이때 배당을 받은 주주는 배당만큼 주가를 하락시키는 것을 말하며 이것을 배당락이라고 한다.

마지막으로 관리종목은 회사가 부도난 경우 또는 은행거래가 중지된 경우, 회계감사결과 문제가 있는 기업, 3년 이상 영업을 하지 않은 기업, 법정관리나 화의신청에 들어간 기업을 증권거래소에서 관리대상종목으로 지정하여 놓고 감시한다.

[그림 7-3]은 코스닥시장 주식시세표를 나타낸다.

코스닥시장은 우량사업부, 벤처기업부, 중견기업부, 신성장기업부, 외국기업, 투자주의 환기종목 부문으로 구분되고 주식시세표는 지수 전일대비, 종목, 종가, 전일대비, 거래량, 거래대금, 등락률(전일대비)로 나타내며, 코스닥지수는 494.36,거래량은 26,903만주, 거래대금 1,040,073백만원을 나타내며, 상한가, 하한가는 +15%, −15%이며, 코스피에서와 같이 코스닥에서도 신용거래가 가능하며, 신용거래란 고객이 증권회사에서 돈을 빌려서 주식을 사고 팔 수 있는 것을 말한다.

투자주의 환기종목이란 코스닥시장에서 관리종목과 같이 회사가 부도가 난 경우, 은행거래가 중지된 경우 주식매매 시 유의해야 할 종목을 말한다.

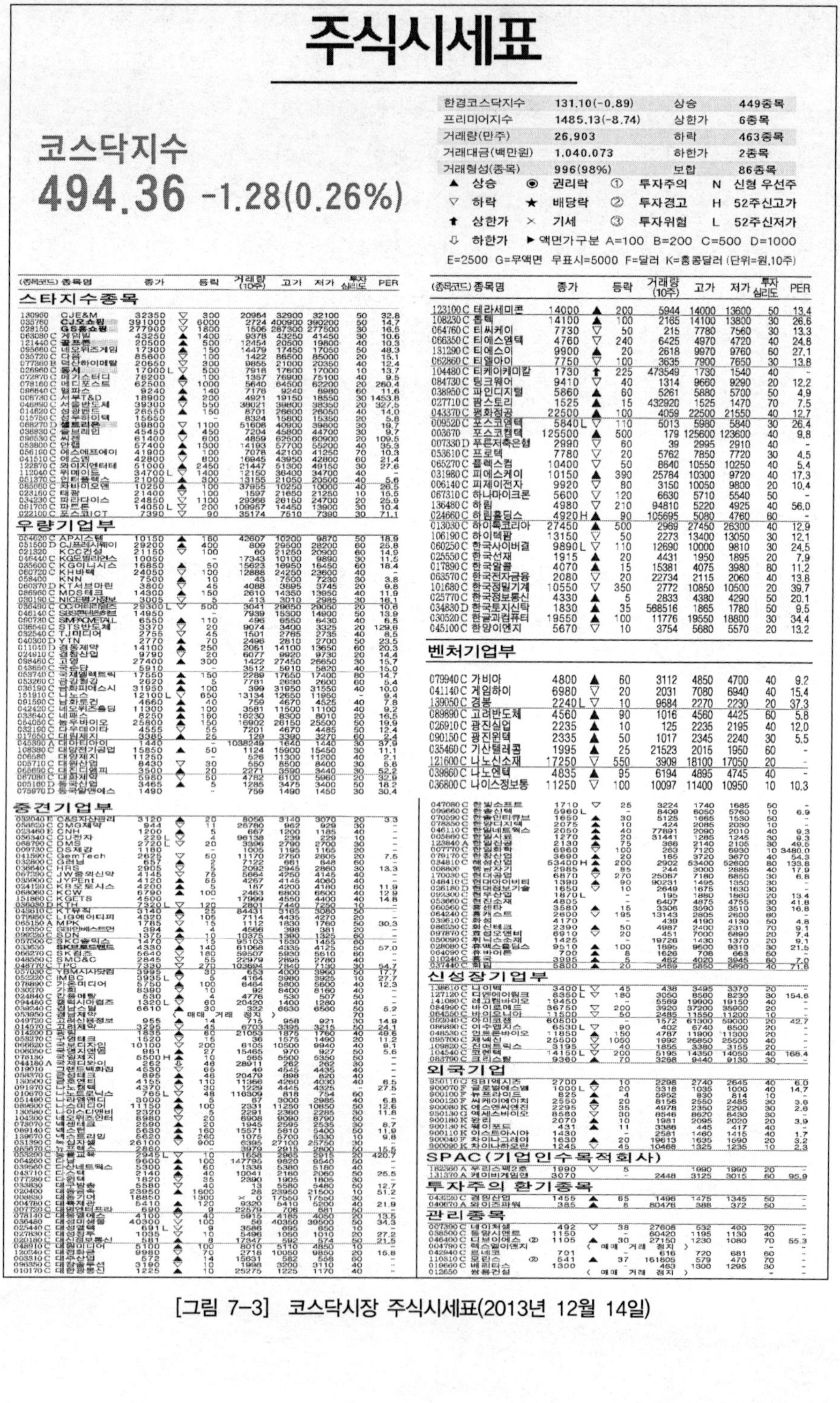

주식시세표

코스닥지수

494.36 -1.28(0.26%)

한경코스닥지수	131.10(-0.89)	상승	449종목
프리미어지수	1485.13(-8.74)	상한가	6종목
거래량(만주)	26,903	하락	463종목
거래대금(백만원)	1,040,073	하한가	2종목
거래형성(종목)	996(98%)	보합	86종목

▲ 상승 ◉ 권리락 ① 투자주의 N 신형 우선주
▽ 하락 ★ 배당락 ② 투자경고 H 52주신고가
↑ 상한가 × 기세 ③ 투자위험 L 52주신저가
⇩ 하한가 ▶액면가구분 A=100 B=200 C=500 D=1000
E=2500 G=무액면 무표시=5000 F=달러 K=홍콩달러 (단위=원,10주)

스타지수종목

우량기업부

중견기업부

(종목코드) 종목명	종가	등락		거래량(10주)	고가	저가	투자심리도	PER
123100C 테라세미콘	14000	▲	200	5944	14000	13600	50	13.4
108230C 톱텍	14100	▲	100	2165	14100	13800	30	26.6
064760C 티씨케이	7730	▽	50	215	7780	7560	30	13.3
066350C 티에스엠텍	4760	▽	240	6425	4970	4720	40	24.8
131290C 티에스이	9900	▲	20	2618	9970	9760	60	27.1
062860C 티엘아이	7750	▽	100	3635	7900	7650	30	13.8
104480C 티케이케미칼	1730	↑	225	473549	1730	1540	40	-
084730C 팅크웨어	9410	▽	40	1314	9660	9290	20	12.2
038950C 파인디지털	5860	▲	60	5261	5880	5700	50	4.9
027710C 팜스토리	1525	▲	15	432920	1525	1470	70	7.5
043370C 평화정공	22500	▲	100	4059	22500	21550	40	12.7
009520C 포스코엠텍	5840L	▽	110	5013	5980	5840	30	26.4
003670 포스코켐텍	125500	▲	500	179	125600	123600	40	9.8
007330D 푸른저축은행	2990	▽	60	39	2995	2910	40	-
053610C 프로텍	7780	▽	20	5762	7850	7720	30	4.5
065270C 플렉스컴	10400	▽	50	8640	10550	10250	40	5.4
031980C 피에스케이	10150	▲	390	25784	10300	9720	40	17.3
006140C 피제이전자	9920	▽	80	3150	10050	9800	20	10.4
067310C 하나마이크론	5600	▽	120	6630	5710	5540	50	-
136480C 하림	4980	▽	210	94810	5220	4925	40	56.0
024660C 하림홀딩스	4920H	▲	90	105695	5080	4760	60	-
013030C 하이록코리아	27450	▲	500	2969	27450	26300	40	12.9
106190C 하이텍팜	13150	▽	50	2273	13400	13050	30	12.1
060250C 한국사이버결	9890L	▽	110	12690	10000	9810	30	24.5
025550C 한국선재	1915	▲	20	4431	1950	1895	20	7.9
017890C 한국알콜	4070	▲	15	15381	4075	3980	80	11.2
063570C 한국전자금융	2080	▽	20	22734	2115	2060	40	13.8
101680C 한국정밀기계	10550	▽	350	2772	10850	10500	20	39.7
025770C 한국정보통신	4330	▲	5	2833	4380	4290	50	20.1
034830D 한국토지신탁	1830	▲	35	568516	1865	1780	50	9.5
030520C 한글과컴퓨터	19550	▲	100	11776	19550	18800	30	34.4
045100C 한양이엔지	5670	▽	10	3754	5680	5570	20	13.2

벤처기업부

(종목코드) 종목명	종가	등락		거래량(10주)	고가	저가	투자심리도	PER
079940C 가비아	4800	▲	60	3112	4850	4700	40	9.2
041140C 게임하이	6980	▽	20	2031	7080	6940	40	15.4
139050C 겜블	2240L	▽	10	9684	2270	2230	20	37.3
089890C 고려반도체	4560	▲	90	1016	4560	4425	60	5.8
026910C 광진실업	2235	▲	10	125	2235	2195	40	12.0
090150C 광진윈텍	2335	▲	50	1017	2345	2240	30	5.5
035460C 기산텔레콤	1995	▲	25	21523	2015	1950	60	-
121600C 나노신소재	17250	▽	550	3909	18100	17050	20	-
039860C 나노엔텍	4835	▲	95	6194	4895	4745	40	-
036800C 나이스정보통신	11250	▽	100	10097	11400	10950	10	10.3

신성장기업부

외국기업

SPAC(기업인수목적회사)

투자주의 환기종목

관리종목

[그림 7-3] 코스닥시장 주식시세표(2013년 12월 14일)

7. 주식투자를 위한 재무제표 보는 법

주식시장의 강세장에서는 기업내용과 관계없이 주가가 동반 상승하는 경우가 많은 반면에 증시가 약세로 돌아서면 기업가치에 따라 주가가 확실히 차별화된다. 기업이 부실화되면 그만큼 하락폭도 커진다는 얘기다. 따라서 주식투자에 의한 손실을 최소화하기 위해서는 해당회사의 재무제표를 확인하여 될 수 있는 한 우량기업주식에 투자하는 것이 바람직하다. 그러기 위해서는 기본적인 재무제표 읽는 법에 대하여 알아두는 것이 필요하다.

미래에 어떤 회사의 주식가격의 변화를 예측하기 위해서는 해당회사의 경영상태 또는 신기술개발문제, R&D에 얼마나 투자하고 있는지의 여부가 관건이 된다고 말할 수 있다. 신기술개발문제는 해당회사의 내부문제이고 특히 벤처기업 같은 경우는 기술의 성공여부를 예측하기 힘들기 때문에 신기술개발에 대한 장래의 예측은 투자자 개인의 능력으로는 파악하기가 매우 힘들다. 그러므로 개별 투자자의 입장에서는 각 해당회사의 투명한 재무제표를 확인하여 기업의 경영상태를 파악하는 것이 매우 중요하다. 기업의 객관적인 경영상태를 파악하기 위해서는 재무제표를 분석해 보면 되므로 기업의 재무제표는 어떻게 구성되어 있으며 어떻게 분석하는지 방법을 알아보는 것이 매우 중요하다.

기업경영분석은 기업의 재무상태나 경영성과를 분석하는 일이다. 기업경영분석은 기업의 경영상태를 나타내주는 대차대조표, 손익계산서 등의 재무제표를 이용하여 기업의 수익성(收益性), 안정성(安定性), 성장성(成長性) 등을 나타내는 각종 재무비율을 산출하여 비교분석함으로써 기업의 재무구조가 건실한지의 여부를 종합적으로 판단할 수 있다.

기업경영분석은 처음에 은행과 같은 기관에서 거래기업의 신용상태를 파악하기 위하여 사용되었으나, 지금은 금융기관뿐만 아니라 정부나 개별 주식투자자들도 재무제표를 사용하여 기업의 재무상태를 파악하고 있다.

이와 같이 주식에 대한 개별 투자자들은 해당기업의 전망성과 배당금지급에 대한 유무 등을 파악하기 위하여 재무제표를 이용한 분석지표를 이용하고 있으며 정부 또한 기업의 경영상태를 파악하여 정책수립에 반영하기 위하여 기업경영 분석지표를 이용하고 있다.

국내외에서 발표하고 있는 기업경영 분석자료로는 한국은행의 '기업경영분석', 한국산업은행의 '재무분석', 중소기업협동중앙회의 '중소기업경영지표' 등이 있다. 외국자료는 미국 상무부의 '분기별 재무보고', 일본 대장성의 '법인기업통계 연보', 일본의 '주요 기업경영분석' 등이 있다.

재무제표란 해당기업의 일정기간 동안 즉 1년 동안의 경영실적과 일정시점의 재무상태를 나타낸 표이다. 재무제표에는 대차대조표, 손익계산서, 현금흐름표 및 이익잉여금처분계산서 등으로 구성되어 있으며, 부속자료로 제조원가명세서와 미처분이익잉여금 명세서가 있다.

1) 대차대조표(貸借對照表)

대차대조표란 일정시점에서 해당기업의 재무상태, 다시 말하면 자산, 부채 및 자본의 내용을 나타낸 표이다. 해당기업은 자본금과 금융기관에서 빌린 차입금을 이용하여 공장이나 기계설비 등의 고정자산을 구입하고 일부는 운영자금으로 사용하기 위하여 현금이나 예금 등의 유동자산으로 보유한다. 이와 같이 기업의 자금조달과 운용상태를 나타낸 것이 대차대조표인데, 자본과 부채를 합한 금액이 자산총액과 일치하여야 하며, 자본과 부채는 대차대조표상의 오른쪽 즉 대변에 기록되어야 하며 자산은 대차대조표의 왼쪽인 차변에 기록되어야 한다. 다시 말하면, 대변은 자금조달의 원천을 나타내고 차변은 조달된 자금이 어떻게 운영되는지를 보여 주는 것이다.

한국은행에서 발표한 대차대조표를 이용하여 설명하면 다음과 같다.

대차대조표 차변은 총재산을 나타내며 유동자산, 투자와 기타자산, 고정자산 및 이연자산으로 구성되어 있고, 부채와 자본을 나타내주는 대변은 유동부채, 고정부채 및 자기자본으로 구성되어 있다.

〈표 7-1〉은 한국은행 「기업경영분석」에 나타난 우리나라 제조업의 대차대조표이다. 2012년 12월 31일 우리나라 제조업의 총자산은 1,586.3조원으로서 자기자본 789.0조원과 타인자본인 부채 797.2조원으로 구성되어 있음을 알 수 있다. 차변인 자산쪽에서 보면 유동자산이 667.7조원으로 당좌자산(현금 및 현금성자산, 단기투자자산, 매출채권, 기타 당좌자산)과 재고자산(상품 및 반제품, 원재료 기타 재고자산)으로 구성되어 있다. 부채는 유동부채 536.9조원

과 비유동부채 260.3조원으로 구성되어 있고, 자본은 투자자의 자본금 112.2 조원과 잉여금 696.8조원으로 합계 809.0조원으로 되어 있다.

〈표 7-1〉 대차대조표

제 조 업

2012.12.31 현재 (단위: 조원)

차 변		대 변	
유동자산	667.7	유동부채	536.9
당좌자산	499.3	매입채무	158.7
재고자산	168.4	단기차입금	162.8
비유동자산	918.5	유동성장기부채	47.2
투자자산	267.8	기타 유동부채	168.0
유형자산	583.6	비유동부채	260.3
무형자산	32.1	회사채	71.0
기타 고정자산	34.9	장기차입금	124.6
		기타 비유동부채	64.5
		자본	789.0
		자본금	112.2
		잉여금	696.8
자산총계	1,586.3	부채와 자본총계	1,586.3

2) 손익계산서(損益計算書)

손익계산서는 해당기업이 일정기간 동안 영업을 하고 나서 이익이 얼마인지 또는 손실이 얼마나 발생하는지를 나타낸 표이다. 손익계산서를 보고 우리가 파악할 수 있는 또다른 한 가지는 그 손익이 어떤 영업활동에서 발생하였는지를 알 수 있다. 손익의 원천을 분류해 보면, 생산이나 판매의 기업의 고유한 내부적인 영업활동에서 발생한 영업손익, 영업외적인 활동에서 발생한 영업의 손익, 그리고 외내부적인 영업활동을 떠나서 특별히 발생한 특별 손익이 있다. 그리고 맨 마지막으로 법인세를 차감한 당기순이익이 있다.

〈표 7-2〉 손익계산서

제조업 (2012.1.1~2012.12.31)

(단위 : 조원)

항목	금액
매출액	1,750.4
매출원가(-)	1,472.7
매출 총이익	277.7
판매비와 일반관리비(-)	187.9
영업이익	89.9
영업외 수익(+)	76.7
영업외 비용(-)	74.8
경상이익	91.8
특별이익(+)	1.9
특별손실(-)	1.3
법인세 차감전 순이익	91.6
법인세(-)	19.0
당기순이익	72.6

위의 〈표 7-2〉에서 보면 우리나라 제조업계가 2012년 1년 동안 총매출액이 1,750.4조원이고 매출 총비용이 1,472.7조원에서 매출 총이익이 277.7조원이다. 그리고 광고비나 기타 영업사원입금 등의 판매비와 일반관리비를 제외하면 영업이익이 89.9조원이다. 이 영업이익에서 영업외 이익과 영업외 손실 즉 지급이자 등을 제외하면 경상이익이 91.6조원이 된다. 그리고 경상이익에서 고정자산처분 등의 특별이익과 손실을 감안하여 법인세 차감전 순이익이 91.6조원이며 마지막으로 법인세를 차감한 당기순이익이 72.6조원이므로 결과적으로 우리나라 총 제조업체는 순이익을 발생시켰다고 볼 수 있다.

3) 현금흐름표

현금흐름표는 일정기간 동안 해당기업이 조달한 현금의 내역과 조달된 현금이 어떻게 이용되었는가 하는 운용내역을 영업활동, 투자활동 및 재무활동으로 나누어서 표시한 재무제표 중의 하나이다.

〈표 7-3〉 현금흐름표

제조업 (2012. 1.1~2012.12.31)

(단위: 조원)

영업활동으로 인한 현금흐름(+)	96.9
투자활동으로 인한 현금흐름(-)	104.7
재무활동으로 인한 현금흐름(+)	6.2
현금의 증가 (A)	-1.5
기초의 현금 (B)	64
기말의 현금 (A+B)	62.5

위의 〈표 7-3〉에서 나타난 현금흐름표를 보면 우리나라 총제조업에서 2012년에 영업활동(당기순이익)에서 96.9조원의 현금이 유입되었고 주식, 회사채 발행과 금융기관으로부터의 추가 차입으로 인한 재무활동으로부터 6.2조원의 조달되었고 건물, 기계장치 등의 투자활동 및 R&D자금으로 104.7조원이 투자되었다. 기말의 현금잔액은 기초 현금잔액보다 -1.5조원 감소하여 62.5조원이 되었다.

4) 제조원가명세서

제조원가명세서는 일정기간 동안 해당기업이 어떤 물건을 만드는 데 들어간 비용을 재료비, 노무비 및 경비로 나누어 정리한 제무제표의 일종이다. 해당기업이 어떤 제품을 만드는 데 들어간 비용을 부분별로 분석할 수 있도록 만든 표이다.

제조원가명세서인 〈표 7-4〉에서 보면 해당 우리나라 제조업체가 1년 동안 물건을 만드는 데 총 들어간 비용 중 재료비가 952.5조원이고 인건비가 83.1조원, 기타 전기, 가스 비용인 에너지 비용이 280.6조원이 소요되었고, 여기에 연초에 제조공정에는 들어갔으나 완제품으로 완성되지 않은 제품 즉 반제품 33.6조원은 더해지고 연말에 남은 재공품은 제조원가에서 차감되어야 하고 재공품을 자가 소비한 타계정 대체액 29.8조원 또한 차감되어야 된다.

〈표 7-4〉 제조원가명세서

제조업 (2012.1.1~2012.12.31)

(단위 : 조원)

당 기 총 제 조 비 용	1,316.4
재료비	952.5
노무비	83.1
경 비	280.6
기초 재공품(+)	33.6
기말 재공품(-)	31.4
타계정대체액(-)	29.8
당기 제품제조원가	1,288.7

5) 기업의 경영상태분석

대차대조표, 손익계산서 또는 제조원가명세서 등의 재무제표만 겉으로 보아서는 기업의 경영상태를 파악하기가 힘들다. 이러한 재무제표를 이용하여 기업의 수익성, 안정성 및 성장성을 파악해야만 한다.

① 수익성

기업이 추구하는 최적목표는 이윤추구에 있으므로 기업의 이윤 즉 수익성은 매우 중요한 개념이다. 이러한 수익성을 파악하기 위하여 매출액 영업이익률(영업이익/매출액), 매출액 경상이익률(경상이익/매출액) 또는 영업이나 경상이익의 총자산에 대한 비율을 나타내는 총자산 영업이익률(영업이익/총재산) 및 총자산 경상이익률(경상이익/총자산) 등이 이용되고 있다.

1980년대 이후 우리나라 제조업의 매출액 영업이익률은 7% 이상 수준을 나타냈었는데 1988년 이후에는 노동조합결성으로 인한 임금인상 등으로 인하여 이익률이 하락하게 되었다. 매출액 경상이익률은 기업의 차입금리에 의하여 상당한 영향을 받으므로 1990년 이후 증가하였다가 2000년에 접어들면서 다시 하락하였다. 우리나라의 매출액 영업이익률은 외국과 비교하여 다소 높은 편이나 우리나라 기업의 타인자본에 의한 부채의존도가 높기 때문에 매출액 경상이익률은 외국과 비교하여 낮아지고 있다.

② 안정성

우리나라가 IMF관리체제하에 있을 때 경제학자들은 외환보유고 부족이 직접적인 계기가 되었고 경제의 Fundamental은 튼튼하였다고 하지만, 이러한 주장은 어불성설이라고 할 수 있다. 왜냐하면 외환보유고 부족 자체가 경제의 funda-mental이 취약하기 때문에 오기 때문이다. 여기에서 말하는 경제의 fundamental 취약은 다시 말하면 기업의 안정성이 취약하다는 말과 일맥상통한다고 볼 수 있다. 기업의 안정성은 어디에서 오냐하면 국내부채건 해외부채건 부채가 적어야 한다.

〈표 7-5〉 주요 재무비율의 산식

구분	비 율	산 식	의 미
수익성	매출액 영업이익률	(영업이익/매출액)*100	매출총이익에서 판매비와 일반관리비를 제외한 영업이익과 매출액의 비율
	매출액 경상이익률	(경상이익/매출액)*100	영업 이외의 외부적인 요인에서 발생한 경상이익과 매출액의 비율. 다시 말하면 영업활동과 재무활동에서 발생한 경영성과 지표.
	총자산 경상이익률	(경상이익/총자산)*100 = (경상이익/매출액)*(매출액/총자산)*100	총자산 운용의 효율성을 나타내는 지표
안정성	자기자본비율	(자기자본/총자본)*100	자기자본과 타인자본을 합한 총자본과 자기자본의 비율을 나타내는 지표로써 기업의 안정성을 나타내는 대표적인 지표
	유동비율	(유동자산/유동부채)*100	단기부채에 대한 단기상환능력을 나타내주는 대표적인 기업의 유동성지표
	고정비율	$\frac{\text{고정자산 + 투자와 기타자산}}{\text{자기자본}}$ *100	기업의 안정성을 위하여 가급적이면 고정자산을 적게 갖고 있는 것이 유리하다.
성장성	매출액증가율	$\frac{\text{당기매출액}}{\text{전기매출액}}$ *100 − 100	시장성장률에 대비하여 자기기업의 시장점유율이 얼마나 되는지를 판단하는 대표적인 지표
	총자산증가율	$\frac{\text{당기말총자산}}{\text{전기말총자산}}$ *100 − 100	전에 비하여 현재 해당회사의 운용, 투자 총자산이 얼마나 증가하였는지를 나타내주는 판단지표

그러나 중화학공업 같은 막대한 설비자금을 필요로 하는 기업은 자기자본 조달로는 불가능하기 때문에 외부에서 차입을 하여야 되는데 이때는 1년 미만의 단기차입보다는 1년 이상의 장기차입금을 빌려와야 기업의 안정성 측면에서 유리하다고 할 수 있다. 이와 같은 중화학공업의 업종은 고정부채를 감안한 비율인 고정장기 적합률[(고정자산 + 투자와 기타자산)/(자기자본 + 고정부채)]을 고정비율 지표로 사용하고 있다.

2012년 말 현재 우리나라 제조업체 고정비율은 147.6%로 자기자본의 1.4배를 초과하고 있으며 이러한 수치는 표준치 100%를 크게 상회하고 있으며 미국, 일본에 비하여 높은 수준이다. 반면에 고정장기 적합률은 112%로 비교적 양호한 편이지만 미국, 일본, 대만에 비해서는 아직 낮은 수준이라고 할 수 있다.

③ **성장성**

기업의 수익성, 안정성도 물론 중요하지만, 장래성 즉 성장성 또한 중요하다. BCG(Boston consulting Group)의 기업 portfolio 분석방법에서 사용한 기업의 성장성과 시장점유율의 상관관계에서도 나타나듯이 시장의 성장률과 자기기업의 성장률을 어떻게 match시키느냐가 기업의 사활이 걸려 있다고 할 수 있다. 시장자체는 성장하고 있는데 자기 기업은 성장하고 있지 못하다면 결국 장래에 경쟁기업에서 도태된다고 보아야 한다.

이러한 기업의 성장성을 나타내는 지표로는 총자산 증가율과 매출액 증가율이 사용되고 있으며, 총자산 증가율과 매출액 증가율은 높을수록 좋으며 시장성장률이 높아질수록 자기회사가 시장에서 차지하는 시장점유율을 높여야 성장성이 증대되는 것이다. 2000년대에 접어들어 우리나라 기업의 매출액 증가율과 총자산 증가율은 계속 증가하고 있다.

03 채권시장(債券市場)

1. 채권의 개념

앞에서도 설명한 바와 같이 증권시장은 다시 주식시장과 채권시장으로 나누어진다. 앞에서 주식시장에 대하여는 앞에서 설명되었고 이번에는 채권시장에 대하여 설명하기로 하자. 주식시장에서 주식을 발행하는 이유는 주식회사 설립 시 자본금을 마련하기 위하여 주주들에게 주식을 발행 판매하여 자본금을 마련하는 반면, 채권이란 정부나 지방자치제 기업 등이 원금과 이자지급을 약속하고 만기일, 액면가, 표면금리를 명시한 유가증권으로써 주식과 같이 일반투자자들에게 판매하여 자금을 확보하는 방안이다.

쉽게 이야기하면 정부나 공공단체에서 원금과 이자를 보장하며 채권을 팔아서 공공사업에 필요한 자금을 마련하는 것이다. 채권을 발행하여 판 정부나 공공단체는 나중에 원금과 정해진 날짜에 이자를 지급하여야 되기 때문에 채무자가 되며 채권을 구입한 단체나 개인은 채권자가 되는 것이다.

주식과 채권이 다른 점은 주식은 원금보장이라는 개념이 없다. 다시 말하면 주식발행 시의 액면가를 보장한다는 조건이 없는 반면, 채권은 원금보장은 물론 이자까지 보장받는다.

주식은 투자측면에서 보면 원금보장이 되지 않으므로 위험성이 큰 반면 보상이 크게 나타날 수 있고, 채권은 위험성이 없는 반면에 돌아오는 보상효과가 주식만큼 크게 나타나지 않는다. 투자자 측면에서 볼 때 위험성을 감수하고 더 큰 보상을 원하는 개인이나 단체는 주식에 투자하고, 안정성 있게 투자를 원하는 개인이나 단체는 채권을 매입하는 투자를 할 것이다.

2. 채권의 종류

채권의 종류에는 국채, 지방채, 금융채, 회사채 등이 있다. 국채는 정부가 공공사업에 필요한 자금을 마련하기 위하여 발행하는 채권을 말하고, 지방채는 지방자치단체 또는 공공단체에서 발행하는 채권으로 각 시에서 발행하는 지하철 채권, 상수도 공채, 도로공채 등이 있다. 공채(公債)라고 하는 것은 금융채, 회사채와는 구별하기 위해서 국채와 지방채와 같이 공공사업에 필요한 자금마련을 위한 채권이라는 뜻에서 국채(國債)와 지방채(地方債)를 가리킨다.

금융채(金融債)란 금융기관이 재원 마련을 위해서 발행하는 채권으로써 이자를 중간에 받지 않고 만기가 도래됐을 때 한꺼번에 원리금을 받는 복리채가 있으며 만기 때 이자를 제외하고 할인해 파는 할인채가 있다.

다음에는 우리가 가장 많이 접하는 회사채(會社債)가 있다. 회사채란 기업이 자금마련을 위하여 일시적으로 투자자에게 이자를 지급하면서 장기적으로 돈을 빌리는 것이다. 회사에서 사업자금 마련을 위한 방법에는 대체로 두 가지의 방법이 있다. 첫 번째 방법은 증자를 통한 방법이다. 증자를 통한 방법은 앞의 주식시장에서 대략 설명하였으므로 생략하기로 하고, 여기서는 회사채 발행에 의한 자금마련에 대하여 설명하기로 한다.

기업들이 회사채를 발행하기 위해서는 보증보험이나 증권회사 등으로부터 지급보증을 받아야 한다. 이러한 지급보증을 받은 회사채를 보증회사채라고 하고, 지급보증이 없이 발행되는 회사채를 무보증회사채라고 하며 보증회사채보다 위험성이 크기 때문에 일반투자자들이 매입을 꺼려한다.

3. 채권매매 방법

채권이 사고 팔리는 방법도 주식이 주식시장에서 사고 팔리는 방법과 같다. 주식에도 상장회사의 주식이 있고 비상장회사의 주식이 있는 것과 마찬가지로 회사채와 같은 채권도 상장회사 채권이 있고 비상장회사 채권이 있다. 상장회사 채권은 장내시장인 증권거래소를 통하여 매매가 이루어지고 비상장회사 채권은 장외시장인 은행과 투자신탁회사 등을 통하여 매매가 이루어진다.

모든 채권에는 액면가, 이자율, 만기가 명시되어 있다. 다시 말하면 액면가 얼마에 연 이자율 몇 퍼센트 5년 또는 10년 만기식으로 표시되어 있으며, 액면가와 이자율은 확정되어 있으며 만기일 이전에는 채권을 할인하여 팔 수가 있다. 어음을 만기일 이전에 할인하여 팔듯이 같은 이치인 것이다.

채권의 한 종류로써 경제신문에 주로 나타나는 채권에 대한 용어로 전환사채(CB : Convertible Bond)라는 것이 있는데, 전환사채란 처음에는 투자자가 회사채로 매입하였다가 일정기간(3개월)이 지나면 그 회사의 주식으로 전환될 수 있는 회사채를 말한다. 투자자는 처음에 회사채로 매입하였다가 일정기간이 지나서 주식으로 전환하지 않아도 되며 일정기간이 지난 다음에 주식으로 전환시킬 수 있기 때문에 투자자의 입장에서는 처음에 주식으로 매입하는 경우보다는 위험성을 줄일 수 있으므로 매력 있는 투자상품의 하나라고 할 수 있다.

왜냐하면, 투자자가 처음에 회사채로 구입하였다가 그 회사의 경영상태가 안좋아서 일정기간이 지나서도 주식가격이 오르지 않고 내려간 상태이거나 중간상태 즉 보합시세 상태이면 주식으로 전환하지 않고 그냥 보유하고 있다가 만기일에 이자와 더불어 원금을 돌려받으면 되기 때문이다. 이러한 이유로 전환사채는 투자자에게도 매력이 있지만 전환사채를 발행하는 기업자체도 유리한 점이 있다. 왜냐하면 투자자에게 이러한 유리한 전환 선택권을 주는 대신 기업은 전환사채의 이자율을 일반회사채보다 낮게 책정하여 발행하기 때문에 회사입장에서 보면 회사채에 대한 이자부담이 경감되고 투자자가 일정기간이 지나서 회사채를 주식으로 전환한다고 치더라도 주식은 회사입장에서 보면 자본금의 일종이므로 원리금상환에 대한 부담감이 없으므로 회사 입장에서도 유리한 자금조달방법인 것이다. 회계측면에서도 전환사채인 상태는 회사의 부채가 되지만, 투자자들이 일단 주식으로 전환하면 그 자금은 부채에서 자본금으로 바뀌는 것이다.

다음에는 환매조건부채권(repurchase agreement)에 대하여 알아보기로 하자. 환매조건부채권이란 증권사가 보유하고 있는 채권을 일정기간이 지난 뒤 되사는 조건으로 판 뒤 만기 때 고객에게 원금과 이자를 주는 상품이다. 이때 실제로 채권을 주고받는 것이 아니라 예금처럼 통장에만 표시된다. 3개월 가량의 여유자금을 운용하기에 가장 적합한 단기고수익 상품이다.

투자자의 자격은 개인, 법인 모두 매입할 수 있고 대개 1만원 이상이면 투자할 수 있고 투자기간은 1일부터 1백일까지 여러 종류가 있으며, 타인에게 양도는 할 수 없지만 중도환매는 가능한 상품이다. 예를 들어 만기 100일짜리 환매조건부채권을 산 뒤 50일이 지나서 다시 팔 수 있지만, 만기 전에 팔면 이자율이 대폭 깎이게 된다. 환매조건부채권에는 국채, 지방채, 금융채, 회사채 모두 해당된다. 이 중에서 국채, 지방채, 금융채 등은 국가나 지방자치단체에서 발행되기 때문에 지급불능사태가 오지 않지만, 회사채의 환매조건부채권일 경우 발행회사가 부도가 나더라도 증권회사가 백퍼센트 원금과 이자를 보장해 준다.

환매조건부채권의 수익률은 증권사마다 조금씩 차이가 있다.

이러한 환매조건부채권은 금리를 조절하기 위해서 사용된다. 만약에 금리가 너무 올라서 금리를 내리려고 할 때 한국은행은 환매조건부채권을 사들이면 채권유통시장에서 보면 이 채권의 공급초과분을 흡수할 수 있기 때문에 채권시장의 수급조절을 하여 금리를 낮출 수가 있는 것이다. 왜냐하면 채권유통시장에서 채권을 팔려고 하는 사람이 사려고 하는 사람보다 많게 되면 채권금리는 올라가는 것이다. 이러한 연유로 인하여 금리를 낮추기 위하여 한국은행에서 환매조건부채권의 매입을 통하여 시중에 자금을 방출함으로써 금리를 내릴 수가 있다. 그러나 이러한 이론에도 불구하고 한국은행이 환매조건부채권을 대량 매입하여도 이자율이 내려가지 않는 경우도 있다.

또 한 가지 다른 채권의 종류로써 외평채(외국환평형기금채권)란 것이 있다. 이러한 미달러로 표시된 외평채를 발행하는 이유는 미달러로 표시된 외평채를 팔아서 미달러로 자금을 확보하고자 할 때 이용하는 방법이다.

외평채도 비실명채권의 일종으로써 비실명채권은 채권 보유기간뿐만 아니라 만기 후 상속·증여 시에도 국세청의 자금출처가 면제되기 때문에 재력 있는 투자자들의 관심상품이 될 수 있다. 또한 외평채의 매력은 채권금액이 원화가 아니고 달러로 표시되어 있으므로 외국투자자들이 상대적으로 가치가 안정된 달러로 표시된 채권을 선호하므로 내국인은 물론 외국투자자들에게도 팔 수 있으므로 외환보유고 확충방안의 일환이라고 볼 수 있다.

4. 채권수익률

다음에는 채권의 할인발행에 대하여 알아보면 채권은 일반적으로 액면가보다는 약간 낮은 금액으로 발행되어 매매가 이루어지는데, 예를 들어 액면가는 2만원인데 발행가는 18,000원만 지급하면 된다. 이렇게 이율이 표시된 할인채를 산 투자자는 액면가와 발행가의 차이에 해당하는 채권발행가에 대한 이자를 받는다. 채권수익률이란 이러한 이자의 합계가 발행가의 몇 퍼센트가 되는지를 나타낸 것이다.

$$\text{할인발행 채권수익률} = \frac{[(\text{채권액면가} - \text{채권발행가}) + (\text{채권발행가의 이자})]}{\text{채권발행가}}$$

위에서 설명한 할인발행 채권수익률은 일반적인 채권수익률과는 약간 개념이 다르다. 일반적인 채권수익률에 대하여는 뒤에서 설명하기로 하자.

채권수익률(債券收益率)은 일반투자자가 채권을 매입한 시점에서 만기까지 얻게 되는 현금흐름의 현재가치와 채권의 시장가격을 일치시켜주는 할인율을 말하며 채권수익률(債券收益率)은 시장금리 지표 중의 하나로 사용되고 있다.

일반투자자가 채권을 매입하여 만기까지 지급받는 이자와 원금을 합한 금액을 현금의 미래가치라고 말하면 어떤 할인율을 적용하여 미래가치를 현재가치로 환산할 수 있다. 채권의 미래가치를 현재가치로 환산하는 공식은 다음과 같다.

$$Bp = \frac{I}{(1+r)} \quad \frac{I}{(1+r)^2} \quad \frac{I}{(1+r)^3} \quad \cdots\cdots\cdots\cdots\cdots \quad \frac{I+M}{(1+r)^n}$$

Bp : 채권의 현재 구입가격(Bond Price)
I : 매기의 지급받는 이자액(Interest rate)
M : 액면금액
r : 할인율

예를 들어, 액면 금액 1만원 채권금리 연 10% 만기 2년짜리의 채권을 현재 9,500원에 매입하였을 경우 채권수익률을 위의 공식에 의하여 계산해 보면

$$9{,}500 = \frac{1{,}000}{(1+r)} + \frac{10{,}000 + 1{,}000}{(1+r)^2}$$

위의 식에서 r의 값을 구해보면 r = 0.13 정도가 나온다. 만약 9,800원에 구입했다고 한다면 r = 0.11 정도가 나오므로 현재 구입가격이 높을수록 채권의 미래가치의 할인율은 줄어드는 것이다. 여기에서 알 수 있는 것은 채권수익률과 채권가격은 서로 역관계에 있다. 다시 말하면, 채권을 액면가보다 싸게 살수록 채권수익률은 높다는 것을 의미한다.

위에서 설명했듯이 채권수익률은 채권현재가격, 채권의 표면이자율, 만기

기간 또는 어느 회사가 발행했는가에 따라 달라질 수 있고, 거시적인 요인에서 보면 채권유통시장의 수급상태 또는 경기상태, 금융당국의 금융정책 방향에 따라 달라질 수 있다. 채권의 수익률과 채권의 구입가격을 비교하여 정리하면 다음과 같다.

〈표 7-6〉 채권구입가격(현재구입가격)과 채권수익률의 비교

채권수익률(연%)	채권구입가격(현재가격)
5%	10,930
10%	10,000
15%	9,187
20%	8,472
25%	7,840
30%	7,278

예를 들어, 경기상황이 불경기라서 기업들의 자금수요가 늘어날 경우 기업들이 회사채를 발행하여 자금조달을 한다고 한다면 채권유통시장에 채권의 공급이 수요에 비하여 많이 공급되므로 채권가격은 떨어지게 되어 있다. 채권가격이 떨어지면 채권수익률이 올라간 것을 의미하고, 경기가 불황이 되면 채권수익률은 상승한다는 것을 의미한다.

위에서 설명한 경기불황이 채권수익률을 상승시키는 현상은 일반적인 경우가 아니고 대체로 경기호황이 채권수익률을 상승시키는데 그 과정은 다음과 같다. 이 경우에는 경기가 상승곡면에 접어들면 기업은 투자, 판매를 위하여 자금수요가 늘어난다. 이 경우 기업이 회사채 즉 채권을 너무 많이 발행하면 채권유통시장에 공급이 수요에 비하여 많이 생기게 되므로 채권가격이 하락하고 채권수익률이 상승하므로 시중 이자율은 상승하게 된다. 즉 채권가격은 시중 이자율하고도 역관계에 있다.

채권수익률이 상승하는 경우는 호경기의 상승국면에서도 나타날 수 있고 경기가 불황에서도 나타날 수 있다.

이번에는 경제신문 기사를 인용하여 채권수익률과 채권가격 시장이자율의 상관관계를 알아보기로 하자.

社債수익률 첫 한자릿수

롯데쇼핑 연 9.95%로 450억 발행 신고

금리하락 가속화 예고

회사채 수익률 한자릿수 시대가 열렸다.

14일 증권감독원은 비상장사인 롯데쇼핑이 수익률 9.95%로 4백50억원어치의 회사채를 발행하겠다는 회사채발행신고서를 제출했다고 밝혔다.

납입일은 오는 23일이며 2년만기다. 국내기업의 회사채 금리가 한자릿수를 나타낸 것은 롯데쇼핑이 처음이다. 이는 최근의 회사채 수익률 10.2~10.3%보다 0.2%포인트 이상 낮은 수준이다.

주간사를 맡은 신한증권 관계자는 "납입일 전에 발행수익률이 다소 조정될 여지도 있으나 롯데쇼핑의 신용등급이 AA+인데다 최근 회사채수익률이 사상 최저치로 떨어지면서 한자릿수 금리로 회사채 발행이 가능하게 됐다"고 말했다.

증권전문가들은 롯데쇼핑이 한자릿수 금리로 회사채를 발행함에 따라 채권시장에서 금리하향추세가 더욱 가속화될 것으로 분석하고 있다. 최근 금융시장에서는 여유자금이 우량회사채 쪽으로 몰리면서 금리가 급속히 낮아지는 추세를 보이고 있다.

박영태 기자 pyt@

[그림 7-4] 한국경제신문(2000.10.15)

위의 경제신문 기사가 강조하고 있는 것은 우리나라 경제사상 처음으로 롯데쇼핑 사채(社債)수익률이 연 9.95%로 한자릿수 금리로 회사채 발행이 가능하게 됐다고 설명하고 있다. 앞에서 설명한 바와 같이 채권수익률이 하락한다는 것은 회사채 금리도 떨어지며 아울러 시중금리도 하락한다는 것을 의미하여 회사채 가격은 올라갈 것이므로 현재 매입하면 상당한 투자이익을 보게 될 것이다.

위의 기사에서도 설명한 바와 같이 롯데쇼핑의 신용등급이 AA+이기 때문에 채권의 원리금(元利金) 지급에 따르는 위험도가 낮고 채권의 만기가 짧기 때문에 이와 같이 회사채 수익률을 한 자리 숫자로 낮춰서 발행할 수 있는 것이다. 그러므로 투자자는 지금 롯데쇼핑 회사채를 매입하면 계속적인 금리하락이 예상되므로 투자 이익을 보게 될 것이다.

우리나라에서는 한국증권거래소에서 1972년부터 공채, 회사채 및 특수채의 채권수익률을 장내거래 기준으로 매월 작성 발표하고 있으며, 1993년 5월부터는 한국증권업협회에서 장외시장에서 거래되는 채권을 기준으로 매월 공시수익률을 발표한다. 지금까지는 국채 평균수익률이 회사채 수익률보다는 약간 낮게 나타나고 있다. 다시 말하면 국채 평균가격이 회사채 평균가격보다 비교적 높다는 것을 나타내는데, 국채 평균가격이 더 높은 이유는 국채는 회사채보다 원리금 지급에 따르는 위험도가 낮기 때문에 가격차가 난다고 볼 수 있다.

04 선물시장(先物市場)

제2절에서 주식시장에 관하여 살펴보았다. 그 중에 한국종합주가지수에 관하여 살펴보았고 뒤편에서 KOSPI 200에 관하여 설명하였다. KOSPI 200이란 앞에서도 설명했듯이, 우리나라 주식시장에 상장된 전 종목에 걸쳐 시가총액이 시장 전체의 70%를 차지하는 우량주 200종목의 시가를 한데 묶어 만들어낸 주가지수를 뜻한다. "KOSPI 200"은 '선물주가지수', '주가지수선물'이라고도 불린다. 그러면 여기서 말하는 선물주가지수란 무엇인지 설명하면 다음과 같다.

우선, 선물주가지수를 설명하려면 첫째로 선물의 개념이 무엇인지 알아야 한다. 선물(先物)이란 개념은 현물(現物)의 반대되는 개념으로써 쓰이는 용어인데 쉽게 예를 들어 설명하면 다음과 같다. 흔히 농촌에서 이루어지고 있는 일인데, 어떤 상인이 배추밭을 발떼기로 미리 봄에 매입하는 경우가 있다. 만약 가을에 어느 상인이 그 자리에서 배추가격을 현시세대로 지불하고 배추를 샀다고 한다면 이는 현물(現物)거래라고 한다. 그러나 이와는 반대로 어느 상인이 가을에 수확되는 배추를 미리 봄에 계약금만 지불하고 어느 가격에 매매계약을 맺었다고 한다면 이는 현물(現物)거래가 아닌 선물(先物)거래라고 할 수 있다. 이때 배추는 가을에 농부로부터 넘겨받기로 하고 대금지불도 물품 인수와 동시에 지불하지만 지불가격은 미리 매매계약 시 결정된 가격으로 지불하는 것이다.

다시 말하면, 상인과 농부 사이에 봄에 체결된 가격이 배추 1포기당 600원에 체결하고 물품을 인도 받을 가을에 배추 1포기당 시세가 800원이라고 한다면 상인은 1포기당 200원(800 − 600)의 이익을 남기게 되는 것이고 농부는 1포기당 200원의 손해를 보는 결과가 된다. 이와 같이 선물시장에서는 돈을 번 사람과 손해 본 사람의 액수가 일치하게 되어 있다. 어느 한 사람이 선물시장에서 돈을 벌었다는 것은 어느 누군가는 같은 액수의 돈을 잃었다는 것을 의미하며, 우리는 이러한 게임을 제로 섬(zero sum) 게임이라고 한다.

이와 같은 선물거래는 개개인뿐만 아니라 기업차원에서도 이루어지고 있다. 어떤 개인이나 기업도 이와 같이 미래시점의 가격을 예측하여 일정한 가격으로 미리 물품을 확보해 놓으므로써 미래의 불안정한 수급 변화에 대처하고 가격변화에 따른 손실을 막고자 이와 같이 선물거래가 이루어지고 있다.

이와 같이 선물거래의 대상은 농산품 이외에도 원유, 원자재 등의 실체적인 물건일 수도 있고, 추상적인 통화, 금리, 주식, 주가지수(KOSPI 200) 등일 수도 있다. 우리나라도 원유나 원자재를 외국에서 수입하여 오고 있기 때문에 물품확보와 가격급등에 따른 손실을 막고자 선물거래를 주로 하고 있는 실정이다. 우리가 주식시장에서 얘기하고 있는 선물이란 다름 아닌 '주가지수선물'을 말한다.

1. 주가지수선물(株價指數先物)

주가지수선물거래란 주가지수를 매매대상으로 하는 선물거래를 말하며, 주가지수선물 1단위당 거래금액이 표준적으로 정하여 있으며, 다른 거래와는 달리 최종결제 시에 실물의 실질거래가 없이 현금결제가 이루어지는 거래를 말한다. 우리나라도 이와 같이 주식투자가 날로 증대하고 주가변동의 위험성을 방지하고자 주가지수선물거래를 도입하게 되었다.

현재 한국증권거래소에서는 주가지수선물로서 한국주가지수200(KOSPI 200)을 산출, 발표하고 있다. KOSPI 200은 한국증권거래소가 1992년, 93년 중 거래금액이 큰 종목 200개를 선정하여 시가총액식으로 산정하고 있다. 이와 같이 일반 종합주가지수 KOSPI와 KOSPI 200의 주가지수가 서로 다른 것은 선정 품목수가 다르며, 기준연도가 다르기 때문이다.

KOSPI는 상장품목 전체를 선정하는 반면 KOSPI 200은 거래금액이 큰 200개 종목만을 채택하여 주가지수를 산출하기 때문이다. 반면에 KOSPI는 주가지수 산출 시 기준연도가 1980년 1월 4일인데 비하여 KOSPI 200은 기준연도가 1990년

1월 3일을 기준으로 하고 있다. 이와 같은 두 가지 차이점 때문에 KOSPI 주가지수와 KOSPI 200 주가지수는 수치가 서로 다르게 나타나게 된다. 그러나 수치의 차이는 있지만 움직이는 방향은 서로 비슷하게 움직이고 있다.

KOSPI 200의 거래 단위는 1단위당 50만원으로 되어 있고, 거래 최장기간은 1년, 결제월은 3, 6, 9, 12월물로 하여 거래되고 있으며, 우리나라는 1999년 4월 23일 부산에 한국선물거래소가 정식 개설되어 미국 달러 선물과 옵션, CD금리선물, 금선물 등이 이곳에서 거래되고 있다.

끝으로 주가지수선물(株價指數先物)은 스탠다드, 푸어종합지수(Standard & poor's composite), 뉴욕증권거래소 종합지수와 같이 여러 회사의 주식을 가중평균(加重平均)하여 산출한 종합주가지수(綜合株價指數)를 매매하는 선물거래이다.

선 물

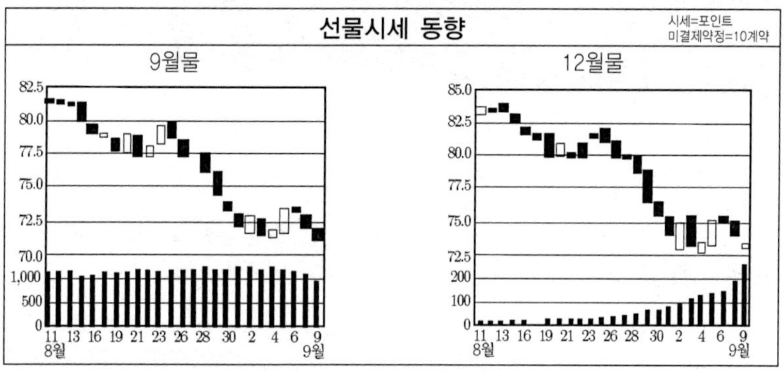

〈주가지수선물 시세표〉

(9일)
(단위: 포인트, 계약)

종목	시가	고가	저가	종가	전일대비	거래량	미결제 약정
KOSPI 200	72.250	72.250	71.560	71.74	−0.91	−	−
2007년 9월물	71.900	72.250	71.050	71.15	−0.85	12,581	97,120
2007년 12월물	73.250	74.050	72.850	73.05	−0.95	1,935	25,980
2008년 3월물	−	−	−	76.50	−	−	−
2008년 6월물	−	−	−	79.10	−	−	−

[그림 7−5] KOSPI 200 시세동향

[그림 7-5]는 선물시세 동향과 주가지수 선물시세표를 나타내고 있다. 먼저 선물시세 동향을 보면 9월물 선물시세 거래량은 거의 변화가 없는데도 불구하고 계속 하락세를 보이고 있다. 이러한 현상은 9월말 선물시세가 오르리라고 예상하고 9월물 선물을 사들인 사람은 9월말 만기를 앞두고 불리하게 분위기가 조성되고 있다고 할 수 있다. 그러나 반대로 9월말 선물을 매도하기로 한 사람은 KOSPI 200의 주가지수 포인트가 내려가므로 인하여 투자이익을 보게 되는 것이다. 12월물도 보면 계약거래량은 계속 늘어나고 있지만 KOSPI 200의 시세는 계속 하락하고 있으므로 투자자의 입장에서 보면 9월물과 똑같은 현상이 발생한다고 보면 된다.

주가지수 선물시세표에서 보면 2007년 3월물과 6월물은 이미 결제가 끝난 상태이고, 2007년 9월물과 12월물의 시세만 나와 있다. 주가지수 선물시세표에서 '미결제 약정'이란 용어가 나오는데 이 용어는 매매계약은 체결되었지만 결제는 아직 이루어지지 않은 선물계약을 나타내며 10계약 단위로 표시되어 있으므로 2007년 9월물은 미결제약정이 97,120계약이고 2007년 12월물의 미결제 약정은 25,980계약이다.

2. 주가지수옵션(株價指數 option)

이와 같이 증권시장에서의 선물시장은 주가지수선물거래와 주가지수옵션거래로 크게 두 거래로 분류된다. 주가지수선물에 대하여는 앞에서 설명하였고, 이번에는 주가지수옵션거래에 대하여 설명해 보자. 원래 옵션(option)이란 일정기간 내에 미리 정해진 가격으로 상품이나 유가증권과 같은 특정자산을 사거나 팔 수 있는 권리(權利) 즉 선택권을 가지되, 의무를 지지 않는 계약을 말한다.

이러한 옵션거래가 생겨난 이유는 주가지수선물거래와 마찬가지로 환율이나 금리 등의 등락폭이 커지거나 또는 주가지수가 변동폭이 심한 것에 대처하기 위해서 생겨난 방안의 하나다. 주가지수옵션거래는 주가지수선물거래와 마찬가지로 KOSPI 200을 근거로 하고 있으며 주가 변동폭의 위험을 계약 시 지불한 금액(PREMIUM)에 한정한다는 것이 특징이라 할 수 있다. 이와 같이 옵션 매입자는 자기에게 유리한 경우에는 그 권리를 행사하나, 불리한 경우에는 그 권리를 포기할 수 있으며, 옵션 매도자는 매입자가 권리를 행사하면 반드시 이에 응해야 할 의무를 지게 된다.

옵션(option)은 옵션 매도자가 옵션 매입자에게 일정한 자산, 즉 실제 물건인 APT나 상가건물 등의 실체적인 물품이나 주가지수 같이 실체가 아닌 물건에 대하여 미리 매매계약 체결 시 결정된 권리행사가격(權利行使價格)으로 매도, 매입할 수 있는 권리를 선택적으로 부여하는 계약을 말하며, 예를 들어 설명하면 다음과 같다.

안희배 교수가 APT재개발지역에서 APT를 구입하기 위하여 재개발지역의 입주권을 갖고 있는 사람에게 입주권(우리가 흔히 말하는 입주권 딱지)을 2천만에 샀다가 입주시기에 APT 가격이 입주권을 살 당시 가격보다 많이 오르면 입주권 가격을 제외한 금액만큼만 더 지불하고 구입하면 되고, 만약 입주 당시에 APT 가격이 현저하게 하락하면 입주권 구입가격 2천만원만 손해보고 APT를 구입할 수 있는 권리를 포기하는 것을 말한다. 이와 같이 매입자는 일정한 입주권 구입가격(권리행사가격)을 사용하여 APT를 구입할 수도 있고 APT 가격이 입주 당시 현저하게 하락하면 프리미엄(premium) 즉 입주권 딱지가격만 포기하면 되는 것이다.

이와 같이 옵션거래는 미래가치를 예측하여 자기예상대로 맞았을 경우에는 큰 이익이 발생될 수 있고 예상대로 되지 않았을 때에는 약간의 손해(premium)만 입으면 되므로, 우리가 흔히 말하는 보험제도의 성격인 것이다. 옵션거래는 위에서 설명했듯이 실제적인 물건이나 실체가 아닌 무형자산인 주가지수에 관해서도 거래가 이루어질 수 있다. 이때 주가지수옵션거래도 주가지수선물거래 때와 마찬가지로 KOSPI 200을 기준으로 하고 있다.

구체적인 수치를 예를 들어 설명하면 다음과 같다. 주가지수옵션거래에는 두 가지 방법이 있는데, 하나는 콜옵션(call option)이고 다른 하나는 풋옵션(put option)이다. 이에 대한 구체적인 설명은 뒤로 하기로 하고 수치를 정하여 설명하기로 한다. 안희배 교수가 KOSPI 200 주가지수를 근거로 하여 앞으로 KOSPI 200 주가지수가 오를 것을 예상하여 KOSPI 200에 대하여 앞으로 옵션거래를 할 수 있다. 만약 현재 KOSPI 200의 주가지수가 130포인트라고 한다면, 안희배 교수는 현재로부터 1달 뒤에 KOSPI 200의 주가지수가 현재의 130포인트보다 오를 것으로 예상하여 1달 뒤에도 현재와 같은 130포인트로 KOSPI 200을 살 수 있는 권리(권리행사가격)를 갖기 위해 주가지수 20포인트를 프리미엄 주고 샀다고 가정하였을 때 안희배 교수는 KOSPI 200을 현재 시가인 130포인트에 사기 위하여 200만원(20포인트 × 10만원)을 프리미엄으로 지불하게 되는 것이다.

주가지수옵션에서 1포인트당 거래단위가격은 10만원이기 때문이다. 보험제도에서 예를 들어 설명하면, 안희배 교수는 1년 동안 자동차보험료를 200만원 지불했다고 보면 된다. 만약 사고가 나서 사고피해액 금액이 200만원 이상 나오면 그 차액만큼 이익을 보게 되는 것이고, 만약 사고가 1년 동안 나지 않았다면 1년 동안 자동차보험료 납부금액 200만원만 손해 보면 되는 것이다. 이때 만약 1달 뒤에 KOSPI 200의 지수가 180포인트가 되었다면 50포인트(180포인트−130포인트)만큼의 이익을 보게 되는 것이다. 주가지수옵션거래 시 1포인트당 거래금액이 10만원이므로 실제로 총이익금은 5백만원(50포인트 × 10만원)이 되는 것이다. 결과적으로 안희배 교수는 KOSPI 200을 130포인트에 살 수 있는 권리를 행사하여 옵션비용 2백만원을 제외하고도 3백만원(5백만원 − 2백만원)의 이익을 얻게 되는 것이다. 이때 만약 1달 뒤에 KOSPI 200의 주가지수가 130포인트 이하로 내려가게 되면 옵션비용 2백만원만 손해 보면 되는 것이다.

이와 같이 매입자가 KOSPI 200의 주가지수를 일정한 가격에 살 수 있는 권리를 콜옵션(call option)이라고 하며, 반대로 매입자가 KOSPI 200이 미래에 하락할 것으로 예상하면 일정한 프리미엄을 지불하고 KOSPI 200을 팔 수 있는 권리가 있는데 이를 풋옵션(put option)이라고 한다.

풋옵션(put option)에 관하여 구체적인 수치를 사용하여 설명하면 다음과 같다. 만약 안희배 교수가 1달 뒤에 KOSPI 200이 하락할 것을 예상하여 KOSPI 200을 현재의 가격(130포인트)으로 '팔 수 있는 권리'를 획득하기 위하여 20포인트만큼의 프리미엄 즉 옵션비용 200만원을 지불하였다고 했을 때 실제로 1달 뒤에 KOSPI 200의 주가지수가 80포인트로 떨어졌다고 가정하면, 안희배 교수는 50포인트만큼의 이익, 즉 500만원(50포인트 × 10만원)의 이익을 남기게 되며,

옵션비용 2백만원을 제외하더라도 3백만원의 이익을 남기게 되는 것이다. 만약 이때 KOSPI 200이 130포인트보다 오르게 되면 안희배 교수는 옵션비용 2백만원만 포기하고 주가지수옵션거래를 포기하면 되는 것이다.

▶▶ 주가지수선물·주가지수옵션표 보는 법

▪ 주가지수선물

KOSPI 200 주가지수 선물거래의 대상이 되는 현물지수. KOSPI 중 비중이 큰 200종목으로 산출한다.

- **종 목** : 선물 만기에 따라 4종목이 있다. 선물 만기는 3개월에 한 번씩 있다. 9월물이 만기가 되면 2000년 9월물이 자동으로 상장된다.
- **시가·고가·저가·종가** : 각 선물상품의 가격을 나타낸다. 지수 선물은 만기 때의 KOSPI 200을 맞추는 게임이라고 할 수 있다.
- **거래량** : 보통 만기가 가장 가까운 종목의 거래량이 가장 많다.
- **미결제 약정** : 선물투자자들은 매수(Long) 아니면 매도(Short)포지션을 취하게 된다. 이처럼 현재 선물시장에 참여하고 있는 투자자들이 보유한 매수, 매도 포지션의 총수량이 미결제 약정이다. 미결제 약정은 선물투자자들이 향후 주식시장을 어떻게 전망하는지를 보여주는 지표다. 만약 외국인들이나 기관투자자들이 매도 포지션보다 매수 포지션을 더 많이 보유하고 있다면 장세 전망을 밝게 보고 있음을 뜻한다. 미결제 약정 수량 중 매도와 매수 포지션의 비율을 알아보려면 증권사에 문의해야 한다.

▪ 주가지수옵션

종목란 맨 위에 있는 '콜 1401 272.5'라는 종목을 보자. 여기에서 '콜'은 콜옵션(Call Option)을 뜻한다('풋'은 풋옵션 – Put Option – 을 뜻함). 1401은 만기 표시이고, 272.5는 행사가격이다. 이 종목은 '14년 1월 만기 때 KOSPI 200을 272.5포인트에 살 수 있는 권리다. 행사가격이란 미래에 KOSPI 200을 사거나 팔 수 있는 가격을 뜻한다.

이 종목을 1계약 보유하고 있다고 하자. 8월 만기 때 KOSPI 200이 300포인트가 되더라도 나는 272.5포인트에 살 수 있다. 27.5포인트 이익을 보는 셈. 반면에 만기 때 KOSPI 200이 270포인트가 된다면 굳이 272.5포인트를 주고 손해를 보아가며 KOSPI 200을 살 필요가 없다. 대신 콜옵션을 살 때 지불한 가격(이날 이 종목의 종가는 0.24포인트)만 손해 보면 된다.

주가지수가 올라갈 것 같으면 콜옵션 가격이 일제히 오른다. 반대로 주가지수가 내릴 것 같으면 풋옵션 가격이 일제히 오른다.

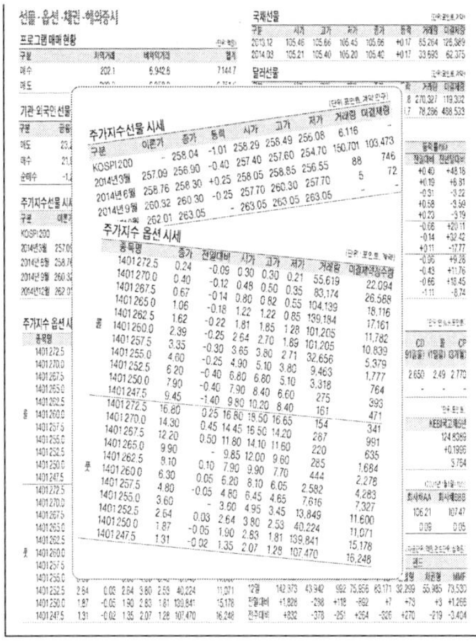

(※ 여기서 말하는 시가·고가·저가·종가는 Premium가격의 시가·고가·저가·종가를 말한다.)

[그림 7-6] 한국경제신문(2013년 12월)

위에서 설명한 콜옵션 거래와 풋옵션 거래를 종합하여 정리 설명하면 다음과 같다. 콜옵션과 풋옵션은 성격상 반대이기 때문에 반대 방향으로 거래가 이루어지는 것이 상례이다. 콜옵션을 사들인 매입자는 KOSPI 200 주가지수가 결제시점에서 권리행사 가격보다 높으면 권리를 행사해서 주가지수옵션을 사들여 이익을 취해야 하며, 반대로 결제시점에서 KOSPI 200 주가지수가 권리행사 가격보다 낮으면 옵션비용만 포기하고 주가지수옵션거래 권리를 포기하면 된다.

반면에 풋옵션에서는 풋옵션 매입자가 풋옵션을 사서 갖고 있다가 결제시점에 가서 KOSPI 200 주가지수가 권리행사 가격보다 낮으면 옵션을 팔 수 있는 권리행사를 하여야 한다. 콜옵션 거래와 마찬가지로 만약 KOSPI 200 주가지수가 결제 시점에서 권리행사 가격보다 높으면 권리를 포기하여 옵션비용만 손실을 초래하게 하여 결과적으로 상당한 손실을 피할 수 있는 옵션거래이다.

끝으로 콜옵션과 풋옵션 거래 시 손익관계를 그래프로 표시하여 설명하기로 하자. 위에서 APT 입주권 딱지 매입을 예로 들어 설명한 것과 같이 콜옵션(call option)에서는 매입자(買入者) 입장에서 보면 KOSPI 200 주가지수 시세가 권리행사가격보다 높아야 권리를 행사해서 옵션거래를 사들일 것이며 옵션거래 매도자(賣渡者) 입장에서는 이때 매입자가 권리를 행사하기 때문에 손해를 보게 되며, 반대로 KOSPI 200 주가지수 시세가 권리행사 가격보다 낮으면 매입자가 권리행사를 포기하기 때문에 매도자 입장에서는 매입자가 포기한 옵션비용만큼 이익을 보게 되는 것이다.

반면에 풋옵션(put option) 경우, 풋옵션 매입자의 입장에서 보면 KOSPI 200의 주가지수 시세가 결제시점에서 권리행사 가격보다 높으면 매도의 옵션권리를 포기하게 되어 매도자가 이익을 보게 되며, 반대로 KOSPI 200의 주가지수 시세가 결제시점에 권리행사 가격보다 낮으면 매입자의 입장에서 매도의 권리를 행사하게 되어 매도자는 손해를 보게 되는 것이다. 이와 같은 콜옵션(call option)과 풋옵션(put option)에서 매입자와 매도자의 입장에서의 이익관계를 그래프로 나타내면 [그림 7-7]과 같다.

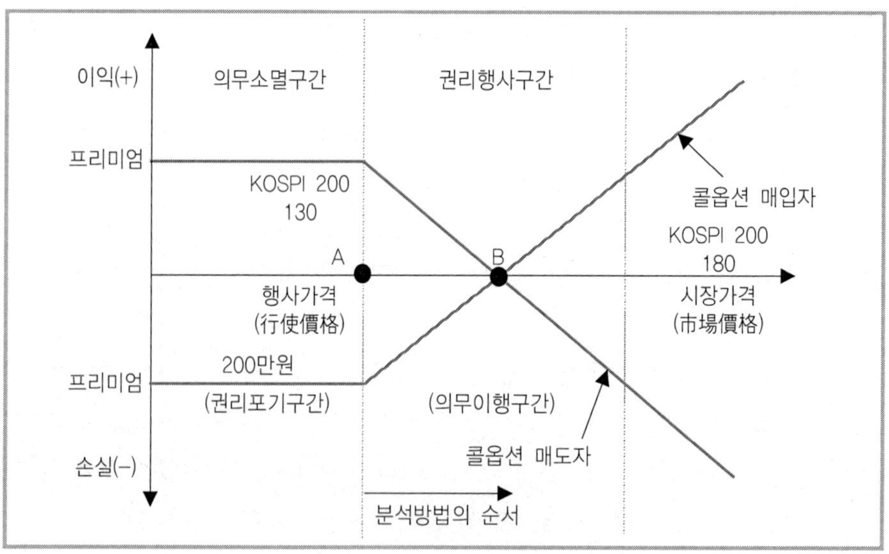

[그림 7-7] 콜옵션 거래의 손익

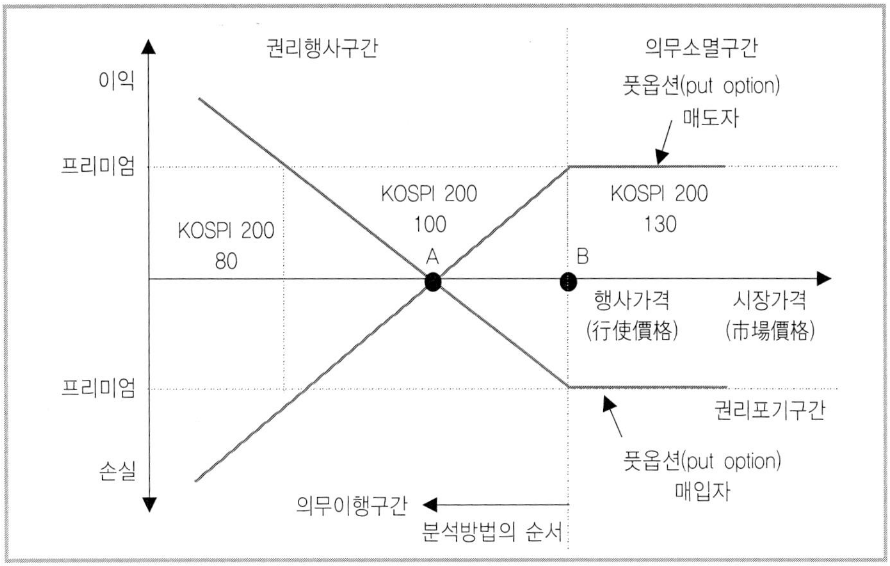

[그림 7-8] 풋옵션 거래의 손익

※ call option이나 put option 마찬가지로 매입자 입장에서 분석하고 매도자의 입장은 거기에 맞춰서 분석하면 된다.

▶▶ call option의 경우

콜옵션 매입자의 입장에서 보면 시장가격이 행사가격과 같은 점 A점까지는 행사가격을 행사하지 않으므로 A점까지는 PREMIUM만큼 손해를 보게 되며 A점 이후부터는 시장가격이 행사가격보다 크기 때문에 행사를 하게 되므로 이익이 발생되는데 어느 시점, 즉 A에서 B시점까지는 premium 지불한 만큼 손실을 충당하여야 하므로 실제 이익은 B점 이후부터 나타난다.

콜옵션 매도자의 입장에서 보면 A점까지 콜옵션 매입자가 행사가격을 행사하지 않으면 프리미엄만큼 이익을 보게 되며 A점에서 B점까지는 프리미엄 액수만큼 버틸 수 있는 기간이고 실제 손실은 B점 이후부터 나타난다.

ex) call option 매도자 입장에서 보면 A점까지는 call option 매입자가 행사가격권리를 행사하지 않으므로 premium을 판 가격만큼 이익을 보게 되고, A점에서 call option 매입자가 행사가격을 행사하게 되면 premium 받은 만큼에서 200만원보다는 수익이 줄게 되지만 어느 시점 KOSPI 150까지는 실제적인 손해는 발생하지 않는다. B점을 지나게 되면 Premium 200만원보다 더 손해를 보게 되므로 B점 이후로는 실제적인 손해를 보게 된다.

▶▶ put option의 경우

풋옵션 매입자의 경우에서 보면 풋옵션 매입자는 시장가격보다 행사가격이 떨어지면 팔 수 있는 권리를 매입한 사람이므로 시장가격이 B점 이하로 되면 팔 수 있는 권리를 행사하여 이익을 보게 되지만, premium(200만원)을 지불하였기 때문에 A점까지는 이익이 나지만 그때(A)까지는 이익이 premium(200만원)만큼 충당이 되지 않으므로 실제 이익이 생기지 않고 시장가격이 A점(KOISP 200 110 point)부터 실제 이익이 발생한다.

풋옵션 매도자의 입장에서 보면 풋옵션 매입자가 B점 이하로 권리를 행사하지 않으므로 B점까지는 premium 받은 만큼 이익이 유지되지만 B점 이하에서는 풋옵션 매입자가 행사를 하므로 premium에서 A점까지 이익이 줄어들다가 시장가격이 A점 이하로 떨어지게 되면 A점 이하부터 실제 손실이 발생한다.

08

외환시장(外換市場)

Chapter 08

외환시장(外換市場

01 환율의 개념 및 영향요인

1. 환율은 자국화폐와 외국화폐의 교환비율(交換比率)

환율이란 우리나라 화폐와 외국화폐를 서로 교환할 때 적용되는 비율로서 우리나라 화폐와 외국화폐의 상대적 가치를 나타낸다.

환율은 외환에 대한 수요와 공급에 의하여 결정된다. 환율에 영향을 미치는 요소는 외환에 대한 수요와 공급 외에 국제수지, 물가, 나라 간의 금리차, 외환거래자의 예상 및 중앙은행의 외환시장 개입 등 경제적 요인 외에 정치적·사회적인 요인에 의해서도 영향을 받는다.

위에서 환율은 외환에 대한 수요와 공급에 의하여 영향을 받는데, 외환에 대한 수요와 공급을 미국화폐인 달러를 예로 들면 다음과 같다.

우리나라 입장에서 보면 달러에 대한 환율은 달러에 대한 수요와 공급에 의하여 결정되는데, 달러에 대한 수요는 미국이나 다른 나라에서 물건을 수입하거나 외국에서 들여온 차입금을 갚을 때, 또는 외국에 관광을 갈 때 미국화폐인 달러가 필요한데 이러할 때 달러의 수요가 되는 것이다.

우리나라 입장에서 볼 때 달러의 공급은 우리나라 기업이 외국에 수출해서 받은 수출대금, 근로자들이 해외에서 벌어들여온 임금 또는 외국에 돈을 빌려주고 받은 자금 등이 달러에 대한 공급이 된다. 다른 생산물시장이나 화폐시장과 마찬가지로 어느 시장이건 수요와 공급에 의하여 가격이 결정되는데, 외환시장에서의 가격은 환율이 되는 것이다.

우리나라 입장에서 볼 때, 달러에 대한 수요가 달러에 대한 공급을 초과하면 외환시장의 가격인 환율은 시장의 수요·공급의 원리에 의하여 올라간다. 다시 말하면, $1당 1,200원이 비율이었다가 달러에 대한 수요가 증가하면 $1당 1,300원의 비율로 환율이 올라가는 것을 나타낸다.

이와 같이 환율이 $1당 1,200원이었다가 $1당 1,300원으로 우리나라 돈과 미국돈의 교환비율이 올라가는 것을 평가절하라고 하고, $1당 1,200원이었다가 $1당 1,100원으로 교환비율이 내려가는 것을 평가절상이라고 하는데, 이와 같은 평가절하 및 평가절상에 따라 여러 가지 경제현상이 나타나고 경제적인 효과가 나타나는데, 뒤에서 자세히 살펴보기로 하자.

환율의 교환비율이란 우리나라 돈과 상대 외국돈과의 상대적인 가치로서 이러한 교환비율을 나타내는 데는 두 가지의 방법이 있는데, 우리나라 원화와 미국 달러와의 환율을 $1 = ₩1,200 또는 ₩/U$ = 1,200으로 표시하는 방법이 있다. 미국돈 1$를 바꾸기 위하여 우리나라 돈 얼마를 지불하느냐 하는 교환비율이다.

이와 같은 교환비율 즉 상대적 가치의 평가비율이란 무엇인가? 상대적 가치평가란 구매력평가(購買力評價)에서 파생되어온 말로써 구매력평가란 예를 들어 설명하면 다음과 같다.

감자 1개의 값이 미국에서 $1이며 똑같은 감자 1개의 값이 한국에서 1,200원이라고 하면 미국화폐 $1의 가치는 한국돈 1,200원과 같은 가치이다. 이러한 평가를 구매력평가라고 하며, 구매력평가를 기준으로 한 환율 즉 교환비율은 $1 = 1,200원이 되는 것이다.

2. 환율에 영향을 주는 요인

환율에 영향을 미치는 요인은 여러 가지가 있는데, 앞에서도 설명한 바와 같이 외환의 수급상태 즉 국제수지, 금리, 물가, 외환수급에 대한 예상 또는 정치적·사회적인 불안요인 등 여러 가지의 요인으로 인한 복잡한 과정을 통하여 환율은 수시로 변하는 것이다. 차례차례로 이러한 환율에 영향을 미치는 요인에 대하여 분석해 보기로 하자.

먼저 외환수급에 대한 요인은 외환에 대한 공급에 의하여 나타나는데, 외환에 대한 수요는 수입할 때나 외국에서 빌려온 차입금 상환 시 또는 해외여행이나 유학시 필요한 외환을 말하고, 외환에 대한 공급은 수출을 하여 들어온 외환이나 해외에서 공사·건설 등을 통하여 들어온 해외 이전수지 같은 것이 있는데, 이러한 외환공급이 외환수요보다 크면 국제수지는 흑자(黑字)가 되고 외환공급보다 수요가 크면 국제수지는 적자(赤字)가 된다.

국제수지가 흑자인 상태에서는 외환의 공급이 수요보다 크기 때문에, 우리나라 돈보다 외국의 돈이 더 많아지므로 우리나라 돈의 가치가 더 크기 때문에 환율은 내려가므로 평가절상이 되며, 반대로 국제수지가 적자인 상태에서는 외환의 수요가 공급보다 큰 상태이므로, 우리나라 돈의 가치가 상대방의 돈 가치보다 떨어지므로 환율이 올라가는 평가절하가 초래되는 것이다. 그러므로 국제수지가 흑자이면 평가절상이 되고 국제수지가 적자이면 평가절하가 되는 것이다. 그 다음으로 환율에 영향을 주는 금리에 관하여 설명하면 다음과 같다.

지금과 같이 WTO에 의하여 국제 간에 해외자본이 자유롭게 유입되고 유출되는 상황에서는 자본의 원리대로 보상이 큰 이자율이 낮은 나라에서 이자율이 높은 나라로 자본이 이동하게 되어 있다. 다시 말하면, 우리나라가 미국보다 금리가 높기 때문에 미국의 자본이 우리나라로 많이 들어오게 되어 있다.

위 예에서 살펴보았듯이 우리나라 금리가 미국 금리보다 높으면 미국의 달러가 국내로 유입되어서 우리나라에는 그만큼 외환의 공급이 증가한 셈이므로 외환의 공급이 수요보다 많게 되어 우리나라 돈의 가치가 달러보다 커지게 되므로 환율이 떨어지는 평가절상이 나타나며, 만약에 반대로 미국 금리가 우리나라 금리보다 높다면 우리나라의 외환이 미국으로 유입되어서 우리나라의 외환공급이 줄어드는 결과이므로 우리나라의 환율이 상승되는 평가절하가 나타난다.

다음에는 물가가 환율에 미치는 효과에 대하여 살펴보기로 하자. 만약 우리나라의 물가가 올라가서 인플레이션이 예상되면 그만큼 우리나라 돈의 가치가 떨어지는 결과이므로 환율이 인상되는 평가절하가 되며, 반대로 물가가 떨어지면 우리나라 돈의 가치가 상대적으로 올라가는 결과이므로 환율이 떨어지는 평가절상이 되는 것이다. 또한 물가가 올라가면 국내수출업자는 수출원가상승으로 인하여 수출이 전보다 줄어들게 되며, 반면에 수입업자는 수입을 늘려서 이익을 보려고 하므로 상대적으로 우리나라 돈의 가치가 떨어지므로 환율인상의 결과를 초래하게 된다.

다음으로 환율에 영향을 미치는 요인으로는 외환거래자의 예상에 의하여 환율은 상당한 영향을 받는다. 외환거래자는 국제 간에 선물거래에 대한 환투기를 할 수 있다. 이때 서로 달러를 매입·매출하게 되는데, 이는 완전히 외환달러의 판단에 의하여 결정된다. 외환달러가 환율이 앞으로 오르리라고 예상하여 달러매입을 크게 증가시키면 달러에 대한 수요 즉 가수요가 증가하여 우리나라 돈의 가치가 상대적으로 떨어져서 환율은 인상되는 것이다.

또한 기타 요인으로 정치·사회적인 환경에 따라 환율은 변하는 것이다. 이와 같이 환율은 외환수급의 결과인 국제수지, 나라 간의 금리차, 물가수준, 외환거래자의 예상 또는 정치·경제적인 환경에 의하여 영향을 받는 것이다.

02 환율의 결정방법

1. 환율의 일반적 결정방법

앞에서도 살펴보았듯이 상품시장에서 수요와 공급에 의하여 상품가격이 결정되었고 화폐시장에서는 수요와 공급에 의하여 이자율이 결정되었듯이 외환시장에서는 외환의 수요와 공급에 의하여 외환의 가격인 환율이 결정되는 것이다. 우리나라 측에서 보면, 예를 들어 환율이 상승하면 상대적으로 미국산 물건을 사면 치러야 할 가격이 높아진 결과이므로 미국산 물건에 대한 수요도 줄어들고 외환 즉 달러에 대한 수요도 줄어든다. 반면에 환율이 내려가면 상대편 물건을 종전보다 값싸게 살 수 있으므로 미국산 물건에 대한 수요가 증가하여 외환에 대한 수요도 증가한다.

반대로 우리나라 물건 가격이 싸지면 외국에서의 물건 구매 즉 수입이 증가하므로 외환에 대한 공급이 증가한다. 즉 환율의 상승은 우리나라의 물건 가격은 높아지지만 상대방에는 물건 가격이 내려가서 우리나라로부터 물건을 종전보다 많이 수입하게 되므로 우리나라 입장에서는 외환공급량이 늘어나는 셈이 된다. 그러므로 외환의 수요곡선은 우하향하는 곡선이 되고 외환에 대한 공급곡선은 우상향하는 곡선이 되므로 외환의 수요곡선과 외환의 공급곡선이 만나는 점에서 균형환율이 결정되며 그래프로 나타내면 [그림 8-1]과 같다.

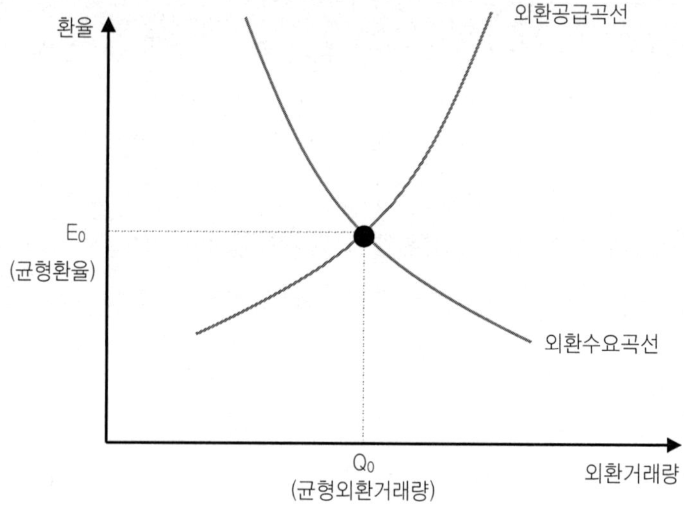

[그림 8-1] 외환시장의 균형환율

[그림 8-1] 그래프는 외환시장에서 균형환율이 결정되는 과정을 보여주고 있다. 앞에서 설명한 바와 같이 외환수요곡선이 우하향하는 이유는 환율이 상승할수록 외환수요는 감소하는데 그 이유는 환율이 상승하면 미국산 물건을 살 때 더 값을 치르고 구입하여야 하므로 수입에 대한 수요가 줄고 그러므로 외환수요도 줄어든다. 반대로 환율이 상승하면 미국 측에서 보면 우리나라 제품가격이 싸지므로 우리나라 제품을 더 많이 구입하려고 하므로 미국의 달러가 더 많이 우리나라에 유입되므로 결과적으로 우리나라 측에서 보면 달러의 공급이 늘어나는 것이다.

이러한 이유로 인하여 외환의 수요곡선은 우하향하고 외환의 공급곡선은 우상향하는 형태를 나타낸다. 국제수지는 외환의 수요와 공급의 균형에 의하여 수요가 공급보다 많으면 초과수요를 나타내고 공급이 수요보다 많으면 초과공급을 나타낸다. 외환의 수요곡선과 공급곡선이 만나는 점에서 균형환율(E_0)이 결정되는데, 이 상태에서는 외환에 대한 수요와 공급이 일치하므로 국제수지 또한 균형상태라고 할 수 있다.

그러면 앞에서 설명한 물가의 상승이 환율에 미치는 결과를 그래프로 설명하기로 하자. 외환시장에서 볼 때 물가수준이란 국내물가수준과 해외물가수준으로 구분하여 분석할 수 있는데, 서로 반대의 입장에 있기 때문에 국내물가가 상승한다는 것은 상대적으로 해외물가수준은 감소한다는 것을 나타낸다.

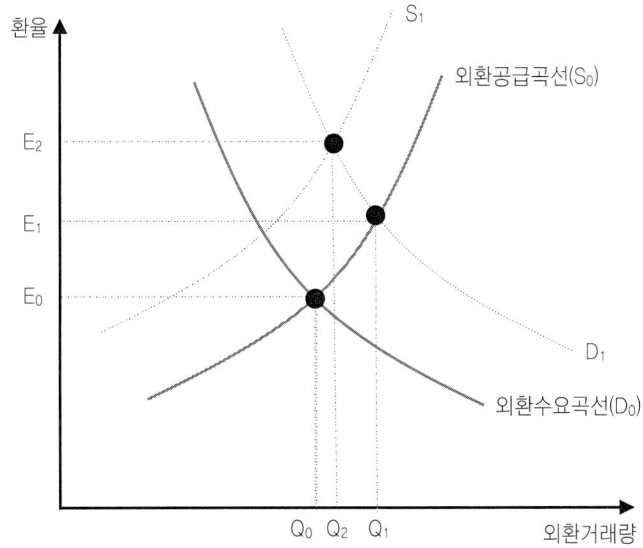

[그림 8-2] 외환시장의 수요곡선과 공급곡선

위의 [그림 8-2]에서 보면 외환시장에서 외환수요곡선과 외환공급곡선이 교차하는 E_0에서 균형환율이 결정되었다. 그런데 국내물가가 상승하면 균형환율이 어떻게 변하는지 살펴보자. 국내물가가 상승하면 국내 수출품의 가격이 비싸지므로 환율이 그대로 있다고 한다면 수출하려고 하는 사람들이 수출량을 줄이려고 하므로 외환에 대한 공급이 줄어드는 결과를 초래하고 상대적으로 수입품에 대한 가격이 국내물가상승으로 인하여 상대적으로 싸지기 때문에 수입품에 대한 수요의 증가로 인하여 외환수요가 증가하게 된다.

즉 물가상승으로 인하여 외환의 공급은 줄어들고 수요는 늘어난 결과를 가져온다. 생산물시장에서와 마찬가지로 공급의 감소와 수요의 증가는 생산물가격이 상승하듯이 외환시장에서는 외환의 공급감소와 수요증가로 외환시장에서의 가격인 환율이 상승하게 되는 것이다.

위의 그래프에서 보면 외환의 공급감소로 인하여 외환공급곡선이 S_0에서 S_1으로 이동하고 외환의 수요증가는 외환수요곡선을 D_0에서 D_1으로 이동하게 되어서 균형이자율이 $E_0 \rightarrow E_1 \rightarrow E_2$로 이동하게 되는 것이다. 외환의 수요증가로 인하여 균형이자율이 E_0에서 E_1으로 상승하고 외환의 공급감소로 인하여 균형이자율이 E_1에서 E_2로 다시 상승하게 되는데 물가상승으로 인한 외환공급감소의 크기와 외환수요증가 크기에서 어느 부문이 더 큰지는 알 수가 없다. 이 외환공급감소의 크기와 외환수요증가의 크기에 따라 균형외환거래량은 종전보다 늘어나는지 줄어드는지를 결정할 수 있다.

위의 물가상승에 따른 환율변화의 분석은 단기적인 분석이지 장기적인 분석은 아니다. 장기적인 분석이란 물가상승이 다른 부문의 영향을 미쳐서 이 부문이 다시 환율에 영향을 미치기 때문에 장기적인 분석은 단기적인 분석과 구별되어야 한다.

예를 들면, 물가의 상승은 상대적으로 우리나라 화폐가치를 떨어뜨리므로 환율의 상승을 가져오며 환율의 상승은 다시 외환의 공급과 수요에 영향을 미치므로 단순히 환율의 영향을 배제한 물가와 외환수요공급과의 상관관계를 분석할 때의 단기적인 분석과는 다른 효과가 나타난다. 이러한 분석은 복잡하고 생활경제수준을 넘기 때문에 여기서는 생략하기로 한다.

2. 우리나라의 환율결정방법

우리나라는 1945년 10월 1일부터 고정환율제도를 실시하여 왔다. 환율제도에는 크게 두 가지가 있는데, 하나는 고정환율제도이고 다른 하나는 변동환율제도이다. 고정환율제도는 정부가 일방적으로 환율을 일정범위 내로 한정시킴으로써 환율제도를 운영하는 것이고, 변동환율제도란 환율의 결정을 외환시장에 맡겨 놓음으로써 외환의 수요와 공급에 의한 시장원리에 의하여 자발적으로 결정되는 제도로써 정부의 개입으로 인하여 비자발적으로 결정되는 고정환율제도보다는 상당히 신축적인 제도라고 할 수 있다.

우리나라는 1945년부터 고정환율을 계속 사용하여 오다가 1980년 2월에 이르러서야 관리변동환율제도의 일종인 복수통화바스켓제도를 사용함으로써 1990년 2월까지 복수통화바스켓제도가 시행되어 왔다. 복수통화바스켓제도란 미달러화뿐만 아니라 주요 교역상대국 통화의 국제시세에 연동하는 통화제도이다. 복수통화바스켓제도의 환율결정방법에 있어서 미달러화의 환율결정은 한국은행총재가 국제외환시장에서의 독자바스켓 구성통화의 시세와 SDR 시세에 실세를 반영하여 결정한다. 그리고 기타 통화는 국제금융시장에서의 당해 통화와 미달러화 간 매매중간율은 원화의 대미달러 환율로 재정하여 결정한다.

우리나라는 정부수립 이후부터 1980년초까지 시행하여온 고정환율제도는 1970년대의 석유파동으로 인한 국내물가상승으로 인하여 국내 돈의 가치가 하락하였음에도 불구하고 환율이 고정되어 있었기 때문에 환율의 고평가로 인한 수출부진으로 인하여 국제수지적자의 결과를 가져오게 되었다. 이러한 고정환율제도의 폐단을 개선하기 위하여 1980년 2월 27일부터 복수통화바스켓제도를 사용하기 시작하였다. 그러나 이런 복수통화바스켓제도 역시 시장의 원리에 의한 외환의 수요와 공급에 의한 환율결정방법이 아니어서 정책당국의 정책조정변수에 의하여 결정되었기 때문에 미국 등으로부터 원화절상의 압력을 받았다.

복수통화바스켓제도의 또다른 단점은 미국과 일본의 비중이 높게 차지하기 때문에 양국 통화에 의하여 지나치게 영향을 받으므로 이 제도 역시 불합리성을 띠고 있다.

이러한 문제점을 해결하기 위해서 우리나라는 1990년 3월부터 시장평균환율제도(市場平均換率制度)를 실시하여 오고 있다. 복수통화바스켓제도하에서는 은행 간의 거래나 외국환은행의 대고객 환율이 한국은행의 집중기준율이 되었고 시장평균환율제도하에서는 시장평균환율이 기준환율이 된다. 시장평균환율은 금융결제원의 자금중개실을 통해 거래된 은행 간의 환율을 적용시켜 거래량을 가중평균하여 다음날의 집중기준 환율을 산출하는데 산출방법은 〈표 8-1〉과 같다.

〈표 8-1〉 시장평균환율 산출방법

은행 간 거래환율(A)	거래량(B)	거래액(C = A×B)
1,200.00	U $ 100,000	120,000,000
1,210.00	U $ 200,000	242,000,000
1,205.00	U $ 300,000	361,500,000
합 계	U $ 600,000	723,500,000
시장평균환율	**E/D = 723,500,000/600,000**	**E/D = 1,205.80**

〈표 8-1〉에서 산출된 시장평균환율은 1,205.80이 산출되었다. 이 환율은 예를 들어 세 군데서의 은행 간 거래환율을 거래액으로 환산하여 거래총액을 총거래량으로 나누어서 가중평균치가 된다.

이 시장평균환율인 1,205.80은 다음날 한국은행 집중기준환율이 되는 것이다. 1995년 2월부터 그 전날 계산된 집중기준환율을 기준으로 하여 그 이튿날 변할 수 있는 환율폭의 변동을 상하 2.25%로 허용하였다.

시장평균환율은 미달러화에 대해서만 적용되고 다른 통화에 대한 환율은 원화의 대미달러 환율을 국제금융시장에서 형성되는 다른 통화의 대미환율로 환산하여 결정한다.

예를 들어, 우리나라 원화의 대미환율이 $1 = 1,200원이라고 하고 국제금융시장에서 독일마르크화의 대미환율이 1$ = 2M이면 1M = 600원이 된다. 이때 원화의 대미환율을 간접적으로 사용하여 계산된 독일마르크화를 재정환율(arbitrage rate)이라 하고 재정환율을 산출하기 위해 사용된 미달러화와 독일마르크화의 환율을 크로스레이트(cross rate)라고 한다.

3. 우리나라의 환율제도

우리나라는 1945년 10월부터 1964년 5월까지 고정환율제도를 실시하여 오다가 1965년 3월 22일에서야 비로소 한국은행이 집중고시율을 고시하는 변동환율제도를 실시하여 왔다. 이때는 비록 변동환율제도였지만 변동폭에 있어서 매일 상하한폭이 정해진 완전한 변동환율제는 아니었다. 실제로 하루 변동상하한폭이 완전히 폐지된 완전변동환율제도는 우리나라가 IMF관리체제하에 접어든 1997년 12월 16일부터 시행되어 왔다.

실제로는 외환수급에 의하여 결정되어지는 완전변동환율제가 우리나라에서 시행되게 된 동기는 탄력적으로 외환시장에 대처하기 위한 면도 있지만, IMF관리체제하에서 IMF의 권고를 받아들인 면도 있다고 할 수 있다. 그동안 하루 변동폭은 '95년 4월 1일부터 ±2.25%로 시행되어 오다가 IMF관리체제하에 접어들면서 외환시장이 매우 불안해지기 시작하여 환율변동측이 상한선까지 올라가도 충분하지 않아서 외환매매가 이루어지지 않는 사태가 발생하게 되었던 것이다.

정부는 이러한 문제를 해결하기 위하여 1997년 11월 20일부터 하루 변동폭을 ±10%까지 확대하였으나 우리나라의 심한 외환보유고 부족으로 인하여 ±10%의 변동폭으로 외환시장이 불안해지자 결국 IMF의 권고를 받아들여 하루 상한폭이 완전히 폐지된 완전변동환율제를 '97년 12월 16일부터 실시하였으나, 정부의 외환시장 안정화정책, 지속적인 경제구조 개혁 등으로 인하여 외환시장은 안정을 되찾았던 것이다.

03 환율의 적용범위 및 경제적 효과

1. 외한매매 시 환율적용범위

외환거래란 외환을 은행에서 사고파는 일을 말한다. 국제 간의 무역대금결제시나 개인이 외환이 필요한 경우 외국환은행에서 외환을 바꾸게 되는데 이를 환전(換錢)이라고 하며 외국환은행을 기준하여 외국환은행이 고객에게 외환을 파는 것을 매도한다고 하고 이때 적용되는 환율을 매도율이라고 하고 외국환은행이 대고객으로부터 외환을 사들이는 경우는 외환을 매입한다고 하며 이때 적용되는 비율을 외환매입률이라고 한다. 외국환은행의 대고객은 개인이나 기업 또는 정부도 될 수 있다.

여기서 말하는 외국환은행이란 우리나라의 경우 각 시중은행 또는 특수은행의 외환계에 해당한다. 외국환은행이란 증권회사에서 증권 즉 주식이나 채권의 매매가 이루어지도록 하여 매매 시 수수료를 받아서 회사를 운영하듯이 외국환은행 역시 외환을 매매하게 하여 수수료를 받아서 운영하는 것이다.

모든 영업이 다 그렇듯이 물건을 사서 다시 팔 때에는 구입가와 판매가에 차이가 발생하는데, 이때 판매가는 반드시 구입가보다는 높은 것이다. 왜냐하면 모든 영업거래에는 영업이익이 존재하기 때문이다. 생산물시장에서도 이렇듯이 외환시장에서도 외환거래 시 외국환은행이 외환을 살 때 적용하는 환율과 팔 때 적용하는 환율이 다르며, 외국환은행도 외환매매를 통하여 이익을 보아야 되기 때문에 매도율이 매입률보다는 항시 높은 것이다. 이 경우 외국환은행이 고객과 거래를 할 때 적용되는 환율을 외국환은행 대고객매매율(對顧客賣買率)이라고 한다.

외국환은행 대고객매매율에는 크게 매도율과 매입률로 나누어지며, 매도율과 매입률을 다시 어떤 방식으로 매입되고 매도되느냐에 따라 여러 가지 형태의 매도율과 매입률이 있다.

외국환은행이 외환을 대고객에게서 살 때 즉 매입할 때 적용하는 매입률에는 현찰매입률, 기한부(30일) 환어음매입률, 일람출급환어음 매입률, 전신환매입률 등이 있으며, 이러한 여러 종류의 매도율과 매입률은 한국은행의 집중기준환율을 중심으로 하여 매일매일 변하는 것이다. 집중기준환율은 한국은행에서 시장평균환율제도하에 매일매일 산출하여 고시하고 있으며 모든 외환거래는 집중기준환율을 중심으로 하여 이루어지는 것이다.

1992년까지는 집중기준환율이 하루 동안에 변할 수 있는 변동폭을 상하 0.4%로 제한하였으나, 1992년 7월 1일부터 이를 자유화해서 외국환은행이 외환매매 시 제반경비를 감안하여 변동폭을 정하게끔 하였다. 매도율과 매입률에 있어서 매도율이 높은 경우는 매도 시 제반경비가 외국환은행 입장에서 보면 더 많이 드는 경우이며 매도율이 낮은 경우는 제반경비가 적게 드는 경우이며 매입률 적용 시에도 같은 원리이다. 외국환은행의 대고객매매율을 기준환율을 중심으로 하여 비용구조별로 정리하면 〈표 8-2〉와 같다.

〈표 8-2〉 외국환은행의 대고객매매율 구조

구분	환율
현찰매도율	1,211.80원
수입어음 결제율	1,205.80원
전신환매도율	1,203.60원
기준환율	1,200.70원
전신환매입률	1,197.70원
일람출급환어음 매입률	1,193.60원
기한부(30일)환어음 매입률	1,190.40원
현찰매입률	1,183.40원

위의 〈표 8-2〉에서 외국환은행 대고객매매율 구조를 보면 기준환율을 중심으로 하여 매도율은 차츰 환율이 높아지고 매입률은 기준환율을 중심으로 하여 차차 적용되는 환율이 낮아지고 있다.

위에 적용된 매도율과 매입률을 환율의 적용 순서대로 살펴보기로 하자.

기준환율을 중심으로 매도율 중에서는 현찰매도율이 제일 높은데, 그 이유는 외국환은행이 현금으로 보관하는 데에 비용이 많이 들고 현찰은 그대로 은행잔고에서 빠져나가는 개념이므로 외국환은행의 입장에서 보면 매도하는 데 가장 비용이 많이 드는 결과가 된다. 그 다음으로 높은 매도율이 수입어음 결제율이다. 여기서 수입어음 결제율이란 수입회사가 거래은행인 주거래은행을 외국환은행으로 정하여 수입을 하였을 때 거래 수입회사 대신 수입대금을 결제하여

주고 수입허가 시 어음을 담보로 하여 대금을 받아내는 제도인데, 이때는 현찰이 직접 오고가는 결제가 아니기 때문에 외국환은행의 입장에서 보면 현찰매도율보다는 비용이 적게 드니까 환율이 낮게 적용된다.

전신환매도율이란 전신에 의하여 외환을 파는 경우인데, 예를 들면 우리나라 사람이 미국에 유학을 간 경우 한국에 있는 부모가 미국에 있는 학생한테 학비를 보낼 경우 부모가 외국환은행에서 한국 돈으로 미국 달러로 바꿔서 미국에 보내게 되는데, 이때 보내는 것은 외국환은행이 전신(電信)으로 보내게 된다. 이때 외국환은행은 학생부모에게 달러를 파는 경우가 되므로 매도율을 적용하게 되는데, 전신환으로 미국에 있는 은행으로 보내므로 전신환매도율을 적용하게 된다. 전신환으로 보내는 데는 현찰로 이루어지지 않고 전신으로 이루어지므로 외국환은행이 자금부담비용이 없고 수입어음 결제율보다 서류를 취급하는 데 드는 인건비가 들지 않으므로 매도율 중에서는 환율적용이 최고로 낮다.

매입률 중에서 전신환매입률이 가장 높은데, 그 이유는 외국환은행이 외환을 매입하는 경우에도 전신환으로 매입하는 것이 자금부담비용이나 인건비 측면에서 가장 적게 들므로 매입할 때 높은 율로 매입하는 것이다. 전신환매입률이란 예를 들면 미국에 있는 친구가 한국에 있는 친구에게 송금을 할 경우 미국에 있는 친구는 미국에 있는 외국환은행을 통하여 전신환으로 한국에 송금하게 되고 한국에 있는 외국환은행은 외국환은행으로부터 보낸 전신환을 받아서 한국에 있는 친구에게 내줘야 되는데, 이때 한국에 있는 외국환은행이 한국에 있는 친구에게 한국 돈으로 바꾸어주는 환율이 바로 전신환매입률이 된다.

일람출급환어음 매입률이란 우리나라에 있는 수출회사가 외국에 수출을 하고 수출대금을 외국환은행에서 우리나라 돈 즉 원으로 받을 때 외국환은행에서 적용하는 환율로써, 일람출급환어음이란 한국에 있는 회사가 외국수입회사에서 받는 대금 결제가 현금결제조건을 나타내므로 다음에 설명하려고 하는 기한부(30일)환어음 매입률보다는 환율적용 시 높은 환율이 적용된다.

기한부(30일)환어음 매입률이란 우리나라 수출회사가 외국에 수출하고 Nego하는 결제조건이 30일 지나야 외국환 외국회사가 결제하는 조건으로서 우리나라에 있는 외국환은행은 한국의 수출회사에게 즉시 수출대금을 30일 기간 동안 이자만큼 할인할 환율을 적용하여 수출회사에게 대금을 내주는 것이다. 다시 말하면, 우리나라 외국환은행은 우리나라 수출회사에서 제시한 30일 기한부어음을 받고 수출대금을 즉시 결제하여 주는데 은행측에서는 30일이 지나야 수출회사에서 받은 어음을 현금화시킬 수 있기 때문에 은행으로서는 30일 만큼의 이자부담을 하여야 되므로 수출업자에게는 30일 이자만큼의 할인율만큼 낮은 환율을 적용하여 매입하는 것이다.

현찰매입률이란, 예를 들어 미국사람이 한국에 관광을 왔을 때, 미국사람이 한국에 있는 상점에서 물건구입이 필요하여 가지고 온 미국 달러를 한국 돈으로 바꾸려고 할 때 우리나라 외국환은행에서 달러를 한국 돈으로 바꾸어 줄 때 적용하는 환율을 현찰매입률이라고 하며 현찰매입 시 거래비용이 가장 많이 들므로 현찰매입률이 매입률 중에서는 가장 낮다.

수출입거래 시 적용되는 일람출급환어음 매입률, 수입어음 결제율, 기한부환어음 매입률 등은 전신환매매율을 기본으로 하고 외국환은행의 자금부담비용 즉 환어음의 현금화시점까지의 금리만큼을 가산하여 결정한다. 또 한 가지 우리가 해외여행 시 주로 사용하는 여행자수표(Traveler's check)가 있다. 우리가 해외여행 시 외화를 현찰로 갖고 갈 수도 있고 여행자수표(T/C)로 바꿔 갈 수도 있다. 이때도 외국환은행에서 여행자에게 T/C로 바꿔줄 때 현찰로 바꿔줄 때보다는 환율적용이 높다. T/C로 바꿔주면 현찰로 바꿔주는 것보다 거래비용이 적게 들기 때문이다.

환율에는 현물환율(spot rate)과 선물환율(forwarding rate) 두 가지가 있는데, 이렇게 구분되는 것은 외환거래 시 환율의 결제가 언제 이루어지느냐에 따라 두 가지로 구분된다. 현물환율이란 외환거래가 이루어지는 시점에서 2일 이내에 결제가 이루어질 때의 환율을 말하고 선물환율이란 선물환거래 또는 선물거래 시에 결제기일을 향후 언제 하기로 외환매매 당사자끼리 계약을 해서 그때 외환결제가 이루어질 때 적용되는 환율을 선물환율이라고 한다.

여기서 말하는 선물거래란 예를 들어, 한국에 있는 어느 개인이나 회사가 미국에 있는 개인이나 회사로부터 옥수수 몇 톤을 앞으로 90일 후에 매입하기로 결정하면 90일 후에 대금결제가 이루어지는데, 그때 결제 때의 결제환율을 지금 미리 정하고 90일 이후에 물품 인수 시 90일 이전에 계약된 환율을 적용하는 거래를 말하며, 90일 이후의 실제 환율은 계약당시의 환율보다 높을 수도 있고 낮을 수도 있다. 그러므로 선물거래에는 반드시 환차손(換差損)이 따르게 되어 있다. 이러한 선물거래를 하는 목적에는 미리 필요한 물건을 확보하여 놓는 목적도 있고 될 수 있는 한 환차손도 줄이고자 할 때, 그리고 환차손으로 인한 손해 대신 환차익을 가질 수도 있기 때문에 선물거래가 이루어진다.

그리고 금리에도 명목금리가 있고 실질금리가 있듯이 환율에도 실질환율과 명목환율이 있다. 실질환율(real exchange rate)이란 명목환율(nominal exchange rate)에다 양국 간의 물가수준을 반영하여 구매력을 감안하여 조절한 환율이다. 또한 구매력 평가환율(購買力評價換率)은 양국 간의 구매력 수준을 똑같이 같게 하기 위하여 조정된 환율인데, 구매력 평가환율은 양국 간의 물가수준이 반영되어 있다. 예를 들면 한국의 물가수준이 50일 때, 어느 똑같은 물건의 값이 한국에서 500원일 때 미국에서 $1이었으면, 미국의 물가수준은 그대로 있고 한국의 물가수준 100인 2배로 올라가면 환율도 2배로 올라가야 구매력 수준이 변하지 않는다.

2. 환율변동이 경제에 미치는 효과

환율변동이 경제에 미치는 효과를 알아보기 위하여 두 가지의 경우로 나누어 살펴보기로 하자. 여기에서 두 가지의 경우란 환율이 평가절하(depreciation)되었을 때와 평가절상(appreciation)되었을 때이다. 평가절하란 앞에서 설명했듯이 예를 들면 환율이 $1당 1,200원이었다가 우리나라 돈의 가치가 떨어져서 $1당 1,300원으로 환율이 올라가는 경우이며, 평가절상이란 예를 들어 환율이 $1당 1,200원이었다가 우리나라 돈의 가치가 상승하여 $1당 1,110원으로 환율이 떨어지는 경우인데, 이 두 가지 개념을 갖고 평가절하일 때와 평가절상일 때의 경제적 효과에 대하여 살펴보기로 하자.

1) 환율변동이 수출에 미치는 효과에 대하여 알아보자.

우선 환율이 변동하면 우리나라와 같이 수출지향적인 나라에서는 수출에 미치는 효과에 대하여 분석하여 보는 것이 매우 중요하다.

그러면 환율이 오르면 왜 수출에 유리한가를 살펴보자. 한국의 어느 A라는 기업이 환율이 1,200원일 때 수출을 1,000달러어치를 해서 1,200,000원의 수출대금을 받을 수 있는데 환율이 1,300원으로 인상되면 기존의 A라는 기업은 똑같은 1,000달러어치를 수출해서 1,300,000원의 수출대금을 회수하게 되므로 환율상승으로 인한 물품의 원가가 상승하지 않는 한 이익을 더 보게 되어 회사의 채산성이 좋아지는 것이다. 이로 인하여 환율이 인상되면 수출가격은 종전보다 싸지게 되므로 수출물량은 늘어나서 국제수지를 흑자로 전환시키는 역할을 하게 되는 것이다.

반대로 환율이 인하(평가절상)가 되면, 수출에 미치는 효과는 평가절하 시의 반대현상이 나타나게 된다. 쉬운 예를 들면, 평가절상 전의 환율이 1대 1,200원이었을 때 어느 기업이 1,000달러어치 수출하면 1,200,000원의 수출대금을 받을 수 있지만, 평가절상이 되어서 환율이 1대 1,100원이 되면 똑같은 양의 수출을 하고도 수출대금으로 받을 수 있는 금액은 1,100,000원으로 줄어들기 때문에 그 수출회사의 채산성은 나빠지게 되므로 수출물량이 줄어들어서 국제수지 개선에 악영향을 미치게 되는 것이다.

2) 다음에는 환율변동이 수입(輸入)에 미치는 효과에 대하여 알아보자.

만약 환율이 평가절하되면, 즉 환율이 인상되면 수입하려고 하는 사람은 수입품에 대한 원가가 상승하게 되므로 국내시장에서 수입품에 대한 가격경쟁력이 없어지므로 수입품을 줄이게 되므로 국제수지개선에는 좋은 효과를 가져오며, 반대로 환율이 인하되면 수입업자는 수입품에 대한 가격이 내려가므로 수입품에 대한 수입량을 늘리려고 하므로 외환이 해외로 유출되는 결과가 되므로 국제수지 개선에는 나쁜 영향을 미치는 것이다.

3) 환율의 변동이 국내물가수준에 미치는 영향에 대하여도 알아보자.

우선 환율이 인상되었을 때의 물가에 대한 영향은 다음과 같다. 우리나라와 같이 수출지향적인 나라이면서 수출품의 원자재를 전적으로 해외에서 수입하는 나라로서는 환율이 인상되면 수입품의 가격이 상승하여 국내물가가 상승하는 결과가 되며, 환율이 평가절상되어서 내리게 되면 원자재의 수입가격이 하락하여 국내물가수준이 내려가는 효과가 있을 수 있다.

4) 다음으로 환율의 변동이 국내 금리수준에 미치는 영향에 대하여 알아보기로 하자.

(환율상승 → 물가상승 → 금리상승)
(금리상승 → 외환공급증가 → 환율하락)

우선 환율이 올라가면 그 나라 돈에 대한 가치는 떨어지는 것이다. 즉 위에서 설명했듯이 환율상승은 우리나라와 같은 수입원자재 의존도가 높은 나라에서는 물가상승을 유발하고 물가상승은 금리인상을 유발시킨다. 반대로 환율이 내려가면 물가가 내려가서 금리가 내려가는 효과가 있다. 물가가 오르면 금리가 올라가는 이유는, 예를 들어 A라는 사람이 은행에 정기예금을 한다고 했을 때 물가가 오르면 같은 이자율을 받고 은행에 예금하면 물가가 오른 만큼 손해이므로 같은 이자율에서는 예금을 하려고 하지 않으므로 물가가 오른 만큼 이자율도 올려줘야 A라는 사람이 은행에 예금을 하려고 한다. 여기에서 나온 개념이 바로 명목이자율과 실질이자율이다. 여기에서 환율변동이 이자율에 미치는 효과는 물가를 연계시켜서 알아본 것이고 다른 측면에서 살펴보면 환율변동이 이자율에 미치는 효과가 반대의 효과로도 나타날 수 있다.

앞에서는 환율변동이 먼저 일어났을 때에 금리변화를 알아보았고 여기에서는 금리가 먼저 변하였을 때 환율변동이 어떻게 변하는지 알아보자. 예를 들어, 한국에서 IMF외환위기를 극복하기 위하여 외국으로부터 외자를 국내로 들어오게 하기 위해서는 금리를 높여야 한다. 금리가 높아야 외국투자자들은 자기 나라 또는 다른 나라 금리와 비교하여 금리가 높은 나라에 투자하게 되므로 우리나라 입장에서는 외화가 많이 공급되게 되어 외화에 대한 수요보다 공급이 많아지게 되므로 우리나라 돈의 가치는 상대적으로 상승하게 되어 평가절상의 현상이 일어나게 되는 것이다. 이와 같이 금리를 먼저 조정하느냐, 그렇지 않으면 환율을 먼저 조정하느냐에 따라 나타나는 영향이 다르다.

5) 다음에는 환율변동이 주가에 미치는 효과에 대해서 알아보기로 하자.

(환율상승 → 원화 가치하락 → 우리나라 주가하락 → 국내시장 → 투자자금 유입 → 주가상승)

일반적으로 환율이 인상되면 수출이 늘어나고 경기가 활성화되어서 주가가 올라갈 수도 있다. 그러나 지금과 같이 외국인 주식투자한도가 완전히 자유화되어 있는 시점에서는 환율이 인상되면 외국인 투자자들은 처음에는 외환을 한국 돈으로 바꿔서 우리나라 주식을 샀다가 환율이 상승한다는 것은 외환에 대하여 한국 돈의 가치가 하락하는 것이므로 우리나라 주식을 보유하고 있으면 그만큼 손해이므로 외국인 투자자들은 주식을 처분하려고 하므로 우리나라 주가(株價)는 떨어지는 현상이 나타난다. 이렇게 환율변동은 주가에 두 가지 측면에서 효과가 나타나기 때문에 어떤 측의 효과가 더 크게 나타나느냐에 따라서 환율변동이 주가에 미치는 효과가 결정되어질 수 있다.

마지막으로 환율변동이 외채기업에 미치는 효과를 알아보기로 하자. 예를 들어, A라는 한국기업이 외채가 많은데 환율이 상승되면 외채에 대한 부담능력이 가중되는 결과이며 환율이 내려가면 A라는 기업은 외채상환에 대한 부담이 줄어드는 결과를 가져온다.

〈표 8-3〉 환율변동의 경제적 효과

구 분	환율하락(평가절상)	환율상승(평가절하)
수 출	수출채산성악화(수출감소)	수출채산성향상(수출증가)
수 입	수입품가격하락(수입증가)	수입품가격상승(수입감소)
국내물가	수입원자재가격하락(물가하락)	수입원자재가격상승(물가상승)
국내금리	불확실	불확실
국내주가	불확실	불확실
외채도입기업	외채감소(상환부담감소)	외채증가(상환부담증가)

위에서 살펴본 바와 같이 환율의 변동은 긍정적인 영향을 미칠 수도 있고 부정적인 영향을 미칠 수도 있으므로, 환율은 가능하면 실세를 반영시키는 방향으로 유도해 나가는 것이 바람직하다고 할 수 있다. 위의 환율변동이 경제 각 분야에 미치는 효과를 도표로 정리하여 보면 〈표 8-3〉과 같다.

3. 환율변동의 J-curve 효과

변동환율제의 장점은 자동적으로 국제수지 개선효과가 있다는 것이다. 예를 들어, 환율이 인상되면 수출이 증가하여 국제수지가 개선되고 수출이 감소하면 국제수지가 악화되는데, 이와 같이 국제수지를 개선시키기 위하여 평가절하 즉 환율이 인상됨으로써 자동적으로 국제수지가 개선된다. 그러나 평가절하 초기에는 환율이 인상되어도 수출이 증가하지 않고 수입품 가격만 상승하여 오히려 환율인상 초기에는 국제수지가 악화되다가 시간이 지나야 서서히 수출이 증가하여 국제수지가 개선되는 효과를 말한다.

이와 같이 환율상승이 초기에는 국제수지를 악화시키므로 변동환율제의 단점이라고 할 수 있다. 국제수지 개선효과가 시간이 지남에 따라 나타나는 모양이 J자 모양을 띤다고 해서 이와 같은 효과를 J-curve 효과라고 한다. 이와 같은 양면의 효과가 나타나는 이유는 환율상승으로 인하여 수출입가격의 변화와 그에 따른 수출입물량 사이에 시간차(time lag)가 존재하기 때문이다.

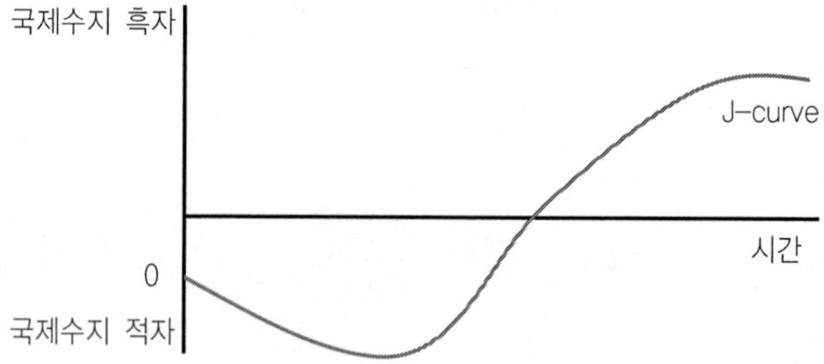

[그림 8-3] J-curve 효과

다시 말하면, 국제수지를 개선시키기 위하여 환율을 인상하면 수출가격만 처음에 떨어지는 반면 수출량은 즉시 늘어나지 않고 수입가격만 비싸지므로 처음에는 국제수지가 악화되다가 시간이 지나면서 환율상승의 효과가 수출량을 증가시키게 되면 차츰 국제수지가 개선된다는 효과인데, 우리나라와 같이 수출품의 원재료가 거의 외국에서 수입해오는 나라는 이러한 J-curve 효과가 불분명하다. J-curve 효과를 그래프로 나타내면 [그림 8-3]과 같다.

4. 고정환율과 변동환율제도의 장단점

1) 통화금융정책의 국제수지 조정부담

고정환율제도하에서는 국제수지 조정이 되지 않으므로 통화정책을 써서 국제수지를 조정해야 하는 부담이 있으며, 변동환율제도하에서는 자동적으로 환율이 변동해서 국제수지 조정이 되므로 국제수지를 조정하기 위한 통화정책이 필요하지가 않다. 그러므로 국제수지를 조정하기 위해서는 고정환율제도보다는 변동환율제도를 채택해야 한다.

한국과 미국의 두 나라를 예를 들어 설명하면 다음과 같다. 두 나라만이 교역을 한다고 가정하면, 일단 한국이 수출을 덜해서 미국에 대하여 무역적자가 발생하여 한국의 국제수지가 적자상태이면 한국에 달러에 대한 수요보다 공급이 부족한 상태가 되므로 한국 돈의 가치가 떨어져서 평가절하가 되어 환율이 상승한다. 환율이 상승하면 수출이 증대되어 국제수지가 다시 개선된다는 이론이다. 이렇게 변동환율제도하에서는 국제수지가 자동적으로 개선된다는 장점이 있는 반면에 고정환율제도하에서는 국제수지 조절작용이 안 된다는 점이 단점이다.

2) 각국 경기의 독립성 문제

환율제도가 고정환율제도인지 또는 변동환율제도인지 여부에 따라 각국 간의 경기 영향을 받을 수도 있고 안 받을 수도 있다. 고정환율제도하에서는 한 나라의 불황은 상대방 나라에게 불황을 수출하는 결과가 된다. 그 이유는 A라는 나라가 국제수지 적자가 발생하면 고정환율제도하에서는 환율변동이 불가능하므로 A국은 긴축정책을 써서 국제수지 적자를 해결하려고 한다. 그러나 이러한 A국의 긴축정책은 A국의 실업을 야기시켜서 A국이 상대국으로부터 수입을 감소함으로써 상대국인 B국의 수출은 감소하여 B국까지도 불황을 겪게 만드는 것이다. 이 경우에는 양국에 실업이 발생하여 국제수지가 균형을 이룬다.

그러나 변동환율제도하에서는 A국, B국의 각국 경기는 독립적이라고 할 수 있다. 예를 들어, A국이 국제수지가 적자이면 A국은 환율이 평가절하되어 수출이 증대되어 외환공급이 늘어나므로 국제수지는 다시 개선되고 A국의 수출입이 증가하면 B국의 수출입도 증가할 수 있으므로 A국의 불황은 B국과는 독립적이라고 할 수 있다. 그러나 변동환율제도하에서는 실업문제는 통화정책으로 해결하여 완전고용이 보장된다는 전제하에 A국의 불황이 B국으로 수출되지 않으면 각국은 독립적이라고 할 수 있다.

3) 국내외 균형의 상충성(相衝性)

고정환율제도하에서는 국제수지가 적자인 나라가 인플레이션이 일어났다면 긴축통화정책을 써서 인플레이션을 치유할 수 있고 국제수지가 흑자인 나라에 디플레이션이 일어났다면 통화팽창정책을 써서 deflation을 치유할 수 있다. 만약에 국제수지가 적자인 나라가 deflation이 일어났다면 통화량이 줄어들어 deflation은 더욱 심화되고, 국제수지가 흑자인 나라에 inflation이 일어나면 통화가 팽창되어 inflation이 더욱 심화되므로 이 경우에는 국내외균형이 상충되는 경우다. 일반적으로 볼 때 국제수지가 적자인 나라가 inflation이 되는 경우는 예외적인 현상인데 한동안 한국은 이와 같은 예외적인 현상을 나타냈었다.

4) 환율·물가의 악순환

일반적으로 환율이 상승하면 수입품의 가격이 상승하거나 원재료의 가격이 상승하여 물가가 올라간다. 물가가 올라가면 그만큼 그 나라의 화폐가치는 떨어지므로 평가절하되어 환율은 다시 상승한다. 이와 같이 변동환율제도하에서는 환율·물가의 상승이라는 악순환이 계속된다. 그리고 수출입량이 가격에 대하여 매우 비탄력적이면 변동환율은 무의미하며 고정환율이 유리하다. 수출입량이 가격에 비탄력적이라는 말은 다시 말해서 수출입량이 환율에 영향을 적게 받는다는 얘기가 된다. 이러한 경우에는 변동환율제도가 무의미하며 고정환율이 오히려 유리하다는 이야기가 된다.

04 국제수지(國際收支)

1. 국제수지의 개념

국제수지란 일정기간 동안 자기 나라와 다른 나라 사이에 일어난 모든 경제거래를 뜻하며, 국제수지표란 국제수지를 복식부기의 원리에 의하여 작성된 통계표를 말한다. 경제적 대외거래는 크게 두 가지로 구분되는데, 하나는 경상거래(經常去來)이고 다른 하나는 자본거래(資本去來)이다.

> 경상거래란 국가 간에 재화와 서비스를 직접 사고파는 것을 뜻하고,
> 자본거래는 외국에서 직접 자본 즉 외환을 빌려오거나 꾸어주는 것을 말한다.

국제수지표를 보면 경상수지와 자본수지가 각각 나타나 있으며, 경상수지는 다시 무역수지, 무역외수지, 이전수지로 구성되어 있다.

> 무역수지란 상품의 수출입에 의하여 생기는 수지이며,
> 무역외수지란 국가 간의 서비스 거래를 주고받았을 때 일어나는 수지이고,
> 이전수지란 상품이나 서비스 경우와 같이 즉 수출입에 의한 대금결제가 이루어지는 거래에 의하여 발생하는 수지가 아니라 대금결제가 필요없이 무상으로 상품이나 서비스가 서로 오고가는 경우의 수지를 말한다.

보통 경제신문에 나오는 국제수지는 경상수지를 뜻한다. 국제수지 중에서 특별히 경상수지를 강조하는 이유는 경상수지가 자본수지보다는 소득이나 고용 측면에서 영향을 많이 미치기 때문이다. 경상수지가 흑자가 되면 수출이 증가하였다는 결과가 되므로 수출품을 만들기 위하여 고용을 더 필요로 하며 고용증대를 통한 소득증대가 동시에 달성되는 것이다. 그러나 경상수지가 적자가 되면 수입품이 증가하였다는 결과가 되므로 국내에 고용감축효과와 더불어 소득감소효과를 초래하게 된다.

2. 국제수지표

우리가 가정에서 가정생활을 꾸려나가기 위하여 수입과 지출내역을 적어 놓는 가계부가 필요하듯이, 한 국가도 국가 간의 거래에서 일어나는 수입과 지출내역을 정리하여 국제수지상태를 파악하기 위하여 서식으로 만들어 놓은 표를 국제수지표라고 한다. 이와 같은 국제수지표를 작성함으로써 산업정책이나 외환정책에 도움을 줄 수 있다.

다시 말하면, 한 나라가 다른 나라에 재화나 서비스를 팔아서 얼마를 벌어들였고 동시에 다른 나라로부터 재화와 서비스를 수입하는데 얼마를 지출하였는가를 파악하고 모자라는 외환은 어떠한 방식으로 조달하였는지를 보여주어 남았으면 어떻게 사용하였는지를 체계적으로 정리하여 보여주는 서식 즉 표가 국제수지표이다.

국제수지표는 어떤 특정한 시점의 수지상태를 기록한 저량(stock)개념이 아니고 일정기간 중에 발생한 거래를 집계한 유량(flow)개념이다. 국제수지표는 나라에 따라 다르기는 한데 보통 1년을 기준으로 하여 작성되나, 우리나라는 한국은행에서 월별로 국제수지표를 작성하고 있다. 국제수지 작성방법은 나라별로 약간의 차이는 있지만 대부분의 국가는 IMF의 국제수지 작성지침을 따르고 있다.

3. 국제수지표의 작성

국제수지표는 외국과 우리나라와의 거래를 정리한 표인데, 외국과의 거래는 경상계정과 자본계정으로 나누어 기록하며, 경상계정에는 외국과의 재화와 서비스거래를 기록하고 자본계정에는 해외로부터 빌려온 외화의 차입금이나 우리나라에서 외국에 빌려준 외화에 대한 기록이 이루어진다. 그리고 경상거래에서 수입과 지출의 차이를 경상수지라고 하고 자본의 유출과 유입의 차이에서 일어난 수지를 자본수지라고 한다.

앞에서도 설명했듯이 우리가 일반적으로 일컫는 국제수지는 경상수지를 말하는데, 경상수지는 무역수지, 무역외수지, 이전수지로 구성되어 있다. 무역수지는 재화 즉 상품의 수출과 수입의 차이에서 생기는 수지인데 수출은 FOB 가격으로 계상되고 수입은 CIF 가격으로 평가되나, 국제수지 작성 시에 수출, 수입 모두 FOB 가격으로 계상(計上)하고 CIF 가격에서 제외된 해상운임·항공운임 또는 보험료는 무역외수지에서 다루게 된다.

〈표 8-4〉 국제수지표의 구성

- 종합수지
  - 경상수지
    - 무역수지
      - 수출
      - 수입
    - 무역외수지
      - 운임 및 보험
      - 기타 운송
      - 관광
      - 해외투자수익
      - 기타 용역
    - 이전수지
      - 이전수입
      - 이전지급
  - 자본수지
    - 장기자본수지
      - 직접투자
      - 증권투자
      - 공공상업차관
      - 장기무역신용
      - 기　타
    - 단기자본수지
      - 단기무역 신용
      - 원유단기 차입
      - 단기 연불수출
      - 민간단기 외화보유
      - 기타
  - 오차 및 누락

무역외수지는 외국과의 서비스거래 시 발생하는 수지이므로 선박, 항공 등의 운임이나 보험료수취액 또는 관광수입, 해외 외환대출에 대한 이자수입 등이 무역외수지에 해당된다. 이전수지라 함은 어떤 대가없이 무상으로 물품이나 자금을 송금하여 오는 경우이며 외국에 있는 친척이 국내에 있는 친지에게 송금하는 경우나 무환수출 시 sample을 서로 보낼 때에 해당된다.

경상수지는 재화와 서비스의 거래를 중심으로 하여 이루어지는 수지인 반면에 자본수지는 정부나 민간 또는 기업에서 해외로부터 자금을 들여오는 경우 또는 정부나 민간 또는 기업에서 해외에 자금을 유출하는 경우이다.

자본수지는 단기자본수지와 장기자본수지로 분리하여 기록하는데, 단기자본수지는 거래발생일로부터 1년 이내에 상환하여야 할 거래이며, 장기자본수지는 거래발생일로부터 1년 이상 기간에서 상환이 이루어지는 거래를 나타낸다.

우리가 보통 종합수지라고 하면 경상수지와 자본수지를 합하고 통계작성 시 발생하는 오차 및 누락까지를 합한 수지를 말한다. 그러므로 우리는 종합수지를 보면 경상수지와 자본수지를 총체적으로 파악할 수 있으므로 국제수지에 대한 정책수립 시 매우 중요한 지표로 사용될 수 있다.

4. 국제수지의 관리

국제수지는 크게 경상수지, 자본수지, 오차 및 누락을 포함하여 종합수지라고 하는데, 종합수지 중에서 가장 중요하며 우리가 흔히 사용하는 개념이 경상수지이므로, 앞으로는 국제수지라고 하면 경상수지를 나타낸다고 앞에서 설명하였다. 그러나 이러한 경상수지의 중요성은 단순히 국제수지가 경상수지에 의하여 좌우되었던 예전과는 다르게 지금은 자본수지도 매우 중요한 개념으로 대두되었다.

일반가정에서와 마찬가지로 남의 돈을 갚을 능력도 없이 많이 빌려서 쓴 사람은 언젠가는 도산하게 되어 있으며 기업, 국가도 마찬가지다. 옛날에는 우스운 이야기로 해외로부터 빚이 많은 나라는 안보면에서 유리하다는 말까지 나왔다. 왜냐하면 외채가 많은 나라가 다른 나라로부터 침입을 받게 되면 외환을 제공한 나라가 침입을 당한 나라로부터 빚을 받아내기 위하여 군사적인 협조도 기꺼이 하리라는 믿음에서 나온 말이다.

그러나 앞에서도 설명한 바와 같이 경상수지 중에서도 무역수지가 중요한 이유는 무역수지는 무역외수지나 이전수지와는 다르게 소득과 고용문제와 연결되어 있기 때문이다. 무역수지가 흑자가 되면 상대국보다는 고용과 소득면에서 유리한 고지에 있다고 할 수 있다.

국제수지가 흑자인 상태에서는 국내물가상승이 예상되더라도 수입으로 대체하여 물가상승 압력을 해결하여 국제수지에 큰 지장이 없으므로 순탄하게 국내물가안정화정책을 시도할 수 있다. 이와 반대로 국제수지가 적자인 상태에서는 수출이 점점 줄어들고 있다는 결과이므로 소득 및 고용창출효과 역시 감소하고 있다고 볼 수 있다. 우리나라와 같이 외채가 많은 나라는 국제수지관리에 매우 신중을 기하여야 한다.

그러나 국제수지 흑자가 반드시 좋은 면만 있는 것은 아니다. 왜냐하면 국제수지가 너무 흑자이다 보면 통화량이 급격히 증가하여 인플레이션이 일어날 확률이 높으며, 상대방으로부터 원화절상의 압력을 받게 되어 다시 수출이 줄어드는 현상이 나타날 것이다. 그러나 우리나라와 같이 국제수지관리가 시급한 나라에서는 국제수지를 보전할 유일한 방법은 수출증대로 인한 무역수지 흑자나 해외인력파견이나 기업이 진출하여 무역외수지 흑자를 통한 경상수지 흑자정책이 매우 중요하다고 할 수 있다.

또한 기초수지라 함은 경상수지에다가 단기자본수지는 제외하고 장기자본수지만 합하여 나타내고 있다. 여기서 단기자본수지가 제외되는 이유는 단기자본수지는 이자율에 따라 국제 간에 수시로 이동하기 때문에 근본적인 국제수지 개념이 아니므로 기초수지 개념에서 제외되며 기초수지를 보면 한 나라의 장기적인 국제수지상태를 파악할 수 있다.

국제수지표 구성에서 보았듯이 종합수지는 경상수지·자본수지 오차 및 누락의 합계를 뜻하는데 수출·수입에 의한 경상수지는 적자인 상태이면서도 외국의 자본이 국내에 너무 많이 유입되면 종합수지는 흑자가 될 수도 있으며 외화의 공급이 원화보다 많게 되므로 원화절상압력을 받게 되어 수출경쟁력 약화로 수출이 더욱 줄게 되어 경상수지는 더욱 악화될 경향이 있으므로 종합수지관리에 상당한 신경을 써야 되며, 종합수지가 흑자라고 해서 반드시 좋은 것만은 아니라는 것을 알아야 한다.

05 환율평가이론

환율이 적합하게 평가되었는지 또는 적합하지 않게 평가되었는지를 구분하는 이론으로서 5가지의 이론이 있는데 알기 쉽게 그림으로 나타내면 다음과 같다.

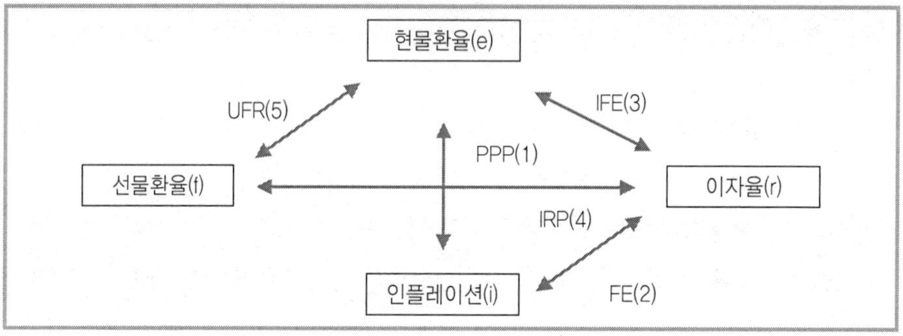

[그림 8-4] 환율평가이론

1. 구매력평가이론(PPP : purchasing power parity)

구매력평가이론은 현물환율과 인플레이션과의 상관관계를 평가한 이론으로써 환율의 실질구매력을 평가한 것이다

$$e = \frac{Ph \cdot i}{Ph \cdot i} \quad (i = 1 \cdots\cdots\cdots N)$$

$$e = \frac{Ph}{Pf}$$

즉 현물환율(e)은 외국 물가지수의 비율을 나타낸다.

구매력평가이론의 성립 흐름도를 나타내면 다음과 같다.

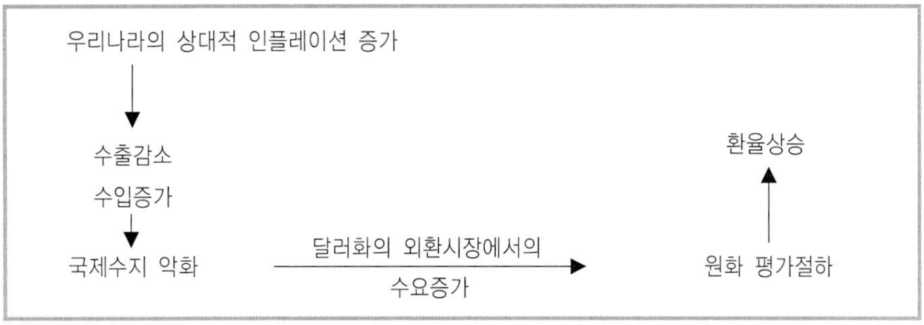

[그림 8-5] 구매력평가이론의 흐름도

ex) 2001년 우리나라 물가지수	109
기준물가지수	100
일본의 물가자수	208
기준물가지수	200

만약 2001년 ￥ : ₩의 환율이 ￥100=790원이었다면 2002년의 균형환율은 얼마인가?

$$\text{우리나라 } inflation \frac{109-100}{100} = 0.09(9\%)$$

$$\text{일본 } inflation \frac{208-200}{200} = 0.04(4\%)$$

$$\text{따라서 } \frac{e1-790}{790} = 0.09-0.04 \quad e1 = 829.5$$

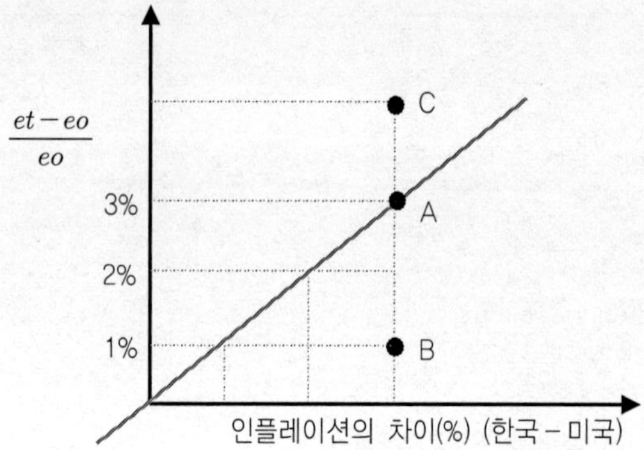

B점 : 합리적 투자자 ⇒ 달러화 매입 ⇒ 채권통화표시 달러화로 하여 미래의 달러화의 평가절상으로 인한 이득

C점 : 달러화가 과대평가되어 있다. ⇒ 달러화 매각 ⇒ 채무통화표시 달러화로 하여 달러화의 평가절하로 인한 손실 방지.

[그림 8-6] 구매력평가이론 환율예측

ex) 현재(t 시점) 우리나라 물가지수 107

(기준물가지수 o점 → 100)

미국 물가지수 208, 기준물가지수 200

$$한국\ inflation\frac{107-100}{100}=7\%$$

$$미국\ inflation\frac{208-200}{200}=4\%$$

inflation의 차이 $(7-4)=3\%$

o 시점에서 $ 1 : 800원이었다면

t 시점에서의 환율은

₩800(1+ 0.03) ⇒ $1 : 824원이어야 한다.

2. 피셔효과(Fisher effects)

피셔효과평가이론은 이자율과 인플레이션의 상관관계를 설명한 이론이다. 다시 말하면, 명목이자율은 실질이자율과 인플레이션에 대한 기대감을 합한 이자율을 뜻한다.

사람들은 대부분 협정 체결 시 명목이자율이 아니라 현재의 구매력과 미래의 구매력의 교환비율인 실질이자율을 고려한다는 이론이다.

국제금융시장이 효율적이면 실질이자율은 국가 간에 동일하다.

명목이자율과 실질이자율의 관계를 수식으로 나타내면 다음과 같다.

$$1+r=(1+a)(1+i)$$

r : 명목이자율

a : 실질이자율

i : 기대 인플레이션

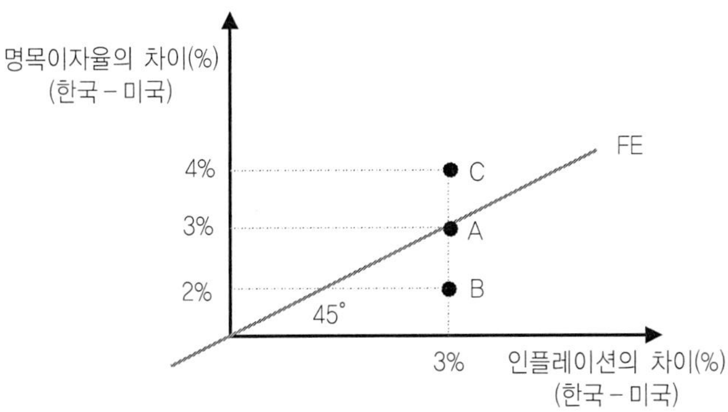

B점 : 우리나라에서 미국으로 대규모 자금이동 발생 ⇒ 이자율 상승

C점 : 우리나라로 대규모 자금 유입 ⇒ 이자율 하락

[그림 8-7] 피셔효과

3. 국제 피셔효과(IFE : international Fisher effects)

국제 피셔효과는 현물환율과 이자율의 상관관계를 평가하는 이론으로서 환율예측에 이용되며 구매력평가이론과 피셔효과를 합한 이론으로서 국제실물시장(구매력평가이론)과 국제금융시장(피셔효과)을 함께 고려한 이론으로, 현행 환율의 변화는 정확히 이자율 차이의 변화에 비례한다는 이론이며 수식으로 표현하면 다음과 같다.

$$\frac{et-eo}{eo}=rh\cdot t-rf\cdot t$$

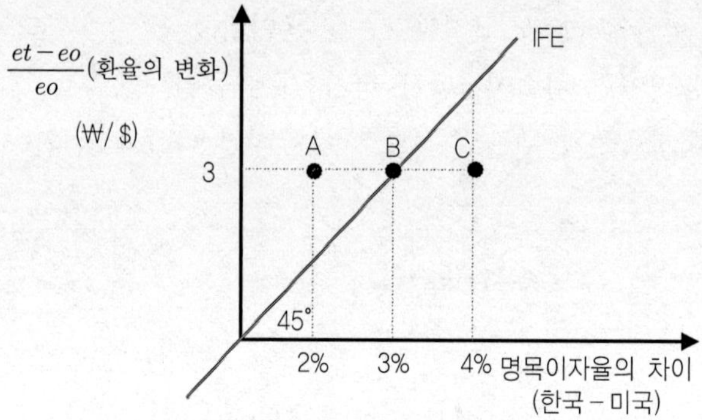

[그림 8-8] 국제 피셔효과

앞의 수식은 현행환율의 변화는 정확히 국내 이자율과 국외 이자율의 차이에 의해서 상쇄된다는 이론이다.

ex) 1년 만기 금융시장에서 우리나라 이자율은 11%이고 미국 이자율은 8%라고 할 때 현재 $1당 800원이며 1년 후에는 환율이 어떻게 변해야 하는가?

$1: ₩800(1+ 0.03) $1: ₩824

1년 후에 이자율이 3% 변하면 환율도 3% 차이가 나야 한다.

즉 $1: 800원 ⇒ $1: 824원으로 평가절하되어야 한다.

C점의 경우 : 미국으로부터 대규모 자금이 유입

⇒ 이자율 하락 → A점으로 이동

ex) $1: 780원 미국 이자율 연 12%

한국 이자율 연 9%

1년간 미국의 인플레이션 3%이고 1년간 한국의 인플레이션 6%일 때 1년 후 원화 외환율은?

IFE가 성립하면 $\frac{et-eo}{eo} = rh - rus$

$$\frac{e1-780}{780} = 0009 - 0012,\ e1 = 756.6$$

앞의 IFE가 뜻하는 것은, 서로 다른 통화로 표시된 동일한 종류의 증권에 투자하는 경우 투자가들이 가치하락이 예상되는 통화로 표시된 증권에 투자하기 위해서는 그 통화가치 하락에 따른 손실을 상쇄할 수 있는 만큼 명목이자율 상승을 요구하는 것이다.

4. 이자율 평형이론(IRP : interest rate parity)

이자율 평형이론은 이자율과 선물환율 간의 상관관계를 설명하는 이론으로서 동일한 만기와 동일한 위험수준을 가진 증권의 국가 간 이자율 차이는 외국통화에 대한 선물환 환율(forward exchange rate)의 할인 또는 할증(dliscount or premium)과 같아야 한다는 이론이다.

ex) 현물환율 : ₩800/$ 미국의 91일 이자율 3.75%(연 15%)
선물환율(91일) : ₩792/$ 한국의 91일 이자율 2.5%(연 10%)

$$\frac{792-800}{800}\times 100 = -1\%(\text{연 } 4\%)$$

미국이자율과 한국이자율 연차이 5%↑
선물환에 대한 현물환 환율보다 4%↓
이때는 시장 불균형이 일어난다.

이때 재정거래에 의한 이익존재는 두 나라 사이의 이자율(5%)에 비해 선물환에 대한 할인(4%)이 낮기 때문에 발생하는 것이다. 시장이 효율적이면 이러한 이익은 존재하지 않고 국가 간 이자율의 차이는 외국통화에 대한 선물환율의 할인 또는 할증과 같아야 한다.

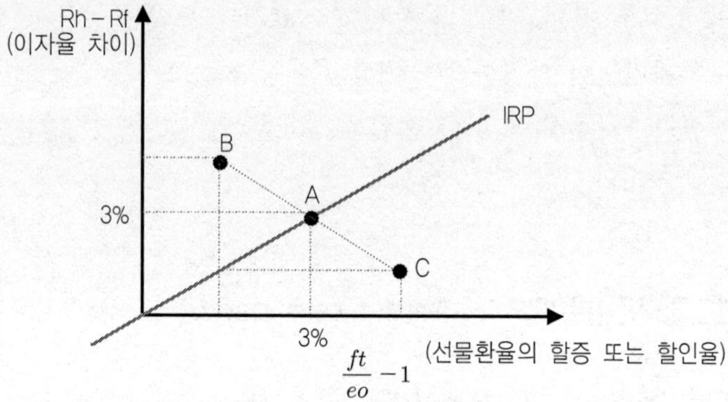

[그림 8-9] 이자율 평형이론

B점의 경우는 이자율 차이가 선물환율 할증률보다 더 크기 때문에 국내투자가 유리하게 되므로 대규모자금이 유입되어 이자율 하락하여 균형으로 돌아간다.

5. 미래 현물환율의 불편추정치로서의 선물환율 (UFR: unblessedness of forward rates)

이 이론은 선물환율은 미래 현물환율의 불편추정치가 되어야 시장이 균형이 된다는 이론이다. 불편추정치란 통계학적 개념으로써 평균개념이 도입된 이론이다. 그래프로 나타내면 [그림 8-10]과 같다.

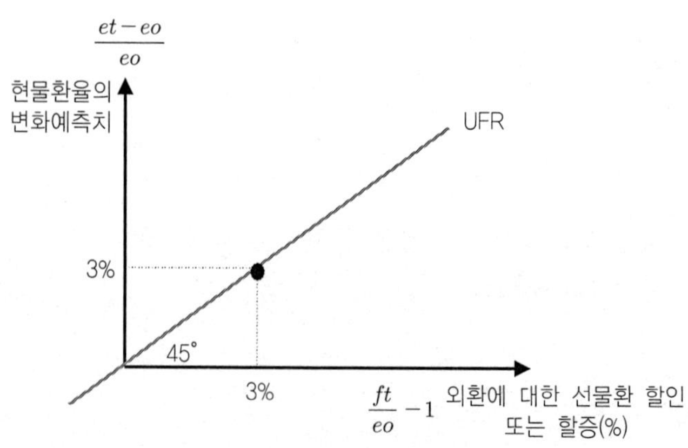

[그림 8-10] 선물환율

이자율평형이론: $rh \cdot t - rf \cdot t = \dfrac{ft}{eo} - 1$

국제 피셔효과: $rh \cdot t - rf \cdot t = \dfrac{et - eo}{eo}$

$$\frac{et - eo}{eo} = \frac{ft}{eo} - 1 \qquad \frac{et - eo}{eo} = \frac{ft - eo}{eo}$$

et=ft, 이는 선물환율 ft가 미래 현물환율 et의 불편추정치다.

09

국제시장(國際市場)

01 국제무역의 의의 및 발생원인
02 국제무역이론
03 무역절차
04 국제무역환경의 변화

Chapter 09

국제시장(國際市場

01 국제무역의 의의 및 발생원인

국제시장이라고 함은 국내시장에 반대되는 개념으로 우리가 흔히 말하는 수출과 수입이 일어나는 시장으로써 무역이 이루어지는 나라 간의 시장을 말한다. 수출품의 가격도 국가 간의 수요와 공급에 의하여 결정되고 수입품도 국가 간의 수요와 공급에 의하여 결정된다.

우선 수출과 수입시장을 이해하기 위해서는 수출과 수입이 일어나는 절차에 대하여 알아보고 국제무역의 필요성, 무역의 경제적 효과 또는 UR협상과 WTO 제정에 의하여 국제 간의 무역질서와 무역환경이 어떻게 변화하고 있는지 알아보는 것이 중요하다.

1. 국제무역의 의의

예전에는 자기 나라에서 재화와 서비스를 생산하여 소비하는 폐쇄경제체제였으나, 국가 간에 서로 경제가 발전하고 성장하여 국가별로 유리한 산업에 특화함으로써 특화되지 않은 상품이나 서비스는 외국에서 수입하여 쓰고 특화된 상품은 외국에 수출하는 것이 유리하다고 판단하여 국가 간에 무역의 필요성을 느끼게 되었다.

다시 말하면, 국가별로 경제성장속도가 다르고 각 국가별로 보유한 자원의 양과 종류가 나라별로 달라서 기술집약적, 자원집약적, 노동집약적인 상품과 서비스가 국가별로 다르게 생산되기 때문에 국가 간에 서로 부족한 상품은 수출과 수입을 통하여 보충할 필요성에 의하여 국가 간에 무역이 필요하게 되었다. 전에는 선진국에서 후진국에 원조형태의 불평등한 무역이 이루어졌으나, 이제는 UR협상이나 WTO제정에 의하여 선진국, 중진국, 후진국에 관계없이 공평한 시스템하에서 거래를 해야만 되게 되었다.

2. 국제무역의 발생원인

국제 간에 무역이 발생하는 원인은 상품과 서비스의 품질과 가격면에서 따져 볼 수 있다. 우선 가격과는 관계없이 어떤 나라에서 생산되는 상품이 최상의 품질이라면 가격이 조금 비싸다고 하더라도 다른 나라에서 수입하여 쓰려고 하며 이 상품을 만드는 나라에서는 이 품질 좋은 상품을 만들어서 수출하여 외화를 벌려고 하므로 국가 간에 무역이 성행하게 된다.

무역이 성행하는 또 하나의 이유는 같은 상품이라도 국가 간의 기술이나 자원보유상태에 따라 제품의 가격이 다르므로 가격이 싼 나라에서 상품을 수입하여 쓰려고 하기 때문에 양국 간에 무역이 발생하고 수입품의 가격이 국내제품 가격과 경쟁이 될 때까지 수입은 계속 일어날 것이다. 비록 우리나라가 분단되어 있더라도 남북한이 서로 무역을 하게 되면 남북한이 서로 보유한 자원과 기술이 다르기 때문에 무역의 이익이 충분히 발생할 것이다.

또 하나의 국제무역이 발생하는 이유는 국가 간 분업에 의한 이익을 얻고자 함이다. 국가 간 분업이란 각 국가는 자연적, 기술적, 노동적인 여건이 다르기 때문에 자기 나라에 유리한 상품에 특화할 수 있는데, 이때 특화된 상품을 자국에서 소비하고 나머지 상품은 외국에 수출하여 외화를 획득할 수 있다. 이와 같이 국제교역에 근거하여 생산을 특화하여 자원의 생산성을 증가시킴으로써 국제분업의 이익을 갖게 되는 것이다.

02 국제무역이론

국제경제이론의 기초는 무역의 발생으로 인하여 성립되었으며 무역이론은 각국이 왜 무역을 하게 되었는가를 설명하며 동시에 무역을 함으로써 얻게 되는 이익에 대하여 설명하려고 무역이론을 만들었는데 이 무역이론에는 절대우위론과 비교우위론이 있다.

1. 절대우위론(絶對優位論)

국내에서 개인들 사이에 교환거래가 이루어지는 것은 교환을 통하여 서로 이익이 발생하기 때문이다. 국가 간의 무역거래도 이러한 교환을 통한 이익이 발생하기 때문이다. 무역의 이익이 발생하여 무역거래가 성립되는 이론을 체계화한 사람 중의 한 명인 애덤스미스(Adam Smith)가 절대우위론을 주장하였다. 절대우위론(theory of absolute advantage)이란 양국 간에 한쪽 상품에 한 나라가 절대적으로 우위를 갖고 있다는 이야기인데, 예를 들면 한국과 미국이 옷과 신발을 서로 생산한다고 하면, 어느 한 나라는 옷이나 신발 등 한 품목에 절대적인 우위를 갖고 있다고 할 수 있다.

예를 들어, 한국이 옷과 신발을 생산하는 데 노동투입량이 각각 5단위와 2단위가 필요하고 미국이 옷과 신발을 생산하는 데 노동투입량이 각각 1단위나 6단위가 필요하다고 하면, 옷에 대하여는 미국이 절대우위를 갖고 신발에 대하여는 한국이 절대우위를 갖고 있다고 할 수 있다.

이 경우에 양국은 절대우위가 있는 상품은 상대국에게 수출하고 절대우위가 없는 상품은 상대국에서 수입하여 사용함으로써 양국은 서로 노동투입량을 절약하게 되어 무역의 이익을 발생시킨다. 만약 미국이나 한국 중 어느 한 나라가 옷이나 신발에 대하여 모든 제품에 대하여 한 나라가 절대우위를 갖고 있으면 양국 간에 무역은 발생하지 않는다.

2. 비교우위론(比較優位論)

앞의 절대우위론에서는 한 나라가 모든 제품에 대해서 절대우위를 갖고 있으면 양국 간에 무역은 일어나지 않는다고 주장하였는데, 실제는 그렇지 않다. 실제로는 비록 한 나라가 모든 제품에 관하여 절대적으로 우위를 지니고 있다 할지라도 그 중에서 가만히 살펴보면 절대우위는 아니지만 상대적으로 우위가 있을 수 있는데, 이 경우에도 양국이 무역을 하면 양국에 무역이익이 발생된다고 보는 이론이 비교우위론(theory of comparative advantage)이며 리카도(David Ricardo)에 의하여 주장되었다.

예를 들어 설명하면 다음과 같다. 미국과 한국이 각각 자동차와 배를 만든다고 하자. 미국이 자동차와 배를 만드는 데 노동투입량이 각각 3단위와 1단위가 필요하고 한국이 자동차와 배를 만드는 데 노동투입량이 각각 5단위와 10단위라고 한다면, 미국은 한국에 비하여 두 상품 모두에 대하여 절대우위를 갖고 있다. 하지만 절대우위 속에서도 상대적인 비교우위를 찾아내면 다음과 같다.

두 나라 사이에 무역이 일어난다고 하면 미국은 자동차 1단위를 생산하기 위하여 배를 3단위 포기하여야 되는데, 이때 자동차를 생산하기 위하여 포기하여야 되는 배의 생산량을 기회비용이라고 한다. 이 기회비용이 클수록 비교우위가 없다고 볼 수 있기 때문에 이때는 상대국에서 수입하여 사용하는 것이 이익이라고 할 수 있다. 반면에 한국은 자동차 1단위를 더 생산하기 위하여 포기해야 할 배의 생산량은 1/2에 해당되기 때문에 쉽게 이야기하면 자동차 2단위를 생산하기 위하여 배 1단위만 포기하면 된다. 그러나 미국은 자동차 1/3 단위를 생산하기 위하여 배는 1단위만 포기하면 된다.

위에서 배를 기준으로 한 기회비용은 한국이 적기 때문에 한국은 미국에 자동차를 수출하는 대신 배는 미국에서 수입하여 쓰고 반대로 미국은 배를 한국으로 수출하고 자동차는 한국에서 수입하여 사용할 때 양국은 무역이익의 혜택을 누릴 수 있으며, 양국 간에 무역거래가 발생하는 것이다.

03 무역절차

1. 수출입절차

위에서 설명한 바와 같이 국가 간에 무역을 하게 되면 비교우위론에 의하여 양국 또는 모든 국가가 무역이익을 얻게 되는데, 이와 같은 무역을 하는 데에는 수출·수입 모두 일정한 절차에 의하여 거래가 이루어지게 되어 있다. 수출·수입은 한 나라 안에서 개인과 개인끼리 또는 회사와 회사끼리 하는 거래가 아니고 국가 간의 개인이나 기업에 의하여 행하여지는 거래이므로 서로 간에 대금결제면에서 국내거래와는 다르게 이루어져야 한다.

국가 간 거래 시 대금결제면에서 단순히 개인이나 기업끼리 직접 결제하게 되면 문제발생 시, 즉 신용불량 시 대금결제에 문제가 생기므로 반드시 양국 간에 자국의 거래은행이 개입하게 되어 있다. 예를 들면, 한국과 미국에 있는 A회사와 B회사는 각기 자국의 거래은행을 설정하여 국가 간 대금결제가 한국과 미국에 있는 A회사와 B회사의 거래은행에 의하여 결제가 이루어지게 되어 있다. 결제과정에서 은행과 은행이 개입된다는 것이 국내거래와는 매우 다른 점이라고 하겠다.

그러면 먼저 수출절차부터 알아보면 다음과 같다.

① 수출업자는 상대국의 수입업자로부터 수입품의 가격 및 거래조건 등에 대한 문의를 받고 여기에 답하여 준다.
② 수입업자는 수출업자로부터 받는 가격 및 거래조건을 참조하여 수출업자에게 offer를 신청한다.
③ 수출업자는 수입업자에게 offer를 발송, 제시한다. 이때 수입업자는 수출업자가 발송한 offer가 이상이 있으면 다시 counter offer를 제시한다.
④ 수출업자는 수입업자로부터 받은 counter offer에 대하여 다시 수정된 offer를 제시한다.
⑤ 수출업자가 counter offer에 대하여 수정된 offer를 수입업자가 accept하면 수입업자는 수출업자에게 주문(order)을 하게 된다.

⑥ 수입업자는 확정된 offer에 근거하여 자기 거래은행을 통하여 전신으로 L/C를 수출업자에게 발송한다.
⑦ 수출업자는 수입업자의 외국환거래은행에서 발행한 신용장을 자국의 통지은행을 통하여 입수한다.
⑧ 수출업자는 자기가 직접 생산자인 경우는 필요 없지만 Local L/C 즉 상품공급자가 따로 있을 경우에는 상품공급자와 계약을 체결하고 상품주문을 하게 된다.
⑨ 수출업자는 자기 외국환거래은행으로부터 수출허가를 받아야 한다. 수출품목이 수출입기별 공고상 자동승인품목일 경우는 수출허가가 필요하지 않으나, 수출제한품목인 경우에는 관련협회나 주무관청의 허가를 받아야 한다.
⑩ 수출업자는 수출상품에 대하여 수출검사기관으로부터 검사증명서를 교부받아야 한다.
⑪ 수출상품은 수입업자의 요구대로 수출상품을 포장하여야 한다.
⑫ 수출업자는 선박회사와 수출상품운송계약을 체결한다.
⑬ CIF조건이면 수출업자는 보험회사와 수출상품에 대한 보험계약을 한다.
⑭ 수출업자는 세관에 수출신고(Export Declaration)를 하여야 한다.
⑮ 수출업자는 수출상품을 배에 선적하고 운임을 지급한 후 선박회사로부터 선하증권(Bill of Lading : B/L)을 발부 받는다.
⑯ 수출업자는 B/L, 해상보험증권, 상업송장을 첨부하여 수입업자 또는 신용장 발행 은행 앞으로 환어음을 발행한다.
⑰ 수출업자는 신용장을 첨부하여 외국환은행에 환어음을 취결토록 하여 외국환은행에 매입을 의뢰하여 수출대금을 받게 되는데 이러한 과정을 Nego한다고 한다.

다음에는 수입절차에 대하여 알아보기로 하자.

① 수입업자는 수출업자로부터 offer를 받는다.
② 수입업자가 수출업자로부터 받은 offer를 수락하게 되면 수입업자는 상품주문에 들어간다.

③ 수입업자는 외국환거래은행으로부터 수입허가를 받아야 한다.
④ 수입업자는 거래 외국환은행에 신용장 개설 의뢰를 한다.
⑤ 수입업자로부터 신용장 개설을 의뢰받은 외국환은행은 신용장을 발행해서 수출국에 있는 지점이나 거래은행을 통하여 발송하면 발송 받은 수출국의 외국환은행은 이를 수출업자에게 통고한다.
⑥ 수입업자는 수출업자와 수입계약을 체결한다.
⑦ 수입업자는 수출업자로부터 상품이 선적되었음을 통고받고 나서 수입상품 통관준비를 한다.
⑧ 수출업자가 발행한 환어음을 매입한 외국환은행은 환어음과 선적서류를 수입업자 거래은행에 송부하고, 수입업자 거래은행은 이환어음과 선적서류를 수입업자에 제시하여 수입대금결제를 하게 한다.
⑨ 선하증권을 인수한 수입업자는 이를 선박회사에 제시한다.
⑩ 수입업자는 세관에 수입신고를 하고 세관으로부터 수입면장을 교부받는다.
⑪ 수입업자는 수입면장을 교부받은 후 세관보세창고에서 수입상품을 반출한다.

수출입절차를 간단하게 도표로 나타내면 다음과 같다.

[그림 9-1] 수출입절차

2. 무역대금 대차결제 방식

국제무역에 있어서는 국내거래와는 달리 대금결제에 있어서 국가 간의 지급보증을 해주어야 하기 때문에 수출업자와 수입업자 사이에는 반드시 자국의 거래은행이 개입되어 수출업자와 수입업자 간의 대금결제를 대신하게 되어 있다.

이러한 대차결제(貸借決濟)방법에는 송금환과 추심환의 두 가지 방법이 있다. 일반적인 무역대금 결제방법은 대부분 추심환이다.

1) 송금환의 경우

예를 들어, 한국의 수입업자가 미국에서 전자제품을 수입한다고 가정하면 송금환 결제방법은 추심환의 경우와 비교하여 매우 간단하다.

송금환의 경우에는 수입업자가 한국의 자기 거래은행에 가서 수입대금을 원화로 수입어음 결제환율에 근거하여 결제하면 자기 거래은행으로부터 송금어음을 교부받아 미국의 수출업자에게 보낸다. 미국의 수출업자는 수입업자가 보낸 송금어음을 자기 미국 거래은행에 제시하면 미국의 주거래은행은 수출업자에게 수출대금을 지급하여 준다. 이러한 결제절차를 도표로 나타내면 [그림 9-2]와 같다.

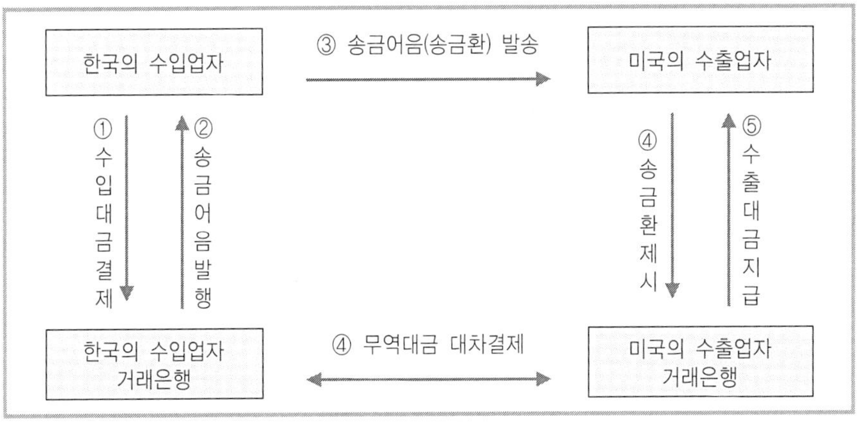

[그림 9-2] 송금환의 경우

2) 추심환의 경우

위에서 설명했듯이 무역대금결제 방법에는 송금환, 추심환 두 가지 방식이 있다고 하였는데 무역대금 결제 중 대부분은 추심환의 경우이다. 추심환 방식이 송금환 방식과 다른 점은 추심환은 무역절차에서 이루어지는 정식서류를 가지고 수출업자가 자기 주거래은행에 제시한다. 다시 말하면, 미국 수출업자가 선적서류와 환어음을 수출업자가 B/L 등의 선적서류를 근거로 하여 자기 주거래은행에서 발행하는 것이다. 수출업자는 이러한 환어음과 선적서류를 가지고 자기 주거래은행에서 수출대금을 지급받게 되는데 이러한 절차를 무역용어로 Nego(Negotiation)라고 한다.

미국의 주거래은행은 수출업자에게서 받은 환어음과 선적서류를 한국의 수입업자 거래은행에 제시하면 한국의 주거래은행은 이를 다시 한국의 수입업자에게 제시한다. 이렇게 되면, 한국의 수입업자는 한국 주거래은행에 수입대금을 지불하고 선적서류를 인수받아 선박회사에서 물품을 인도받게 되는 것이다.

이러한 절차를 거치면 결국 미국과 한국의 주거래 외환은행끼리 무역대금의 대차결제가 이루어지게 되는 것이다. 이와 같은 추심환의 대차결제과정을 도표로 나타내면 [그림 9-3]과 같다.

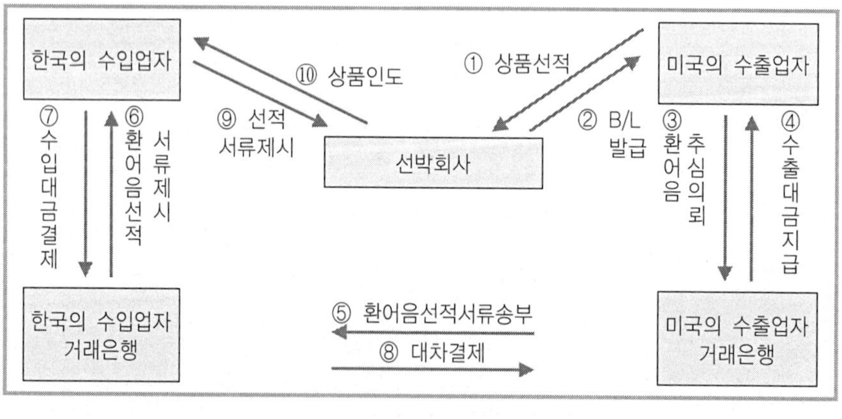

[그림 9-3] 추심환의 경우

추심환의 경우 D/A 조건과 D/P 조건 두 종류가 있는데 다음과 같다.

1. D/A(documents against acceptance : 인수인도조건)

추심은행으로부터 환어음 결제를 요구받았을 때 이를 인수한 후 환어음 대금결제 은행으로부터 선적서류를 인도받아 이를 선박회사에 제시, 수입화물을 인수 후 이를 매각한 대금으로 수입대금을 결제할 수 있는 조건의 어음.

2. D/P(documents against payment : 지급인도조건)

추심은행으로부터 추심 대금결제를 요구받았을 때 수입대금을 즉시 은행에 납부하고 선적서류를 인도 받는 조건의 방법.

04 국제무역환경의 변화

제2차 세계대전이 끝난 직후 세계 각국들은 국제무역을 하는데 있어서 일정한 질서와 일관된 체계가 필요하게 되었다. 경제가 발전하고 성장함에 따라 국가 간의 교역량이 증대하고 교역국가 수가 늘어남에 따라 관세를 비롯한 국제무역에 관한 통일된 규칙이 필요하게 되었다. 그 결과 만들어진 것이 GATT(General Agreement on Tariffs and Trade) 즉 "관세 및 무역에 관한 일반협정"이다.

그러나 GATT는 국제무역기구(International Trade Oranization : ITO)가 만들어지기 전에 잠정적으로 채택하고자 성립된 것이었으나, ITO 성립이 이루어지지 않자 WTO(World Trade Organization)체제가 성립되기 전까지 존립하였다. 그러나 이러한 GATT는 일반적인 무역질서에 대한 제재가 약했기 때문에 국제무역질서를 조정하는 데 힘이 약하여 보다 제재가 강한 국제무역기구가 필요하게 되었다. 그 결과 만들어진 조직이 국제무역기구(WTO)이다. 다음에는 GATT, UR, WTO 등에 대하여 자세히 살펴보기로 하자.

1. GATT체제의 성립과 배경

관세와 무역에 관한 일반협정(GATT)은 제2차 세계대전 이후 미국이 중심이 되어 성립된 국제무역에 관한 규칙이다. GATT는 Bretton Woods Agreement에 의하여 성립되었다. 제2차 세계대전 이전에는 세계무역이 활발하지 않고 보호주의가 거의 모든 국가에 적용되었기 때문에 국제무역질서를 바로잡는 기구가 필요하지 않았다. 그러나 제2차 세계대전 이후 세계의 무역이 자유무역으로 변하면서 국제무역질서를 바로잡을 세계적인 규칙이나 기구가 필요하게 되었다.

이러한 국제무역체계를 뒷받침할 국제무역기구의 설립을 목적으로 ITO(국제무역기구)를 만들기로 합의하여 ITO헌장 초안을 만들고 1946년 런던회의, 1947년 뉴욕회의 및 제네바 회의를 거쳐서 하바나 헌장(Havana Charter)을 만들었다. 하바나 헌장 초안을 기초로 하여 회원국들은 관세율인하와 특혜관세 폐지를 필요로 하여 스위스 제네바에서 23개국이 참가하며 관세인하협정을 타결하였다. 이로 인하여 GATT가 출범하는 직접적인 계기가 되었다. 처음에는 ITO를 출범시키기 전에 잠정적으로 GATT를 운영하다가 ITO 설립이 지연되어 GATT체제로는 국제무역질서를 유지하는 데 힘든 점이 많이 발견되어서 다른 국제무역기구를 설립할 필요성을 느끼게 되었다.

GATT가 출범할 당시의 이념은 생활수준의 향상, 완전고용을 통한 소득증대, 세계자원의 효율적 이용, 상품생산 및 교역확대 등이 GATT의 기본정신이었다. 이와 같이 GATT는 세계경제의 성장을 이룩하기 위하여 무차별원칙에 입각하여 자유무역실현에 앞장서게 되었다.

GATT의 기본정신인 무차별원칙은 회원국 어느 국가에도 유리한 혜택을 주지 않는다는 원칙이다. 이러한 GATT의 원칙에 입각하여 어느 국가에도 특혜를 인정하지 않았다. 다시 말하면, 회원국 중 어느 한 국가가 관세를 인하하면 다른 국가도 따라서 관세를 인하하여야 하는 조치를 취해야 한다.

GATT의 규칙에는 세 가지가 있는데 다음과 같다.

첫째, GATT회원국은 1차상품(농산물) 이외에는 수출보조금을 주어서는 안 된다.

둘째, GATT회원국은 수입에 의하여 국내산업이 크게 위축되어지는 경우를 제외하고는 수입할당량을 정해서 수입을 제한해서는 안 된다.

셋째, 새로운 관세를 설정하거나 관세를 인상하는 경우에는 그 대신 다른 상품의 관세를 인하하여 형평을 맞춰야 한다.

2. GATT체제의 한계

1948년 제2차 세계대전 직후에 세계무역질서를 위하여 GATT체제가 만들어져 운영되어 오다가 각국 경제가 보다 성장하여 교역량이 늘어나고 거래관계가 복잡해짐에 따라 GATT체제로는 해결할 수 없는 문제점이 많이 발생하게 되었는데, 문제점으로는 서비스무역에 대한 규칙 또는 지적소유권문제 그리고 농산품에 대한 국가 간 거래 시 문제점 등이다.

GATT체제의 한계점으로는 GATT규정의 구속력이 미흡하였으며 GATT규정의 통일성과 체계성이 부족하였다. 그리고 GATT체제 자체로는 국제협정으로서는 조건이 불충분하였다. GATT체제하에서 농산품에 대한 문제는 정치적인 문제점으로 쉽게 비화될 수 있기 때문에 GATT체제로는 문제점을 해결하지 못하였다. 어느 국가이건 농업에 종사하는 사람들은 저소득계층이기 때문에 농산품 수출, 수입개방에는 모든 국가가 매우 신경을 쓰게 되었다.

이와 같이 농산품에 대한 무역을 자유화시키기 위하여 이루어진 것이 UR(우루과이 라운드)이다. 미국과 일본은 피상적으로는 공업국가처럼 보일지 모르지만, 실제로는 농업국가이기도 하다. 전에는 미국은 잉여농산물을 무상으로 개발도상국들에게 공급하여 왔으나, 지금은 무상원조를 중단하고 외국에 수출하여 외화를 획득하려고 한 결과 UR을 제정하여 국가 간에 농산품 수출입이 자유스럽게 만들었다. 그 결과 이제 농산품은 각 국가의 보호대상 품목이 더 이상 될 수 없다는 처지에 놓이게 되었다.

3. UR의 추진배경 및 성과

UR의 추진배경은 앞에서 약간 언급한 바와 같이 미국이 1960년대에 접어들어서 무역수지 적자 등으로 인하여 경제력이 약화되었고 1970년대와 '80년대 초에 제1차, 2차 오일쇼크에 의하여 재정적자와 무역적자가 더욱 악화됨에 따라 비교적 우위가 있는 농산품이나 서비스, 지적소유권 등을 국제무역규칙체제인 GATT에 포함시켜서 자유무역을 통한 수출을 증대시켜서 무역수지보전으로 경제력을 회복하고자 노력하게 되었다.

이러한 노력은 1980년대 초부터 거론되어서 1982년 11월 제네바회의에서 본격적으로 다루어지게 되었다. 그리고 1983년 5월 윌리엄스 경제정상회담이 UR 협상의 시발점이 되었다. 1986년 9월 우루과이 푼타 델 에스테(punta-del-Este)에서 개최된 GATT에서 UR이 공식적으로 출범하였다.

이러한 UR의 기본목표는 상품뿐만 아니라 서비스, 지적소유권, 농산품까지 국제무역에 있어서 시장개방, GATT체제의 미흡한 점 보완 및 규율강화, 향후 21세기를 대비한 국제무역질서를 강화시키는 것이다.

UR협정이 체결되기 전에는 각 나라마다 농업분야, 유통분야 또는 금융이나 정보통신분야는 개방을 하지 않았다. 각국은 이 분야에 비관세장벽을 만들어서 자국의 산업을 보호하게 되었다. 그러나 미국은 이러한 분야에 절대우위 또는 비교우위가 있으므로 이 분야에 각국의 무역거래개방을 시키고자 UR협정체결에 도래하게 된 것이다.

미국과 일본의 예를 보아도 UR협상이 체결되기 전에는 미국은 위의 분야를 일본에 전면 개방하였는데도 불구하고 일본이나 한국은 보호무역을 구실로 개방을 전혀 하지 않았다. 이와 같은 불공평성에 대하여 미국은 강력한 조처를 취하지 않을 수 없어서 제정한 것이 UR협정이다. UR협정 이후 미국이나 선진국은 비교우위가 있는 서비스, 지적소유권 등을 개발도상국에 수출하여 무역이익을 획득하고 있다.

서비스무역의 자유화란 금융, 정보, 보험, 법률, 통신 등의 분야에 대한 완전개방을 의미한다. 서비스무역이란 눈에 보이는 상품같이 수출과 수입에 의하여 직접거래가 이루어지는 것이 아니라 상대국 국가에 직접 들어가서 지점이나 법인을 설립하여 서비스를 제공하는 방법도 있다.

위에서 언급했듯이 GATT협정에는 일반적인 상품에 대한 자유화의 규정만 있었지 서비스나 지적소유권에 대한 자유화규정은 없었기 때문에 비교적 또는 절대적으로 이 분야에 우위를 갖고 있는 미국은 서비스무역자유화조치가 시급하게 인식되어 우루과이 라운드에서 이를 실현시키고자 강력히 밀고 나가게 되었다.

서비스무역에 대한 국제적인 규정에는 무차별원칙, 내국민대우, 제도의 투명성 및 제도의 조화 등이 있다. 무차별원칙이란 서비스 상품의 국제 간 거래 시 특정국의 기업이나 사람을 차별하지 않는다는 원칙이다. 그러나 EU나 NAFTA와 같은 기구는 엄격히 말하면 무차별원칙을 어기고 있다고 이야기할 수 있다. EU나 NAFTA협정은 회원국과 비회원국을 차별하고 있는 실정이다.

내국민 대우란 외국의 기업이나 자국의 기업도 똑같이 대우해준다는 원칙인데, 예를 들면 증권거래 시 정부의 정보공유 등 여러 가지 면에서 국내기업과 외국기업을 차별없이 대우해 준다는 원칙이다. 제도의 투명성이란 외국인이나 자국인 누가 보아도 불공정한 면이 없이 명확하고 정확하게 제도를 만들어서 공개하는 것을 의미하고 외국에서 불공정한 사례가 발생하지 않도록 하는 제도이다. 제도의 조화란 각국의 무역에 대한 제도를 가능하면 같은 형태로 만들어서 사용하자는 제도이다. 나라마다 무역에 관한 규칙이나 제도가 다르게 되면 국제 간의 서비스거래 시 혼란과 불평이 나타날 수 있으므로 제도를 통일시켜 사용하는 것이 바람직하다고 할 수 있다.

UR협정에서 규정한 다른 또 하나의 조항은 지적소유권(Intellectual property)이다. 지금까지는 개발도상국들은 지적소유권면에서 보면 선진국에서 개발한 지적소유권에 대해서 정당한 대가에 대한 지불 없이 무단복제해서 많이 사용하여 왔다. 미국과 같은 선진국이 막대한 자금을 투자하여 신기술을 개발해 놓으면 개발도상국들은 대가의 지불 없이 무단으로 사용하여 왔기 때문에 free-rider라고 볼 수 있다. 미국은 이와 같은 지적소유권에 대하여 정당한 대가를 지불하고 사용하게끔 하려고 UR협정에서 규정을 해놓으려고 하였다.

지적소유권이란 특허권, 저작권, 상품권 등 지적인 활동에서 발생하는 모든 권리를 의미한다. 지적소유권은 크게 3개 부문으로 나누어지는데, 공업소유권(Industrial right; 특허권, 실용신안권, 의장권, 상표권), 저작권(copyright), 소프트기술 등의 3부문으로 분류된다.

이와 같은 지적소유권을 인정하여 주는 이유는 개인이나 기업에게 Incentive를 주어서 신기술을 개발하게끔 제도적으로 보호하여 주는 것이다. 지적소유권

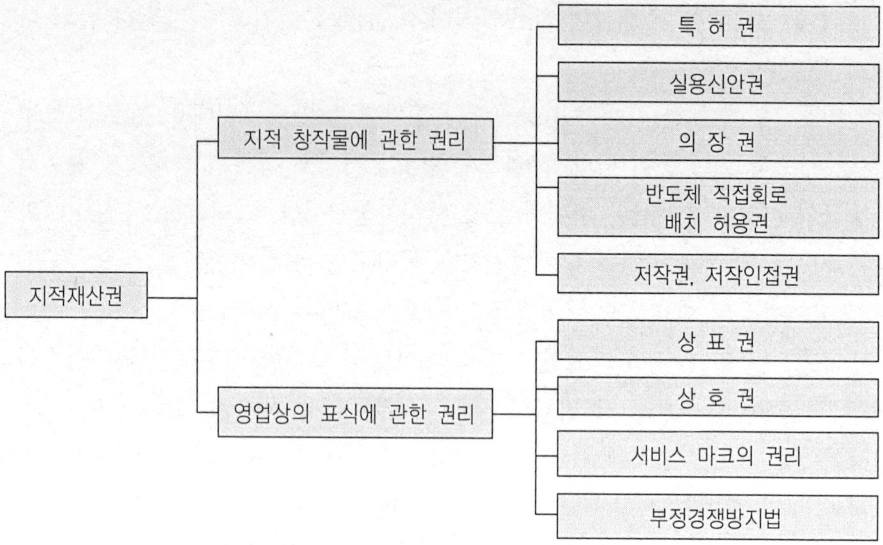

[그림 9-4] 지적재산에 관한 권리의 분리표

을 법적으로 보호하여 주면 독점으로 인한 경제적 이익을 추구할 수 있으므로 신기술 개발에 상당한 효과를 나타낼 수 있다. 만약 정부에서 지적소유권을 보호하여 주지 않으면 개인이나 기업은 막대한 자금을 투입해서 기술개발을 하려고 하지 않을 것이다. 그러나 지적소유권에 대한 독점권을 너무 지나치게 인정하여 주면 신기술이 다른 사람이나 기업에게 파급되어지지 않으므로 전체 경제적인 면으로 보면 오히려 손해가 될 수도 있다.

이렇게 지적소유권을 지나치게 인정하여 주면 신기술은 많이 개발되는 효과를 얻을 수 있지만, 신기술의 파급효과가 적어지기 때문에 과연 어느 정도의 기간만큼 지적소유권을 인정하여 주느냐가 최대 관심사가 될 수 있다. 다시 말하면, 지적소유권의 보호기간은 너무 짧아도 안 되고 너무 길어도 안 되며 적정기간을 설정하여야 되는데 기술의 종류에 따라서 다르게 설정될 수 있다.

나라에 따라서 지적소유권 보호기간이 다르고 지적소유권에 관한 규정이 다르기 때문에 미국과 같은 선진국은 지적소유권 즉 지적재산권 강화를 주장해 왔으며 다른 선진국들은 자국의 지적재산권 보호를 위하여 미국과 같이 보조를 취하여 UR협정에 지적재산권 보호문제를 추가시키기로 합의하였다.

4. WTO의 성립배경 및 기능

미국과 같은 선진국에서는 UR협상을 계속하여 오다가 7년 7개월만인 1994년 4월 모로코의 마타케시(Marrakesh)에서 개최된 각료회의에서 UR협상을 정식으로 종료하고 실질적이고 강력한 국제무역기구(WTO : World Trade Organization)를 탄생시키게 되었다.

이와 같은 WTO가 탄생되기까지에는 UR가입국과 그 외의 국가들끼리 수십 차례의 협상결과, GATT체제와 UR협정으로는 현 국제무역체계를 바로잡을 수 없다고 판단한 결과 새로운 국제무역기구(WTO)가 창설되었다. UR다자간 무역 협상의 타결에 따라 GATT의 뒤를 이어 WTO가 탄생된 것이다. 이로써 47년 동안 국제무역의 질서와 체계를 이끌어왔던 GATT체제는 UR협정을 출발점으로 하여 막을 내리고 WTO체제시대가 시작되었다.

처음에는 즉 WTO가 탄생되기 전에는 ITO(국제무역기구)를 결성하려고 하다가 이러한 노력이 무산되었다. 1944년 7월 미국 뉴햄프셔(New Hampshire) 주의 브레튼우즈(Bretton Woods)에서 IMF, IBRD, ITO의 체계를 유지하기 위하여 ITO(Inter- national Trade Organization)를 설립하기 위하여 회의를 가졌으나 회원국 간에 합의점을 찾지 못해 결국은 수포로 돌아가고, 그 대신 1995년 1월에 WTO가 공식출범함에 따라 IMF, IBRD와 함께 세계경제조정기구로서의 역할을 하게 되었다.

우리가 정치적인 문제를 해결하는 국제기구를 UN이라고 명칭할 수 있듯이 WTO는 국제무역에 있어서 UN이라고 할 수 있다. 다시 말하면, WTO는 UR협정을 보다 강력하게 이행하기 위하여 만들어진 조직이라고 할 수 있다.

이러한 강력한 세계무역기구가 탄생되고 운용됨에 따라 이제는 국제무역에 관한한 국경 없는 무한경쟁시대로 돌입하게 되었다. 세계 각국은 UR협정을 이행하기 위하여 각종 무역에 관한 규제를 풀어야 하며 유치산업이나 특정산업을 보호하기 위하여 취해졌던 비관세 장벽을 철폐하여야만 되게 되었다. 각 국가별 관세정책은 각 국가가 제출한 관세양허표에 따라 국가별 관세정책이 제약을 받게 되었으며 농민에게 주어왔던 보조금이나 특정산업에 주어왔던 특혜 등이 모두 없어지게 되었으므로 말 그대로 이제는 세계 각국이 조건없는 무역거래를 하게 되었다.

국제무역에 있어서 앞에서 설명하기로는 두 나라 간에 무역이 발생하기 위해서는 두 나라 간에 한 나라만이 어느 제품에 대하여 절대우위를 가져야지, 모든 제품에 대하여 한 나라가 절대우위를 갖고 있으면 무역이 이루어지지 않는다고 설명하였으나, 지금과 같은 WTO체제하에서는 비교우위론에 의한 무역이론은 성립하지 않고 절대우위론이 더욱 강력하게 무역발생을 뒷받침해주고 있다.

WTO의 출범으로 변화된 또 하나의 모습은 세계 각국은 1970년대를 중심으로 보호무역주의를 표방하다가 다시 자유무역주의로 전환하게끔 되었고 상품을 비롯한 농산물, 서비스 지적소유권에 대한 규정을 새로 제정하여 강력하게 이행을 촉구하고 있으며 각종 규정을 명확하고 구체화시키게 되었다.

WTO의 출범으로 다시 시작된 협상은 다자간 협상이라고 할 수 있는데, 새로 첨가된 문제점은 환경이나 노동, 기술정책 등에 대한 의제들이다. WTO의 출범으로 이러한 새로운 의제에 대하여 논의가 더욱 본격화될 전망이다. 이렇듯이 무역과 환경에 대한 논의가 WTO 출범으로 시작된 것이다. 마케팅에서도 전에는 볼 수 없었던 "Green Marketing" 이라는 개념이 나왔는데 마케팅도 앞으로는 환경문제를 고려치 않는 전략은 성공할 수 없다는 것을 의미한다. 다시 말하면, 공해를 일으켜서 자연을 손상시키는 제품은 다른 나라에 수입 시 철저히 규제를 한다는 내용이다.

마지막으로 WTO의 기능을 살펴보면 다음과 같다.

첫째, WTO 설립협정의 이행, 관리 및 운영체제 제공
둘째, 회원 간의 후속협상을 위한 만남의 광장 제공
셋째, WTO는 세계국가의 무역거래 시 분쟁해결 양해의 시행
넷째, WTO는 IMF, IBRD와 협조하여 세계경제질서 정립에 기여
다섯째, 무역정책검토제도의 시행
여섯째, 세계경제의 헌법재판소의 기능

5. OECD의 출범 배경 및 향후 전망

경제협력개발기구(OECD : Organization for Economic Cooperation Development)는 제2차 세계대전 직후 유럽의 경제부흥을 위하여 미국의 마샬플랜에 따라 1948년에 16개 유럽국가로 결성된 유럽경제협력기구(OECD)를 모태로 1961년 9월 30일 발족되었다.

OECD는 파리에 본부를 두고 있으며 설립 당시는 미국, 캐나다를 비롯하여 20개국이었는데 1996년 여름까지 28개국이었다가 1996년 10월 한국이 가입함으로써 29개국의 회원국이 되었다. OECD는 세계경제 중에서 차지하는 비율이 인구로는 전체세계인구의 18%에 불과하지만 GNP는 전 세계의 85%, 수출입교역량은 70% 이상을 차지하여 1인당 GNP가 2만달러 수준이다. 우리나라는 1인당 GNP 10,000달러 선에서 OECD에 가입하였으니 서둘러서 가입한 감이 있다.

김영삼 정부는 정권임기 내에 OECD에 가입하여 선진국 반열에 올라섰다는 치적을 자랑하기 위하여 억지로 환율저평가를 시도하면서 국민소득 $10,000선을 지키려고 하였다. 그 결과 수출이 부진하여 외환보유고 부족으로 인하여 우리나라가 IMF 외환위기를 맞게 된 원인 중의 하나가 되었다.

OECD의 3가지 목표는 회원국 간 정부차원의 정책협조와 개발도상국 원조, 자유롭고 다변적인 무역의 확대이다. OECD는 1960년대에 비관세장벽 철폐, 반덤핑관세 인정, 1970년대에는 일반특혜관세(GSP), 서비스, 금융부문 자유화 등의 개념을 주장하는 등 자본주의 시장경제체제를 위한 국제규약 제정을 선도하여 왔다.

OECD의 주요 조직으로는 이사회를 비롯한 집행위원회, 특별집행위원회 등 26개의 각종 전문위원회가 있으며 4개의 반 독립적인 부속기구와 2개의 민간자문기관이 있다. OECD에 가입하게 되면 OECD의 기본정신인 국내의 경제운영을 정부주도형에서 민간주도형으로 바꿔야 되고 대외적으로는 개방을 하여야 하며 우리나라도 '96년 10월에 가입하여 이 정신을 따라야 한다.

OECD에 가입하면 회원국 간의 유대를 긴밀히 함으로써 무역, 금융, 기술, 교육 방면에서 정책에 관한 정보이용이 용이해지며, 개방이 더욱 확대됨에 따라 외국인 투자가 증대되고 첨단기술의 유입이 이루어질 수 있다. 그러나 이와 같은 장점도 있지만 부정적인 효과로는 금융시장과 서비스시장, 다시 말하면 우리나라의 미숙한 시장도 개방을 하여야 되기 때문에 우리나라 시장잠식 또는 고용창출면에서 부정적인 효과가 있다. 특히 유통이나 정보통신 그리고 hot money 같은 hedge fund가 금융시장을 교란시킬 수 있는 여지가 많다고 하겠다.

OECD의 가장 핵심적인 내용은 회원국 간의 자본과 서비스가 자유롭게 이동될 수 있다는 것으로써, 이를 위해 경상무역외 거래 자유화 규약(The Code of Liberalization of Current Invisible Operation)과 자본이동자유화 규약(The Code of Liberalization of Capital Movement)이 제정되었다. 이와 같은 규약은 국제적인 조약은 아니지만 법적인 구속력이 있다. 우리나라의 경우와 같이 기존 회원국의 동의가 있으면 신규 회원국은 이와 같은 규약에서 유보가 가능하다. 우리나라는 현재 이와 같은 규약에서 유보를 받았으므로 당장은 개방에 의한 손실이 적을지 몰라도 자본이나 서비스 부문에서 점차 개방을 하여야 된다.

이에 대처하기 위해서는 유보기간 동안에 기업의 규제를 완화 및 철폐하여 온실 속에 자란 우리나라 기업의 국제경쟁력을 제고시키고 헤지펀드(hedge fund)와 같은 외국자본의 유입에 대비하여야 한다. 그러기 위해서는 환율, 금리, 주가 중의 거시경제지표 관리에 주력하여야 한다.

6. 국제통화기금의 생성 배경 및 기능

국제통화기금(IMF : International Monetary Fund)은 1930년대 세계경제가 대공황을 겪으면서 인플레이션에 의한 돈의 가치가 하락하고 세계적으로 미국을 비롯하여 실업률이 증가하는 stagflation이 발생하여 각국의 화폐가치가 혼란을 겪게 되었다. 이때 미국의 해리 화이트와 영국의 케인즈는 국제 간의 통화교환 비율을 효과적으로 관리할 수 있는 국제기구 창설을 필요로 하여 1946년 5월 미국 워싱턴에서 39개국이 모여 IMF 창설을 제안하여 1947년 3월 정식으로 IMF가 출범하게 되었다.

IMF란 전세계 181개국이 자발적으로 참여하여 상호협력하에 외환안정을 도모하고 국제 간의 외환거래를 자유롭게 하고 시장원리를 무시한 인위적인 외환의 평가절하 방지 등을 목적으로 결성된 국제협력기구이다. 회원국들은 IMF를 통하여 신축적인 통화운영정책을 협의하고 적정환율 유지를 위하여 회원국 간의 상호협력을 꾀하게 되었다.

IMF회원국에 가입하게 되면 일정액의 기금을 납부하여 우리나라와 같이 외환 보유고가 부족한 나라가 발생하면 자금을 저리에 대여해주고 IMF경제질서에 맞게끔 회원국에 대하여 요구할 수 있고 그 나라 경제운영에 간섭할 수가 있다. IMF의 최고의사결정기관은 각 회원국의 재무장관 또는 중앙은행장으로 구성된 이사회이며 여기에서 회원국의 자금지원문제를 결정하게 된다.

우리나라도 영국, 멕시코, 인도네시아 등의 나라를 거쳐 1997년 12월 3일 IMF의 구제금융을 지원받기로 결정되었다. IMF환란의 원인을 살펴보면 크게 3가지로 볼 수 있다. 첫째는 우리나라가 우물 안 개구리식으로 국제자본시장의 흐름에 대한 감각이 부족하였다. 특히 미국의 갑부들의 조직인 헤지펀드(hedge fund)가 국내에 유입되어 핫머니(hot money) 역할 등의 국제자본의 치고 빠지는 전략에 대하여 대처하지 못했다는 점이다. 둘째로는 규모의 경제에 위배되는 국내 금융기관의 난립으로 인하여 국제 금융기관과 비교할 때 생산성 저하로 인한 경쟁력이 없어져 국내금융시장의 질서가 붕괴되었다. 셋째로는 공기업의 방대한 운영으로 인하여 국민의 세금을 퍼붓는 공적자금 투입이 많았다는 점이다.

그리고 국내금융기관의 부실화는 관치금융에서 비롯되었다고 볼 수 있다. 관치금융으로 인한 금융기관 부실화는 외국자본시장을 개방 못하게 하여 환율의 경직성을 초래하여 더욱더 국내 금융기관의 부실화를 가져왔다. 이러한 관치주의 시스템을 자기책임원칙이 아닌 기관마다 책임을 전가하는 현상이 나타나게 되었다.

그리고 우리나라 대기업의 경우를 보면 경영체제가 1인 재벌 총수 경영이기 때문에 재벌 총수권의 강화로 과잉중복투자가 이루어졌다. 이러한 설비의 과잉중복투자는 기업의 수익성 감소를 가져왔고 수입수요를 증가시키게 되었다. 수입수요의 증가는 다시 외환자금수요의 증가를 초래하여 결국 외환위기가 도래되었다.

우리나라는 이러한 IMF관리체제를 교훈 삼아 앞으로 다시는 이러한 경제위기가 오지 않도록 최선을 다하여야 하겠다. 이러한 최선의 방책으로는 대기업의 민간 부실을 막고 관치금융과 정경유착의 고리를 끊어야 한다. 그리고 금융감독원의 부실채권 방지를 위한 건전성감독을 강화하여야 한다. 또한 정부정책의 투명성과 기업의 투명성을 확보하여 자기책임의 원칙을 설정하고 회계상의 분식방지, 국정보고체계를 monitoring 보고체계로 바꿔야 한다.

그리고 과거에는 기업에게 금융지원이나 세제 특혜 등을 주어서 국제경쟁력에 대처하지 못했으나, 앞으로는 공정거래제도를 확립하고 금융건전성 제도를 마련하여야 한다. 금융기관에서 기업의 신용평가를 정부의 압력이 아닌 철저한 실사가 이루어져야 되고 신지식기반 산업을 육성하기 위하여 venture산업 육성, 지적소유권 강화, 특허제도 활성화를 통하여 무한경쟁시대에 대처하여야 한다.

10

각 시장경제의 관련성 및 균형

01 총체적인 시장의 개념
02 생산물시장과 IS곡선
03 화폐시장과 LM곡선 도출
04 생산물시장과 화폐시장의 동시균형
05 총수요관리정책과 총수요곡선 도출
06 노동시장과 총공급곡선
07 총수요와 총공급의 시장균형

Chapter 10

각 시장경제의 관련성 및 균형

01 총체적인 시장의 개념

앞장에서 살펴보았듯이 전체의 생산물시장을 상품별로 나누어 보면, 첫째 생산물시장, 화폐시장, 증권시장, 노동시장, 외환시장, 국제시장 등으로 나눌 수 있다. 각 시장은 제각기 시장에서의 자기역할을 하고 있다. 위의 각 시장은 기능별로 서로 연관성을 갖고 있으며 상호작용을 통해 시장경제를 움직이고 있다. 시장을 다시 크게 두 분류로 나누면 실물시장과 비실물시장으로 나눌 수 있다. 실물시장은 생산물시장, 노동시장 등 구체적이고 직접적인 역할을 하는 시장이고, 화폐시장, 외환시장, 증권시장 등은 비실물시장으로서 경제운영에 간접적으로 실물시장의 활성화를 위하여 역할을 하고 있다.

우리나라를 비롯하여 IMF지원을 받은 경험이 있는 나라들의 대부분의 국가에서 볼 수가 있다. 한 예로 들면, 실물시장에서의 생산은 제대로 이루어지고 있지 않는데, 화폐시장만 실물경제를 도와주지 않고, 부수적인 파생상품거래나 판매에만 치중하다 보니까 금융위기를 불러와서 IMF지원을 받게 되는 이유이다.

1998년도에 우리나라가 겪은 IMF지원도 실물시장은 건실하지 못한데 화폐, 외환으로만 해결하려고 하고, 실물경제시장에서 이탈된 금융시장을 운영하였기 때문에 외환부족으로 인하여 IMF의 지원을 받게 되었다. 그 당시 IMF의 지원으로 인하여 우리경제는 2~3년만에 경제금융위기에서 벗어나기는 하였지만 후유

증이 굉장히 컸다. 다시 말하면, IMF에서는 우리나라에 외환지원을 조건으로 우리나라 경제운용에 간섭을 하게 되었다.

IMF에서 요구한 것은 국내이자율을 높이라는 것이었다. 이자율을 높이게 되면 부실기업은 버티지 못하고 정리가 되며 외환이 부족하므로 이자율은 높이면 이자율이 낮은 국가로부터 우리나라로 외환이 유입되어서 외환 부족사태를 해결 할 수 있다는 이유에서였다. 그래서 한때 은행이자율이 25%까지 올라갔었다. 그 결과 한국의 많은 기업들이 도산을 하였으며, 이로 인하여 대량의 실업이 발생하였고, 수많은 노숙자를 길거리에 생산하였다.

그 대신 환율상승으로 인한 달러화의 강세와 부동산 가격의 하락으로 인하여 외국자본과 기업들은 싼 가격으로 우리나라의 증권과 부동산 등을 사들였으며, 기업 또한 싼 가격에 M&A를 하였다. 어쨌든 IMF의 이자율 상승요구로 인하여, 달러 즉 외환이 한국으로 많이 유입되어서 국가부도의 위기는 면하였지만 많은 기업과 자산을 외국인이나 외국기업에 내주는 결과를 초래하였다.

경제이론대로 설명하면, 이자율의 상승은 외국자본을 국내로 끌어들여 환율이 떨어져야 정상인데도 불구하고, IMF 당시에는 이자율의 상승이 환율하락의 효과를 빠르게 가져오지 못하였다. 그 결과 외국의 헤지펀드(hedge fund)가 국내로 유입되면서 단기간 내에 수익을 올리고 빠져나가는 결과를 초래하였다.

IMF의 요구대로 경제가 운용된다면, 이자율 상승의 효과로 인한 기업의 투자감소로 인하여 경제가 저성장으로 돌아선다. 이자율의 상승은 환율의 하락효과로 수입재의 감소로 국제수지도 결국 안정될 것이라고 생각하였다. 이러한 IMF의 요구는 우리나라의 진정된 경제위기를 해결하려고 하는 의사는 없었고 명목상 경제위기를 해결해주고 속으로는 국내 달러를 다시 헤지펀드 등으로 인하여 해외에 유출시키는 결과를 가져왔다. 이러한 조치는 동전의 한 면만 보고 뒷면을 보지 않은 단기적인 처방이라고 할 수 있다.

IMF를 겪고 난지 다시 10년만에 미국에서 출발된 서브프라임모기지(subprime mortgage) 사태로 인하여 세계경제가 1930년대의 세계 대공황(The Great Depression) 같은 위기의 국면에 처하게 되었다. 이러한 미국의 부실주택담보설정 결과로 인하여 금융의 위기를 겪게 되었다. 이로 인하여 미국은 대형 투자회사들을 부도가 나게 만들었으며, 수조원의 공적자금을 투입하고 있다.

이러한 결과는 직접적으로 이야기하면, 금융시장이 비정상적으로 운영되었으며, 적절한 정부기관의 규제가 없어서 고삐 풀린 망아지처럼 금융시장을 날뛰게 만들었다.

미국의 금융가에서는 실물시장은 고려하지 않고, 각종의 파생상품만 공급하여 금융시장을 도박장으로 만들었으며, 투자자들도 멋도 모르고 같이 날뛰는 결과가 오늘의 미국금융시장의 위기를 만들었다. 글로벌(global)경제 메커니즘으로 인하여 전세계 경제가 위기를 맞게 되었다.

한국시장도 미국시장의 의존도가 높은 관계로 증권시장이 침체되었으며 외환시장, 국내금융시장 모두 위기의 국면에 처하게 되었다. 이러한 국제금융위기를 맞게 된 데에는 여러 가지 이유가 있을 수 있다.

가장 큰 이유는 실물시장(부동산시장)은 고려치 않고 각종 파생상품공급으로 인한 금융시장 도박화 현상이다. 그 다음의 이유는 정부나 금융기관 C.E.O 및 종사자들의 도덕적 해이(moral hazard)문제이다. 이런 식의 금융시장의 운영이 비정상적이며 장기적으로 금융시장의 위기를 가져올 수 있다는 것을 예측하면서도 단기적인 수익에만 집착하며 더욱 큰 경제위기를 맞게 된 것이다. 다시 말하면, 금융시장은 실물시장과 따로 운용되어서는 안 되며 실물시장을 제대로 작용할 수 있도록 역할을 해야 하며 투기를 조성해서는 안 된다. 미국의 서브프라임모기지 사태도 부동산을 담보로 하여 파생상품(derivative goods)을 만들어서 투기를 조성하여 도박판을 만든 결과라고 볼 수 있다.

이러한 관점에서 경제위기는 어떤 시점에서, 그리고 어느 시장에서 또는 시장 간의 상호부실로 발생하는지를 살펴보기로 한다. 그리고 시장 간의 균형점이 무엇이며, 기능 역할을 살피고 어떻게 하면 시장운용을 잘할 수 있는지의 여부를 분석하는데, 총수요측면과 총공급측면의 시장균형의 접근에서 찾아보기로 하자.

02 생산물시장과 IS곡선

생산물시장에서 IS곡선은 이자율의 변화에 따라서 총수요, 즉 생산량의 변화 관계를 나타내주는 곡선이다. 총수요를 수식으로 나타내면 다음과 같다.

$$y^d = C(y-t) + I(r) + \overline{G}$$

위 식에서 총수요(y^d)는 소비와, 투자, 정부지출의 함수로 볼 수 있다. 다시 말하면, 총수요는 소비자의 세금을 제외한 가처분소득(disposable income)에 의해서 영향을 받고, 또는 이자율의 함수인 투자에 의하여 영향을 받으며, 또한 정부지출에 의해서 영향을 받는다. 다시 말하면 이자율이 변화하면 총수요가 어떻게 변화하는가를 나타내는 곡선이 IS곡선이다.

IS(investment-saving) curve를 뜻한다. 투자와 이자율은 역의 관계에 있다.

1. IS곡선 도출방법

1) 이자율과 투자저축 관련성 도출

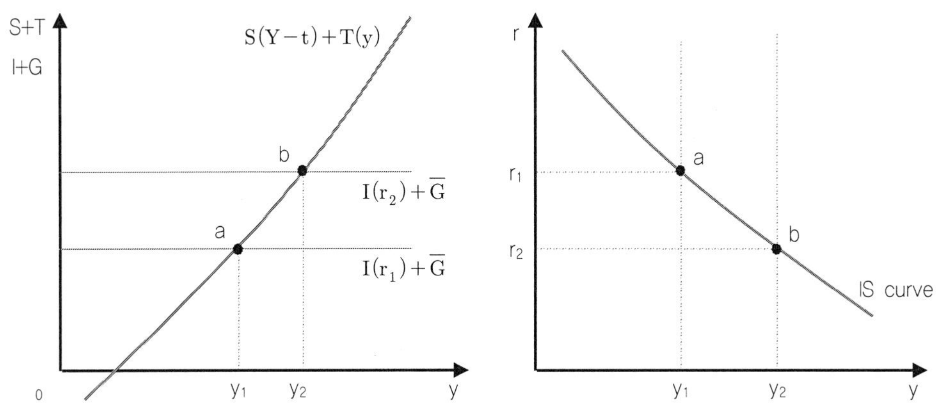

[그림 10-1] IS곡선 도출방법

위의 IS곡선 도출방법은 다음과 같다. 전제조건은 개인의 저축과 정부의 조세수입(S + T)으로 투자와 정부지출이 이루어진다는 전제조건이다. 다시 말하면, S + T = I + G를 나타내며 이자율이 r_1에서 r_2로 떨어지면 투자가 증가되어 국민소득이 Y_1에서 Y_2로 증가되어진다. 그러한 관계를 우측의 그래프에서 국민소득과 이자율관계로 IS곡선을 도출하였으며, 그 결과 생산물시장에서 국민소득과 이자율은 역의 관련성이 있다.

이러한 결과의 정책은 2008년 미국발 금융위기로 인하여 실물시장의 위축으로 국민들의 소득이 감소하자 한국을 비롯하여 모든 나라가 실물시장을 살리기 위하여 이자율 인하조치를 하는 이유를 설명하여 주고 있다.

2) 종합적인 IS곡선의 도출

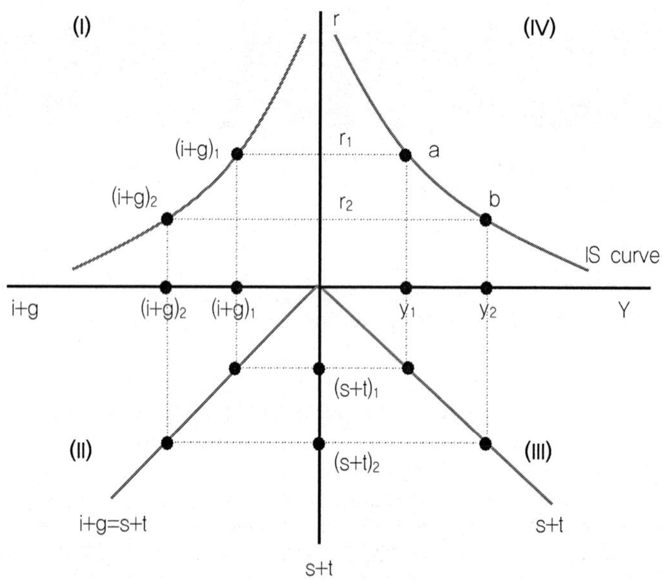

[그림 10-2] 종합적인 IS곡선 도출

위의 그래프는 생산물시장에서 IS곡선을 종합적인 측면에서 도출하고 있다. 먼저 (I)사분면에서는 투자 및 정부지출(i+g)과 이자율(r)과의 관계성을 나타내주고 있다. 투자는 이자율과 역관계에 있다는 것을 보여주고 있다. (II)사분면에서는 s+t=i+g의 정비례 등식을 보여주고 있다. 즉 저축과 조세수입이 증가하면 투자 및 정부지출도 증가하는 함수관계를 보여주고 있다.

(III)사분면에서는 저축과 투자가 늘어나면 국민소득도 같이 정비례관계로 늘어나는 함수관계를 나타내어 준다. (IV)사분면에 도출된 IS곡선은 (I), (II), (III) 사분면에서 종합적인 측면에서 도출되었다. 위의 결과적인 도출을 설명하면, 다시 투자와 정부지출들은 이자율의 영향을 받고, 저축과 투자는 국민소득을 증가시켜서 이자율이 r_1에서 r_2로 하락하면 국민소득이 y_1에서 y_2로 증가하는 생산물시장에서의 이자율과 국민소득 간의 역함수관계를 설명해주는 곡선이 IS곡선이다.

3) IS곡선의 이동

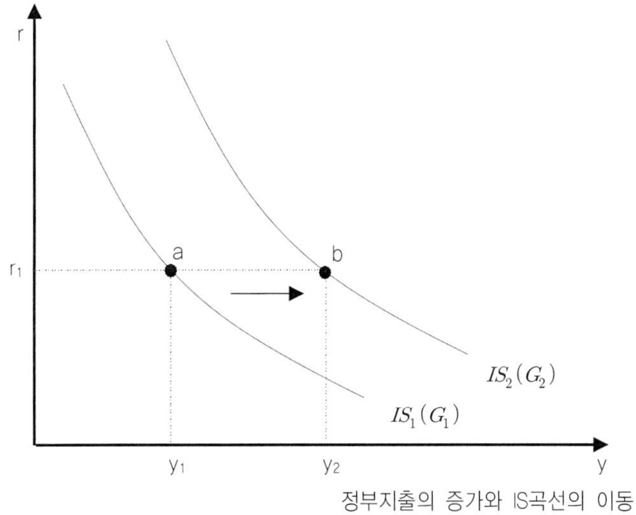

[그림 10-3] IS곡선 이동

첫째 정부지출을 G_1수준에서 G_2수준으로 증가시키면 IS곡선은 IS_1에서 IS_2로 우측 이동한다. 다시 말하면, 정부지출 증가로 인하여 이자율은 r_1수준에서 고정시킨 면에 국민소득만 y_1에서 y_2로 증가시키는 효과가 있다. 반대로 정부지출을 감소시키면 IS곡선을 좌측으로 이동되어서 이자율 r_1수준에서 국민소득을 감소시키는 효과가 있다.

두 번째도 정부가 조세징수를 증가시키면 IS곡선은 좌측으로 이동되어 국민소득을 감소시키며, 반대로 감세조치는 IS곡선을 우측으로 이동시켜서 국민소득의 증가를 가져온다. 정부가 현재의 금융위기로 인한 실물경제를 부이동시키기 위하여 감세정책을 적용하는 의지를 위의 IS곡선 그래프에서 설명하여 주고 있다.

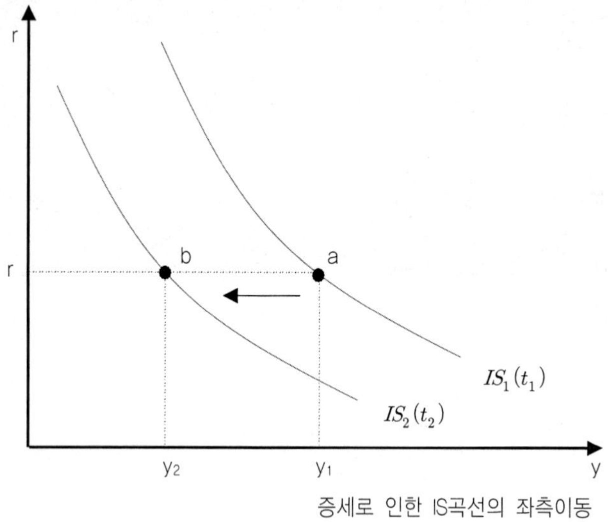

[그림 10-4] 증세 시 IS곡선 이동

위의 그래프는 정부가 조세를 증가시키면 생산물시장에서 기업의 투자 감소로 인하여 국민소득이 감소하는 효과를 가져온다.

03 화폐시장과 LM곡선 도출

앞장에서 설명했듯이 화폐시장에는 화폐에 대한 수요와 화폐에 대한 공급에 의하여 화폐가격인 이자율이 결정되어진다. 대체적으로 화폐에 대한 공급은 통화기관에 의하여 일방적으로 결정되어지므로, 화폐에 대한 수요에 대하여 알아보기로 하자. 화폐에 대한 수요는 크게 거래동기에 의한 수요와 투기적 수요부문으로 이루어진다.

화폐수요에 대한 거래적 수요는 경제주체의 거래규모인 GDP에 의하여 나타내지므로 거래적 수요는 GDP와 정의 관계에 있다. 반면에 화폐의 투기적 수요는 이자율과 역의 관계에 있다. 화폐에 대한 투기적 수요는 화폐자체를 거래적 수단으로 보유하는 것이 아니라, 증권이나 기타 자산을 보유하고자 필요로 하는 수요이므로 대체관계인 은행이자율과는 역의 관계에 있다. 그리고 또 화폐시장에서 설명하고자 하는 것은 통화량에는 실질통화량과 명목통화량이 있다. 실질통화량이란 명목통화량을 물가수준으로 나눈 수치이다. 실질통화량(m)은 $\frac{M}{P}$이다. M/P에서 M은 명목통화량이고 P는 물가수준이다. 만약에 통화량이 10% 증가하였는데 물가가 10% 상승하면 실질통화량에는 변화가 없는 것이다. 실질통화수요 $m = \frac{M}{P}$의 수식으로 나타낼 수 있다. 위의 수식은 실질통화수요(m^d)를 거래적 동기수요와 투기적 동기수요로 구성되어 있음을 나타내고 있다. 거래적 동기수요는 정의 관계이고 투기적 동기수요는 역의 관계이다.

1) LM곡선 도출방법

① 화폐시장 균형하에서 LM곡선 도출

$m^d = L_1(Y) + L_2(r)$인 실질통화수요 식에서 LM곡선을 도출할 수가 있다.

LM약자의 근원은 L은 liquidity demard 즉, 유동성 수요를 나타내고, M은 money supply 즉 통화공급을 나타낸다. 화폐시장의 균형조건은 LM곡선상의 GDP와 r의 조합점을 연결한 곡선이다. GDP증가로 인한 화폐시장의 균형점을 이용하여 LM

곡선을 도출하면 다음과 같다.

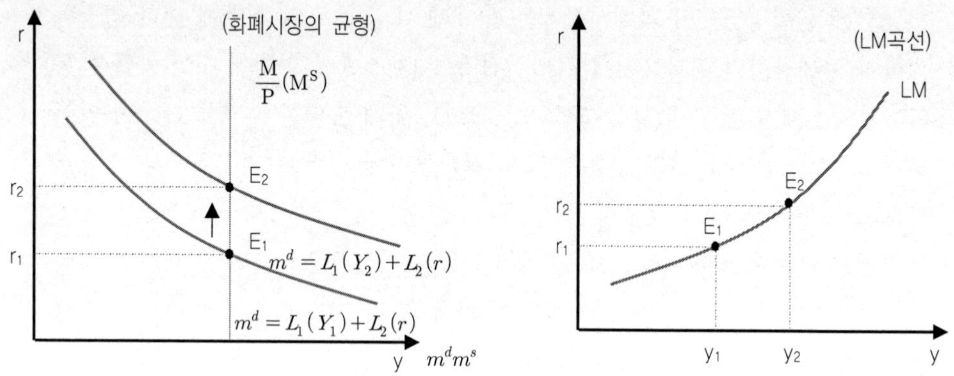

[그림 10-5] LM곡선 도출

$$\frac{M}{P}(m^8)$$

위의 [그림 10-5] 그래프를 설명하면, 화폐시장에서 화폐공급은 일정하다고 간주하여 $\frac{M^s}{P}$는 수직선으로 나타나면 화폐에 대한 수요는 이자율의 역관계이므로 우하향하는 곡선으로 나타내진다. 시장에서 GDP가 증가하면 화폐에 대한 거래적 수요가 증가하므로 화폐시장에서, 화폐에 대한 수요곡선은 위로 이동하며 이자율은 r_1에서 r_2로 상승하여 E_2에서 시장의 균형을 이룬다. 반면에 이자율의 상승은 화폐에 대한 투기적 수요는 감소시키므로 다시 이자율은 내려가고 E_1에서 균형을 이루게 되므로 LM곡선은 우상향하는 모습을 나타내며 LM곡선 상의 모든 점은 화폐시장에서의 균형점의 조합이다.

② 종합적인 LM곡선의 도출

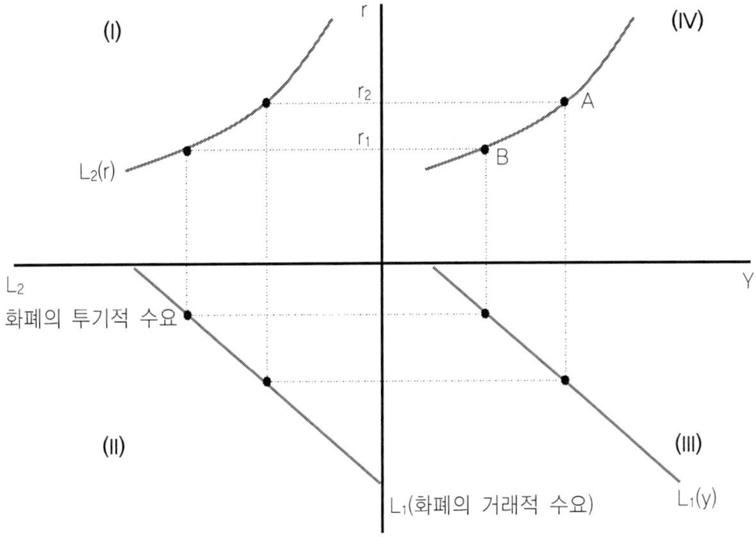

[그림 10-6] 종합적인 LM곡선 도출

$$\frac{\overline{M}}{P} = L_1(Y) + L_2(r)$$

종합적인 LM곡선 도출을 설명하면 다음과 같다.

위 [그림 10-6] 그래프의 (I)사분면에서는 화폐의 투기적 수요(speculative demand)는 이자율(r)과 역의 관계에 있는 것을 보여주고, (Ⅱ)사분면에서는 화폐의 투기적 수요와 화폐의 거래적 수요(transactional demand)는 역의 관계에 있는 것을 보여준다. 앞에서 설명했듯이 GDP증가로 인하여 화폐의 거래적 수요는 증가하지만, 이자율상승으로 인하여 화폐의 투기적 수요는 감소한다. 그러므로 화폐의 거래적 수요와 화폐의 투기적 수요는 역의 관계에 있다. (Ⅲ)사분면에서는 GDP와 화폐의 거래적 수요는 정의 관계에 있는 것을 보여주고 있다. 위의 종합적 LM곡선 도출 결과는 다음과 같다.

(Ⅳ)사분면에서는 국민소득의 증가로 인하여 화폐의 거래수요가 늘어나서 이자율을 r_1에 r_2로 상승시켜서 A점에서 균형을 이루다가, 이자율 상승으로 인하

여 다시 화폐의 투기적 수요가 감소하면 이자율이 r_1으로 하락하여 B점으로 다시 균형점이 바뀌게 된다. 이러한 이유 때문에 LM곡선상의 A점과 B점 모두 화폐시장에서의 균형점이 되는 것이다.

③ LM곡선의 이동

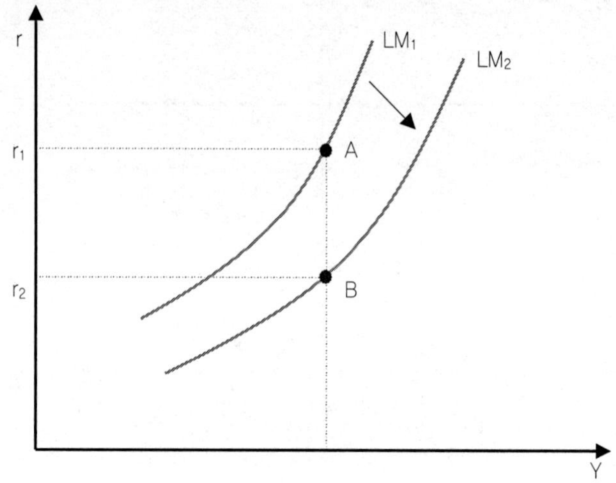

[그림 10-7] LM곡선 이동

위의 [그림 10-7] 그래프는 통화량 증가 시 LM곡선이 우측으로 이동하여 이자율을 낮추는 효과를 설명하고 있으며, 국민소득은 그대로인 상태에서 이자율만 하락시키는 결과를 가져온다.

04 생산물시장과 화폐시장의 동시균형

화폐시장과 생산물시장의 동시균형을 그래프로 나타내면 [그림 10-8]과 같다.

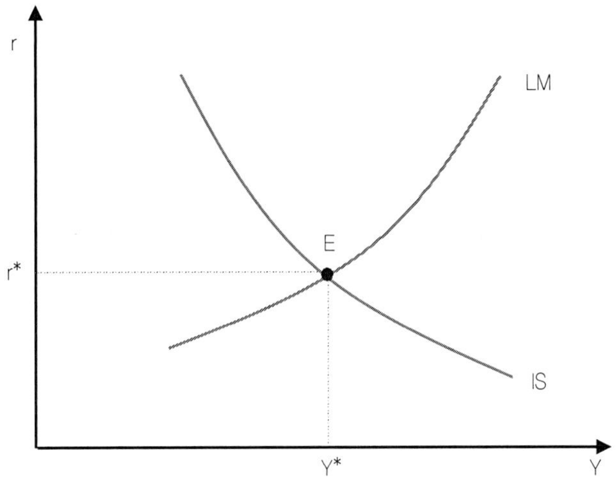

[그림 10-8] 생산물시장과 화폐시장 동시균형

두 시장의 균형을 수식으로 나타내면

$$\text{IS곡선 : } y = c(y-t) + i(r) + \overline{G}$$

$$\text{LM곡선 : } \frac{\overline{M}}{P} = L_1(y) + L_2(r)$$

위의 [그림 10-8] 그래프에서 생산물시장과 화폐시장의 균형점 E에서 균형이자율(r*)과 균형생산량(Y*)이 결정된다. IS와 LM곡선의 교점은 화폐시장과 생산물시장의 총수요를 나타내는 점이며 시장에서는 항시 총공급과 총수요가 일치한다는 조건을 전제로 하고 있다. 다음에서 시도하겠지만 IS와 LM곡선을 토대로 하여 총수요곡선(aggregate demand curve)을 도출할 수 있으며, 이를 바탕으로 하여 총수요관리정책에 대하여 알아보고자 한다.

1. 재정·금융정책의 효과

1) 재정정책의 효과

재정정책(정부지출이나 조세정책)의 효과를 IS-LM model에서 알아보면 다음과 같다.

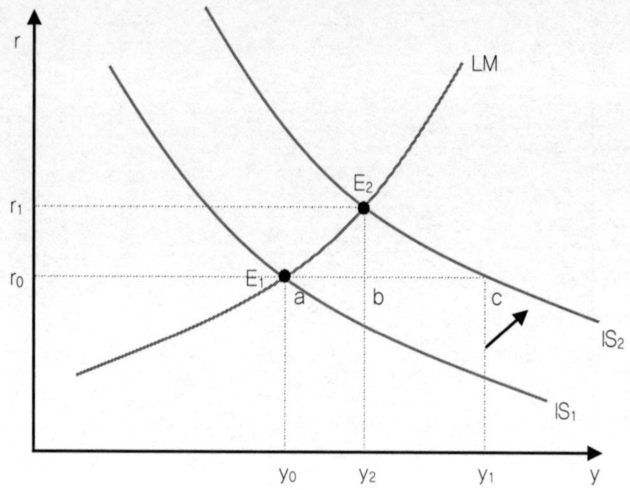

[그림 10-9] IS-LM 모델

위의 [그림 10-9] 그래프는 정부가 재정지출을 늘리는 재정정책을 실행하였을 때 IS곡선이 IS_1상태에서 IS_2로 우측 이동한다. 이러한 결과로 이자율은 r_0에서 r_1으로 상승하고 GDP 역시 y_0에서 y_2로 늘어난다.

이러한 정책이 경제가 불황일 때 이자율 상승을 희생해서라도 GDP와 고용을 늘리기 위해서 정부가 실행하는 재정정책이다. 이러한 재정정책을 정부가 실행할 때 고려하여야 할 점이 구축효과(crowding out effect)문제이다.

위의 그래프에서도 볼 수 있듯이 정부재정지출로 인하여 이자율이 변하지 않는다면, 다시 말해서 이자율이 r_0에서는 GDP가 y_0에서 y_1만큼 증가되어야 한다. 예를 들어, 정부가 재정지출 재원을 국채를 팔아서 조달하게 되면 시중에 화폐량을 흡수하는 결과가 되므로 이자율의 상승을 가져온다. 이러한 이자율의 상승은 민간기업의 투자를 위축시켜서, 생산량의 감소로 인하여 GDP가 줄어든다. 이 줄어든 부분이 y_2y_1만큼이다. 이러한 효과를 재정정책으로 인한 구축효과(crowding out effect)라고 한다.

2) 조세정책의 효과

조세부과로 인하여 고용이나 소비는 감소하지만 이자율의 하락으로 인하여 민간기업의 투자가 증가한다. 이로 인하여 GDP는 생각만큼 하락하지 않고 어느 정도 다시 회복한다. 이러한 현상을 그래프로 나타내보면 [그림 10-10]과 같다.

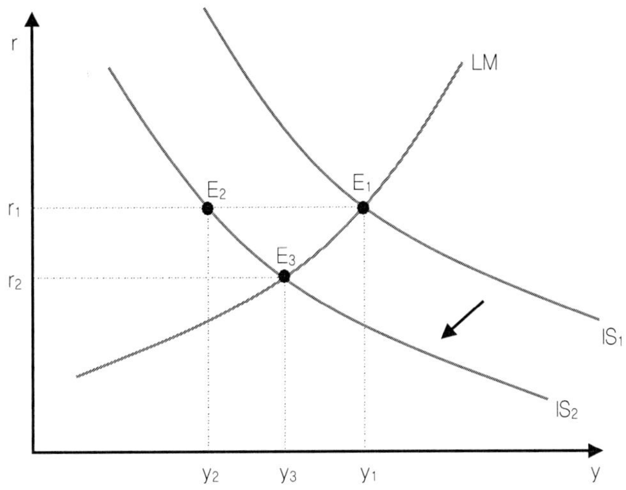

[그림 10-10] 조세정책 효과

처음에는 E_1에서 r_1, y_1 상태의 균형점에 있다가 조세부과로 인하여 IS곡선이 IS_1에서 IS_2로 좌측 이동한다. 이 결과로 이자율은 r_2가 되며 GDP는 y_3로 증가한다. 그러나 여기에서도 조세부과에 의한 구축효과가 나타난다. 조세부과로 인하여 GDP가 감소하면 화폐에 대한 거래적 수요가 감소하여 시장에서 이자율이 하락한다. 이러한 이자율 하락은 다시 민간기업의 투자를 촉진시켜서 GDP가 다시 상승하는 효과가 있다. 여기에서도 y_2y_3만큼의 구축효과가 발생한다.

결과적으로 재정정책의 의한 정부지출의 증가는 부(-)의 구축효과를 가져오고 조세부과에 의한 조세정책은 양(+)의 구축효과를 가져온다.

부연하여 설명하면, 모든 정책의 효과는 IS곡선이나 LM곡선의 기울기(slope)에 달려 있다. LM곡선의 기울기는 화폐수요에 대한 이자율 탄력성에 달려 있으며, IS곡선의 기울기는 투자에 대한 이자율 탄력성에 달려 있다.

다음에는 LM곡선의 기울기(slope)에 따라서 재정정책의 효과가 어떻게 나타나는지 그래프를 사용하여 분석해 보기로 하자.

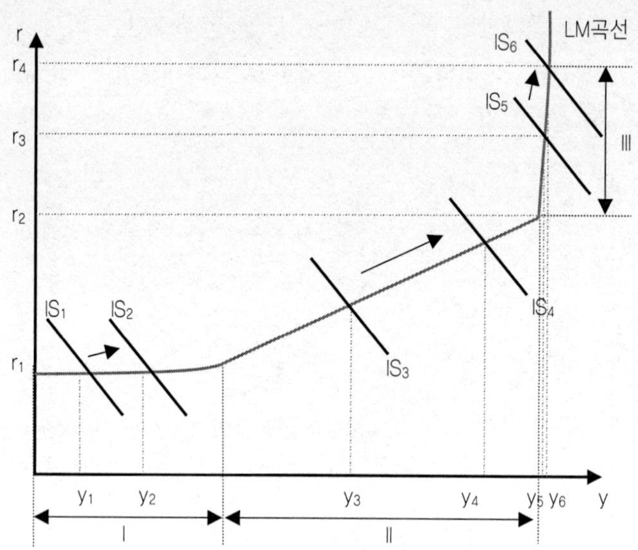

[그림 10-11] 재정정책 효과

위의 [그림 10-11] 그래프에서 LM곡선의 기울기 형태에 따라 세 부분으로 나누었다.

첫 번째 (Ⅰ)부분은 LM곡선이 수평이며 이 경우를 유동성 함정(liquidity trap)이라고 하며, 기울기가 원만한 (Ⅱ)부분은 정상적인 형태이며 LM곡선이 수직인 (Ⅲ)부분은 고전학파가 주장하는 화폐의 환상(money illusion)이 존재하며, 화폐는 중립적(neutrality of money)이어서, 화폐는 GDP증가에 전혀 기여하지 못한다고 주장하였다.

(Ⅰ)부분에서는 재정지출정책이 100%의 효과가 있으며 구축효과는 0상태이다. (Ⅱ)부분에서는 어느 정도의 구축효과가 나며, (Ⅲ)부분에서는 재정지출정책이 전혀 GDP 증가에 영향을 못 미치고 100% 이자율만 상승시키는 100%의 구축효과만 나타난다.

위의 분석에서 살펴보았듯이, 2008년 미국발 금융위기 사태에서는 거의 유동성 함정에 가까운 상태이므로 재정지출 효과가 크다고 할 수 있으며, 시장방임주의자인 고전학파의 주장대로 하면 전혀 재정지출 효과가 경기부양에 효과가 없는 것이다. 미국의 그리스펀 FRB 의장도 과거에 적용했던 LM곡선은 거의 수직이어서 시장에 맡기고 정부는 간섭하지 말라는 정책은 큰 실수였다고 의회청

문회에서 고백을 하였다.

05 총수요관리정책과 총수요곡선 도출

1. 총수요곡선의 도출

앞에서 이자율과 총수요의 역관계를 IS곡선으로 표시하였으며 총GDP와 이자율 간에 정의 함수로 LM곡선으로 나타내었다.

IS와 LM곡선을 바탕으로 하여 총수요곡선(aggregate demand curve)을 도출할 수가 있다. 총수요곡선이란 물가와 GDP 간의 관계를 나타내주는 곡선이다. IS와 LM 간의 교점은 물가는 일정하다고 가정을 하고 분석하는 모델이다. 그렇다면, 물가가 변할 때 IS-LM곡선이 어떻게 변하는지를 보고 총수요곡선을 도출할 수 있다.

물가의 변화는 IS곡선에 영향을 미치지는 않지만 LM곡선에는 영향을 미친다. 왜냐하면 물가(price level)는 실질통화량에 영향을 미치기 때문이다. 물가가 일정할 때 통화량이 증가하거나 또는 통화량이 일정할 때 물가가 하락하면 실질통화량은 증가하기 때문에 LM곡선이 우측으로 이동한다. 위의 원리를 이용하여 총수요곡선을 그래프로 나타내면 [그림 10-12]와 같다.

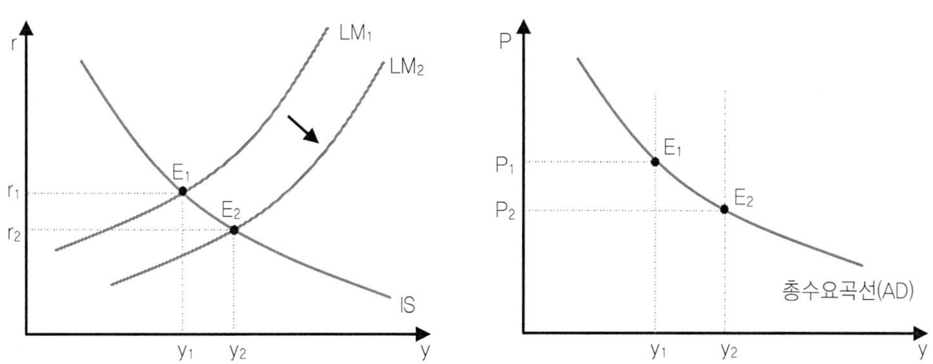

[그림 10-12] 총수요곡선의 도출

위의 [그림 10-12] 그래프는 IS-LM 모델에서 물가하락으로 인하여 이자율은 r_1에서 r_2로 증가하며 GDP는 y_1에서 y_2로 증가한다. 왜냐하면 통화량은 변하지 않았는데 물가가 하락하여 실질통화량이 증가하였기 때문이다. 이러한 이자율 하락이 투자를 증가시켜서 GDP를 증가시켰기 때문이다. 이렇게 IS-LM 모델에서 물가를 하락시켜서 총수요를 증가시키는 관계를 총수요곡선으로 나타낼 수 있다. 총수요곡선은 물가와 역의 관계에 있다.

2. 재정정책에 의한 총수요곡선의 이동

1) 정부지출에 의한 총수요곡선의 이동

정부지출에 대한 AD곡선의 우측이동은 모든 물가에 대응하여 정부지출이 증가하면 GDP가 전반적으로 증가하는 것을 보여주고 있다.

물가가 일정한 상태에서 정부지출이 증가하면 총수요가 정부지출 크기만큼 늘어나지만, 화폐에 대한 거래적 수요가 증가함으로 인하여 이자율이 상승한다. 이러한 이자율 상승은 투자를 위축시켜서 총수요를 구축효과만큼 감소시키는 결과를 초래한다. 이러한 연관성을 보여주는 것이 [그림 10-13] 그래프이다.

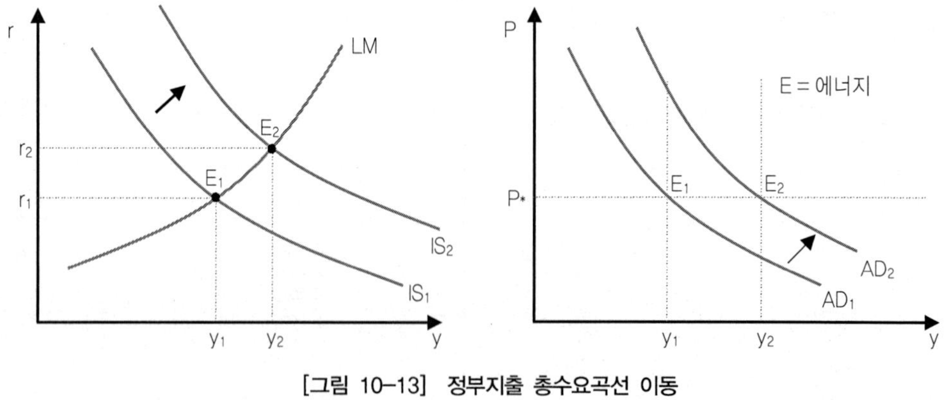

[그림 10-13] 정부지출 총수요곡선 이동

2) 조세증가로 인한 총수요곡선의 이동

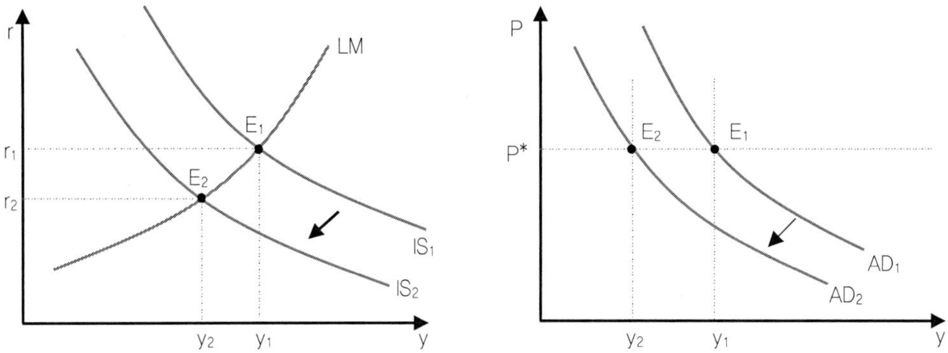

[그림 10-14] 조세증가 총수요곡선 이동

위의 [그림 10-14] 그래프는 조세부과로 인하여 IS-LM 모델에서 IS곡선이 IS_1에서 IS_2로 우측 이동하고, 이러한 조세부과는 기업의 투자를 위축시키고 소비자의 소비감소를 유발하여 총수요를 감소시키는 결과를 초래한다. 일정한 물가수준에서 조세부과에 의한 기업의 투자위축은 생산량의 감소와 조세부과 만큼 소비자가격에 전가시키므로 소비자들의 가처분소득이 감소한다. 소비자의 가처분소득 감소는 총수요의 감소를 가져온다. 이러한 이유에서 총수요곡선은 AD_1에서 AD_2로 좌측 이동하여 일정한 물가수준하에서 전반적인 총수요 감소를 가져온다.

3. 통화정책에 의한 총수요곡선의 이동

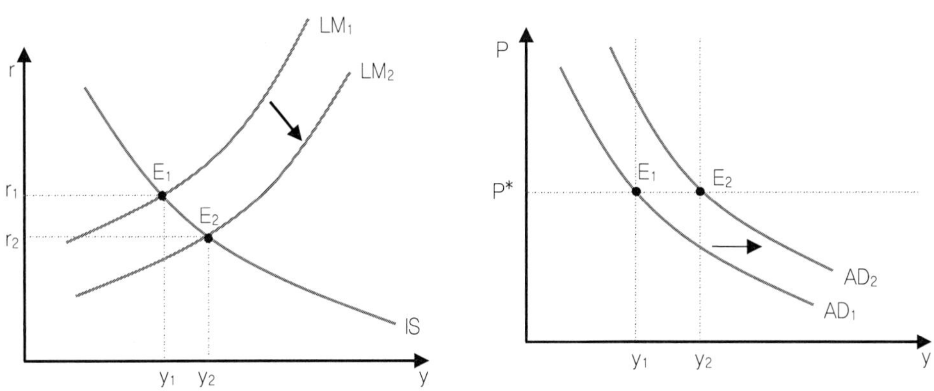

[그림 10-15] 통화정책의 총수요곡선 이동

위의 [그림 10-15] 그래프는 앞에서 살펴본 재정정책과는 달리 금융정책으로 인한 통화량증가에 의한 총수요곡선의 이동을 나타내주고 있다. IS-LM 모델에서 통화량의 증가는 이자율을 하락시키고 화폐시장에서의 이자율 하락은 기업의 투자를 촉진하여 총수요를 증가시킨다. 이러한 이유에서 물가가 일정하다면 통화량의 증가는 실질통화량을 증가시키는 효과가 있으므로 실질적인 이자율 하락을 가져온다. 이러한 실질적인 이자율 하락은 기업에게 자금 부담을 줄여주므로 생산물시장의 총수요를 증가시키는 결과를 가져온다. 총체적으로 통화량의 증가는 총수요곡선을 AD_1에서 AD_2로 우측으로 이동시킨다.

4. 총수요 관리정책

케인즈가 주장했듯이 자본주의화에서는 공급은 제대로 이루어질 수 있고 시장에서의 총공급 측면에서는 문제가 없다고 하였다. 다시 말하면, 총공급에는 문제가 없으므로 총수요 측면에서 관리만 잘하면 된다는 주장이다. 이러한 수요가 우선인가, 그렇지 않으면 공급이 우선이냐 하는 주장은 애덤스미스의 "국부론"에서 주장할 당시부터 많은 논란의 대상이 되어 왔다. 쉽게 이야기하면 계란이 먼저냐 닭이 먼저냐 하는 문제이다. 이 장에서는 케인즈가 주장한 총수요관리정책이란 무엇인지 알아보고, 왜 중요한지 분석해 보기로 하자. 끝으로 공급측면의 공급경제학이론과 어떠한 논란의 여지가 있는지 알아보기로 하자.

그리고 이번 2008년 10월 미국발 금융위기가 전세계적으로 확산되면서 시장경제에 대하여 새로운 패러다임이 형성되어 가고 있다. 미국의 서브프라임모기지(sub-prime mortgage)사태로 인한 금융위기는 지금까지의 시장경제에 대한 틀을 바꾸고 있다.

지금까지는 시장의 경제활동은 최대한 자유롭게 운용되도록 해왔으나 결과적으로 시장경제의 실패를 가져오게 되었다. 이번 미국의 금융위기를 겪으면서 깨달은 점은 경제운영에 있어서 시장의 역할과 정부 또는 금융당국의 역할이 제대로 이루어져야 진정한 시장경제가 이루어질 수 있다는 것을 느끼게 되었다. 진정한 시장경제란 최대한 시장에서의 자율을 보장하되, 시장질서를 위배하는 행동을 하였을 때에는 정부 또는 해당 감독기관이 엄정히 규제하고 벌칙을 부과하는 것이라고 말할 수 있다.

지금까지 경제학자들 간에는 고전학파의 자유방임주의가 옳은지, 그렇지 않으면 케인즈 이론이 옳은지, 또는 신고전학파의 이론이 옳은지에 관해서 수많은 논쟁을 해왔다. 그러나 경제이론은 시대의 경제적 상황이나 환경에 따라서 변할 수 있다.

경제이론은 과학과 같이 실험실에서 실험을 하여 분석할 수도 없고, 어느 경제이론을 검증하는 데는 오랜 기간이 소요되기 때문에, 경제이론의 타당성을 검증하기가 매우 어렵다.

총수요관리가 중요하게 된 것은 미국의 대공황 이후 해결점을 찾는 과정에서 케인즈가 주장한 이론이다. 케인즈의 "일반이론"에서 국가의 거시경제지표인 물가, 고용, 이자율, 국제수지, GDP 등은 총수요를 제대로 관리하여야 성취할 수 있는 지표들인 것이다.

총수요란 모든 상품에 대한 수요의 합인데, 소비자의 수요, 기업의 투자수요로 이루어진다. 소비 중에도 민간소비와 정부수요가 있고 후자도 기업투자와 정부투자수요로 이루어진다. Global 개방경제에서는 수요측면에 있어서 해외부문도 포함시켜야 한다. 해외부문의 순수요는 총수출에서 총수입을 빼주어야 한다. 위의 사항을 고려하여 총수요를 수식으로 나타내면 아래와 같다.

$$AD = C + I + G + (X - M)$$

C : 민간소비수요	I : 기업투자수요	G : 정부수요
X－M : 해외순수요	X : 총수출	M : 총수입

위 식에서 알 수 있듯이 총수요관리란 민간 소비수요와 기업의 투자수요, 정부수요, 순해외 수요를 관리하는 정책을 말한다. 애덤스미스가 주장한 '보이지 않는 손'에 의한 자기조절적인 수요관리는 제대로 하지 않아서 1930년대 대공황 이후 케인즈에 의해 총수요관리정책이 중요하다고 주장되었다.

위의 수식에서 소비(C)는 다시 소득과 이자율의 함수로 볼 수 있다. 소득이 증가할수록 소비는 증가하며 이자율이 상승하면 소비자가 소비보다는 미래 소비를 위하여 저축을 많이 하고 현재 소비를 줄인다고 보는 견해이다. 위의 식에서 정부지출(G)은 종속변수가 아니고 정부에 의해서 일방적으로 취해지는 독립변수로 보는 것이다. 그리고 위에서 설명한 해외순수요는 양국 간의 국민소득, 양국 간의 물가, 환율에 의해서 영향을 받는다고 할 수 있다.

지금까지 설명한 총수요 구성부문을 함수관계로 나타내면 다음과 같다.

$$AD = C + I + G + (X - M)$$
$$= C(Y,\ r) + I(r) + G + XM(Y,\ P,\ e)$$
$$AD = AD(P,\ Y,\ e,\ r,\ M^s,\ G)$$

P : 물가　　Y : 소득　　e : 환율

r : 이자율　　M^s : 화폐공급　　G : 정부지출

다시 말하면, 총수요는 물가, 소득, 환율, 이자율, 화폐공급, 정부지출의 함수이며, 각 변수에 의하여 정(+), 역(−)의 영향을 받는다. AD곡선 도출 시 설명했듯이 총수요와 물가는 역의 관계에 있다. AD와 소득은 정(+)의 관계가 있고, 이자율(r)과는 투자가 연관되므로 역(−)의 관계에 있다. 총수요와 환율과는 정(+)의 관계에 있다. 왜냐하면 환율의 상승은 자국투자가치의 하락으로 인하여 수입보다는 수출을 증가시켜서 해외부문의 순수요를 증가시키기 때문이다.

그리고 또 한 가지 고려하여 할 점은 위 식에서 나타난 M^S와 G이다.

재정정책이나 통화정책은 1930년대 대공황 이후 유효한 정책이론으로 케인즈에 의해 적용되었으나, 1973년 세계석유파동 이후에는 스태그플레이션(stagflation)의 등장으로 케인즈 이론은 다시 쇠퇴하기 시작하였다. 케인즈 말대로 하면 재정정책에 의한 고용증가는 단기적인 효과이고 장기적으로는 고용자의 실질임금이 다시 증가하여 기업의 투자수요를 상쇄시켜서 정책의 호용성이 없다고 주장하였다. 장기적인 필립스곡선에서도 이러한 현상을 볼 수가 있다.

이러한 계기와 이유로 인하여 새로운 고전학파론자들에 의하여 총수요관리에 의한 재정정책, 금융정책보다는 장기적으로는 수요 측면보다는 총공급 측면에서 정책을 실행하는 것이 효과가 있다고 보았다. 이러한 공급경제학(supply side economics)이 레이건 행정부 때부터 실시되어졌다. 다시 말하면 정부의 개입이 축소되었다고 볼 수 있다.

06 노동시장과 총공급곡선

1. 노동시장과 생산곡선

노동시장으로부터 총공급곡선을 도출할 수 있으며, 노동시장과 총공급은 어떠한 관계에 있는지 살펴볼 수가 있다. 먼저 노동시장에 관해서는 앞의 노동시장에서 노동수요와 공급을 통하여 노동시장의 균형을 살펴보았다. 노동시장에 있어서 생산할 수가 있다. 생산함수는 노동과 자본에 의해서 구성되어지며, 지금에 와서는 노동과 자본 이외에 에너지도 생산요소로 포함시키고 있다. 수식으로 나타내면 다음과 같다.

Y = F(L·K·E)　　L : 노동　　K : 자본　　E : 에너지

생산함수를 그래프로 나타내면 [그림 10-16]과 같다.

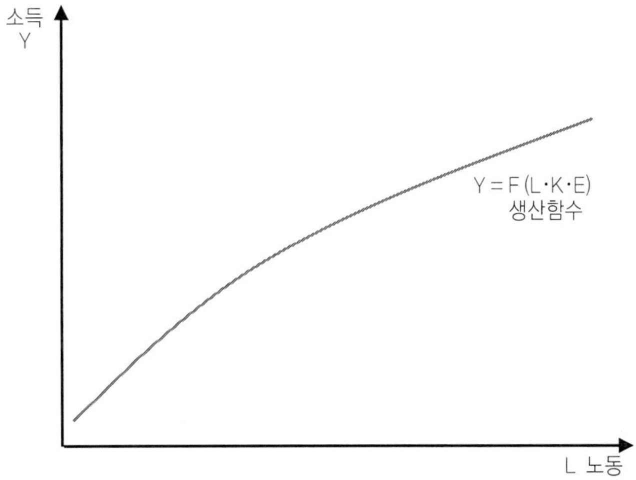

[그림 10-16] 생산함수

위의 [그림 10-16] 그래프는 생산요소 중 자본과 에너지는 주어졌다고 보고 노동과 생산만 나타내주는 그래프이다. 생산곡선이 급격히 증가하지 않고 완만하게 증가하는 이유는 노동의 한계생산성이 체감하기 때문이라고 가정하였기 때문이다.

노동의 수요는 실질임금($\frac{W}{P}$)에 의하여 영향을 받으며 노동의 공급은 노동자의 효용을 극대화시키되 제약조건은 $T = N_S + S$라고 할 수 있다. 여기에서 T는 총시간이고 N_S는 총시간 중에서 일하는 시간이고 S는 여가시간이다. 다시 말하면, 노동자는 여가와 일하는 시간의 배분을 최적화시키는 제약하에서 실질임금을 고려하여 노동을 공급하려고 한다.

2. 총공급곡선의 도출

아래의 그래프는 총공급은 노동에 의한 생산으로 이루어진다고 하여 노동시

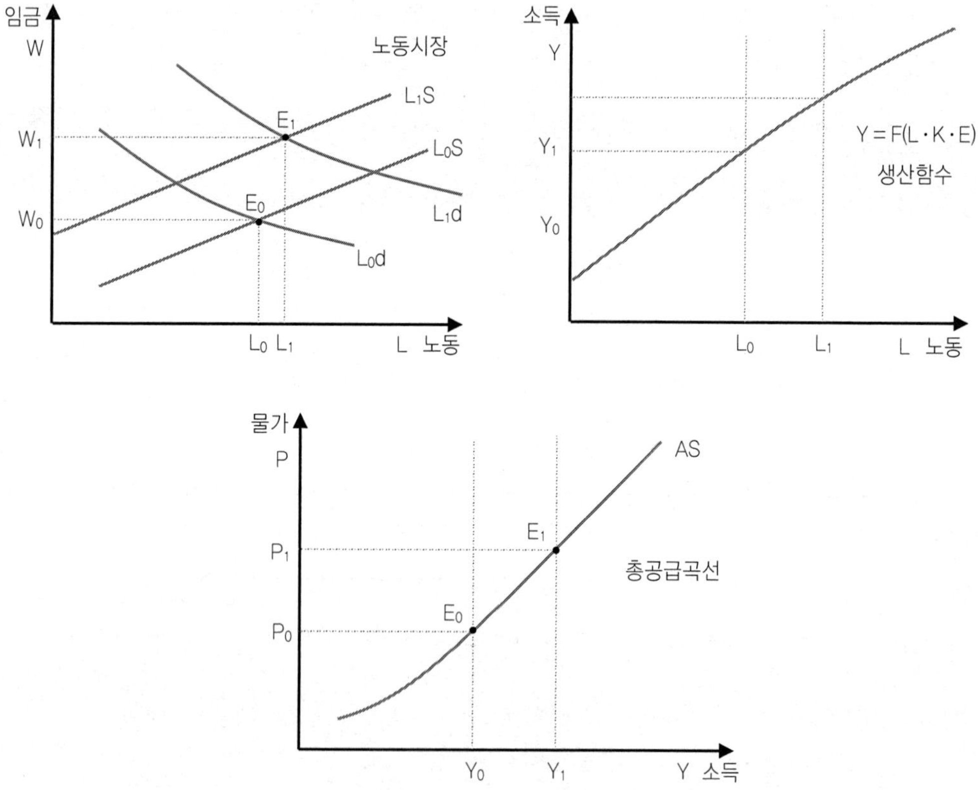

[그림 10-17] 총공급곡선 도출

장과 생산함수를 이용하여 총공급곡선을 도출하는 과정을 나타내 보여주고 있다. 아래의 그래프를 설명하면 다음과 같다. 여기에서 노동자들은 예상 물가상승에 한 예상 실질임금에 의하여 노동의 공급을 결정한다고 본다.

노동시장에서 E_0 균형상태로 있다고 물가가 (P_0에서 P_1)으로 상승하면 기업의 측면에서 노동에 대한 수요가 늘어난다. 왜냐하면 물가가 상승하면 기업은 제품가격 상승으로 인하여, 생산을 늘리기 위해서 노동의 수요를 증가시킨다. 그래서 노동의 수요곡선은 L_0d에서 L_1d으로 우측으로 이동한다. 그러나 노동자의 측면에서 보면 물가의 상승은 노동자의 실질임금을 감소시키기 때문에 노동의 공급을 줄이려고 한다. 그러한 이유로 노동의 공급곡선은 L_0s에서 L_1s로 좌측 이동한다.

노동시장에서 노동공급곡선은 노동수요곡선과 비교해서 좁은 폭으로 이동하였다. 이러한 이유는 노동자가 실제물가상승폭만큼 예상물가 상승을 예측하지 못하는 데서 온 결과라고 할 수 있다. 다시 말하면 실질임금이 물가상승을 완전히 따라가지 못한다 라고 보는 견해이다. 결국 물가상승으로 인하여 고용이 증가하고 임금이 상승한다. 이러한 고용의 증가는 생산을 Y_0에서 Y_1으로 증가시킨다. 물가가 P_0에서 P_1으로 상승하면 국민소득이 Y_0에서 Y_1으로 늘어나며, 이것이 총공급곡선의 관계를 나타내어 준다.

3. 물가예상에 대한 세 가지 견해

물가예상(price expectation)에는 크게 3가지 경우로 나누어 볼 수 있다. 물가예상이 중요한 이유는 노동자가 물가예상을 어떻게 하느냐에 따라서 총공급곡선의 형태가 달라질 수 있기 때문이다. 총공급곡선의 형태에 따라서 재정정책이나 금융정책의 효과가 다르게 나타나기 때문이다. 이제부터 실제 물가(real price)는 P로 나타내고 예상물가(expectation price)는 p^e로 나타내기로 하자

물가예상의 3가지 경우는 다음과 같다. 첫 번째 경우는 노동자가 예상하는 물가가 실제물가와 100% 틀린 경우, 다시 말하면 예상물가는 실제물가와는 관계없이 항상 일정하다는 경우이고, 두 번째 경우는 노동자가 예상하는 물가가

100% 실제물가와 일치하는 경우이고, 세 번째로는 노동자의 예상물가 예측이 0%보다는 높고 100%보다는 적을 경우이다.

지금부터 $P^1 = \dfrac{dp^e}{dp}$라고 하자. 다시 말하면, P_1이 나타내는 것은 실제물가 변화에 비해서 예상물가가 어느 정도 변하는지를 나타내는 비교변화치이다. 첫 번째 경우는 $P_1 = 0$(expected price is constant)인 경우이며 노동자 공급은 100% 명목임금에 의해서 결정되어지는 경우이다. 이 경우는 극단적인 케인지언의 경우이며 화폐환상(money illusion)이 생기는 경우이다. 두 번째 경우는 $P^1 = (\dfrac{dp^e}{dp}) = 1$인 경우로 노동의 공급이 100% 실질임금에 의해서 결정되어지는 경우로 완전예측(perfect foresight) 상황이며 고전학파 이론이다. 세 번째 경우인 0

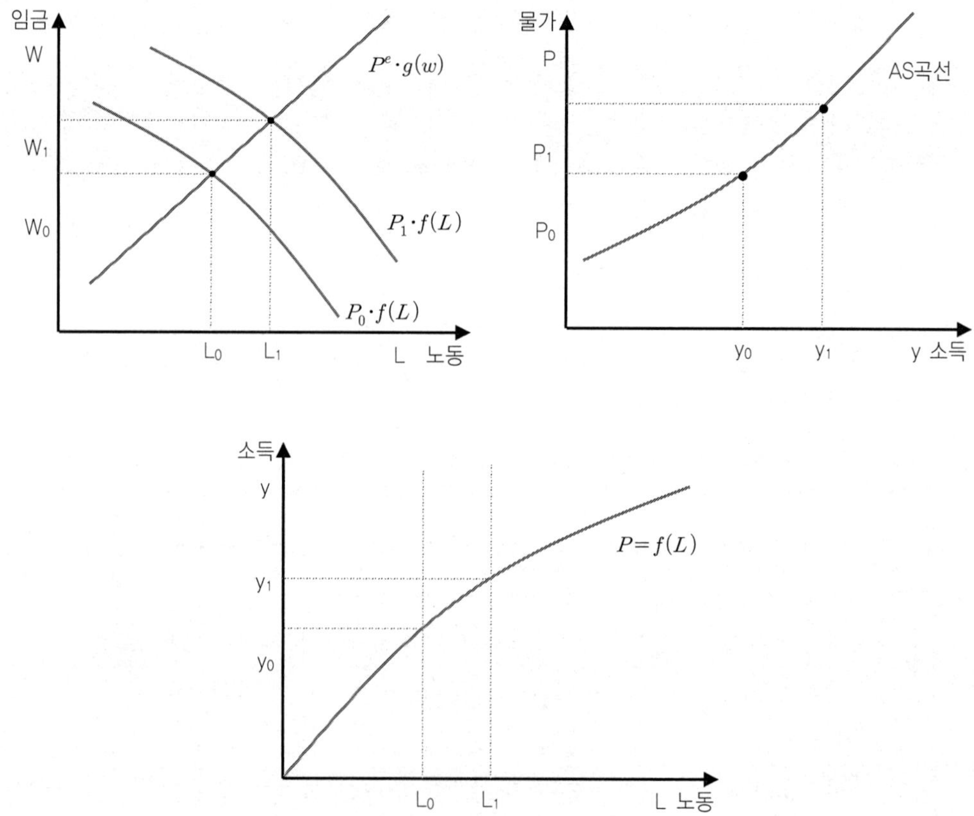

[그림 10-18] 물가예상 (1)

$\leq P' < 1$인 경우는 노동의 공급이 100%는 아니지만 어느 정도 실질임금이 반영된 상태에서 이루어진다고 가정하며, 일반적 케인지언 이론이다.

첫째 경우를 그래프로 나타내면 [그림 10-18]과 같다.

첫째 경우는, 노동자의 노동공급이 100% 명목임금에 의해서 결정되어지므로 노동시장에서 물가가 P_0에 P_1으로 상승할 경우, 노동의 수요곡선은 우측으로 이동하지만 노동의 공급곡선은 이동하지 않고 그대로 있다. 결과적으로 노동시장에서는 노동은 L_0에서 L_1으로 증가하고 노동자의 명목임금은 W_0에서 W_1으로 증가하며, 생산은 y_0에서 y_1으로 증가한다.

둘째 경우를 그래프로 나타내면 [그림 10-19]와 같다.

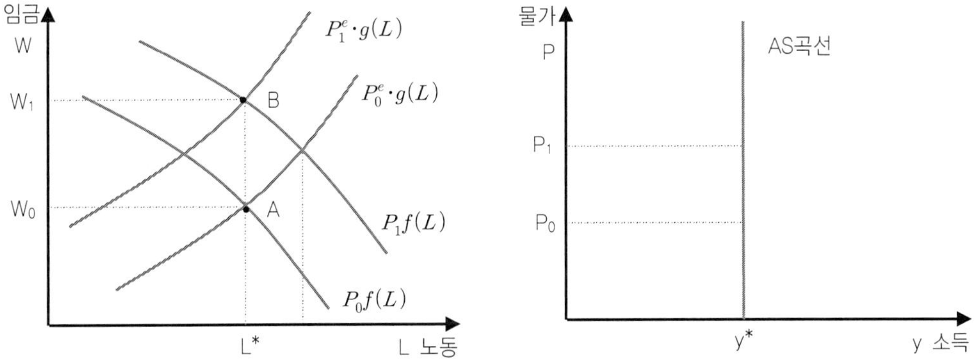

[그림 10-19] 물가예상 (2)

둘째 경우, 노동의 공급이 100% 실질임금에 의해서 이루어진다고 할 때, 물가가 P_0에서 P_1으로 상승하면 노동의 수요곡선이 $P_0 f(L)$에서 $P_1 f(L)$으로 우측 이동한다. 노동자는 실제물가만큼 예측을 하기 때문에 결국 노동의 공급도 수요가 증가한 만큼 줄이게 된다. 이 결과로 노동의 공급곡선은 변화가 없고 명목임금만 W_0에서 W_1으로 상승하고 실질임금에는 변화가 없다. 결과적으로 물가만 P_0에 P_1으로 상승시키고 실제 생산이나 고용에는 변화가 없으므로 AS곡선은 수직선의 형태를 띤다.

셋째 경우를 그래프로 나타내면 [그림 10-20]과 같다.

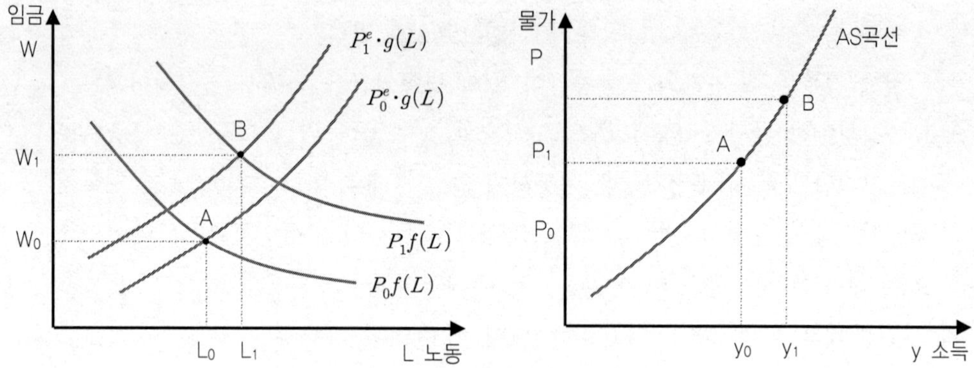

[그림 10-20] 물가예상 (3)

셋째 경우는, 노동자의 노동공급이 100%는 아니지만 어느 정도 실질임금에 의해서 결정되어진다는 견해이다. 다시 말하면, 노동자가 받는 임금에 어느 정도 물가상승분만큼 반영시킨다는 이론이다. 노동자는 기업가보다는 정보가 부족하므로 물가상승을 완전히는 아니지만 시차를 두고 쫓아간다는 견해이다. 이러한 경우를 지연된 조정(lagged adjustment)이라고 한다.

위에 있는 3가지 경우의 총공급곡선(AS curve)을 합하여 그래프로 나타내면 [그림 10-21]과 같다.

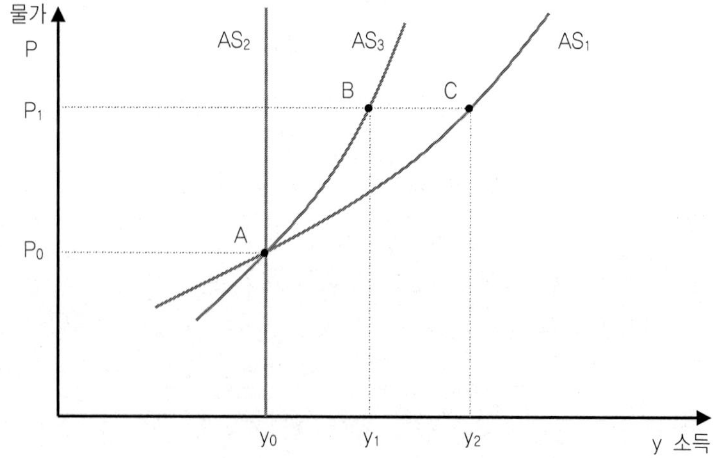

[그림 10-21] 총공급곡선 합

위의 그래프에서 AS_1은 case1의 AS곡선이고, AS_2는 case2의 AS곡선이며 AS_3는 case3의 AS곡선이다. case2의 경우는 노동자가 100% 실질임금에 의해서 노동공급을 하므로 고용증가도 없고, 물가만 P_0에서 P_1으로 상승시키고, 생산량에도 영향을 못 미친다. 그래서 AS_2곡선은 수직선의 형태를 띠고 있다. case1에 경우에는 노동자의 노동공급이 100% 명목임금에 의해서 결정되어지므로 물가상승으로 인한 고용, 생산의 효과가 크므로, AS_1의 기울기가 AS_3보다 완만하게 나타나 있다. 다시 말하면 노동자가 물가상승분을 임금에 전혀 반영하지 못하였을 경우이다. case3의 경우에는 노동자가 물가상승분을 임금에 어느 정도 반영시키는 경우이므로 고용과 생산의 효과는 있지만 case1의 경우보다는 적게 나타난다.

07 총수요와 총공급의 시장균형

우리는 앞에서 생산물시장과 화폐시장에서 각각 IS곡선과 LM곡선을 도출하였고 IS곡선과 LM곡선을 이용하여 총수요곡선(aggregate demand curve)을 도출하였다. 그리고 노동시장과 생산함수를 이용하여 총공급곡선(aggregate supply curve)을 도출하였다. 총수요곡선은 생상물시장과 화폐시장을 이용하여 물가와 생산량의 관계를 나타내주며, 총공급곡선은 노동시장과 생산함수를 이용하여 물가와 생산량과의 관계를 나타내준다. 총수요와 총공급의 시장균형을 그래프로 나타내면 [그림 10-22]와 같다.

[그림 10-22]는 AS곡선과 AD곡선이 만나는 E점에서 총수요, 총공급의 시장균형이 이루어지며, 물가수준은 P^*이고 균형생산량은 Y^*이다.

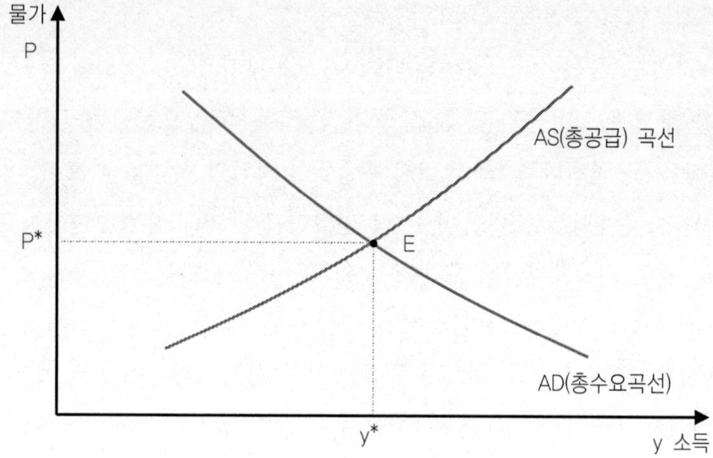

[그림 10-22] 총수요와 총공급의 시장균형

1. 물가예상에 따른 재정정책의 효과

앞의 절에서 물가예상에 따라 총공급곡선의 형태가 3가지 경우 다른 형태로 나타난다고 분석해보았다. 이러한 총공급곡선의 형태, 다시 말하면 기울기에 따라서 정부의 재정정책이나 금융정책의 효과가 다르게 나타난다. 결과적으로 노동자가 노동을 공급할 때 물가상승을 어느 정도 예측해서 실질임금에 어느 정도 반영시키느냐의 문제이다. 이러한 물가예측 정도에 따라서 정부의 재정, 금융정책의 효과가 다르게 나타난다고 할 수 있다. 이러한 쟁점은 지금까지의 고전학파, 케인즈, 신고전학파, 공급 중시 경제학자들 간의 논쟁이 되어왔다.

이러한 논쟁은 과거 1930년대를 기점으로 해서, 정책의 효과가 다르게 나타나고 있다. 1930년 대공황 이전에는 자유방임주의적인 고전학파의 이론이 시장경제를 대변하였고 1930년대의 대공황 발생 때는 고전학파의 이론이 퇴색하였다. 이러한 대공황이 발생되면 정부가 관여하여 재정정책이나 금융정책을 통하여 경제의 불황을 해결할 수 있다고 주장하였다. 그 결과로 1970년 세계 오일쇼크 이전 까지는 케인즈의 주장이 강력하게 힘을 받아 왔지만, 1973년 이후 오일쇼크로 인한 공급 쇼크(supply shock)에 의해서 정부에 의한 재정정책으로는 한계성이 있다고 하여 총공급을 관리해야 된다는 공급경제학(supply side economies)

이 다시 대두되었다.

위의 3가지 경우의 재정정책 효과에 대하여 알아보기로 하자.

Case 1

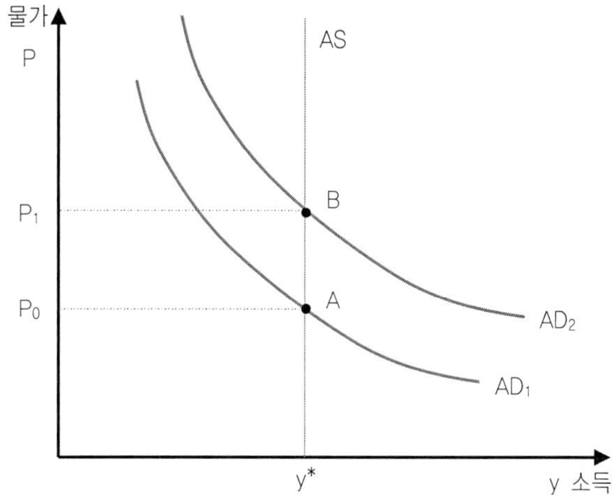

[그림 10-23] 재정정책효과 (1)

Case 2

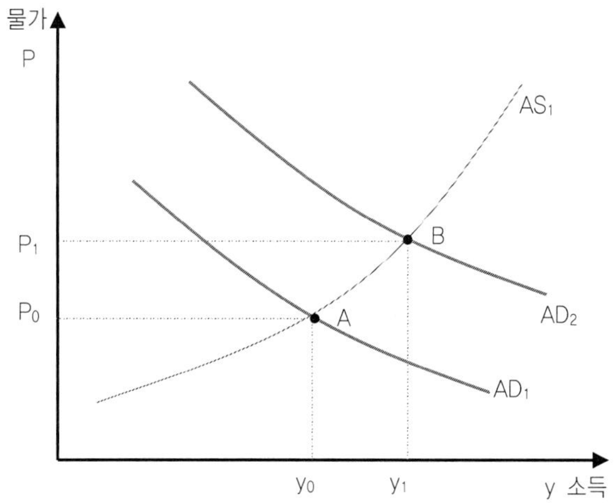

[그림 10-24] 재정정책효과 (2)

Case 1의 경우, 다시 말하면 $p^1 = \frac{dp^e}{dp} = 1$이면 재정정책으로 인하여 총수요를 AD_1에서 AD_2로 늘려보았지만, 결과는 물가만 P_0에서 P_1으로 상승시키고 고용과 생산에는 영향을 못 미치므로, 재정정책의 효과는 전혀 없다.

Case 2의 경우, 다시 말하면 $p^1 = \frac{dp^e}{dp} = 0$이면 재정정책으로 인하여 총수요를 AD_1에 AD_2로 이동시키면 물가는 P_0에서 P_1으로 상승하지만, 고용생산의 효과도 y_0에서 y_1으로 증가하여, 재정정책의 효과가 가장 크게 나타난다.

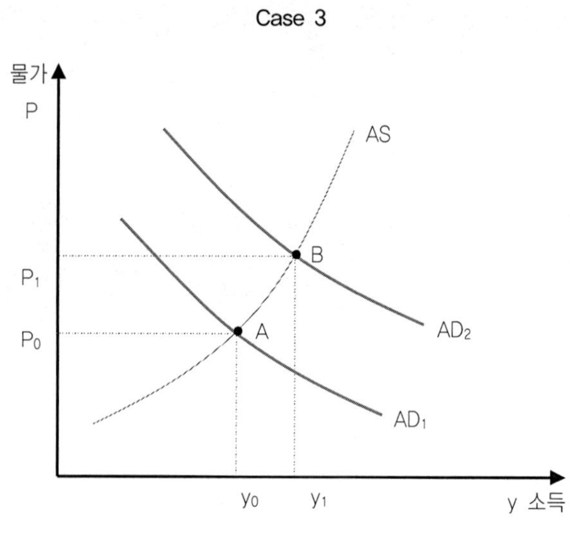

[그림 10-25] 재정정책효과 (3)

Case 3의 경우, 다시 말하면 $p^1 = \frac{dp^e}{dp} (0 \leq P^1 < 1)$이면 재정정책으로 인하여 총수요를 AD_1에서 AD_2로 이동시켜서 물가는 P_0에서 P_1으로 상승시키고 고용, 생산 Y_0에서 Y_1으로 증가시킨다. 그렇지만 이 경우에는 노동자가 노동공급 결정 시 물가상승분을 실질임금에 100%는 아니지만 어느 정도 반영시키므로 물가상승분에 비례하여 생산량 증가는 다소 감소하는 경향을 보여주고 있다.

2. 총수요, 총공급 시장에서의 장·단기적 효과

경제정책을 실행하다보면 어느 정책이건 단기적 효과와 장기적 효과가 다르게 나타난다. 왜냐하면 소비자, 기업가, 노동자들은 시간이 지나감에 따라 시장에서 다르게 대응하기 때문이다. 경제정책은 경제주체가 정책에 대하여 시차를 두고 어떻게 대응하느냐에 따라서 정책의 효과가 다르게 나타날 수 있다.

앞의 장에서도 설명했듯이 노동자가 노동을 공급할 때 물가상승을 실질임금에 얼마만큼 반영시키느냐에 따라서 경제정책이 다르게 나타난다. 이러한 장·단기적 효과를 그래프로 나타내면 [그림 10-26]과 같다.

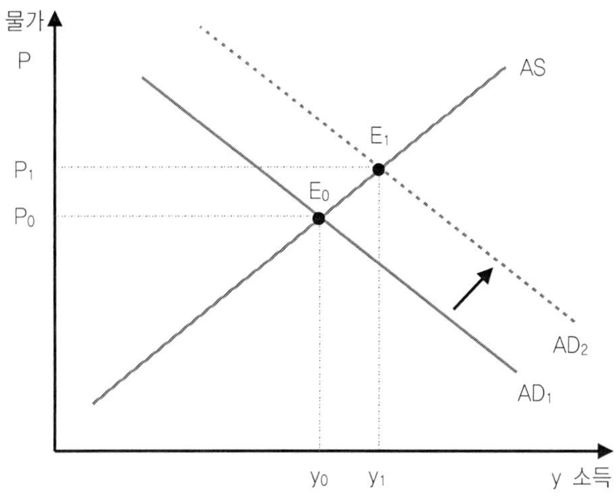

[그림 10-26] 단기에 있어서 재정·금융정책의 효과

위의 [그림 10-26] 그래프가 설명하는 것은 다음과 같다. 시장에서 물가가 상승하면 단기적으로 물가상승분이 실질임금에 반영되지 않으므로 재정정책이나 금융정책의 경기부양 효과가 나타나는 것을 보여주고 있다.

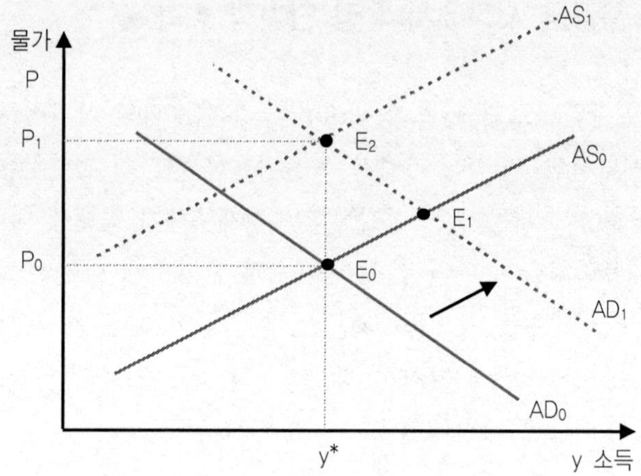

[그림 10-27] 장기에 있어서 재정·금융정책의 효과

그러나 장기적으로 가면 물가상승이 임금도 상승시켜서 총공급도 줄어든다. 그 경로가 [그림 10-27]의 그래프에서 보여주듯이 AD곡선이 우측으로 이동하는 것만큼 AS곡선도 좌측으로 이동하게 되어 장기적으로는 물가만 상승시키고 고용이나 국민소득은 증가시키지 못하는 결과를 가져온다. 그러므로 장기 총공급곡선은 수직선으로 나타난다.

3. 공급 측면의 정책

1973년 세계석유파동으로 인하여 스태그플레이션(stagflation)이란 현상이 나타났다. 스태그플레이션이란 물가가 오르면 실업도 증가하는 경기침체 현상을 일컫는다. 케인즈 이론에 의하면 인플레이션 정책으로 인하여 고용을 늘릴 수 있다고 주장하였는데, 그러한 주장이 스태그플레이션 상황에서는 적용타당성이 희박해졌다.

레이건 정부 때부터 이러한 스태그플레이션을 해결하기 위해서는 공급 측면의 경제정책이란 총수요관리 측면의 정책보다는 어떻게 해야 총공급곡선을 시장에서 우측으로 이동시키느냐의 문제이다. 총공급곡선을 우측으로 이동시키기 위해서는 여러 가지 방법이 있는데 그 중의 한 가지 정책이 소득정책이다.

소득정책이란 노동자의 노동생산성을 향상시키고 기업은 R&D를 통하여 부가 가치가 높은 상품을 생산해야 한다. 그리고 다른 또 한 가지 방법은 기업에게 부가세나 법인세 등을 줄여주어서 투자활동을 활발하게 하여 질 좋은 상품을 많이 생산하는 방법이다. 레이건 정부 시절, 경제학자 래퍼(Laffer) 교수는 조세율과 조세수입과의 관계를 그래프를 통하여 설명하였다. 다시 말하면 조세수입은 적정세율일 때 최대가 된다는 주장의 이론이다. 조세경감으로 인한 총공급의 증가효과를 그래프로 나타내면 [그림 10-28]과 같다.

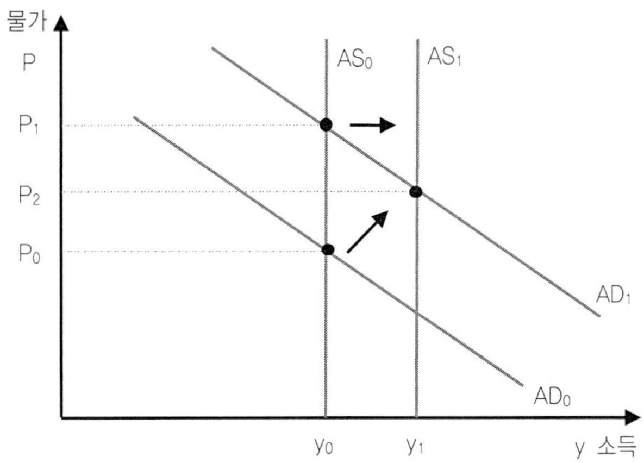

[그림 10-28] 공급 측면의 조세경감조치정책

공급 측면의 경제학자들은 노동자들은 현명하기 때문에 100% 실질임금에 의해서 노동은 공급하므로 총공급이 수직선으로 나타난다고 가정한다. 이러한 이론의 배경하에서는 총수요 측면의 경제정책은 효과가 전혀 없으므로 조세삭감과 같은 정책을 써서 총공급을 늘리는 정책을 써야 된다고 주장하고 있다.

소득정책, 기술혁신정책의 공급 측면의 정책도 총공급곡선을 우측으로 이동시켜서, 생산량을 증가시킬 수 있다고 주장하고 있다. 여기에서 가정하고 있는 AS곡선의 수직선 형태는 현실성에서 약간 문제가 있다. 왜냐하면 노동자가 물가상승을 100% 예측해서 노동공급 시 100% 실질임금에 반영시키지 못하기 때문이다.

그러나 케인지언 경제학자들은 AS곡선이 수직선이 아니고 우상향하는 곡선을 전제로 하기 때문에 총수요 측면의 정책이 유효하다고 주장하고 있다. 이번 발생한 미국발 금융위기 발생은, 공급 측면의 정책실패보다는 총수요관리 측면의 실패가 원인이라고 할 수 있다.

금융시장의 실패는 총수요관리정책의 실패로 인하여 초래되었다고 볼 수 있는 것이다. 이러한 미국의 금융시장의 실패로 실물시장까지 악화되고 있으며, 미국뿐만 아니라 한국 등 모든 국가가 경제위기를 맞고 있다. 오바마 정권이 들어서면서 다시 정부가 경제정책에 적극 개입하는 케인지언 정책이 다시 실행될 확률이 높다. 금융시장의 도덕적 해이(moral hazard)도 정부의 총수요관리정책 실패의 일환이라고 볼 수 있다.

11

보험시장(保險市場)

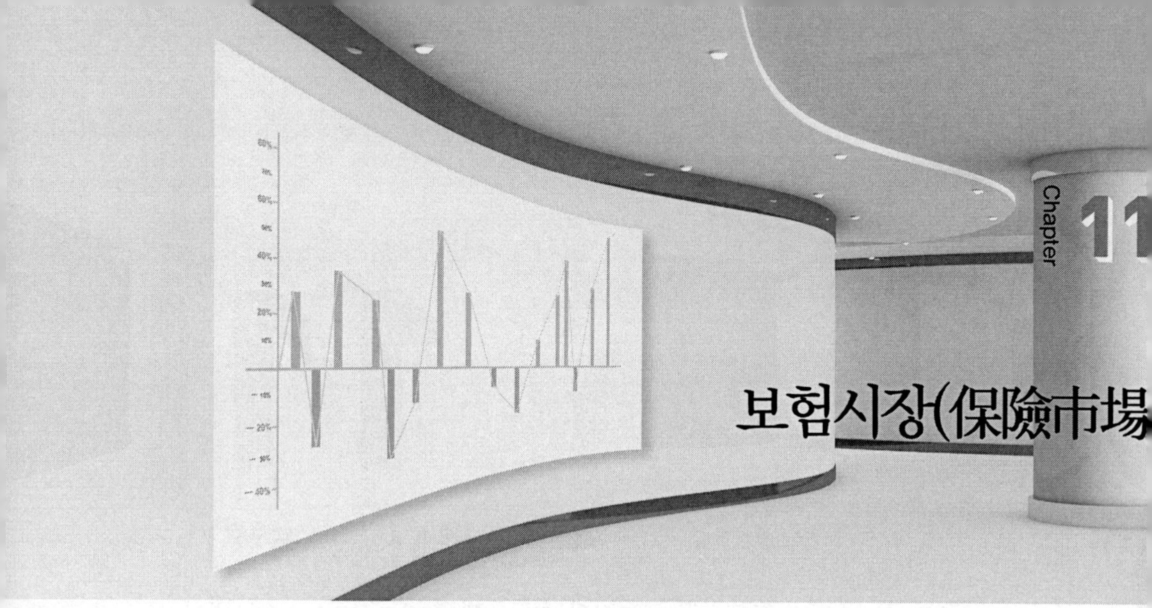

Chapter 11

보험시장(保險市場)

01 보험의 기본개념

1. 보험의 정의

가계나 기업이 경제활동을 하는 데 있어서 화재·교통사고·질병·재앙 등 수많은 위험을 경험하게 되는데, 보험은 바로 이러한 위험에 많은 사람들이 힘을 모아 대비하고자 하는 사회경제적 제도이다. 보험을 일반적으로 정의하면, 같은 위험에 놓여 있는 사람들이 하나의 위험단체를 구성하여 통계적 기초에 의하여 산출된 금액을 불입하여 기금을 마련하고, 우연한 사고를 당한 사람에게 재산적 급여를 지급함으로써 경제생활의 불안을 없애거나 덜고자 하는 제도이다.

이러한 보험의 일반적인 정의에 대하여는 관점에 따라서 보다 다양한 정의방법이 있을 수 있다. 즉 보험을 경제학적인 측면에서 보면 위험전가와 결합에 의하여 불확실성을 감소시키는 제도, 법학적인 측면에서 보면 손해보상계약을 통하여 보험계약자가 보험료를 지급함으로써 위험을 보험자에게 전가시키는 제도, 경영학적인 측면에서 보면 개별가계나 기업으로부터 위험을 전담하는 금융기관으로 전가시킴으로써 위험을 분산시키는 방법으로 정의할 수 있다.

또한 사회적인 측면에서 보면 불의의 사고를 당한 경제주체가 입는 경제적인 손해에 대해 단체를 구성함으로써 그 단체에 분담시키는 사회적인 제도, 수리학적인 측면에서 보면 확률에 기초한 보험통계에 의하여 손해를 예측하여 분산시키는 방법으로 정의할 수 있다.

2. 보험의 특징

보험이란 일정한 기간 동안 발생하거나 발견될 특정한 위험으로부터 경제적인 보호를 제공하는 것이다. 위험의 주요 유형에는 사망, 질병, 상해, 손해 등이 있으며 보험은 다음과 같은 특징이 있다.

① 보험계약자는 가능성 있는 보험사고의 발생 또는 발견에 앞서 보험사업자에게 보험료를 지불하거나 예탁한다.
② 보험계약이 성립할 때 보험회사는 보험사고에 따른 보험금 등의 지급시점이나 그 금액을 알 수 없다.

3. 보험의 기능

1) 보험의 사적 기능

① 보험은 가계나 기업에 안정성을 부여한다.
② 보험은 기업능률을 향상시킨다.
③ 보험은 공평한 비용의 부과를 가능하게 한다.
④ 보험은 저축을 가능하게 한다.
⑤ 보험은 가계나 기업체의 신용도를 증가시킨다.
⑥ 보험은 가계에 대하여 미래가동능력의 현재가치 계상을 가능하게 한다.

2) 보험의 공적 기능

① 보험은 장래에 일어날 여러 가지 불의의 사고에 대한 경제적 대비책을 제공한다.
② 보험은 투자를 가능하게 한다.
③ 보험은 빈곤의 정도를 완화시킨다.
④ 보험은 예방적 역할을 한다.
⑤ 보험은 기업경쟁을 활성화시킨다.

4. 보험의 종류

1) 공보험과 사보험

공보험은 국민경제적인 입장에서 국가 또는 공공단체가 공적인 국가정책의 실현을 위하여 운영하는 보험을 말한다. 사보험은 사경제적인 입장에서 사기업의 형태로 운영되는 대부분의 사영보험을 말한다.

2) 영리보험과 상호보험

영리보험은 보험의 인수를 영업으로 하는 보험자(주식회사인 보험업자)가 가입자로부터 받는 보험료의 총액 및 이를 인수하여 얻게 되는 수익에서 사고가 발생하는 경우에 지급하는 보험금의 총액 및 경비를 차감함으로써 발생되는 이익을 얻는다. 상호보험은 보험의 이익을 얻고자 하는 다수인이 모여 단체를 형성하고 자금을 갹출하여 단체의 구성원 중에서 보험사고가 발생한 자에게 보험금을 지급하는 보험이다. 우리나라의 보험회사는 영리보험이면서도 가입자에게 이익의 일부를 분배하는 상호보험의 특성을 가지고 있다.

3) 인보험과 물건보험

인보험은 보험사고 발생의 객체가 사람인 보험이다. 여기에 속하는 보험은 사고의 종류에 따라 생명보험·질병보험·상해보험 등이 있다. 물건보험은 보험 가입자의 재산에 대하여 생긴 사고를 보험사고로 하는 보험이다. 물건보험은 보험사고의 객체 및 종류에 따라 화재보험·운송보험·해상보험·항공보험·자동차보험·보증보험 등으로 구분할 수 있다.

4) 손해보험과 정액보험

손해보험은 보험사고가 발생한 경우에 보험자가 지급하여야 할 금액이 미리 정해지지 않고 사고의 발생에 의하여 실제로 생긴 손해액에 따라서 정해지는 보험으로서 부정액보험이라고도 한다. 정액보험이란 가입자의 재산에 대한 손해의 유무에 관계없이 미리 약정한 금액을 일시에 또는 연금으로 지급할 것을 목적으로 하는 보험이다. 생명보험이 대표적인 정액보험이라 할 수 있다.

5) 원보험·재보험

보험금의 지급책임을 지는 보험자가 보험계약상 자기책임의 전부 또는 일부에 대하여 다시 제2의 보험자에게 보험을 인수시키는 때가 있다. 이 경우에 제2의 보험을 재보험이라 하고, 최초의 보험을 원보험이라 한다.

5. 보험의 성립요소

1) 일정한 우연적 사건의 존재

보험은 개별경제주체가 직면하는 일정한 우연적 사건의 발생으로 인하여 경제생활의 안정이 저해되는 경우, 경제의 안정을 도모하기 위한 경제준비의 단체화 또는 사회화를 그 목적으로 한다. 보험사건은 우연적이고 자연스럽게 이루어진 것이어야 하며, 고의적이거나 악의적인 경우에는 계약관계의 효력을 상실하게 된다.

2) 경제불안에 대비하는 단체적 경제준비

경제생활의 수입과 지출의 균형이 유지되더라도 우연한 사건의 발생으로 인해 수입이 감소되고 지출이 증가되면 균형이 깨져 경제적 타격을 입게 된다.

보험은 다수의 경제주체의 결합을 기반으로 이러한 경제불안에 대비하기 위해서 경제준비를 하는 제도이다.

3) 다수 경제주체의 결합

보험에는 다수 경제주체의 참가가 필요하다. 보험제도는 우연을 이용하여 우연적 사건을 극복함으로써 위험의 비용화를 실현하는 과정에서 우연적 사건을 필연적 사건으로 확률계산에 의해 전환하며, 갹출의 산정에 있어서 불특정한 다수를 대상으로 하고, 그 우연성을 발생확률로 나타나게 하기 위해서는 다수 경제주체의 참가가 전제되어야 한다. 즉 발생률이 발생확률에 가까워질 정도로 다수의 경제주체가 보험주체로 참가해야만 보험은 성립할 수 있다.

4) 합리적인 분담금

보험에 가입한 다수 경제주체로부터 갹출한 보험료를 수금하여 축적하고 일정한 결합조건을 갖추었을 때, 다시 말하면, 타당성 있는 보험사고가 발생하였을 경우에 보험자는 보험금을 지급하여야 하는 것이다. 이때 수지상등의 원칙에 입각해 보험단체에 있어서 분담금(갹출한 보험료)의 총액과 보험금의 총액이 일치하도록 분담금이 계산되어야 한다.

5) 공동준비금 형성

보험단체에서 우연적 사고가 예측 가능한 확정적 사고로 되기 위해서는 그 위험률 즉 평균손해율에 의거하여 보험단체의 장래적 필요자금이 확정됨으로써 가능하게 된다. 그리고 분담금 축적의 결과로서 공동준비금이 형성되어야만 보험은 가능하다.

02 보험의 특성과 경제적 역할

1. 금융제도와 보험의 특성

시장의 가격기구에 의하여 자원배분이 이루어지는 경제에 있어서 생산과 소비, 저축과 투자 등의 경제행위는 금융제도가 공급하는 지불결제나 자금의 융통 등 금융서비스를 통해 이루어지므로 금융제도가 공급하는 금융서비스의 내용은 경제의 단기적인 동향은 물론 장기적인 경제발전에도 중요한 영향을 미친다. 그러므로 금융제도는 실물경제의 보완기능 혹은 하부구조(infra-structure)로서 실물경제와 유기적인 관계 속에서 경제발전을 뒷받침하는 역할을 수행한다.

금융제도는 은행, 증권, 보험의 3개 부문으로 대별할 수 있고 이들은 각기 고유의 특성을 지니고 있다. 먼저 은행금융제도는 금융기관 스스로의 공신력을 담보로 하여 불특정다수의 자금공급자로부터 예금을 유치한 다음, 이를 자신의 책임 하에 자금의 수요자에게 대출하는 간접금융의 기능을 갖는다.

증권제도는 은행제도와는 달리 유가증권의 발행자와 최종 소유자 사이에 다른 금융중개기관의 개입 없이 직접 자금의 대차가 이루어지게 되므로 직접금융의 기능을 가진다. 직접금융은 시장 내의 정보효율성이 제고되면 경제주체의 욕구가 다양해지고 자금조달 및 운용력이 증대되는 선진화된 금융시장에서 발달한다.

보험제도는 은행 및 증권제도와는 전혀 다른 성격을 지니고 있다. 보험제도의 주기능은 개별경제주체들이 끊임없이 직면하고 있는 다양한 형태의 각종 불확실성과 위험요소들을 적절히 저감해 줌으로써 확실하고 안정된 경제생활을 보장하는 것이다. 즉 보험제도는 위험관리기능을 통하여 경제적 손실에 대한 합리적이고 효율적인 대처를 가능하게 함으로써 국민경제의 안정에 기여하는 반면, 은행 및 증권제도는 직·간접 금융기능을 수행함으로써 국가경제에 이바지하는 차이점이 있다.

또한 보험제도는 축적된 장기자금을 생산부문에 투·융자함으로써 장기적이고 안정적인 자금을 제공하는 파생적 혹은 부수적 기능으로서의 금융기능(자산운용기능)을 수행한다. 그러므로 보험제도는 보장 및 금융기능을 동시에 수행하며 위험관리 및 금융자원의 조달 및 운용을 통하여 국민경제에 기여함으로써 타금융제도가 갖지 못한 복합적인 기능을 수행한다.

2. 보험의 경제적 역할

1) 위험관리의 효율성 제고

보험기관은 위험을 평가하고 위험변형과 풀링 및 위험감소기능을 공급하는 등 위험관리서비스를 제공한다. 금융제도가 다양한 위험관리서비스를 효과적으로 제공할수록 저축과 투자의 자극이 커지고 보다 효율적인 자원배분이 달성된다.

① 위험의 가격결정

경쟁적 시장에서의 성공은 가격결정에 달려 있고 위험의 가격결정은 모든 금융중개기관, 특히 보험회사에 가장 중요한 업무가 된다. 보험회사는 두 가지 측면에서 위험의 가격을 결정한다.

첫째, 보험활동을 통하여 보험회사는 보험을 공급하게 될 사업이나 사람 및 재산의 잠재적 손실(위험도)을 평가한다. 이렇게 평가된 위험에 근거하여 손실의 담보가격(보험료)을 설정한다. 위험이 커지면 커질수록 가격도 높아진다. 어떤 경우에는 위험이 너무 커서 보험회사들이 가격에 관계없이 담보제공을 거절하기도 한다.

② 위험의 변형

보험회사는 기업과 개인들이 스스로의 필요에 더 잘 부합되도록 노출위험을 변형시키는 것을 지원한다. 재산 및 소득의 상실 등 노출위험들은 해당 가격으로 보험회사에 전가될 수 있고 그러한 과정 중에 피보험자의 위험양태가 변화된다.

③ 위험의 풀링과 감소

위험의 풀링(pooling)과 감소는 보험작동원리의 핵심을 차지하고 있으며 위험의 가격결정처럼 두 가지 측면에서 발생한다.

첫째, 다수의 개인적 노출위험을 하나로 합함에 있어서 위험 풀의 전체적인 손실을 정확하고 합당하게 측정하는 것을 가능케 하기 위해 대수의 법칙에 의존한다.

전체로 볼 때, 피보험자의 수가 크면 클수록 보험회사의 손해경험은 더 안정화되고 예측가능해질 것이다. 이러한 사실은 기대손실의 변동성(위험)을 감소시키고, 그럼으로써 보험공급자가 위험전가 서비스에 대해 더 적은 위험보험료를 부과하고 잠재적으로 안정적인 보험료를 유지하도록 한다.

둘째, 보험회사는 투자활동을 통하여 풀링으로부터 편익을 얻는다. 다양한 기업, 개인 등에 자금을 제공함에 있어서 보험회사들은 투자포트폴리오를 분산한다. 분산된 포트폴리오에 의해 많은 건전한 투자가 일부 차입자들의 채권불이행이나 파산 등을 상쇄할 수 있도록 한다.

2) 금융제도의 효율성 제고

보험회사는 네 가지 방법으로 금융제도의 효율성을 제고한다.

첫째, 보험회사는 저축자와 차입자를 효율적으로 연결함으로써 거래비용을 감소시키고 자금배분의 효율성을 높인다.

둘째, 보험회사는 유동성을 창조한다. 보험회사는 보험계약자들로부터 받은 자금을 장기대출과 기타 투자를 위해 사용한다. 생명보험회사와 손해보험회사 모두 무모한 손실이 발생할 경우 보험계약자(또는 제3의 수익자)에게 즉시 유동성을 제공할 준비가 되어 있다. 추가적으로 생명보험회사는 보험계약자에게 계약범위 이내에 저축의 일부 또는 전부를 제공할 준비가 되어 있다.

셋째, 보험회사는 투자에 있어서 규모의 경제를 촉진시킨다. 최근 새로운 시장에서의 대규모 계획들은 규모의 경제를 구가하고 전문화를 촉진하며 기술혁신을 자극하여 경제발전에 중요한 역할을 할 수 있는 반면, 계획의 진행에 거액의 자금이 필요하다는 특성이 있다. 보험회사는 다수의 소액보험료 불입자들로부터 거금을 축적하여 실행 가능한 투자계획의 집합을 확대시키고 이로 인하여 국가경제에 기여할 수 있다.

넷째, 생명보험이나 연기금과 같은 장기저축기관들은 신흥시장(emerging market)에서 중요한 금융중개기관이 될 수 있다. 흔히 단기예금의 수신과 단기신용대출을 전문화하는 상업은행들과는 대조적으로 이들 저축기관은 대부분 장기적인 시각을 갖고 있으며, 이들 기관의 장기자금 공급과 안정적인 현금흐름이야말로 금융이용자를 위한 이상적인 장기금융의 원천이 된다.

3) 저축기능을 통한 투자확대

저축률과 경제성장은 서로 인과관계를 가지고 있는 것으로 나타나고 있으며, 지난 10년간 세계에서 가장 빠른 고성장국가 20개국 중 14개 국가는 GDP 대비 25% 이상의 저축률을 나타냈으며 저축률이 18% 이하인 국가는 하나도 없었다. 이와 대조적으로, 가장 느린 저성장국가 20개국 중 14개 국가는 저축률이 15% 미만인 것으로 나타났다.

보험회사, 특히 생명보험회사는 생명보험증권과 같은 금융자산을 축적함으로써 금융저축을 높인다. 생명보험의 금융자산은 일반적으로 타금융권역의 금융자산들보다 훨씬 장기적이고 만기가 예측가능하므로 보다 안정적인 자금공급원의 역할을 수행한다.

4) 재무적 안정성 제고

본질적으로 보험은 개인, 가족, 그리고 조직의 재무적 안정을 도모하기 위해 고안되었고, 손실이나 상해로 고통 받는 대상을 보상함으로써 그 임무를 달성한다. 즉 보험제도를 통하여 미래에 발생 가능한 계량화된 위험을 보험자에게 전가시킴으로써 안정적인 재정상태를 유지할 수 있다. 그러므로 보험은 보험계약자에게 재정상 미래의 불확실성을 제거하고 재정적인 안정성을 제고할 수 있게 함으로써 불필요한 경제적·심리적 불안을 저감하는 기능을 한다.

5) 손해의 감소유도

보험회사는 피보험자의 손실예방과 감소를 돕고자 하는 경제적 동기를 갖고 있다. 반대로 가격이나 이용가능성이 손해경험에 고정되어 있다면 피보험자는 손해를 통제하거나 또는 회피하려는 경제적 동기를 갖게 된다. 보험회사는 많은 손실통제 프로그램들을 지원하고 있으며 그 중 전형적인 예로써 화재의 예방, 직업상의 건강과 안전, 산업상의 손해방지, 자동차·재산 피해감소, 도난 및 상해방지 등을 비롯한 수많은 손실통제 활동과 프로그램이 있다. 이들 프로그램과 활동은 위험관리 대상의 직·간접적 손해를 감소시키고, 이러한 손실감소는 사회 전체적인 순이익을 증대시킨다.

6) 기업활동의 편의성 제고

보험은 기업활동을 활성화한다. 많은 제품과 서비스는 부주의에 대한 손해보상 요구를 담보하는 배상책임보험을 충분히 이용 가능할 때에만 생산되고 판매된다. 무역과 상업의 전문화는 점점 더 큰 재무적 전문화와 유연성을 요구한다. 그러므로 보험상품의 다양한 개발과 폭넓은 선택이 없다면 무역과 상업활동은 모두 큰 제약을 받게 될 것이다.

보험은 또한 고객의 신용도를 높임으로써 사업활동을 돕는다. 그러므로 은행과 다른 채권자들은 대출담보에 보험가입을 주장할 것이고 그렇지 않으면 대출을 회피할 것이다(또는 이자율에 추가적인 '위험프리미엄'을 덧붙이려 할 것이다). 그들은 또한 개인대출에 있어서 주소득원이 되는 사람의 생명에 대하여, 또는 사업대출과 관련하여 주요 피고용인들의 생명에 대하여 생명보험의 구입을 요구할 것이다. 따라서 기업 및 개인활동의 전반에 걸쳐 보험의 역할은 지대하다 할 수 있다.

03 생명보험

1. 생명보험계약의 의의

인보험계약은 사람(피보험자)의 생명 또는 신체에 관하여 우연한 사고가 생기는 경우에 계약이 정하는 바에 따라 보험금이나 기타의 급여를 지급하기로 약정하는 보험계약이다. 이와 같이 인보험계약은 보험사고가 사람에 대하여 생기는 것이라는 점에서 물건보험이나 손해보험계약과는 다르다. 인보험은 사람의 생명·신체에 관한 사고를 보험사고로 하는 보험으로서 생명보험, 상해보험, 질병보험(건강보험) 등이 이에 속한다.

2. 생명보험의 종류

생명보험계약이란 당사자 일반인 보험자가 상대방 또는 제3자의 생명에 관한 보험사고가 생길 경우에 일정의 보험금액을 지급할 것을 약정하고, 이것에 대해 상대방이 그 대가(보험료)를 지급할 것을 약정하는 보험을 말한다.

생명보험계약의 종류로서는 그 보험사고를 기준으로 해서 사망보험, 생존보험, 생사혼합보험(양로보험) 등이 있고, 또 사망보험 중에도 보험기간이 특별히 정해진 정기보험과 기간이 정해지지 않은 종신보험 등이 있다. 보험금의 지급방법을 기준으로 하면 사고발생의 경우에 보험금을 일시에 지급하는 자금보험과 연금으로서 지급하는 연금보험이 있다.

1) 보험사고에 따른 분류

① 사망보험

사망보험은 피보험자의 사망을 보험사고로 하여 보험금을 지급하기로 하는 생명보험이다. 여기서의 사망은 실제적으로 피보험자가 사망한 경우뿐만 아니라 피보험자의 생사불명으로 실종선고를 받았거나 생사가 확인되지 아니한 피보험자를 재해로 인하여 사망한 것으로 정부기관이 인정하는 때에도 사망에 포함된다.

② **생존보험**

생존보험은 피보험자가 보험기간이 끝날 때까지 생존하는 것을 조건으로 해서 보험금이 지급되기 때문에 피보험자가 보험기간 내에 사망하면 보험자의 보험금지급책임은 없어진다.

③ **생사혼합보험**

생사혼합보험은 피보험자가 일정시점까지 생존하는 경우에는 생존보험금을 그 일정시점까지 이르는 기간 중 사망한 경우에는 사망보험금을 지급하는 사망보험과 생존보험을 겸합한 형태의 보험이다.

사람의 사망시기는 일정하지 아니하므로 일정한 시기까지 피보험자의 사망을 보험사고로 한 경우에 사고의 발생 없이 보험기간이 끝난 때에도 보험자가 보험금의 지급책임을 지는 양로보험이 대표적이다.

2) 보험금 지급방법에 따른 분류

① **일시금보험 또는 자금보험**

보험금의 총액을 일시에 지급하는 가장 보편적인 보험이다.

② **연금보험**

보험사고가 생긴 때에 보험금액을 한꺼번에 지급하는 것이 아니라 약정에 따라 보험금액을 연금으로 분할하여 정기적인 소득형식으로 지급하는 보험이다.

③ **변액생명보험**

보험자가 이 보험의 자산을 다른 보험자산과 구분하여 주로 주식·사채 등 유가증권에 투자하여 그 실적을 보험계약자에게 배분하여 줌으로써 생명보험의 인플레이션의 역작용을 상쇄하기 위하여 마련된 보험이다. 이 보험에 있어서는 보험금액이 당해 보험자산의 투자실적에 따라 조절되고 그 현금가치도 투자가치에 따라 변동된다.

3) 피보험자의 건강상태에 따른 분류

① 건강체보험

보험가입 시 신체검사를 토대로 해서 건강상태가 표준체 이상인 건강체의 피보험자에 대하여 표준보험료로 체결하는 보험이다.

② 허약체보험

보통의 생명보험이 건강체를 전제로 하고 있는 데 대해서 그의 건강 등에 결함이 있어 건강체보험에는 붙일 수 없는 표준미달체의 사람을 피보험자로 해서 보험의 가입을 허용하는 특수한 생명보험의 형태이다.

4) 신체검사의 유무에 따른 분류

① 진단보험

생명보험은 피보험자의 정상적인 건강상태를 전제로 하므로 일반적으로 건강진단을 필요로 하는 보험이다.

② 무진단보험

신체검사는 피보험자의 실제 사망률이 예정 사망률을 초월하는 경우를 우려해서 행하는 것이나, 사정상 그러한 우려가 없을 경우 대수의 법칙에 의거한 위험선택이 가능한 집단보험이나 혹은 위험발생률에 따른 손해발생의 우려가 적은 소액보험에 있어서는 무진단 보험이 가능하다.

5) 피보험자 수에 따른 분류

① 개인보험

특정한 1인을 피보험자로 하는 가장 보편적인 생명보험으로서 이를 단독보험이라 부른다.

② **연생보험**

2인 이상의 피보험자를 결합하여 동시에 보험에 붙이는 생명보험의 특수한 형태의 하나이며 그 보험사고는 사망, 생존 또는 생사혼합의 모든 경우를 포함한다.

③ **단체보험**

일정한 범위 내의 불특정 다수인, 예컨대 특정단체나 직장의 소속자를 포괄적으로 하나의 피보험자로 정하여 그 생사를 보험사고로 하는 생명보험이다. 보통 이 보험은 사용자가 종업원의 사망, 상해 등에 대하여 종업원들의 복리후생을 위하여 생명보험계약을 체결하는 것이므로 타인을 위한 생명보험계약의 한 형태이다.

3. 생명보험계약의 특징

생명보험계약이란 계약당사자인 보험자와 보험계약자 간에 성립되는 법률행위의 일종으로 그 계약조건은 보험약관에 의하여 구체화된다. 보험계약은 보험이 지닌 특성으로 인하여 다른 일반계약과는 상이한 성질을 가지고 있다. 보험계약에 관한 일반적인 성질은 다음과 같다.

1) 유상계약

생명보험계약은 계약당사자의 일방인 보험자는 보험사고가 발생한 경우에 보험수익자에게 보험금을 지급할 것을 약속함으로써 보험수익자의 경제생활의 불안을 제거 또는 경감시키는 반면, 이에 대한 보수로써 보험계약자는 보험자에게 보험료를 지급할 것을 약속하는 계약이다. 따라서 생명보험계약은 보험자의 위험부담과 보험계약자의 보험료 지급을 상호 대가적인 관계인 급부와 반대급부의 관계로 파악할 수 있다는 유상계약의 성질이 있다.

2) 쌍무계약

생명보험계약은 쌍무계약이다. 보험자는 보험사고의 발생을 일정한 조건 또는 기한으로 하여 보험금 지급의무를 부담하고, 이에 대하여 보험계약자는 보험료 납입의무를 부담한다. 즉 이 양자의 부담의무는 기능적으로 상호교환조건으로 된 상관관계가 성립한다는 의미에서 보험계약은 보험금의 지급의무와 보험료 납입의무가 대립하는 쌍무계약이다.

3) 낙성계약

생명보험계약은 계약을 하고자 하는 자의 청약이 있어 이를 보험자가 승낙하면 보험계약은 유효하게 성립된다. 또한 보험계약은 계약의 체결에 있어서 특별한 방식을 요건으로 하지 않으므로, 이 점에 있어서 불요식(不要式) 계약이다. 그리고 보험증권은 계약의 성립에 필요한 계약서가 아니고, 계약이 성립한 후에 보험계약자의 청구가 없더라도 당연히 보험자가 교부하는 것으로써 보험증권은 계약에 관한 증거증권의 성질을 가지고 있어서, 계약의 성립에는 직접적인 관계가 없다.

이외에도 보험계약은 상행위성·부합계약성(그 내용이 당사자 일방에 의하여 전단적으로 정해지고, 다른 일방이 이를 포괄적으로 승인함으로써 성립하는 계약)·사행계약성(우연에 의하여 얻어지는 부당이득 그 자체를 목적으로 하는 계약)·선의계약성(보험계약 관계자의 선의와 신의성실의 원칙이 요구된다)의 성질을 가지고 있다.

4. 생명보험계약의 변경·부활

생명보험계약은 통상 장기간에 걸친 계약이기 때문에 계약 당시의 사정이 향후 변경되는 경우가 생긴다. 따라서 법 및 약관은 계약의 존속기간 중에 보험계약자는 일정범위 내에서 계약내용의 변경을 청구할 수 있도록 정하고 있다. 또한, 제2회 이후의 계속보험료의 지급형태에 의해 계약이 해지되거나 실효된 경우에도 일정한 조건 아래서 그 계약을 부활시키는 것을 인정하고 있다.

5. 생명보험의 역할과 필요성

1) 역 할

① 사회보험과 생명보험의 관계

보장에는 사회보장, 기업보장, 개인보장으로 구분된다. 즉 사회보장은 국가가 일정수준의 국민생활을 보장하는 것, 기업보장은 기업이 종업원의 복리후생이나 퇴직 후의 안정된 생활을 보장하는 것을 말하며, 개인보장은 개개인이 만족할 수 있는 수준까지 스스로 보험에 가입하는 것을 말한다.

생명보험을 3층보장론의 측면에서 볼 때 공영보험인 사회보험과 민영보험인 생명보험의 관계는 상호보완과 경쟁이라는 양면이 있다.

② 사회보장제도의 보완기능

소득수준의 향상과 이에 따른 욕구의 증대 및 소득분포의 불균형으로 인한 소득의 재분배 등의 사회문제로 인하여 사회보장제도를 점차 확충해 가고 있으나, 사회보장제도의 각종 급여수준은 개개인이 필요로 하는 욕구를 충족시키지 못하고 있으므로 생명보험은 이를 보완하는 기능을 하고 있다.

③ 국가경제발전에 기여

생명보험은 장래의 보험금 지급에 대비하기 위하여 계약자로부터 받은 보험료를 적립하고 이러한 생명보험자산을 적극적으로 운영하여 이익금이 발생할 경우 계약자에게 배당하도록 되어 있다. 이것은 생명보험이 보장기능 외에 금융기능을 갖는 이유이며, 생명보험자산은 장기성을 가지고 국가기간산업 등 중요산업에 운용되고 있어 우리나라 경제발전에 크게 기여하고 있다.

2) 필요성

소득증가 및 인구의 노령화, 핵가족화 등 사회적 요인의 변화에 따라 증대되는 국민들의 사회보장욕구를 충족시키기 위해서는 사회보험의 수행만으로는 불가능하다. 따라서 민간부문의 사회복지 참여로 사회적 위험비용을 최소화하는 등 사회보험 운영 및 관리방안 개선의 필요성이 증대되고 있다.

또한 사회복지지출 증가에 따라 정부의 재원조달능력에 한계가 노출되므로 비영리뿐만 아니라 영리중심의 민간참여 유도로 다양한 사회복지 수요를 충족해야 한다.

04 손해보험

1. 손해보험계약의 의의

손해보험계약이란 당사자 일방(보험자)이 일정한 우연한 사고(보험사고)에 의해서 피보험자의 재산상에 생기는 손해를 보상할 것을 약속하고 상대방(보험계약자)이 이것에 대한 보수(보험료)를 지급할 것을 약정함으로써 효력이 생기는 보험계약이다.

손해보상은 약정한 보험금액의 한도 내에서 손해액에 따라 산정한 보험금을 지급하는 것이므로 손해보험계약은 손실보상계약 또는 손해보상계약이라는 특성을 갖는다. 그러므로 손해보험은 부정액보험으로서 보험사고만 발생하면 손해와 관계없이 일정액을 지급하는 정액보험인 인보험과 다르다. 또한 손해보험계약은 물건 기타 재산상 손해의 보장을 목적으로 한다는 점에서 사람에 대한 사고를 대상으로 하는 인보험과는 다르다.

2. 손해보험계약의 종류

손해보험계약의 종류로서 상법은 화재보험, 운송보험, 해상보험, 책임보험, 자동차보험 및 보증보험을 규정하고 있다. 그러나 손해보험의 종류는 물론 이것에 한정되는 것은 아니고 중요한 보험분야로서 자동차 손해배상책임보험과 이른바 신종보험으로서 상해보험, 도난보험, 유리보험, 보일러 터보셋트보험, 기계보험 등이 있다. 이러한 보험의 종류는 보험대상 또는 보험의 목적에 따라

명칭이 붙여진 것으로 일정한 기준에 의한 이론적인 구분은 아니다.

1) 화재보험

화재보험계약이란 화재라고 하는 사고에 의해서 보험의 가입목적에 따라 손해를 보상하는 보험계약을 말한다. 화재보험은 피보험자에게 손해의 보상이라는 직접적인 이익뿐만 아니라 그밖에도 경제적으로 중요한 의의가 있는 보험이다. 화재보험의 가입자는 화재가 발생하더라도 보험자에게 면책사유가 존재하지 않는 한 소정의 보험금을 지급 받아 신속하게 화재로 인한 피해를 복구할 수 있으므로 화재 전과 다름없는 안정된 경제생활을 지속할 수 있게 된다.

2) 운송보험

운송보험계약이란 육상운송의 목적인 운송물에 대하여 운송에 관한 사고에 의해 생기는 손해를 보상하는 것을 목적으로 하는 손해보험계약을 말한다.

운송보험이란 육상운송에 있어서의 화물의 보험을 말하며 운송용구의 보험은 포함하지 않는다. 이러한 운송보험은 넓게는 육상운송보험뿐만 아니라 해상운송보험이나 항공운송보험도 포함한다.

3) 해상보험

해상보험계약이란 해상사업에 관한 사고로 인하여 생기는 손해를 보상할 것을 목적으로 하는 손해보험계약이다. 즉 해상보험계약은 해상사업과 관련되는 사고로 인한 선박이나 적하의 손해를 담보하기 위하여 이용되는 보험으로서, 보험계약자가 보험료를 지급하고 보험자는 해상사업과 관련되는 우연한 사고로 인하여 입은 피보험자의 재산상의 손해를 보상하는 손해보험계약이다.

4) 책임보험

책임보험계약이란 피보험자가 제3자에 대하여 손해보상책임을 부담하게 됨으로써 입는 손해를 보상할 것을 목적으로 하는 손해보험계약을 말한다.

5) 재보험계약

재보험계약이란 어떤 보험자가 인수한 보험계약상 책임의 전부 또는 일부를 다른 보험자에게 인수시키는 보험계약을 의미한다. 재보험에 대하여 제1의 보험계약을 보험료 또는 주보험이라 한다. 재보험은 손해보험뿐만 아니라 생명보험도 가능하다.

6) 자동차보험

자동차보험계약이라 함은 자동차를 소유, 사용 또는 관리하는 동안에 발생한 사고로 인하여 생긴 피보험자의 손해를 보상하는 것을 목적으로 하는 손해보험계약을 말한다.

7) 보증보험

보증보험이란 채무자인 보험계약자가 채권자인 피보험자에게 계약상의 채무불이행 또는 법령상의 의무불이행으로 입힌 손해를 보상할 것을 목적으로 하는 보험이다.

3. 손해보험의 기능

1) 개인적 측면

① 생활안정의 확보

우리들의 가정생활을 둘러싸고 있는 위험은 다종다양하며 이에 대한 대책을 세우지 않고서는 생활안정을 기할 수 없다. 즉 노령화 위험, 사망의 위험, 실업의 위험, 자산의 손해위험, 상해 또는 재해위험, 배상책임부담의 위험 등이 있다.

② 피해자의 보호

사회생활의 복잡화로 교통사고, 폭발사고, 백화점이나 호텔의 화재, 결함상품에 의한 사고 등 인재의 피해자가 될 가능성은 점점 늘고 있다. 이와 같은 경우에 법률에 의한 손해배상 청구를 통한 보상을 받을 수 있겠지만, 가해자의 손해배상 자력이 없으면 피해자의 구제는 현실적으로 불가능해진다. 그래서 이와 같은 피해자를 구제 또는 보호하려는 취지에서 각종 손해배상 책임보험이 보급되어 그 기능을 다하여야 한다.

③ 신용의 보완

손해보험은 개인의 신용을 보완하여 금융거래를 촉진하는 소임을 하고 있다. 즉 담보제공물이 없는 경우의 대출보증 등 우리들의 경제생활을 영위하는 데 있어서 개인이 신용을 보완해 준다.

2) 기업 측면

① 위험으로부터의 방어

현대기업은 기술혁신과 물가상승의 부산물로서 사고위험이 증가하고 또 거대화·고액화하고 있다. 더욱이 모든 사고위험은 물적 손해, 휴업손해뿐만 아니라 제3자 배상손해까지 수반하는 경우도 있기 때문에 기업의 존속도 위협받게 된다.

이와 같은 위협하에서 기업의 생성발전을 도모해 가기 위해서는 경영을 위협하는 각종 위험을 분석 평가하고 합리적인 대응이 필요하다. 따라서 손해보험은 이와 같은 위험관리사무의 사후복구책으로는 가장 이상적인 방법으로 인정받고 있다.

② 신용의 창출

기업이 은행 등으로부터 자금차입을 받는 경우에 담보를 제공하거나 도급계약 등의 체결에 있어서 업자의 신용을 보험회사가 보증함으로써 계약을 원활하게 진보시키는 합리적인 제도로 널리 이용되고 있다.

3) 위험분산의 국제화

보험의 기본적인 기능은 위험의 분산에 있다. 보험이 담보하고 있는 위험이 매우 높거나 큰 경우에도 이것을 하나의 보험자가 감당하기는 어렵고 때로는 한 국가의 영역을 넘어서 그 위험을 분산시킬 필요가 생긴다. 이것은 국내의 보험시장에서 취급하지 않거나 재보험을 통하여 국제적으로 위험을 분산하고자 할 때에는 하나의 보험사고는 국내의 문제에 국한되지 않고 국제적으로 서로 연관을 맺게 된다.

05 보험가입자를 위한 세제혜택

보험은 미래의 발생 가능한 각종 위험으로부터 스스로를 보호하기 위한 자구 노력의 일환으로서 사회보장제도를 보완할 뿐만 아니라 장기저축의 장려를 통해서 국민생활의 안정을 도모하고 있다. 정부는 이러한 보험산업의 공적 기능이 국가의 안정과 경제발전에 기여하는 바가 크므로 보험을 널리 보급하고 발전시키기 위해서 보험가입자에게 세제혜택을 부여하고 있다.

보험가입자를 위한 세제혜택에는 소득세 혜택, 상속·증여세 혜택 및 법인세 혜택이 있다.

즉 소득세 혜택에는 보장성보험료의 소득공제, 개인연금보험의 보험료 소득공제와 소득비과세, 보험차익 비과세, 비과세장기저축보험의 이자소득 비과세 및 단체정기재해보험료의 소득비과세 혜택이 있다. 상속·증여세 혜택에는 금융자산 상속공제 혜택이 있다. 또한 법인세 혜택에는 단체퇴직보험료의 손비인정과 단체정기재해보험료의 손비인정이 있다.

〈표 11-1〉에서 보면 보험금의 지급은 사망보험금과 만기보험금(해약환급금 포함)으로 분류할 수 있고 계약자, 피보험자, 수익자의 관계에 따라 세금의 종류가 상속세, 증여세, 소득세의 형태로 분류된다.

〈표 11-1〉 보험금의 지급형태별 세금종류

<table>
<tr><th colspan="2">계약내용</th><th colspan="3">사 례</th><th>종류</th><th>과세대상</th></tr>
<tr><td rowspan="6">사망보험금</td><td rowspan="2">보험계약자
=
피보험자
≠ 수익자</td><td>계</td><td>피</td><td>수</td><td rowspan="2">상속세</td><td rowspan="2">보험금 = 상속재산</td></tr>
<tr><td>남편
남편
남편</td><td>남편
남편
남편</td><td>처
자녀
상속인
이외의 자</td></tr>
<tr><td rowspan="2">보험계약자
=
피보험자
≠ 수익자</td><td>계</td><td>피</td><td>수</td><td rowspan="2">증여세</td><td rowspan="2">증여재산
보험금 × (수익자 이외의 자
이외의 자가 납입한 보험료) / (납입보험료 총액)</td></tr>
<tr><td>남편
처</td><td>처
남편</td><td>자녀
자녀</td></tr>
<tr><td rowspan="2">보험계약자
= 수익자
≠
피보험자</td><td>계</td><td>피</td><td>수</td><td rowspan="2">비과세</td><td rowspan="2"></td></tr>
<tr><td>남편
처</td><td>처
남편</td><td>자녀
자녀</td></tr>
<tr><td rowspan="4">만기보험금</td><td rowspan="2">보험계약자
= 수익자
≠
피보험자</td><td>계</td><td>피</td><td>수</td><td rowspan="2">소득세
(보험차
익과세)</td><td rowspan="2">∘5년 미만인 경우
- 1,800만원 이하 : 10%
- 1,800만원 초과 : 22%
∘5년 미만인 경우 : 비과세</td></tr>
<tr><td>남편
자녀</td><td>처
부모</td><td>남편
자녀</td></tr>
<tr><td rowspan="2">보험계약자
= 수익자
≠
피보험자</td><td>계</td><td>피</td><td>수</td><td rowspan="2">증여세</td><td rowspan="2">증여재산
보험금 × (수익자 이외의 자
이외의 자가 납입한 보험료) / (납입보험료 총액)</td></tr>
<tr><td>남편
남편
남편</td><td>남편
남편
처</td><td>처
처
남편</td></tr>
</table>

※ 사례의 「계」는 계약자, 「피」는 피보험자, 「수」는 수익자임.

사망보험금 중 일반적으로 계약자와 피보험자가 동일인일 경우에 피보험자의 사망으로 인한 지급보험금은 상속세 과세대상 재산이 된다. 계약자와 피보험자가 다른 경우에는 보험료의 납입이 계약자에 의하여 이루어지고 피보험자의 사망으로 인하여 보험금이 지급되므로 이는 계약자가 피보험자의 보험사고를 통하여 수익자에게 보험금을 지급하려는 의도가 있으므로 사망으로 인한 보험금 지급이 일어나는 시점에서 수익자 이외의 자가 납입한 보험료에 대하여는 증여세를 과세한다. 계약자와 수익자는 동일인이고 피보험자가 다른 경우에는 납입한 보험료에 대하여 피보험자의 사망으로 인한 보험금을 수익자가 지급 받는 것이므로 과세대상이 되지 않는다.

만기보험금 중 5년 이상 유지되는 보험금에 대해서는 비과세한다. 5년 이하 유지된 보험금이라 할지라도 납입보험료 기준 1,800만원 이상과 이하를 구분하여 일반과세와 저율과세를 구분한다. 보험계약자와 수익자가 다른 경우에는 납입한 보험료에 대하여 보험금을 수익자가 지급 받게 되므로 이는 증여세 과세 대상 재산가액에 포함된다.

1. 소득세 혜택

1) 보장성보험료의 소득공제

보험세제 중에서 가장 큰 영향을 미치고 있는 것이 보험료 소득공제제도이다. 이 제도는 보험의 사회보장적 역할보완, 장기저축우대, 생보산업의 육성, 근로자의 세경감 차원에서 도입된 제도이다. 개인보험가입자에 대한 소득공제를 살펴보면 자영업자나 일용근로자가 아닌 일반근로소득자가 자기자신이나 부양가족을 위해서 보장성보험에 가입할 경우 보험료소득공제 혜택을 주고 있다. 보험료공제에는 의료보험료와 고용보험료 그리고 보장성보험료가 있으며, 의료보험료와 고용보험료는 전액을 공제하고 보장성보험의 경우 연간 50만원까지 소득공제 혜택을 주고 있다.

보장성보험이란 만기 또는 해약환급금이 납입보험료보다 적은 경우로 정의하고 있으며 근로자 또는 소득이 없는 가족명의의 보험계약으로서 피보험자가 기본공제대상자(본인, 배우자, 부양가족)인 경우에 대해서도 공제가 가능하다.

▶▶ 보험료소득공제

- 보장성보험 : 만기 또는 해약환급금 ≤ 납입보험료
- 적용대상자 : 모든 근로자
- 대상보험 : 보장성보험으로서 생명, 상해, 가계성 손해보험 및 농수축협공제
- 공제한도 : 연간 50만원

2) 개인연금보험의 보험료 소득공제 및 소득비과세

개인연금보험의 세제지원의 배경은 첫째 노령화사회의 급속한 변화로 인한 노후에 대한 대비책이 필요하고, 둘째 국민연금 등 공적연금에 대한 사회보장체계의 보완기능의 강화로 노후보장에 대한 제도의 필요성이 대두되었으며, 셋째 제도권금융의 자금이탈방지와 새로운 장기자금 조달의 필요성에서 그 배경을 찾을 수 있다.

개인연금보험은 가입과 동시에 세제혜택을 받을 수 있고 만기 또는 해약환급금에 대하여도 세제혜택을 부여하고 있다. 이로 인하여 가입조건, 납입금액, 납입기간 등의 세제 적격요건을 강화하여 운영하고 있으며 이러한 조건을 충족시키지 못할 경우에는 감면받은 세액을 추징하는 등의 엄격한 제한을 두고 있다.

저축불입계약기간 만료 후 5년 이상 연금의 형태로 지급받는 저축이어야 하나, 만기 시 일시금으로 지급받을 경우에는 비과세 혜택을 받을 수 없게 된다.

소득공제와 비과세혜택을 받기 위한 세제 적격요건은 다음과 같다.

첫째, 가입대상은 보험계약자가 만 20세 이상이어야 한다.

둘째, 저축불입기간은 10년 이상이어야 한다.

셋째, 저축형태 및 한도는 매월 100만원 또는 3월마다 300만원 범위 이내여야 한다. 은행이나 농협 등 타금융기관에도 중복가입이 가능하나, 불입금의 합계액은 개인연금저축에 가입한 모든 금융기관을 합산해서 가입한도를 계산한다.

넷째, 연금지급은 계약기간 만료 후 가입자가 만 55세 이후에 5년 이상 연금의 형태로 지급 받는 저축이어야 한다.

소득공제는 근로소득자 본인의 명의로 개인연금보험에 가입한 거주자로서 납입보험료의 40%에 해당하는 금액을 소득금액에서 공제를 받을 수 있다. 근로소득자의 가족명의로 가입하고 불입한 개인연금보험에 대하여는 개인연금보험 소득공제를 적용받을 수 없으며, 비거주자인 근로소득자는 개인연금보험에 가입할 수도 없고 개인연금 소득공제도 적용받을 수 없다.

개인연금보험의 소득공제 한도는 당해 연도에 불입한 금액의 40%로 하되, 공제할 수 있는 금액의 한도액은 72만원이다. 이 경우 불입한 금액의 전부 또는 일부를 회사가 부담한 때에는 회사가 부담한 금액은 근로소득에 합산하고 그에 대한 개인연금보험 소득공제를 받을 수 있다.

따라서 개인연금보험은 소득공제 효과와 비과세 혜택을 받는 대신 보험가입일로부터 5년 이내 중도해지하면 저축불입액의 4%(연간 72,000원 한도)를 추징당하며 소득공제에 의하여 감면 받은 세액이 추징할 세액에 미달할 경우 그 사실을 입증하면 실제로 감면 받은 세액 상당액만 추징한다. 또한, 중도해약 추징세액은 보험계약의 중도해약으로 인하여 개인연금보험 가입자가 지급받은 환급금을 한도로 한다. 그러나 개인연금저축보험을 중도 해약한 경우라 할지라도 다음의 경우에는 세액을 추징당하지 않는다.

① 소득공제를 받지 아니한 사실을 증명하는 경우
② 사망, 해외이주, 천재·지변, 퇴직, 사업장의 휴·폐업, 3월 이상의 입원치료 또는 요양을 요하는 상해·질병의 발생으로 인한 해약

〈표 11-2〉 개인연금보험에 대한 세제혜택

<table>
<tr><th colspan="3">구 분</th><th>내 용</th></tr>
<tr><td rowspan="4">보험료</td><td rowspan="3">기업부담</td><td>법인사업자</td><td>·복리후생적 성격의 비용으로 손금산업</td></tr>
<tr><td>개인사업자</td><td>·사용자가 부담한 보험료는 필요경비 인정</td></tr>
<tr><td>근로자측</td><td>·근로소득 포함</td></tr>
<tr><td colspan="2">근로자부담분</td><td>·개인연금저축에 가입한 경우에는 당해 연도 저축납입액의 40%를 종합소득금액에서 공제(연 72만원 한도)</td></tr>
<tr><td rowspan="3">급부금</td><td rowspan="2">퇴직생존</td><td>연금</td><td>·만 55세 이후 5년 이상 연금으로 수령 시 비과세</td></tr>
<tr><td>일시금</td><td>·5년 이내 연금 이외의 형태로 지급받는 경우 이자소득에 과세</td></tr>
<tr><td>사망유족</td><td>상속세법</td><td>·피상속인이 사망으로 인하여 유족이 받는 보험금(중도급부금 포함)은 상속재산에 포함되어 금융재산 상속공제</td></tr>
</table>

위 〈표 11-2〉의 경우 보험료의 부담에 따라 소득귀속이나 공제혜택이 상이하며 급부금의 지급형태에 따라서 과세 및 공제내용이 달라지는 것을 볼 수 있다.

3) 보험차익 비과세

보험차익(이자소득)이란 납입한 보험료보다 만기 또는 해약 시 찾아가는 보험금이 많을 경우에 발생하는데 보장성보험이 아닌 저축성보험에서 발생한다. 저축성보험은 은행의 예금처럼 불입한 보험료에 대해 일정률의 이자를 부리해 주는 보험상품을 말한다.

선진국의 경우 공공부문에 대한 사회보장기능이 잘 갖추어져 있어 국민이 고루 혜택을 보고 있으나, 우리나라와 같은 개도국의 경우에는 국가가 사회보장제도를 완전히 갖추기에는 역부족으로 민영보험이 사회보장기능을 보완하는 측면에서 보험에 대한 세제지원을 해주고 있다.

따라서 초기에는 민영보험제도를 육성·발전시키고 사회보장기능을 보완하는 측면에서 비과세 혜택을 부여하였으나, 현재는 유사금융상품 간의 세부담의 형평성 문제와 조세중립성 제고를 통한 금융기관간 경쟁기반을 조성하려는 차원에서 ' 98년 4월 1일 이후 발생하는 보험차익에 대하여 5년 이상 가입건의 경우만 비과세 혜택을 부여하고 있다.

〈표 11-3〉 보험차익과세의 적용 및 사례

구 분	'08. 4. 1 이후 보험차익 발생분부터 적용		
	5년 미만 유지 계약		5년 이상 유지계약
	1,800만원 이하	1,800만원 이상	
'06. 1. 1.~'07. 12. 31.	10%(10.5%)	15%(16.5%)	
'08. 1. 1.~'08. 9. 30.	10%(11.0%)	20%(22.0%)	비과세
'08. 10. 1.~현재	10%(11.2%)	22%(242.2%)	

〈표 11-3〉에서 보면 기간별로 이자소득에 대한 적용세율이 각각 다르게 적용되고 있다. 이는 이자소득의 발생을 구간별로 인식함으로써 만기나 해약시점에서의 과다한 이자소득세율 적용에 따른 부담을 완화시키고 장기저축을 유도하는 데 그 목적이 있다. 납입보험료 기준으로 1,800만원 이하와 이상을 나누는 것은 소액보험차익에 대한 원천징수 특례에 따라 적용세율이 상이하기 때문이

다. 납입보험료 1,800만원 이하의 보험차익은 현재 세율이 10%가 적용되고 있으며 농어촌특별세가 주민세 대신으로 원천징수가 된다. 농어촌특별세는 저축성보험의 이자소득세율과 세금우대저축 이자소득세율과의 차액의 10%를 부과하는 것을 말한다.

일반 저축성보험의 이자소득세율은 현재 22%('08. 10. 1 기준)가 적용되고 있으며 주민세까지 포함할 경우 24.2%의 이자소득세가 원천징수된다.

4) 비과세장기저축보험의 이자소득 비과세

비과세장기저축보험(가계장기저축)은 1세대 1통장으로서 3년 이상 보험료를 납입하였을 경우 발생한 보험차익에 대하여 이자소득세를 비과세하는 것으로서 납입보험료는 매월 100만원 또는 3월마다 300만원 범위 안에서 각각 1만원 또는 3만원 이상 적립하여야 한다. 반드시 1세대 1통장이어야 하나, 부모의 봉양을 위하여 세대를 합친 경우나 결혼으로 인하여 1세대 2통장이 된 경우에 한하여는 유예기간을 두어 1개의 통장을 유지토록 하고 비과세 혜택을 부여하고 있다.

5) 단체정기재해보험료의 소득비과세 혜택

종업원이 계약자이거나 종업원, 그 배우자, 기타의 가족을 수익자로 하는 보험 또는 신탁과 관련하여 사용자가 부담하는 보험료, 신탁부금은 근로소득에 해당되어 소득합산되어야 하지만, 재해로 인한 종업원의 사망과 상해를 보험금의 지급사유로 하고 종업원을 피보험자와 수익자로 하여 만기에 납입보험료를 환급받지 아니하는 보험의 보험료 중 연 18만원 이하의 금액에 대하여는 이를 근로소득으로 보지 않고 있다. 따라서 근로소득의 입장에서는 소득비과세의 혜택이 있는 것이다.

2. 금융자산 상속공제 혜택

상속세란 유산의 사후 이전에 대해 과세하는 것으로서 피상속인의 사망에 따른 상속, 유증 및 사인증여에 의하여 무상으로 재산이 이전되는 경우 부과되는 조세이다.

증여세란 경제적 가치가 있는 재산의 생전 무상이전을 과세물건으로 하여 부과하는 조세를 말한다. 증여라 함은 당사자의 일방(증여자)이 대가없이, 즉 무상으로 재산을 상대방에게 준다는 의사를 표시하고 상대방이 그것을 승낙함으로써 성립하는 계약을 말한다.

피상속인의 사망으로 인하여 지급 받는 보험금 중 상속재산에 해당되는 것은 첫째, 피상속인의 사망으로 인하여 지급 받는 생명보험 또는 손해보험의 보험금으로서 피상속인이 보험계약자가 된 보험계약에 의하여 지급 받는 것은 이를 상속재산으로 보고 있으며, 둘째, 보험계약자가 피상속인 외의 자인 경우에도 피상속인이 실질적으로 보험료를 지급한 경우를 말한다.

다만, 피상속인의 사망으로 인하여 지급 받는 보험금 중 상속인이 보험료를 부담한 부분이 있는 경우에는 다음 계산식에 의하여 상속재산에 포함되는 보험금을 계산한다.

$$\text{간주상속재산 보험금} = \text{지급보험금} \times \frac{\text{피상속인이 부담한 보험료의 금액}}{\text{피상속인이 사망 시까지 불입된 보험료의 합계액}}$$

금융재산 상속공제란 금융기관이 취급하는 예금·적금·신탁·예탁금·출자금·보험금 등(최대주주 등의 주식 등은 제외)에 대하여 20%를 공제(공제한도 2억원)해 주는 경우로 금융재산을 2,000만원까지 보유하는 경우에는 전액 공제하되, 금융재산가액의 20%에 상당하는 금액이 2,000만원에 미달될 경우에는 2,000만원을 공제해 주는 제도이다.

3. 법인세 혜택

1) 단체퇴직보험료의 손비인정

법인이 임원 또는 사용인의 퇴직을 보험금 지급사유로 하고, 임원 또는 사용인을 피보험자와 수익자로 하여 가입하는 보험의 경우에는 그 보험료, 근로기준법에 의한 퇴직보험, 퇴직일시금신탁의 보험료 또는 부금을 손비로 인정하고 있다.

A. 당해 사업연도 퇴직금추계액
(−) 당해 사업연도 퇴직급여충당금
(−) 기 손금산입 보험료 등
B. 당해 사업연도말 단체퇴직보험예치금
(−) 기 손금산업 보험료 등
「A」와 「B」 중 적은 금액을 한도로 함

손금에 산입하는 금액은 당해 사업연도 종료일 현재 퇴직급여로 지급되어야 할 금액의 추계액에서 당해 사업연도 종료일 현재의 퇴직급여충당금을 공제한 금액에 상당하는 보험금 및 신탁금에 대한 보험료 등에서 직전 사업연도 종료일 까지 지급한 보험료 등을 공제한 금액을 한도로 한다.

2) 단체정기재해보험료의 손비인정

단체정기재해보험은 종업원의 근무기간 중 재해로 인한 사망과 상해 등 우발적 사고에 대비하여 종업원을 각종 위험으로부터 보장하기 위하여 가입하는 보험으로서 사용자가 종업원을 보험에 가입시켰을 경우에는 복리후생비로 인정되어 손비처리 한다.

위 표의 경우 보험료의 부담에 따라 소득귀속이나 공제혜택이 상이하며 급부금의 지급형태에 따라서 과세 및 공제내용이 달라지는 것을 볼 수 있다.

06 노령화사회의 진전에 따른 보험의 역할

1. 노령화사회의 진전에 따른 문제점

1) 문제점

① 노인인구비중의 증대

한 국가의 연령별 인구구조는 그 국가의 노동력 수급구조 및 부양비용 부담 등의 관점에서 매우 중요한 요소이다. 노인인구의 비중이 커지면 그 사회구성원의 노동생산성이 저하됨과 동시에 노인인구에 대한 부양비용이 증가되고 국가가 선진화되면 사회안정, 생활안정 및 의료기술의 발달에 힘입어 평균수명이 연장되고 여성취업인구의 증가에 따라 출생률은 낮아지므로 노령화사회의 진전은 그 속도가 더욱 가속화되고 있다.

〈표 11-4〉 노인인구(65세 이상) 비중의 국제 간 추이

구분	1980	1990	2000	2010	2020
미국	11.3	12.6	12.8	13.6	17.5
일본	9.1	11.9	16.2	20.0	23.6
영국	15.1	15.4	15.2	15.7	18.2
프랑스	14.0	13.8	15.4	15.7	19.3
스위스	16.3	18.1	17.1	18.8	21.8
한국	3.8	5.0	6.8	9.4	13.1

자료 : 통계청, 『장래인구 추이』, 2009.

② 노인인구에 대한 부양비용의 증대

노인인구의 비중이 증가함에 따라 노인들의 부양에 대한 부담은 노인 자신과 가족들은 물론 사회의 책임은 증가하게 된다.

〈표 11-5〉 노인 1인당 부양자 수

구 분	1980	1990	2000	2010	2020
65세 이상	16.1	13.8	10.6	7.6	5.7
60세 이상	9.9	8.6	6.4	4.9	3.3
55세 이상	6.3	5.5	4.3	3.2	2.1

자료 : 통계청, 『장래인구 추이』, 2009.

③ 핵가족화 및 산업화의 진전

핵가족화의 진전은 전체인구 중 노인인구의 비중에 영향을 미치지는 않지만 노인 독립세대의 증가와 가정 내에서의 노인의 위치와 역할 및 부양방법의 변화를 가져오게 되었다. 핵가족화로 인하여 부양책임이 가족공동의 책임에서 노

인 각자의 책임으로 전가됨에 따라 노인 각자가 자신의 생활비를 마련하지 못할 경우에는 국가가 이를 부담하여야 하며, 또한 산업화의 진전은 농촌인구의 도시로의 이동이 급속히 이루어져 도시화 율이 증가하고, 도시화의 증가에 따라서 노인들의 가정과 사회에서의 역할이 점차 왜소화되고 있다.

2) 노후대책에 대한 의식구조

노후의 생활자금에 대한 준비실태를 보면 〈표 11-6〉과 같다. 노후대책에 대한 의식은 노령화사회로의 진전에 따른 미래의 사회적 변화를 어떻게 인식하고 있느냐에 따라서 그 태도가 달라짐을 볼 수 있다.

생명보험협회의 『2009 생명보험 성향조사』에 따르면 노후생활대책에 대해 자녀, 친척이 부양할 것이라는 가족 의존적인 사고방식이 많이 줄고 연금이나 보험의 가입 등과 일을 할 수 있을 때까지 일한다는 자립적인 성향이 높은 것으로 나타나고 있다.

〈표 11-6〉 노후생활자금에 대한 준비실태

(단위: %)

구 분	1992	1995	1998	2001	2009
염려없다	11.4	16.4	21.4	25.9	7.8
염려되나 괜찮다	32.1	34.8	28.4	25.9	41.8
크게 염려된다	35.3	29.1	31.6	39.9	44.4
노후는 생각지 않는다	21.2	19.7	18.8	8.0	6.0

자료 : 생명보험협회 『생명보험 성향조사』, 2009.

〈표 11-7〉 노후생활이 걱정이 안되는 이유

(복수응답, 단위: %)

구 분	1992	1995	1998	2001	2009
자녀, 친족이 있음	18.6	18.2	9.1	7.5	7.6
일을 할 수 있을 때까지 일한다	44.9	44.3	54.6	62.9	37.3
예금, 적금이 있음	34.4	39.4	33.4	39.3	62.7
퇴직금, 군인연금, 공무원연금	22.3	27.5	25.8	31.5	20.9
재산이 있음	27.1	23.9	22.8	30.8	33.8
생명보험에 가입	14.0	14.8	15.0	23.4	52.3

자료 : 생명보험협회, 『생명보험 성향조사』, 2009.

생명보험협회에서 실시한 성향조사에 의하면 1인당 노후에 필요한 생활자금은 월가구소득의 50% 수준으로 나타났다.

〈표 11-8〉 노후생활자금으로 필요한 금액

(단위: 천원, %)

구 분	1992	1995	1998	2001	2009
월간노후생활자금(A)	304	346	534	785	1,827
월가구소득(B)	538	650	1,071	1,546	8,126
A/B	56.5	53.2	49.9	50.8	22.4

자료 : 생명보험협회 『생명보험 성향조사』, 2009.

2. 노령화사회의 진전에 따른 대책

인구의 노령화가 급속도로 진전되고 있는 현실에 맞추어 정부와 사회는 이에 대한 대책을 마련하여야 하는데, 노후소득보장체계의 확립과 노후생활실물서비스 확보가 시급한 실정이다. 노령화의 진전은 사회·경제·문화적으로 여러 가지의 영향을 미침은 물론 특히 경제적으로는 국민저축, 고용구조, 노인복지 및 사회적 부양부담 등에 큰 영향을 미칠 것으로 예상된다.

1) 노후소득보장체계의 확립

노후소득보장의 수단으로는 주로 개인의 자산과 금융소득을 통하여 노후에 필요한 자금을 조달하는데 노후소득보장 수단 중 가장 보편적인 것이 연금제도이며, 이는 개인이 노인연령에 도달하기 전의 기간 동안에 일정부분의 수입을 적립하여 노후의 일정 연령부터 사망까지 일정 수준의 수입을 보장해 주는 방법이 된다.

정부가 개인연금을 지원하는 이유는 첫째, 고령자 부양에 필요한 사회적 총비용을 절감하는 효과가 있다. 즉 자신의 노후생계를 위하여 보장성 급여를 많이 갖도록 하는 것은 개인의 노후생계에 대한 불안을 최소화하는 것이기 때문이다. 둘째, 공적노령연금을 위한 비용을 절감하는 효과가 있다. 공적연금의 급여가 물가나 임금상승률에 연동되기 때문에 물가의 상승기에는 급여의 지출이 크고, 반면, 갹출료의 증가는 물가의 상승과 시차를 두고 이루어지므로 공적연금의 재정적자는 사회적인 문제로 대두되고 있는 실정이다. 셋째, 저축증대에 의한 자본의 형성을 증대시키는 효과가 있다. 넷째, 퇴직 후의 소득수준을 증대시키는 효과가 있다.

2) 노후생활을 위한 복지서비스의 확립

노인인구가 증가하면 의료서비스 수요도 증가할 것이므로 의료설비의 확충이 요구되며 거동불능 노인의 증가로 노인의료시설의 수요가 증가할 것이기 때문에 노후생활을 위한 복지서비스를 위해서 국가의 역할은 시설의 원활한 공급과 서비스 대가를 지급할 노후소득이 보장되어야 한다. 따라서 개인이 부양비용을 부담하지 못하는 경우에는 국가가 그 부담을 떠맡아야 하기 때문에 국민들 각자가 자신의 노후소득에 대한 대비를 할 수 있도록 정책적 지원이 확대되어야 한다.

3. 노후소득보장 대책

1) 현 황

① 공적연금제도

공적연금제도에는 가입대상자에 따라 공무원연금, 군인연금, 사립학교교직원연금 및 국민연금이 있다. 공적연금제도에는 다음과 같은 문제점이 산재해 있다.

첫째, 정부의 연금 적자보전의 한계이다. 현행 연금재정의 적자를 정부가 보전해 주고 있으나, 적자 규모가 더욱 커질 경우 연금지원 재정에는 한계가 있으며, 타연금제도와의 형평성에도 문제가 있으므로 갹출금의 인상이나 하향조정이 불가피한 실정이기 때문이다.

둘째, 노후보장의 한계이다. 공적연금이 물가에 연동된다 할지라도 연금가치의 보전은 사실상 어렵고, 또한 제한된 재정부담으로 인하여 공적연금의 부담을 민간부분에 떠넘길 수 없는 상황이 전개되면 연금급부가 갖는 구매력을 크게 떨어뜨리게 될 것이다. 그 내용은 다음의 표와 같다.

〈표 11-9〉 공적연금제도의 내용

구 분	시행연도	대 상	비 고
공무원연금	1960년	• 중앙 및 지방공무원 • 판·검사, 검찰직	• 일시금급부가 가능
군인연금	1960년	• 장기군복무 하사관, 장교	• 연금적자보전을 위해 정부가 보조
사립학교 교직원 연금	1975년	• 초·중·고 교사 • 전문학교·대학교 교수 • 교무직원	• 공적연금 중 재정이 건실
국민연금	1988년	• 5인 이상 사업체 근로자 및 농어민(18~60세)	• 노인인구의 증가에 따라 세대 간의 갈등 심화

② 퇴직금제도

퇴직금제도는 1953년 근로기준법 제정을 근거로 산업화에 따른 퇴직근로자의 생계보장을 위하여 도입된 것이다. 그러나 이 제도는 피사용자에게 퇴직 시 일시금을 지급함으로써 중도퇴직의 경우 실직기간 동안의 생활비와 재취업에 필요한 경비 등으로 대부분 소요되고 노후생활을 위한 소득보장에 실질적 기여를 못하고 있는 실정이다.

또한 기업은 일시금 지급으로 인하여 재정압박이 점차 가중되고 있으며 퇴직금 지급준비로 충당금을 설정하고 있다 하여도 이는 회계적으로만 적립되었을 뿐 실질적 적립이 되고 있지 않아서 기업의 도산 시 퇴직금의 지급이 불가능해질 수도 있다. 따라서 세제지원을 바탕으로 퇴직금의 기업연금으로의 전환을 통하여 근로자 퇴직금 지급의 안전한 보장과 노후소득보장이 이루어지도록 하는 것이 타당할 것이고, 이러한 취지에서 기업 내부에 적립하는 퇴직급여충당금 설정한도를 50%에서 40%로 인하하게 된 배경일 것이다.

2) 대책

① 민영보험의 활성화

다양한 상품개발을 통하여 고령자에 대해서도 연금가입이 가능토록 즉시연금제도, 개인연금의 갹출상한과 세제혜택의 상한이 물가상승에 따라 조정, 연금상품 간의 이전성이 보장되도록 하는 방안이 제시될 수 있을 것이다. 또한 노인복지시설 및 노인홈 등과 같은 실버사업과 연계된 상품개발로 보험의 현물급부화를 추진할 수 있을 것이다.

저축수준이 낮은 상태에서 노령화 사회의 진전은 당분간 저축을 감소시키는 요인이 되므로 저축증대를 위한 세제상의 유인을 통하여 노후에 대한 대책을 자발적으로 마련토록 저축을 장려함으로써 사회 전체적인 관점에서는 부양부담을 감소시키는 효과를 거둘 수 있도록 하며, 개인연금보험에 대한 소득공제제도를『정률의 세액공제제도』로 전환하여 보험가입에 따른 지원은 근본목적이 자원배분의 조정에 있을 뿐 아니라 가입대상자가 대부분 중산층에 속한다는 사실을 감안하면 소득공제제도를 정률의 세액공제제도로 전환하여 중산층에게 세제혜택이 확대되도록 하는 것이 바람직하다 할 것이다.

〈표 11-10〉 생명보험과 사회보험의 차이

구 분	생 명 보 험	사 회 보 험
가입조건	• 자발적	• 강제적
급부이행	• 급부는 가입자와 보험회사 간의 법적 계약에 의해서 성립 • 계약이행은 법에 의해서 강제됨	• 급부는 법에 의해서 규정됨
형 평 성	• 개인적인 평등이 강조	• 소득의 재분배를 도모
상품형태	• 가입자와 욕구충족을 위해서 상품내용이 다양함	• 정부기관에 의한 독점제도

연금소득에 대한 형평성 유지를 위하여 국민연금법, 공무원연금법, 군인연금법, 사립학교교직원연금법, 전직대통령 예우에 관한 법률 그리고 법정우체국법

에 의한 연금급여에 대해서는 비과세되고 있는 반면에, 일반근로자가 퇴직 시 지급받는 근로소득이나 자영업자 등이 개인연금저축에 가입하고 받는 연금은 과세하고 있는 실정이므로, 재직 시의 근로소득이나 퇴직소득과의 과세균형이 이루어지지 않아 근로자에 대한 보상체계의 왜곡을 초래하고, 비과세 연금소득의 유무에 따른 불공평의 원인이 되고 있다고 본다.

② 개인연금보험의 가입 확대

IMF관리체제를 벗어난 이후 금리의 하향 안정화에 따른 노후대책이 요구되는 시점에 이르게 되었다. 장기적으로는 선진국형 저성장시대로 진입, 금융저축의 규모 확대와 기업의 재무구조 개선 등으로 금리의 하향 안정화가 본격화될 전망이다. 따라서 금리하향 추세를 맞이하여 안정된 노후생활 대책은 장기적으로 금리가 확정된 안정된 연금상품을 선택하는 것이 유리하다고 보여진다.

〈표 11-11〉 금융기관별 개인연금저축의 특징

보 험	은 행	투 신
• 노후소득보장과 보장 겸비 • 활동기의 불의의 사고 중점 보장 • 다양한 노인개인서비스 제공 가능 • 약관대출 가능	• 실적배당형 상품으로 수익률 불확정 • 대출 가능	• 예상수익률이 높으나 불확정 • 대출기능 없음

12

조세(租稅)

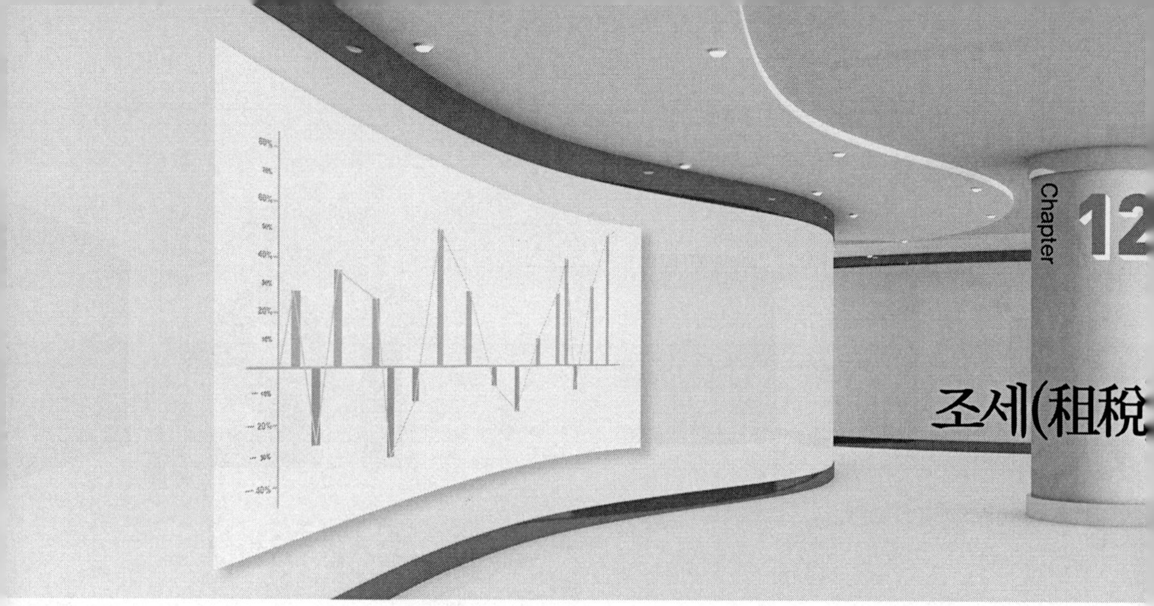

Chapter 12

조세(租稅

01 세원(稅源)

1. 세원과 세금의 의미

세금 또는 조세란 국가 및 지방자치단체가 재정활동을 위하여 국민들로부터 조달하는 재화와 급부를 뜻한다. 즉 국가나 지방자치단체가 재정활동을 위하여 납세의무자로부터 세법에 규정된 재화를 강제적으로 반대급부 없이 징수하는 것을 세금이라고 한다. 개인이나 기업이 경제활동을 위하여 수입이 있어야 하는 것처럼 국가도 조세수입이 있어야 경제활동을 수행할 수가 있다. 조세의 징수에 대하여 보상적인 차원의 대가지불이 없고 강제성을 띠고 있는 점이 특징으로 볼 수가 있다.

이에 세금을 납부할 수 있는 원천, 즉 소득을 세원이라고 한다. 세금은 세원이 있어야 부과되고 징수되며, 반드시 세법에 의하여야 한다(조세법률주의). 물론 재정수입에는 세금만 있는 것이 아니고 전매차익이나 벌과금도 있지만, 세금과는 다르다. 우리가 개인적으로 경제활동을 자본주의 국가에서 영위하기 위하여 세금과 항상 관계를 맺어야 하며, 세금을 떠나는 경우는 사망 후라야 가능하다. 세금은 "요람에서 무덤까지"가 아니라 인간이 세상에 태어나면서 세금과 관계를 맺고, 사망 후에도 상속세와 연결되는 것은 장례비용까지이다. 따라서 일상생활에서 월급이나 연봉·상여금·수당에 이르기까지 소득세가 부과되고, 집이나 자동차를 사는 경우에도 취득세와 등록세를 내야 하고, 술을 마시는 경우에도 극장에 들어가 영화 한 편을 보아도 주세와 입장세라는 세금을 내야 하는 것을 알고 있는 사람은 적다. 우리가 매일 자랑하는 옷 한 벌에도, 음식점의 음식 한 그릇에도 세금이 따라 다니고 있다는 사실을 잊어서는 안 된다.

그러면 우리가 내는 세금은 어떠한 특징을 가지고 있는가?

첫째, 세금은 국가나 지방자치단체를 위하여 조달되는 재원으로써, 국민을 위하여 지출하는 것이다. 개별경제의 소득에 대하여 세금을 부과하고 징수되지만 국민 전체를 위하여 경제발전이나 국민생활의 편의성을 위하여 지출을 하고 있는 것이다. 국민생활의 안정성과 재산을 보호받는 공공성이 있어 개인의 지출과는 차별성이 있는 지출을 위하여 징수되는 것이 세금이다.

둘째, 세금은 반대급부 없이 강제적으로 징수되는 것이다. 납세자에게 세금을 납부한 것에 대하여 직접 또는 간접적으로 보상이 이루어지지 않고 있으며, 세법에 의하여 징수되고 있어 탈세자에 대하여는 조세범처벌법 또는 조세범처벌절차법에 의하여 처벌되고 있다.

셋째, 세금은 일반적 보상의 성격을 지니고 있으며, 소득재조정의 특징을 지니고 있다. 국민의 생활안정과 경제의 발전, 국방, 치안유지, 공공서비스 제공, 사회간접자본확충을 위하여 재정지출이 되고 있어서 소득이 많은 자에게 많은 세금을 받고, 소득이 적은 자에게는 적은 세금을 받지만, 국민생활을 안전하고 편리하게 해주고 있다. 즉 세금은 종류에 따라서 누진세제를 도입하고 있어 소득의 재조정효과를 거두고 있는 것이다.

2. 세입과 세출

국가나 지방자치단체가 재정활동을 위하여 거두어들이는 수입을 세입이라고 하며, 세금·전매익금·인지수입·공공사업수입 등이 있다. 예산의 집행에 따른

지출을 세출이라고 한다. 우리나라의 경우 예산은 일반회계예산과 특별회계로 구분되어 국회를 통과하는 정치적 기능과 사전결정의 특징을 가지고 있다. 우리가 보통 예산이라고 하는 것은 세입세출예산을 의미한다.

3. 사업연도 과세기간

재정활동을 시작하여 끝이 나는 기간을 사업연도라 하고, 세금을 계산하는 데 있어 과세소득을 산출하는 영업의 개시일부터 결산일까지를 과세기간이라고 한다. 따라서 기업의 경우 사업연도가 과세기간이 될 수가 있다. 그러나 개인의 과세기간은 1월 1일부터 12월 31일까지가 되어 그 다음해 5월 1일부터 5월 31일까지 종합소득세를 신고 납부하여야 한다.

4. 세금의 납부와 납부장소

세금의 납부는 국세와 지방세에 따라 납부장소가 달라진다. 국세는 국가세입에 해당되므로 국가에 납부하고, 지방세는 지방자치단체에 납부하여야 한다. 따라서 국세는 국고금수납대리점이나 관할세무서(주소지의 관할세무서)에 현금이나 수표로 납부하게 되어 있으나, 세금에 따라서는 물납제도도 있다.

세금은 세법에 따라 계산된 금액을 기일 이내에 신고 납부하게 규정되어 있다. 따라서 세법에 규정되어 있지 않은 세금은 납부할 필요가 없다. 이를 조세법률주의라고 하며, 근거과세라고 한다. 그러므로 세금은 법에 근거하여 계산하고 기일 이내에 해당 납세지에 일반적으로는 현금이나 수표로 납부하여야 한다. 만일에 신고 납부가 안되면 가산세가 부과되고, 기한이 지나면 가산금이 부과되고, 체납이 되면 중가산금이 부과되며, 압류가 되면 체납처분비까지 따르게 된다. 따라서 기일 이내에 신고 납부를 하게 되면 가산세·가산금·중가산금·체납처분비가 절세가 되는 것이다.

02 국세와 지방세

1. 국세(國稅)

국가의 재정지출을 위하여 징수되는 세금을 국세라고 한다. 국세의 종류로는 직접세로 소득세·법인세·상속세·증여세·재평가세·부당이득세가 있고, 간접세로는 부가가치세·특별소비세·주세·전화세가 있고, 유통세로 인지세·증권거래세가 있으며, 목적세로 교육세·교통세·농어촌특별세가 있다.

소득세(所得稅)는 국내에 주소를 두거나 1년 이상 거소를 둔 개인으로써 종합소득(이자소득·배당소득·부동산임대소득·사업소득·근로소득·일시재산소득·기타소득)·퇴직소득·양도소득·산림소득이 있는 자가 1월 1일부터 12월 31일까지의 소득금액에 대하여 주소지의 관할세무서에 내는 세금이다.

법인세(法人稅)는 국내에 본점 또는 주사무소를 둔 법인으로 사업연도의 기간 동안 생긴 수익사업의 소득이나 청산소득에 대하여 법인의 등기부상 주소지의 관할세무서에 내는 세금이다.

상속세(相續稅)는 상속인이 상속을 받은 재산에 대하여 내는 세금이며, 재산을 무상으로 받는 경우에는 증여세가 부과된다. 따라서 상속세는 증여세와 상호보완적인 관계에 있다.

재평가세(再評價稅)는 개인이나 법인이 소유한 자산을 현실에 적합한 가액으로 장부가액을 증액하는 경우에 재평가차액에 대하여 부과되는 세금이다.

부당이득세(不當利得稅)는 물가안정에 관한 법률이나 기타의 법률에 의하여 정부가 결정·지정·승인·인가 또는 허가하는 물품의 가격, 부동산이나 기타의 임대료 또는 요금의 최고액을 기준으로 국세청장이 정하는 기준가격을 초과하여 거래를 하여 얻은 부당이득에 대하여 부과되는 세금이다.

부가가치세(附加價値稅)는 재화 또는 용역의 공급, 재화를 수입하는 개인과 법인에게 부과되는 세금이며, 여기서 재화라 함은 재산적 가치가 있는 상품·제품·원료·기계 건물과 같은 유체물과 동력·열·기타 관리할 수 있는 자연력과 권리로 재산적 가치가 있는 무체물을 뜻한다. 용역이라 함은 건설·숙박·음식·운수·창고·통신·금융·보험·부동산 임대·행정·교육·보건·사회복지·서비스 등의 업종에서 제공되는 모든 역무와 기타 행위를 말하며, 그 공급가액이 과세표준(과표)이 된다.

특별소비세(特別消費稅)는 특정한 물품 특정한 장소에 입장행위 및 특정한 장소에서 유흥음식행위에 대하여 부과되는 세금이다. 특별소비세율이 30%가 부과되는 물품은 투전기·오락용 사행기구·골프용품·수렵용 총포류·영사기 등이 있고, 15%의 세율이 적용되는 물품은 텔레비전·영상투시기 및 그 스크린 등이 있고, 10%의 세율이 적용되는 물품은 녹용·로얄젤리·방향용 화장품 등이 있고, 각각 별도의 세율이 적용되는 보석·귀금속·고급모피·승용차·휘발유·경유·등유·경마장 입장행위·스키장이나 골프장의 입장행위·유흥주점 및 외국인 전용유흥음식점에도 특별소비세가 부과되고 있다.

주세(酒稅)는 알코올이 들어 있는 각종의 주류·주정·밑술 등에 대하여 부과되는 세금이다.

전화세(電話稅)는 전화가입자가 전화사용료에 대하여 부과되는 세금이다.

인지세(印紙稅)는 국내에서 재산에 관한 권리 등의 창설·이전 또는 변경에 관한 계약서 기타 이를 증명하는 문서를 작성하는 자는 계약당사자 간에 서명날인이나 인증을 받아야 효력이 발생하는 문서에 대하여 인지세를 납부하여야 한다. 세액은 정액세로 문서마다 일정액의 세금을 납부하게 된다.

증권거래세(證劵去來稅)는 상법이나 특별법에 의하여 설립된 법인의 주권 및 지분을 증권회사 또는 장외중개회사를 통하여 양도하는 경우에는 양도가액에 대하여 납부하는 세금을 뜻한다.

교육세(敎育稅)는 교육의 질적 향상을 도모하기 위하여 필요한 교육재정의 확충에 소요되는 재원을 확보하기 위하여 징수되는 세금이다. 주로 금융 보험업자 특별소비세의 납세의무자, 교통세(交通稅)의 납세의무자, 주세의 납세의무자, 지방세법에 의한 등록세, 경주 마권세, 재산세, 종합토지세, 자동차세의 납세의무자에게 부과되고 있다.

교통세는 도로 및 도시철도 등 교통시설의 확충에 소요되는 재원을 마련하기 위하여 부과되는 세금으로 휘발유·경유 기타 유사한 대체유류를 제조하여 반출되는 경우에 부과되는 세금이다.

농어촌특별세(農漁村特別稅)는 농·어업의 경쟁력 강화와 농어촌산업기반시설의 확충 및 농어촌지역개발사업을 위하여 필요한 재원을 확보함을 목적으로 징수되는 세금이다.

2. 지방세

지방자치단체가 자치활동에 소요되는 재원을 확보하기 위하여 부과되는 세금이다. 지방자치단체라 함은 특별시·광역시·도·시·군·구를 말하며, 지방자치단체의 장은 지방세를 부과·징수할 수 있다. 지방세가 부과되는 인구는 매년 1월 1일 현재 주민등록법에 의하여 등록된 주민을 뜻한다.

지방세의 종류로는 보통세와 목적세로 구분된다.

보통세의 세목으로 취득세·등록세·경주마권세·주민세·자동차세·주행세·농지세·담배소비세·도축세가 있고, 목적세의 세목으로 도시계획세·공동시설세·지역개발세가 있다. 이 중 도세로 취득세·등록세·면허세·경주마권세·공동시설세·지역개발세가 있고, 구세로 면허세·재산세·종합토지세·사업소세가 있으며, 시·군세로 주민세·재산세·자동차세·주행세·농지세·담배소비세·도축세·종합토지세 ·도시계획세·사업소세로 구분되어 징수하고 있다.

취득세(取得稅)는 부동산·기계장비·입목·항공기·선박·광업권·어업권·골프회원권·콘도미니엄회원권·종합체육시설이용권·취득 및 건물의 증축과 개축, 대수선에 대한 취득가액이 과세표준이 되는 세금이다.

등록세(登錄稅)는 재산권 기타 권리의 취득·이전 변경 또는 소멸에 관한 사항을 공부에 등기 또는 등록하는 경우에 가액에 대하여 부과되는 세금이다. 따라서 부동산·선박·자동차·광업권·어업권·저작권·상표권·법인등기의 경우에 등록세가 부과된다.

면허세(免許稅)는 특정한 영업설비 또는 행위에 대하여 권리의 설정 또는 금지의 해제를 하는 행정처분과 신고의 수리·등록·지정·검사·검열·심사 등의 행정행위에 대하여 면허를 받은 자는 면허의 효력이 존속하는 한 납세의무가 있는 세금이다.

주민세(住民稅)는 시·군 내에 주소를 둔 개인과 법인이 내는 세금으로 균등할 소득세할·법인세할·농지세할 등이 있다.

재산세(財産稅)는 시·군·구 내에 소재하는 건축물·선박 및 항공기 등의 소유권에 대하여 재산가액에 대하여 부과되는 세금이다.

농지세(農地稅)는 농지에서 농작물을 재배하거나 농작물을 재배하게 함으로 인하여 얻은 소득이 있는 자가 농지소재지의 관할 시·군에 납부하는 세금이다. 따라서 농지에서 얻은 벼와 특수작물과 같은 농작물의 수확으로 인한 수입금액에 대한 세금이며, 특수작물이란 과수·인삼·연초·소채·묘목(관상수 포함)·약용작물·다류·화훼류·참깨·들깨땅콩·홉·죽순·토란·마늘·생강·배추·양배추·시금치·고추·당근·토마토·수박·참외·도라지·딸기 등을 말한다.

담배소비세는 흡연용이나 냄새를 맡거나 씹는 담배를 제조장으로부터 반출하거나 수입하여 보세구역으로부터 반출하면 부과되는 세금이다. 담배의 종류로는 궐련·파이프담배·엽궐련·각련·씹는 제조담배, 냄새 맡는 제조담배를 말한다.

도축세(屠畜稅)는 소, 돼지의 도살에 대하여 도살지의 소재지를 관할하는 시·군에서 부과하는 세금이다. 여기에서 도살이라 함은 목적 원인과 그 장소여하를 불구하고 도축하는 것을 뜻한다.

종합토지세(綜合土地稅)는 지적법상 토지와 토지대장에 지목이 등재되어 있지 않은 미등록 토지를 포함하여 사실상 소유하는 경우에 부과되는 세금이다. 그러나 도로·하천·제방·사적지·묘지·종교·자선·학술 등 공익사업을 목적으로 하는 경우는 비과세된다.

도시계획세(都市計劃稅)는 도시계획사업에 필요한 비용을 충당하기 위하여 토지와 건축물의 가액에 대하여 부과되는 세금이다. 다만 토지는 종합토지세 과세대상 토지 중 전답·과수원·목장용지·임야를 제외한 토지와 주택·사무실·공장·창고와 같은 건물과 풀장·스케이트장·유원지의 오락시설·옥외주유시설·저유조·배수시설과 같은 구축물이 도시계획법에 의하여 고시된 도시계획구역 안에 있는 것을 과세한다.

공동시설세(共同施設稅)는 시·도가 소방시설, 오물처리시설 기타 공공시설에 필요한 비용을 충당하기 위하여, 그 시설로 인하여 이익을 받는 자에 대하여 부과되는 세금이다. 즉 소방공동시설세는 소방시설에 필요한 비용을 건축물 또는 선박의 가액이 과세표준이 되고, 주유소·백화점·호텔·극장 4층 이상의 건축물이 과세표준이 되며, 오물처리시설·수리시설에 대한 공동시설세는 토지 및 건축물의 전부 또는 일부에 대한 가액에 대하여 과세가 된다.

사업소세(事業所稅)는 환경개선 및 정비에 필요한 비용을 충당하기 위하여 시·군 내에 있는 사업소에 부과되는 세금이다. 사업소라 함은 사업 또는 사무를 수행하기 위하여 설치한 인적 및 물적 설비로써 계속하여 사업 또는 사무가 이루어지는 장소를 말한다. 사업소세는 사업소의 면적에 대한 재산할과 종업원의 급여총액을 기준으로 하는 종업원할로 구분된다.

지역개발세(地域開發稅)는 지역의 균형적 개발 및 수질개선과 수자원보호 등에 소요되는 재원을 확보하기 위하여 발전용수(공업용수·생활용수·농업용수는 제외)·지하수(용천수는 제외)·지하자원 컨테이너를 취급하는 자에게 부과되는 세금이다. 발전용수는 발전에 이용된 물의 양, 지하수는 음료나 목욕용으로 채수된 양, 그리고 지하자원은 채광된 광물의 가액 컨테이너는 1teu 당 15,000원이 과세표준이 된다.

참조 : teu는 twenty feet equivalent unit의 약자로서 컨테이너의 물동량 산출의 단위 표시이다.

03 납세의무자

1. 납세의무자(納稅義務者)와 납세자(納稅者)

납세의무는 세법에 의하여 세원이 포착되어 과세표준 세율의 적용이 가능하게 되면 발생된다. 즉 세금의 납부의무가 세법에서 정하는 요건을 구비하면 성립되는 것이다.

이를 납세의무의 성립이라고 하는 바 국세의 경우에 국세기본법 제21조와 제22조에서 살펴보면 다음과 같다.

① 소득세 법인세	: 과세기간이 종료하는 때
② 상속세	: 상속을 개시하는 때

③ 증여세	: 증여에 의하여 재산을 취득하는 때
④ 재평가세	: 자산재평가를 하는 때
⑤ 부당이득세	: 기준가격을 초과하여 거래를 하는 때
⑥ 부가가치세	: 과세기간이 종료하는 때
⑦ 특별소비세·주세·교통세	: 과세물품을 제조장으로부터 반출하거나 판매장으로부터 판매하는 때
⑧ 전화세	: 전화요금을 영수하거나 영수하여야 할 때
⑨ 인지세	: 과세문서를 작성하는 때
⑩ 증권거래세	: 당해 증권의 거래가 확정되는 때
⑪ 교육세	: ㉮ 교육세가 부과되는 국세의 납세의무가 성립하는 때 ㉯ 교육세가 부과되는 지방세의 납세의무가 성립하는 때 ㉰ 금융·보험업자에게 부과되는 교육세는 과세기간이 종료하는 때
⑫ 농어촌특별세	: 농어촌특별세법 제2조 제2항의 규정에 의하여 본세의 납세의무가 성립하는 때

그러나 납세의무의 성립시기가 다음의 경우는 예외이다.

① 원천징수하는 소득세·법인세	: 소득금액 또는 수입금액을 지급하는 때
② 납세조합이 징수하는 소득세	: 그 과세표준이 되는 금액이 발생한 달의 말일
③ 중간예납하는 소득세·법인세	: 중간예납기간
④ 부가가치세	: 예정신고기간

참조 : 국세의 소멸시효는 5~15년으로, 국가가 과세표준과 세액을 신고에 의하여 결정하는 경우는 법정신고납부기한의 다음 날 또는 과세표준과 세액의 정부가 결정·경정·수시부과하는 경우에는 납세고지한 납부기한의 다음날부터 계산하여 5~15년간 행사하지 않으면 소멸시효가 완성된다. 이를 국세부과의 제척기간의 완료라 한다.

또한 국세는 다른 공과금보다 우선하여 징수된다.

납세의무는 과세기간이 종료하거나 과세사실이 성립하는 경우에 발생되나, 세법이 정한 의무를 지키지 않으면 가산세가, 납부기한을 지키지 않으면 가산금·중가산금이, 재산이 압류 또는 경매로 처분되면 체납처분비가 부과된다. 납세의무는 승계 연대 2차납세의무자가 있어 납세자가 제3자가 될 수도 있다.

2. 연대납세의무자(連帶納稅義務者)

연대납세의무는 하나의 납세의무에 대하여 2인 이상이 연대하여 납세의무가 발생되는 경우로, 공유물·공동사업 또는 공동사업의 재산에 대한 국세·가산금·체납처분비에 대한 납세의무를 공유자·공동사업자가 연대하여 지게 되는 것이다.

3. 제2차 납세의무자(第二次 納稅義務者)

납세의무자의 세금을 징수하기 위하여 재산까지 체납처분을 하여도 부족한 경우는 특수한 관계에 있는 제3자에게 부족액에 대하여 납세의무를 지게 된다. 법인이 해산을 하는 경우 법인이 부담하여야 할 법인세를 청산인 잔여재산을 분배받은 자가 2차 납세의무를 지게 된다. 이러한 2차 납세의무가 발생되는 경우는 청산인·출자자·사업양수인 등이 있다.

04 국세부과의 원칙

1. 실질과세의 원칙(實質課稅의 原則)

과세를 하는 경우에 과세의 대상이 되는 소득과 수익 재산 행위 또는 거래가 명목상 귀속자와 실질상 귀속자가 다른 경우는 사실상 귀속자를 납세의무자로 하여야 한다는 것이다. 예를 들어, 1인 명의로 사업자등록을 하고 2인 이상이 동업을 하여 그 수익을 분배하는 경우에 외관상의 사업명의인에도 불구하고 실질소득자에게 과세를 한다는 것이다.

2. 신의성실의 원칙(信義誠實의 原則)

세무공무원이나 납세자는 그 의무를 수행하는 경우에 신의에 좇아 성실히 하여야 한다는 것이다. 특히 세무공무원은 재량에 의하여 직무를 수행함에 있어 과세의 형평과 타당성에 대하여 일반적으로 적당하다고 하는 한계를 지키도록 규정하고 있다.

일반적으로 사회생활에서도 권리와 의무는 신뢰성이 바탕이 되어야 한다는 윤리 도덕적 측면이 강조되고 있어, 신의성실의 원칙은 법적 규정과 조화를 이루는 것이 마땅하다.

3. 근거과세의 원칙(根據課稅의 原則)

납세의무자가 세법이 정하고 있는 장부를 비치·기장하고 있는 때에는 과세표준의 조사결정은 그 비치·기장한 장부와 이에 관계되는 증빙자료에 의하여야 한다는 것이다. 다만, 정부가 국세를 조사결정하는 과정에서 기장의 내용이 사실과 다르거나 누락된 부분이 있는 것을 조사결정하는 것은 정부의 조사한 사실과 결정의 근거를 부기하도록 하고 있다.

또한 세법은 해석이나 적용을 함에 있어 과세의 형평과 합목적성에 비추어 납세자의 재산권이 부당하게 침해되지 않도록 규정하고 있으며, 소급과세도 금지하여 납세자가 새로운 세법에 의한 법제정 이전의 소득·수익·재산행위 또는 거래에 대하여 과세하지 아니하도록 규정되어 있다.

05 세금의 계산과 납부

1. 소득세(所得稅)

1) 소득세의 정의

개인이 국내에 주소를 두고 있거나 1년 이상 거소를 두고 있는 경우와 비거주자라도 국내에 원천소득이 있게 되면 각자의 소득에 대하여 소득세를 납부하여야 한다.

또한 거주자·비거주자·국내법인·외국법인의 국내지점이나 영업소 법인으로 보는 단체도 원천징수한 소득세를 납부하여야 한다. 여기서 법인으로 보는 단체는 법인격이 없는 사단·재단 기타 단체로서 관할 세무서장에게 허가 또는 인가를 받아 설립되었거나, 법령에 의하여 등록된 경우를 의미한다.

원천징수란 소득에 대한 세금을 납세의무자가 직접 납부하지 아니하고 소득을 지급하는 자가 소득을 지급할 때 소득에 대한 세금을 공제하는 행위를 뜻한다. 이에 소득을 지급하는 자는 소득세를 원천징수할 의무를 지게 되어 원천징수의무자라 하고, 원천징수한 세금을 원천세라 한다. 원천징수해야 할 소득은 이자소득·배당소득·사업소득의 수입금액, 근로소득·퇴직소득 등이 있다. 원천세는 원천징수한 달의 다음달 10일까지 정부에 납부하여야 한다.

참고 : 세금의 납부는 국세를 세무서, 한국은행, 국고금수납대리점에 납부하는 것을 정부에 내는 것을 뜻한다. 따라서 지방세는 도·시·군(구)에 납부하여야 한다.

소득세를 납부하는 소득으로 종합소득·퇴직소득·양도소득·산림소득으로 구분된다. 종합소득은 이자소득·배당소득·부동산임대소득·사업소득·근로소득·일시재산소득·기타소득을 합산한 소득을 의미한다. 퇴직소득은 퇴직으로 인하여 생긴 소득이고, 양도소득은 자산의 양도로 인하여 생긴 소득이다. 산림소득은 산림의 벌채 또는 양도로 인하여 발생한 소득을 말한다.

또한 국내법인에서 받는 근로소득을 갑종근로소득이라 하고, 외국법인이나 국내지점 또는 영업소에서 받는 근로소득을 을종근로소득이라 한다.

여기에서 이자소득이라 함은 국채나 지방채의 이자와 할인액, 회사채나 증권의 이자와 할인액, 예금이나 적금·부금·예탁금의 이자와 할인액, 상호신용계 및 상호부금으로 인한 이익, 신탁이익 등을 말한다. 배당소득은 법인으로부터 받는 이익이나 배당금, 증권투자신탁수익의 분배금, 건설이자 배당금, 의제배당 등을 말한다.

부동산임대소득이라 함은 부동산이나 부동산상의 권리를 대여하여 받는 소득을 말한다. 사업소득이라 함은 농업·임업·어업·광업·제조업·전기·가스·수도사업·건설업·도매업·소매업·숙박업·음식업·운수업·창고업·통신업·금융업·보험업 등에서 발생하는 소득을 말한다. 근로소득은 근로의 제공으로 받는 봉급·급료·보수·세비·임금·상여·수당 등을 말한다.

일시재산소득은 서화·골동품으로 개당 점당 조로 가액이 2천만원 이상인 것, 광업권·어업권·산업정보·산업상 비밀 상표권·영업권·토사석채취권·지하수개발 및 이용권의 권리를 양도하여 발생하는 소득을 말한다. 기타소득이라 함은 상금·현상금·포상금·보로금·복권 및 경품의 당첨금·승마투표권·사업자 이외의 자가 받는 저작권사용료 사례금 등을 말한다.

소득세를 계산하는 방법은 다음과 같다.

- 소득 – 비과세소득 – 인적공제 특별공제 – 조세감면규제법상 소득공제 = 종합소득세 과세표준
- 과세표준 × 세율 = 산출세액
- 산출세액 – 세액공제 = 결정세액
- 결정세액 – 감면세액 – 기납부세액(중간예납 및 원천징수된 세금) = 납부할세액

2) 비과세소득

비과세소득은 소득세를 과세하지 아니하는 소득으로 다음과 같다.

① 이자소득 중 공익신탁의 이익
② 부동산임대소득 중 전답을 이용하여 작물생산에서 얻은 소득
③ 사업소득 중 농가부업소득(농어민이 부업으로 하는 축산·양어 고공품의 제조)
④ 근로소득 퇴직소득 중 복무중인 사병이 받는 급여, 법률에 의하여 동원된 자가 동원된 직장에서 받는 급여, 근로의 제공으로 인한 부상·질병 또는 사망으로 근로자나 유가족이 받는 연금과 위자료의 성질이 있는 급여, 국민연금법에 의한 노령연금·장해연금·유족연금, 고용보험법에 의한 실업급여, 공무원연금법·군인연금법·사립학교교원연금법·별정우체국법에 의한 퇴직자·퇴역자 또는 사망자의 유족이 받는 급여, 학자금, 실비변상적 급여, 외국정부기관에서 받는 급여, 국가유공자가 받는 보상금 및 학자금 등이 있다.
⑤ 기타소득 중 독립유공자·국가유공자예우에 관한 법률에 따른 보상금 및 학자금, 북한 이탈주민의 보호 및 정착지원에 관한 법률에 의한 정착금·보로금 및 기타 금품, 국가보안법에 의한 상금과 부상, 상훈법에 따라 받는 훈장과 관련한 부상, 종업원이 직무와 관련하여 우수발명으로 사용자로부터 받는 보상금 등이 있다.

3) 인적공제

종합소득·퇴직소득·양도소득·산림소득에 대한 공제는 인적공제와 특별공제로 구분된다.

인적공제는 기본공제와 추가공제가 있는데, 이는 다음과 같다.

▶▶ 기본공제

다음 각 호에 해당되는 자는 1인당 150만원씩 공제한다.

① 당해 거주자(주된 소득자를 말한다.)
② 거주자의 배우자(연간소득이 없거나 연간소득의 합계액이 100만원 이하인 자)
③ 거주자의 부양가족(연간 소득이 없거나 연간소득의 합계액이 100만원 이하인 자)
　㉮ 거주자의 직계존속으로 60세(여자의 경우 55세) 이상인 자
　㉯ 거주자의 직계비속으로 20세 이하인 자
　㉰ 거주자의 형제자매로서 20세 이하 또는 60세 이상인 자
　㉱ 생활보호법에 의한 거택보호대상자

▶▶ 추가공제

다음 각 호에 해당되는 자는 1인당 50~300만원씩 공제한다.

① 70세 이상으로 소득금액 연 100만원 이하인 경우 1인당 100만원
② 장애인으로 소득금액 연 100만원 이하인 경우 1인당 200만원
③ 당해 거주자가 배우자가 없는 여성으로 부양가족이 있는 세대주이거나 배우자가 있는 여성인 경우 1인당 50만원
④ 6세 이하의 직계비속, 입양자 1인당 300만원
⑤ 당해 연도에 출생한 직계비속 또는 입양신고한 입양자 1인당 300만원
⑥ 다자녀 공제 2인 이상 100만원, 3인 이상인 경우 300만원

참고 : 공제대상에 대한 판정은 배우자·부양가족·장애자·경로우대자에 해당되는가의 결정을 과세기간의 종료일(12월 31일)로 하며, 공제대상이 중복되는 경우는 당해 연도의 과세표준확정신고서·근로소득자소득공제신고서·소득공제신고서에 기재된 바에 따라 1인의 공제대상가족으로 한다. 만일에 2인 이상의 거주자가 공제대상가족을 각기 자기의 공제대상으로 신고서에 기재한 경우는 다음의 순서에 따라 결정한다.

㉮ 거주자의 공제대상부양가족이 다른 거주자의 공제대상부양가족에 해당하는 때에는 직전연도에 부양가족으로 공제를 받은 거주자의 부양가족으로 한다. 다만, 직전연도에 공제를 받은 사실이 없는 경우에는 당해 연도에 소득금액이 가장 많은 거주자의 공제대상부양가족으로 한다.
㉯ 거주자의 추가공제대상자가 다른 거주자의 추가공제대상자가 되는 경우는 위의 기본공제를 하는 거주자의 추가공제대상자로 한다.
㉰ 거주자가 사망 또는 외국에 영주하기 위하여 출국한 경우는 피상속인 또는 출국한 거주자의 다른 거주자가 공제대상가족에 해당하는 소득금액에서 공제된다.

4) 근로소득공제

근로소득이 있는 거주자는 당해 연도 급여액에서 비과세 소득을 공제한 금액에서 다음의 금액을 공제한다. 다만, 공제액이 1,300만원을 초과하면 1,300만원을 공제한다.

급여액	공제액
500만원 이하	총급여액의 80%
500만원 초과~1,500만원 이하	400만원 + 500만원 초과금액의 50%
1,500만원 초과~3,000만원 이하	900만원 + 1,500만원 초과금액의 15%
3,000만원 초과~4,500만원 이하	1,125만원 + 3,000만원 초과금액의 10%
4,500만원 초과	1,275만원 + 4,500만원 초과금액의 5%

일용근로자는 위의 규정에 불구하고 일당에서 5만원을 공제한다.

5) 퇴직소득공제

퇴직소득이 있는 거주자에 대하여 당해 연도의 퇴직급여액(갑종퇴직급여의 경우 명예퇴직수당과 단체퇴직보험금을 포함한다)에서 다음의 금액을 순차로 공제한다. 이를 퇴직소득공제라 한다.

① 퇴직급여액의 100분의 40(명예퇴직수당의 경우 100분의 75)에 상당하는 금액

② 근속연수(1년 미만의 경우 1년으로 한다)에 따라 정한 다음의 금액

근속연수	공제액
5년 이하	30만원 × 근속연수
5년 초과 10년 이하	150만원 + 50만원 × (근속연수 : 5년)
10년 초과 20년 이하	400만원 + 80만원 × (근속연수 : 10년)
20년 초과	1200만원 + 120만원 × (근속연수 : 20년)

퇴직소득이 퇴직소득공제액에 미달하는 경우에도 퇴직급여액을 공제액으로 하며, 2회 이상 퇴직을 하여도 그 합계액에서 1회에 한하여 퇴직공제를 한다.

6) 산림소득공제

산림소득이 있는 거주자는 당해 연도의 소득금액에 대하여 연 600만원을 공제하는 것을 산림소득공제라 한다. 산림소득금액이 산림소득공제에 미달하는 경우에도 그 금액을 공제액으로 한다.

7) 특별공제

근로소득이 있는 자(일용근로자는 제외하고)가 당해 연도에 지급한 보험료, 의료비, 교육비, 주택자금 소득공제 및 기부금 등을 근로소득에서 공제한다.

① **보험료공제**

근로소득이 있는 거주자와 생계를 같이하는 자가 다음의 보험료를 지급한 경우에 이를 당해 연도의 근로소득에서 공제한다.

의료보험료 전액, 생명보험료와 상해보험료 및 화재·도난에 대한 손해보험료는 연간 100만원을 한도로 공제한다.

② **의료비공제**

본인, 65세 이상자, 장애인을 위해 지출한 의료비는 총급여액의 3%를 초과하는 경우 한도없이 전액 공제받고, 그 외 부양가족은 700만원 한도 내로 공제를 받는다.

③ **교육비공제**

근로소득자의 본인 또는 배우자, 직계비속, 형제자매 및 입양자가 영유아 보육시설이나 학교의 학생으로 지급한 입학금·수업료·보육비용 등은 공제금액에 해당된다. 다만, 대학원은 제외되며, 대학생은 연간 1인당 900만원이고 유치원, 영유아, 취학전 아동, 초·중·고등학생은 1인당 300만원을 한도로 한다. 장애인 특수교육비는 한도없이 공제한다.

④ **주택자금공제**

무주택자가 주택을 마련하기 위하여 저축을 한 경우나 융자에 의하여 주택을 취득한 경우에 불입한 금액이나 상환금액의 40%에 상당하는 금액을 공제한다. 다만, 연간 300만원을 초과하지 못한다.

⑤ **기부금공제**

국가기부금은 전액, 지정기부금은 근로소득금액의 15%의 범위 내에서 지출한 금액을 공제받는다.

⑥ **다자녀가구 추가공제**

다자녀가구 추가공제(2006년 소수공제자 추가공제제도가 없어지고 도입된 제도)는 자녀가 2명이면 50만원, 3명이면 150만원, 4명이면 250만원을 추가로 공제 받는다.

참고 : 배우자의 유무, 부양가족의 수, 세대주의 판정은 당해 과세기간 종료일 현재의 주민등록등본 또는 호적등본에 의하여 결정한다.

또한 입양자 및 거택보호대상자임을 증명하는 경우에는 입양자임을 증명하는 호적등본 또는 주민등록등본이나 입양기관이 발행하는 입양증명서가 필요하고, 거택보호대상자임을 증명하는 서류로는 생활보호대상자관리카드의 사본이 필요하다.

의료비도 진찰·진료·질병예방을 위하여 의료기관에 지급하는 비용이나 치료요양을 위한 의약품(한약 포함)의 구입비용만을 의미하며, 미용·성형수술을 위한 비용이나 건강증진을 위한 보약에 해당하는 비용은 포함되지 않는다.

2. 소득세의 계산(所得稅의 計算)

월급을 230만원, 상여금을 500%를 받는 경우를 예를 들어 보자. 다만, 가족관계가 부(68세), 모(65세), 배우자, 딸(17세, 고교재학), 아들(15세, 중학교재학)이 있으며, 연간 자동차보험료로 67만원을 납부하고 있다. 고등학교의 수업료 72만원, 중학교의 수업료 64만원을 납부한다면, 이에 대한 소득세를 계산하여 보자.

월급의 합계액 2,300,000 × 12 = 27,600,000원
상여금의 합계액 2,300,000 × 5 = 11,500,000원
연간 급여의 합계액 27,600,000 + 11,500,000 = 39,100,000원

소득공제액의 계산

기본공제 1,000,000원, 배우자공제 1,000,000원
부양가족공제 1,000,000원 × 4 = 4,000,000원
보험료 공제 700,000원, 교육비공제 1,360,000원

추가공제 500,000 × 2 = 1,000,000원
근로소득공제 : 11,410,000원
근로소득의 과세소득 : 39,100,000 − 11,410,000 − 1,000,000 − 1,000,000 − 4,000,000
− 700,000 − 1,360,000 − 1,000,000 = 18,630,000원

1) 세금의 계산

10,000,000 × 10% = 1,000,000원
8,630,000 × 20% = 1,726,000원
1,000,000 + 1,726,000 = 2,726,000원
참조 : 종합소득과세표준의 세율

종합소득과세표준	세율
1천만원 이하	과세표준의 100분의 10
1천만원 초과 4천만원 이하	100만원 + 1천만원을 초과하는 금액의 100분의 20
4천만원 초과 8천만원 이하	700만원 + 4천만원을 초과하는 금액의 100분의 30
8천만원 초과	1,900만원 + 8천만원을 초과하는 금액의 100분의 40

2) 간이세액표(조견표)에 의한 계산

월급을 지급하는 경우에는 간이세액표에 의거하여 소득세를 원천징수하고, 연말에 정산한다. 조견표에는 소득에 따른 배우자 부양가족의 공제만 있게 된다. 따라서 위의 세금계산에서 월급에 대한 조견표에 의한 소득세의 납부는 연말정산에서 기납부세액으로 산출세액에서 공제된다.

월 급여액 230만원에서 231만원까지 공제대상가족 6인(공제대상가족의 계산은 본인·배우자를 각각 1인으로 봄)으로 계산하면 76,110원의 공제세액이 산출된다.

참조 : 월급 2,300,000원을 소득세 76,110원 공제하고 현금으로 지급한 경우의 회계처리는 다음과 같이한다.

차 변		대 변	
급 여	2,300,000	소득세예수금	76,110
		현 금	1,533,890

이를 도표로 정리하면 다음과 같다.

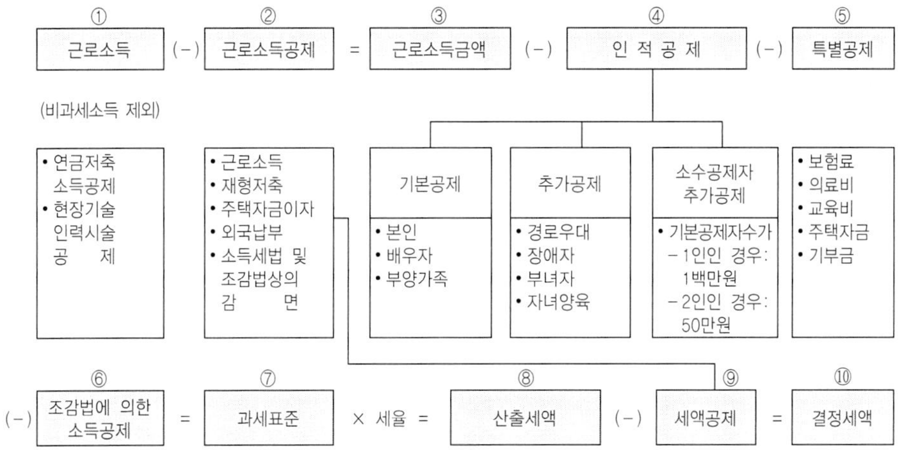

월급여액 (비과세소득은 제외)		공제대상가족의 수(본인·배우자를 각각 1인으로 봄)										
		1인	2인	3인	4인	5인	6인	7인	8인	9인	10인	11인
천원 이상	천원 미만											
2270	2280	128330	120000	111660	95250	83580	71910	60250	50330	44500	38660	32830
2280	2290	130330	122000	113660	97000	84980	73310	61650	51030	45200	39360	33530
2290	2300	132339	124000	115660	99000	86380	74710	63050	51730	45900	40060	34230
2300	2310	134330	126000	117660	101000	87780	76110	64450	52780	46600	40760	34930
2310	2320	136330	128000	119660	103000	89180	77510	65850	54180	47300	41460	35630
2320	2330	138330	130000	121660	105000	980580	78910	67250	55580	48000	42160	36330
2330	2340	140330	132000	123660	107000	91980	80310	68650	56980	48700	42860	37030
2340	2350	142330	134000	125660	108000	93380	81710	70050	58380	49400	43560	37730
2350	2360	144330	136000	127660	111000	94780	83110	71450	59780	50100	44260	38430

자료: 국세청, 근로소득간이세액표는 소득세법 제129조 제3항

[그림 12-1] 근로소득세 계산방법

3. 퇴직소득세(退職所得稅)

퇴직소득은 근로자가 직장에서 근무를 하다가 퇴직을 하는 경우에 받게 되는 퇴직급여, 퇴직위로금, 명예퇴직수당, 퇴직격려금이나 단체퇴직보험금 등을 의미한다. 퇴직소득의 경우는 원천징수와 납부로 세금을 종결하게 된다. 다만, 같은 해에 2인 이상의 직장에서 퇴직을 하는 경우에는 그 다음해 5월말까지 퇴직소득세의 확정신고를 하여야 한다.

퇴직소득에서 다음의 경우에는 비과세로 퇴직소득세를 납부하지 않는 것으로 과세표준에 산입하지 않는다.

1) 근로의 제공으로 인한 부상·질병·사망에 따른 근로자 본인이나 유족이 받는 연금과 위자료 성질의 급여
2) 국민연금법에 의하여 지급받는 노령연금·장애연금·유족연금과 반환일시금
3) 공무원연금법·군인연금법·사립학교교원연금법·별정우체국법에 의하여 퇴직자, 퇴역자 또는 사망자의 유족이 받는 급여

그러나 퇴직기간 중 특수한 공로에 의하여 지급받는 퇴직공로금·퇴직위로금은 근로소득세가 과세된다.

퇴직소득세의 계산은 다음과 같다.

퇴직급여액 – 근속연수공제 – 퇴직소득공제 = 과세표준
(과세표준 × 근속연수분의 5) × 세율 × 근속연수 – 퇴직소득세액공제 = 퇴직소득세

퇴직소득공제
퇴직급여 단체퇴직보험금 50%
명예퇴직수당 등 75%

근속연수에 따른 퇴직소득공제
근속연수의 계산은 1년 미만은 1년으로 한다. 그러나 직장에서는 기업회계원칙에 따라 1년 미만은 월로 계산한다.

근속연수	공제액
5년 이하	30만원 × 근속연수
5년 ~ 10년 이하	150만원 + 50만원 × (근속연수 - 5)
10년 ~ 20년 이하	400만원 + 80만원 × (근속연수 - 1 0)
20년 초과	1,200만원 + 120만원 × (근속연수 - 20)

퇴직소득세율

과세표준	세 율	누진공제액
1,200만원 이하	6%	-
1,200만원~4,600만원 이하	15%	108만원
4,600만원~8,800만원 이하	24%	522만원
8,800만원~1.5억원 이하	35%	1,490만원
1.5억원 초과	38%	1,940만원

퇴직소득세액공제액

당해퇴직소득에 대한 산출세액의 50%에 상당하는 금액(근속연수 × 24만원한도)

근속연수가 20년이고, 퇴직금으로 받은 소득이 1억 2천만원인 경우에 퇴직소득세를 계산하면 다음과 같다.

1억 2천만원 - 6천만원 - 1천 200만원 = 4천 800만원

과세표준 4천 800만원을 연 평균과세표준으로 계산하면 2백 40만원이 된다.

산출세액 2,400,000 × 10% × 20년 = 4,800,000원

납부세액 4,800,000 - 2,400,000 = 2,400,000원

4. 양도소득세(讓渡所得稅)

양도소득세는 토지(전답 과수원·목장용지·공장용지·임야 등), 건물(주택·아파트·상가건물 등), 부동산상의 권리(지상권·전세권·부동산을 취득할 수 있는 권리 등), 비상장법인의 주식(골프장·스키장·콘도미니엄·전문휴양시설 등) 및

기타자산(과점주주가 소유한 주식·영업권·회원권 등)을 양도한 경우에 양도차익에 대한 세금을 말한다.

여기에서 양도라 함은 매도·교환·법인에 출자로 인하여 자산이 유상으로 제3자에게 이전되는 것을 말한다. 그러나 특수관계에 있는 자에게 무상 또는 저가로 양도한 경우에는 증여로 보아 증여세가 부과된다. 또한 과점주주라 함은 법인이 발행한 주식의 100분의 50 이상을 소유한 주주를 말한다.

양도차익의 계산은 다음과 같이한다.

양도가액 – (취득가액 + 필요경비) = 양도차익

여기에서 필요경비라 함은 토지·건물·부동산상의 권리를 취득한 경우에 부과 되는 취득세·등록세·부동산소개소의 소개비 등의 경비를 포함하며, 자가건설의 건물은 토지의 정지비, 건설에 소요되는 재료비·노무비·운임·보험료·수수료·등록세·취득세 기타의 경비를 포함한다. 또한 건물의 유지·보수를 위한 비용 중 용도변경·개량·내용연수연장 등의 자본적 지출은 필요경비에 포함된다.

그러나 다음의 경우에는 비과세 대상이 된다.

1) 파산선고에 의한 처분으로 생긴 소득

법원의 파산선고에 의하여 생긴 소득은 세금을 부과하지 않는다.

2) 농지의 교환 또는 분합으로 인하여 발생하는 소득

농지를 교환 또는 분합하는 경우에 교환 또는 분합하는 쌍방 토지가액의 차액이 가액의 큰 편에 25% 이하여야 한다. 즉, 국가 또는 지방자치단체가 사업시행으로 토지의 교환이나 분합이 되거나, 국가 또는 지방자치단체가 소유하는 토지와 교환이나 분합이 되는 경우가 있다. 그리고 경작상 필요에 의하여 교환하는 경우도 있으나, 이때는 반드시 새로이 취득한 토지를 3년 이상 농지의 소재지에서 거주하면서 경작을 하여야 한다.

또한 농어촌정비법·농지법·농어촌진흥공사 및 농지관리기금법, 농업협동조합법에 의하여 교환이나 분합되는 경우에 발생하는 소득을 말한다.

참고 : 농지라 함은 전답으로서 지적공부상 지목에 관계없이 실제로 경작에 사용되는 토지를 말하며, 농지경영에 직접 필요한 농막·퇴비사·양수장·지소·농도·수로 등을 포함한다.

3) 1세대 1주택과 이에 부수되는 토지의 양도에 의한 소득

1세대 1주택이라 함은 거주자 및 그 배우자가 동일한 주소 또는 거소에서 생계를 같이하는 가족과 함께 구성하는 1세대가 양도일 현재 국내에 1주택을 소유하고, 그 보유기간이 2년 이상인 것을 말한다. 다만, 고급주택은 제외한다.

고급주택이라 함은 주택의 연면적(주택과 주거전용의 지하실 포함)이 264m^2 이상이고, 주택과 이에 부수되는 토지의 양도가액의 합계액이 5억원을 초과하는 것을 말한다. 또한 주택에 부수되는 토지의 연면적이 495m^2 이상이고 주택 및 이에 부수되는 토지의 양도가액의 합계액이 5억원을 초과하는 경우도 포함된다.

또한 공동주택(다가구주택 포함)의 경우도 주거전용 면적이 165m^2 이상이고 그 양도가액의 합계액이 5억원을 초과하거나, 엘리베이터·에스컬레이터 또는 67m^2 이상의 수영장 중 1개 이상의 시설이 설치된 주택은 고급주택에 포함된다.

4) 농지의 대토로 인하여 발생하는 소득

경작상 필요에 의하여 대토하는 토지로서 종전의 농지의 양도일로부터 1년 이내에 다른 농지를 취득하여 3년 이상 농지 소재지에서 거주하면서 경작한 경우이거나, 새로운 농지의 취득일로부터 1년 이내에 종전의 농지를 양도하고 새로이 취득한 농지를 3년 이상 농지소재지에 거주하면서 경작한 경우에 발생한 소득을 말한다. 또한 새로 취득한 농지의 면적이 양도하는 농지의 면적 이상이거나 그 가액이 양도하는 농지의 가액의 2분의 1 이상인 경우에 비과세된다.

5) 양도일 현재 특별시, 광역시 또는 시 지역에 있는 농지 중 도시계획법에 의한 주거지역

주거지역·상업지역 또는 공업지역 안에 있는 농지로서 이들 지역에 편입된 날로부터 3년이 지난 농지와 농지환지예정지의 지정이 있는 경우에 지정일로부터 3년이 지난 농지

6) 새로운 농지의 취득 후 3년 이내에 공공사업용으로 공공사업의 시행자에게 양도되거나 토지수용법 기타 법률에 수용되는 경우에는 3년 이상 농지소재지에 거주하면서 경작한 것으로 본다. 또한 새로운 농지를 취득한 후 3년 이내에 소유자가 사망을 한 경우에 상속인이 농지소재지에 계속 경작한 경우에는 피상속인의 경작기간과 상속인의 경작기간을 합산하여 통산한다.

다음의 경우에는 세액공제를 한다.

① 배당세액공제

내국법인으로부터 받은 이익이나 잉여금의 배당과 분배금은 배당소득에 포함되어 있는 당해 배당소득에서 100분의 19에 상당하는 금액을 종합소득산출세액에서 공제한다.

② 외국납부세액공제

거주자의 종합소득에 국외원천소득이 포함되어 있는 경우에 외국소득세액을 종합소득산출세액에서 공제하거나 필요경비로 산입하여 계산하는 방법 중 선택하여 적용할 수 있다.

③ 재해손실세액공제

사업자가 재해로 인하여 자산총액에 100분의 30 이상에 상당하는 자산을 상실할 때에는 재해발생일 현재 소득세액(부동산임대소득, 사업소득, 산림소득에 대한 소득세액)에서 공제한다.

④ 근로소득세액공제

근로소득이 있는 거주자에 대하여 종합소득산출세액에서 다음의 금액을 공제한다. 다만, 공제한도는 60만원으로 한다.

근로소득에 대한 종합소득산출세액	공 제 액
50만원 이하	산출세액의 100분의 55
50만원 초과	27만5천원 + 50만원을 초과하는 금액의 100분의 30

다만, 매월 근로소득에 대한 원천징수를 하는 경우에는 다음의 금액을 공제한다. 단, 월 5만원을 한도로 한다.

매월분 산출세액	공 제 액
5,500만원 이하	66만원
5,500만원 초과~7,000만원 이하	66만원 – [(총급여액 – 7천만원) × 1/2]
7,000만원 초과	63만원 – [(총급여액 – 7천만원) × 1/2]

일용근로자의 경우에는 당해 근로소득에 대한 산출세액의 100분의 55에 상당하는 금액을 공제한다.

⑤ 퇴직소득세액공제

퇴직소득이 있는 거주자는 퇴직소득에 대한 산출세액에 100분의 30을 산출세액에서 공제한다. 다만, 공제세액이 근속연수에 24만원을 곱하여 계산한 금액을 초과하는 경우에는 초과하는 금액은 없는 것으로 한다.

이를 종합하여 정리하면 다음의 표와 같다.

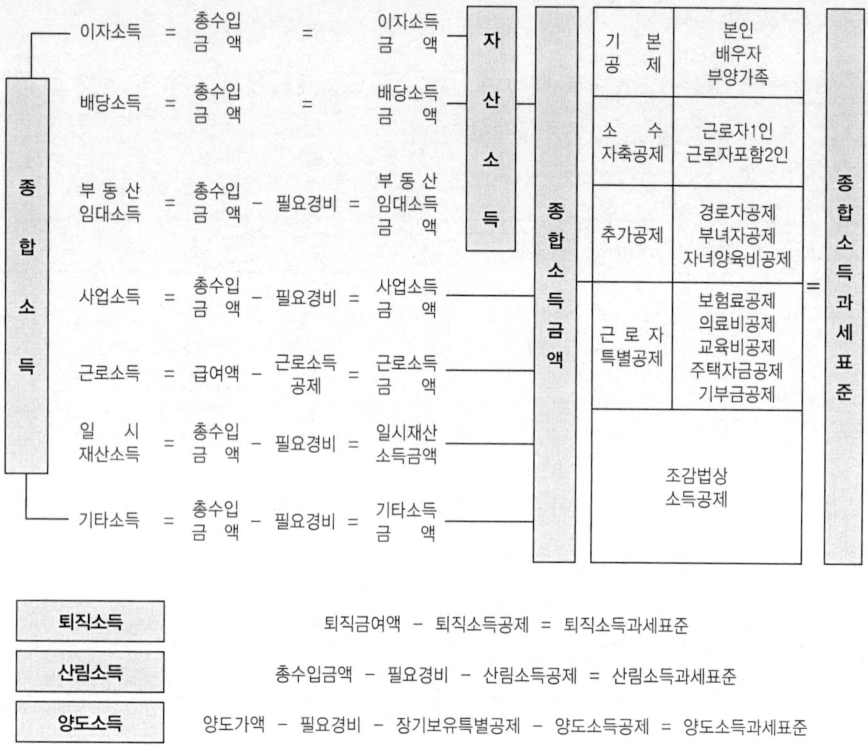

[그림 12-2] 종합소득세과세표준

06 법인세

국내에 본점 또는 주사업장을 둔 법인(내국법인)은 수익사업 또는 수입에서 생긴 소득에 대하여 법인세를 납부할 의무가 있다. 따라서 법인세는 법인의 소득에 대하여 납부하는 세금을 말한다. 다시 말하면, 농업·수렵업·임업·어업·광업·제조업·전기·가스 및 수도사업·건설업·도매업·소매업·소비자용품수리업·숙박업·음식점업·운수업·창고업 통신업·금융 및 보험업·부동산업·임대 및 사업서비스업·교육서비스업 보건 및 사회복지사업·사회 및 개인서비스업·가사서비스업·축산업·조경 및 관련서비스업 등을 영위하여 생긴 소득에 대하여 부과되는 세금을 법인세라 한다. 이는 정관이나 규칙에 규정된 사업목적에 불구하고 소득이 생기면 부과된다.

법인세가 부과되는 과세소득의 범위는 각 사업연도의 소득, 청산소득, 법인의 양도소득이지만, 비영리법인은 청산소득에 대하여는 비과세이다. 또한 법인세는 직접세로서 소득이 실질상 귀속되는 법인에게 부과되는 실질과세의 원칙에 따르고 있다.

과세기간은 법인의 사업연도에 따르고 있지만, 1년을 초과하지 못하도록 되어 있으며, 과세소득의 계산은 다음과 같이 한다.

> 익금 – 손금 = 소득
> 소득 – 이월결손금 – 비과세소득 – 소득공제액 = 과세소득(과세표준, 과표)

여기에서 익금이란 법인의 순자산을 증가시키는 거래로 인하여 발생하는 수익의 금액을 말한다. 또한 손금이란 법인의 순자산을 감소시키는 거래로 인하여 발생하는 손비의 금액을 말한다.

과세표준의 신고는 각 사업연도의 종료일로부터 3월 이내에 정부에 신고 납부를 하여야 한다.

부록

시장별 경제용어 설명

- 경제일반
- 국제시장
- 외환시장
- 증권시장
- 화폐시장

▶▶ 경제일반

경상GNP 성장률

국가경제의 규모나 수준 등을 알아보기 위해 작성하는 지표 중의 하나로 국민총생산(GNP)이 있다. 이는 1년 동안 새롭게 생산해낸 물건(재화 및 서비스)의 양을 금액으로 집계한 것이다. 이러한 생산액의 합계가 전년도에 비해 얼마나 늘어났느냐를 따져보는 것을 경제성장률이라고 한다. 그런데 돈으로 표시되는 GNP는 생산물이 많아져서 늘어날 수도 있고 또 물가가 많이 올라서 금액으로 표시되는 GNP가 늘어난 것은 국가의 경제력이 국민소득 증가와는 상관이 없게 된다.

때문에 이러한 물가상승분을 제외하고 실질적인 경제규모가 얼마나 늘었느냐를 따져보는 것이 실질GNP 성장률이다. 우리가 흔히 말하는 경제성장률을 의미한다. 반면에 이렇게 물가상승분을 제외하지 않고 현재 거래되는 가격으로 그냥 집계해서 GNP가 얼마나 늘었느냐를 따져보는 것이 경상GNP이다.

공급의 원리(the law of supply)

공급의 원리도 수요의 원리와 같이 수요와 공급에 의하여 상품의 가격이 결정되어지는 데 있어서 생산자의 입장 즉 공급자의 입장에서 보면 어떤 상품의 가격이 올라가면 공급자의 공급량이 증가하고 상품의 가격이 하락하면 공급량이 줄어든다는 원리로써 수요의 원리와 반대되는 이론이다. 공급의 원리 자체도 수요의 원리 때와 마찬가지로 ceteris paribus 조건을 가정하고 있다.

기업결합

기업결합은 다른 업종 간이나 동일한 업종 간에 이루어진다. 다른 업종 간에 이루어지는 기업결합은 혼합결합이라고 부른다. 통상 기업의 문어발식 확장은 혼합결합을 지칭한다. 같은 업종 간에 이루어지는 결합은 업종 간의 관계가 서로 대등할 때는 수평결합, 종적일 때는 수직결합으로 나뉜다. 승용차 생산회사와 화물차 생산회사가 시너지 효과를 노려 결합했다면 수평결합에 해당된다.

이와는 달리 승용차회사와 부품회사가 결합했다면 수직결합에 해당된다. 기업을 결합하는 수단은 주식취득, 임원겸임, 합병, 영업양수, 회사시설 등 5가지이다. 공정거래위원회는 시장이 독과점화되는 것을 막기 위해 경쟁을 실질적으로 제한하는 기업결합은 신고를 받아 허용여부를 결정하고 있다. 기업결합 신고대상은 납입자본금 50억 이상, 총자산 200억원 이상인 기업이다. 기업결합사유는 재무구조개선을 위한 것이 증가하고 있고 업종다양화를 위한 경우는 감소추세에 있어 기업들이 경영합리화 및 경쟁력 강화에 노력하고 있는 것으로 분석됐다. 공정위는 시장개방에 대비, 당장은 경쟁제한적인 요소가 있더라도 기업결합을 가능한 한 적극 허용하는 방안을 추진 중이다.

기준시가

아파트나 토지 등 부동산과 골프회원권 등의 매매에 대해서는 양도소득세가 과세되며 이들 자산의 상속증여 때는 상속세·증여세가 과세된다. 이들 세금의 액수결정은 실제거래가격을 기준으로 하는 것이 바람직하나 현실적으로는 모든 거래나 상속 때마다 실제가격을 조사하는 것이 쉽지 않다. 따라서 정부에서는 일정한 기준가격을 이들 자산에 매겨놓고 이를 토대로 양도세 등을 부과하게 된다. 이를 기준시가라 한다. 기준시가는 크게 3가지가 있다. 건설교통부가 땅에 대해 정해 놓은 고시지가, 재정경제부가 건물과 땅에 대해 정하는 과세시가 표준액, 그리고 국세청이 아파트와 연립주택골프회원권에 대해 정하는 국세청 기준시가(좁은 의미의 기준시가) 등이다. 국세청은 땅값이 급등해 부동산투기 우려가 있는 지역을 소위 '지정지역'으로 정하고 이 지역에 대하여 특별 감시를 하고 있다.

MWC

Membership Wholesale Club의 약어. 창고 형태의 점포를 갖춰놓고 회원들만 상품을 살 수 있는 신업태점포로 회원제 창고형 매장으로 불린다. 이 업태의 특징은 일정한 회비를 내는 회원들만 출입이 가능한 회원제와 현금 무배달(Cash & Carry)을 특징으로 한다. 원래 소매업자들에 대한 도매업을 목적으로 시작한 이 점포는 운영방식이 다소 변형돼 일반 소비자들에게도 상품을 판매한다. 낱개 판매를 위주로 하는 다른 업태와는 달리 박스 또는 묶음 단위로 판매하는 상품이 대부분이다. 식품을 포함한 대표적 상품을 4,000여 품목으로 한정, 할인점인 디스카운트스토어보다 20~30% 할인된 가격으로 팔기 때문에 가격경쟁력이 가장 뛰어나다. 신세계백화점이 지난 94년 10월 서울 영등포구 양평동에 프라이스클럽을 개점, MWC가 국내에 첫선을 보였다. 뉴코아백화점도 킴스클럽이란 이름의 MWC를 운영하고 있다.

벤치마킹

벤치마킹(bench marking)이란 기업들이 주변에서 뛰어나다고 생각되는 상품이나 기술을 선정, 자사의 생산방식에 합법적으로 응용하는 것을 말한다. 모방과 다른 점은 여타 우수한 상품들의 기술을 일단 배우고 나서 이를 자사제품생산에 응용, 새로운 생산방식을 '쉽게 아이디어를 얻어 새 상품으로 연결시키는 기법'이라며 「포천지」가 '벤치마킹'이라고 처음 명명했다.

법정관리

기업이 자력으로 회사를 꾸려가기 어려울 만큼 부채가 많을 때 법원이 지정한 제3자가 자금관리를 비롯하여, 기업활동 전반을 관리하는 것을 말한다. 법정관리는 해당업체의 채권자 또는 주주도 신청할 수 있으나 대상업체가 스스로 신청하는 경우가 많다. 부도 위기에 몰린 기업을 파산시키기보다는 살려내는 것이 기업과 채권자에게는 물론 국민경제 전반에 이롭다는 점이 법정관리제도의 취지다. 기업이 법정관리를 신청할 때는 채권·채무이행을 동결시키는 재산보전처분도 동시에 요청한다. 신청을 받은 법원은 우선 재산보전처분명령을 내린다. 그 다음 보통 3개월 정도의 시간을 갖고 법정관리를 받아들일지, 아니면 기각할지를 결정하게 된다. 법정관리가 기각되면 기업은 파산절차에 들어가고 수용되면 법원이 선임한 법정관리인이 경영을 책임지게 된다. 이외에도 기업을 회생시키는 방법으로 은행관리가 있으나 이는 은행에서 직접 직원을 파견해서 자금을 관리한다는 점에서 법정관리와 차이가 있다.

보이지 않는 손(Invisible hand)

보이지 않는 손(Invisible hand)이란 영국의 경제학자 Adam Smith가 제창한 용어이다. 모든 경제시장에서는 수요와 공급의 법칙에 의하여 가격이 결정되어지는데 일반적으로 완전경쟁 시장에서는 수요자와 공급자가 무수히 많이 존재하기 때문에 각 수요자, 공급자 개개인들이 가격이 결정되는 데 어떤 역할을 하고 있는데 서로 상대의 수요자, 공급자가 어떻게 행동을 하는지 알 수도 없고, 눈에 보이지도 않기 때문에, 이러한 수많은 수요자와 공급자의 가격결정 역할이 '보이지 않는 손'이라고 하였다.

상호지급보증

기업이 금융기관에서 대출이나 지급보증을 받을 때 그룹 내 다른 기업이 채무를 보증하는 행위를 말한다. 대출은 물론 회사채 발행, 신용장 개설, 해외공사하자보증 등이 모두 포함된다. 상호보증이 과할 경우 대기업 그룹에 대한 대출편중이 심화되고 상호보증의 연결고리를 통한 선단식 기업경영으로 개별기업의 독립경영체제 확립이 어려워져 경제력 집중 등의 부작용이 나타난다. 또한 기업이 부실화됐을 때 그룹 전체의 연쇄부실화를 초래하는 등의 문제점도 있다.

수요의 원리(the law of demand)

수요의 원리란 시장에서 수요와 공급에 의하여 상품의 가격이 결정된다고 하였는데 수요자 즉 상품 구매자의 입장에서 보면 상품의 가격이 오르면 그 상품에 대한 구입량이 줄어들고 가격이 내리면 구입량이 늘어난다는 이론이다. 이때 가정하는 것을 가격 이외의 구입량에 미치는 다른 요소는 변하지 않고 일정하다고 보는 이론으로서 이러한 조건을 cetris paribus (other things being equal) 조건이라고 한다.

스태그플레이션(stagflation)

스태그플레이션(stagflation)이란 원래 stagnation(경기침체)와 inflation(물가상승)의 합성어이다. 다시 말하면 경기침체와 더불어 물가가 상승한다는 뜻이다. 1970년 이전에는 필립스 곡선의 이론에 따라 경기가 상승함으로 인하여 물가가 상승한다고 보았는데 이러한 이론이 더 이상 유효하지 않게 되었다. 1970년 이후 OPEC의 고유가정책, 즉 1, 2차의 세계 오일 shock로 인하여 경기가 침체함에도 불구하고 물가상승률은 계속 상승한다는 것을 나타낸다. 이러한 결과로 경제학자들은 더 이상 필립스 곡선 이론이 경제에 적용되지 않는다고 보고 있다.

시너지 효과(synergy effect)

시너지 효과(synergy effect)에서 synergy란 용어는 synthesis(합성)과 energy(힘)의 합성어로써 두 가지의 힘을 합하였을 때 혼자일 때의 힘을 단순히 산술적으로 합한 것보다 그 이상의 효과가 나타난다는 것을 의미하며 요즈음 경영학에서 많이 쓰는 용어이다. 예를 들어 설명하면, 마케팅에서 학부에서 공학을 전공하고 대학원에서 MBA를 전공한 사람이 학부에서 경영학을 전공하고 대학원에서 MBA를 전공한 사람보다 효과가 크게 나타난다고 보는 것이다.

시장(market)

시장(market)이란 수요자와 공급자가 존재하여 수요와 공급에 의하여 가격이 결정되는 상황을 말한다. 종전에는 시장이라고 하면 구체적으로 수요자와 공급자가 모여서 가격이 결정되는 장소를 말하였으나 요즈음 시장의 개념은 수요자와 공급자가 모이는 구체적인 장소가 아니라 세계의 원유 시장이나 Tele-market과 같이 수요자나 공급자가 서로 만나지 않고도 통신이나 Internet을 통하여 가격이 결정되는 추상적인 system도 광의의 시장이라고 할 수 있다. 시장의 종류로는 생산물시장, 노동시장, 증권시장, 화폐시장, 국제시장 등이 있으며 각 시장에서는 수요자와 공급자가 존재하며 이러한 수요와 공급에 의하여 각 시장에서 가격이 만들어지는 것이다. 생산물시장에서는 수요와 공급에 의하여 상품가격이 결정되고, 노동시장에서는 노동의 수요와 공급에 의하여 임금이 결정된다.

주식시장에서는 수요와 공급에 의하여 주식가격이 결정되고 채권시장에서는 수요와 공급에 의하여 채권가격이 결정된다. 화폐시장에서는 화폐의 수요와 공급에 의하여 이자율이 결정되며 외환시장에서는 외환의 수요와 공급에 의하여 환율이 결정된다.

ISO-9000

ISO-9000 시리즈(국제품질인증규격)는 지난 1987년 ISO(국제표준화기구)가 제정한 규격이다. 당초 EC 통합에 대비해 국가 간의 제품에 대한 호환성을 인정하는 한편 품질에 대한 불신요인을 제거, 무역장벽을 없애자는 취지에서 이 규격을 제정했다. 한국은 현대전자, 삼성전자, 금성전선 등 13개 기업이 ISO 품질인증을 따냈다. 해외 바이어들이 계약 전제조건으로 이 규격에 의한 인증을 요구하고 있어 앞으로는 이 규격에 의한 품질인증을 따지 않고는 해외수출이 불가능해질 전망이다.

자산디플레이션

자산디플레이션은 부동산과 같은 실물자산 가치가 하락하고 역(逆)자산 효과가 발생, 경제 침체 현상이 가속화하는 상황을 말한다. 경제성장률이 둔화되고, 금융시장의 혼란과 대기업 부도 사태 등으로 기업 보유 부동산 매물이 늘어나면서 부동산 가격이 폭락하는 경우 자산디플레이션의 가능성이 높다. 일본을 비롯한 동남아 국가의 부동산 가격이 폭락한 것이 좋은 사례다. 일본의 경우 지금 겪고 있는 복합 불황의 원인이 부동산 거품 붕괴에 따른 자산디플레이션의 결과다. 부동산 가격이 급락할 경우 부동산을 담보로 잡은 금융기관의 자산 건전성이 악화돼, 전체 금융시스템이 불안정으로 이어지면서 경기 침체가 장기화되는 '복합 불황'이 올 수 있다.

지니계수

소득분배의 불평형도를 나타내는 수치. 일반적으로 분포의 불평형도를 의미하지만, 특히 소득이 어느 정도 균등하게 분배되어 있는가를 평가하는 데 주로 이용된다. 이탈리아의 통계학가 지니(Gini)가 제시한 지니의 법칙에 따라 나온 계수다. 가로축에 저소득층으로부터 인원의 분포도를 그리고 세로축에 저소득층으로부터 소득액 누적 백분율을 구하면 소득분배곡선(로렌츠 곡선)이 나온다. 여기에 가상적인 소득분배균등선(45도선)을 긋는다. 이때 소득분배균등선과 종·횡축이 이루는 삼각형의 면적과 균등선과 로렌츠 곡선 간의 면적비율이 지니계수가 된다. 따라서 지니계수는 0과 1 사이의 값을 가지며 이 값이 작을수록 소득분배는 균등한 것을 뜻한다. 일반적으로 지니계수가 0.4를 넘으면 소득분배가 상당히 불평등한 것으로 볼 수 있다.

G7

G7 그룹도 미국·일본·독일·프랑스·영국·이탈리아·캐나다의 7대 선진국으로 구성된 모임이다. GDP의 규모로 봐도 세계 1~7위를 차지하고 있다. G7은 매년 한 번씩 정상회담을 갖고 필요할 때마다 수시로 재무장관회담을 갖는다. G7 모임의 목적은 국제금융, 국제무역 등의 경제현안에 대하여 상호협력 방안을 꾀하고 있다. G7 공식회담은 1975년부터 정식으로 시작되었으며, OPEC의 석유파동으로 인하여 세계경제가 어렵게 되자 선진국들이 국제적인 협력기구로서 발족되었다. G7회담의 주요 현안문제는 세계경제의 안정성장과 달러, 엔, 마르크 사이의 환율 조정과 금리조정이 주가 되었고 1980년대 후반에는 동구권의 자원문제가 핵심 현안사항이었다.

G7은 이와 같이 1년에 한 번씩 각국 대통령이 모여 정상회담을 개최하고 선진국들의 고용환경 개선과 후진국들의 외채탕감 문제에 대하여 협의한 바가 있다.

GNP

국민총생산(Gross National Product : GNP)이란 한 나라가 일정기간(보통 1년) 동안 새로 생산해낸 물건이나 서비스의 합계, 즉 부가가치생산액의 총계를 말한다. 물론 한 나라가 생산해내는 재화나 용역에는 최종생산물뿐만 아니라 이를 만들어내는 데 필요한 중간생산물도 있다. 그러나 GNP에는 중간생산물을 제외한 최종생산물만 포함된다. 이를 시장가격으로 평가하는 것이다. 가격으로 평가된 이 GNP가 명목국민총생산인데 가격은 매년 변동되므로 다른 해와 비교하기 위해 가격변동폭 만큼을 수정한 것이 실질국민총생산이다. 이 두 가지의 성장률이 각각 명목경제성장률과 실질경제성장률이다. GNP는 보통 한 나라의 경제력을 가늠해보는 척도로 사용된다. GNP가 그 나라의 사람(국민)을 중심으로 계산하는 반면 국내총생산이란 개념은 생산된 장소를 기준으로 해서 산출해낸 것이다.

지주회사(Holding Company)

지주회사는 쉽게 말해 주식을 소유한 자회사를 지배하면서 자회사를 관리하는 회사다. 비유해서 말하자면 연방정부가 독립성 강한 지방정부를 거느리는 상하관계라고 할 수 있다. 이에 비해 회장실 또는 비서실 등을 통해 계열사를 관리하는 현재의 재벌은 실질적인 권한이 없는 중앙정부가 지방정부를 거느리는 것과 같다. 지주회사는 스스로 사업을 하면서 자회사 관리도 하는 '사업지주회사'와 독자적인 사업은 하지 않고 자회사 관리만을 하는 '순수지주회사'의 두 가지가 있다. 사업지주회사는 일본의 도요타 자동차처럼 자동차 사업을 하면서 50% 이상의 지분을 출자한 자회사를 관리하는 회사를 말한다. 현재 재계는 적대적 인수합병을 막고 사업구조 조정의 일환으로 지주회사 설립을 허용하고 있다.

탄력성(elasticity)

탄력성의 개념은 경제학에서 매우 중요한 개념이다. 왜냐하면 시장에서 수요와 공급에 의하여 어떤 상품의 가격이 결정되므로, 가격이 수요와 공급에 미치는 영향 또한 크다고 볼 수 있다. 이와 같이 가격의 변화가 수요와 공급에 얼마만큼 영향을 미치는가를 살펴보는 것이 탄력성의 개념이다. 탄력성의 개념을 정확히 말하면 어떤 제품의 가격이 종전가격에 비하여 몇 % 변화함에 따라 수요와 공급량이 전에 비하여 몇 % 변했는가를 나타내는 %변화율이다.

예를 들면 두 고무줄 A, B가 있을 때 똑같은 힘을 주어 두 종류의 고무줄을 잡아 늘렸을 때, 기존의 늘리기 전의 A고무줄이 5cm이었고 B고무줄은 10cm이었을 때 늘리고 난 다음 A고무줄이 8cm가 되었고 B고무줄은 14cm가 되었다고 한다면, 늘어난 절대길이는 B고무줄이 많이 늘어났지만 탄력성의 개념으로 볼 때는 A고무줄이 B고무줄보다 탄력성이 크다고 할 수 있다. 이와 같이 수요의 가격탄력성, 공급의 탄력성 개념은 수입과 밀접한 상관관계가 있으므로 경제용어로서 매우 중요한 개념이다.

카테고리킬러

카테고리킬러(Category Killer)는 스포츠용품, 완구 등 특정상품을 전문적으로 취급하는 할인업태를 뜻하며 대형 전문할인점이라고 불리기도 한다. 특정상품군(Category)에 관한 한 다른 업태를 압도(Killer)한다는 의미에서 붙여진 이름이다. 이 업태는 상품구색이 회원제 창고형매장, 디스카운트스토어 등 다른 할인업태보다 다양하고 값이 싸기 때문에 경쟁력이 뛰어나다. 이와 같은 업태의 선두주자는 미국의 토이스알어스이다. 이 회사는 완구제품의 가격을 파괴, 기존 완구업계를 뒤흔들어 놓았다. 스포츠용품의 알펜, 여성 의류의 리미티드, 신사 의류의 아오야마상사(일본) 등이 세계적으로 유명한 카테고리킬러 업체들이다. 우리나라의 경우 뉴코아백화점이 완구, 문구 등 일부 품목에 한해 소규모의 카테고리킬러 매장을 갖추고 있고, 신세계백화점은 스포츠용품을 전문 취급하는 「스포츠데포」 매장을 운영하고 있다.

콘텐츠

콘텐츠(Contents)란 각종 유·무선 통신망을 타고 흐르는 정보를 총칭하는 용어. 지상파방송에 필요한 문자·음성·화상 등의 방송정보와 컴퓨터 네트워크망으로 교환되는 교육용 소프트웨어, 게임소프트웨어, 영화 등 모든 종류의 정보가 이에 포함된다. 그러나 콘텐츠의 개념은 과거 아날로그통신에서 문자 및 음성정보만을 뜻하던 것에서 고품위 정보교환의 필요성이 늘어남에 따라 점차 디지털화가 중요시되는 형태로 발전하고 있다. 최근에는 방송과 컴퓨터 통신의 융합화 추세에 따라 디지털화된 모든 정보를 뜻하고 있다.

한계성(marginality)

한계성의 개념 역시 탄력성의 개념과 더불어 경제용어로서 매우 중요한 개념이다. 한계성의 개념을 효용 측면에서 설명하면, 예를 들어 상품 1개를 추가로 소비하였을 때 추가로 얻는 효용을 나타낸다. 다시, 생산 측면에서 살펴보면 노동이나 자본을 추가로 1단위 더 투입하였을 때 추가로 얻는 생산물이 얼마만큼 되는지를 나타내는 것이다. 이와 같이 한계성 개념이 효용 측면 즉 소비 측면 그리고 생산 측면에서 중요한 이유는 한계성 개념이 효용극대화나 생산자의 이익극대화에 이바지하기 때문이다. 다시 말하면, 한계효용이나 한계생산성은 처음에는 계속 증가하다가 어느 시점을 지나면 다시 줄어드는 현상을 나타내기 때문이다.

화의(和議)

부도위기에 몰린 기업이 법원의 중재감독 아래 채권자들과 협정을 맺고 언제까지 어떤 방법으로 빚을 갚겠다는 계획을 세워 파산을 면할 수 있는 제도. 화의기간 동안 기업주의 경영권은 계속 인정된다. 한마디로 지급불능, 지급정지, 채무초과 등 일시적 파산위기에 몰렸으나 위기만 넘기면 정상화가 가능한 기업에 대해 채권행사를 유예해 줌으로써 기업도 살리고 채권자의 채권도 변제받을 수 있도록 한 제도다. 일정기간 동안 채권행사를 유예하고 기업에 갱생기회를 준다는 점에서 법정관리와 비슷하다. 그러나 기업주의 경영권을 인정하고 변제에 대한 강제성이 없다는 점이 법정관리와 다르다.

환경부담금제

환경오염 원인자부담원칙에 따라 오염물질을 다량 배출하는 대형시설물과 경유자동차 소유자가 환경개선에 소요되는 비용의 일정액을 부담하게 하는 제도이다. 환경개선비용 부담금제는 도시 지역이 300평 이상 업무용 빌딩과 경유자동차를 대상으로 추진 중인데 일반 주거용 건물이나 공장 등 산업시설을 비롯하여 ① 정부기관, 국제기구시설물이나 ② 종교·교육· 사회복지시설 등 공공이익에 이용되는 시설물은 대상에서 제외된다. 자동차도 우송사업용과 소방차·청소차·환자수송차량 등 특수용도에 사용되는 경유차량은 대상에서 제외된다. 그러나 300평 이하 빌딩이라도 오염요인이 큰 목욕·숙박시설과 백화점 등은 부과대상에 포함된다. 환경개선부담금으로 부과된 재원은 정부가 추진 중인 환경개선중기종합계획상의 대기 및 수질개선사업, 저공해기술개발, 자연환경보전사업 등에 사용된다.

헤드헌터

정확한 명칭은 중역탐색(Executive Search)이라고 부르며 우리말로 해석하자면 고급두뇌 소개업이라고 할 수 있다. 헤드헌터란 기업의 최고경영자, 임원이나 첨단기술자, 과학자 등 고급기술인력을 필요로 하는 기업이나 기관에 소개해 주는 대가로 거액의 수수료(소개해 주는 인력이 받는 연봉의 20% 내지 50% 선)를 받는 민간 인력소개업체를 이른다. 미국 등 선진국에서는 대부분 기업이 임원 채용은 물론 경영컨설팅까지도 이 업체에 의존하는 등 보편화되어 있다. 국내에선 10년 전쯤 헤드헌터가 등장한 이후 현재 은행·증권 등 금융업과 연구직종 종사자 등을 대상으로 수십 개 업체가 활동 중이며 산업구조 개편추세가 두드러지면서 헤드헌터 업체가 늘어나고 있다. 정부도 노동시장의 효율화를 통해 고용시장을 안정화시키기 위한 방안의 하나로 이른바 고급두뇌 소개업(헤드헌터)을 합법화하였다.

감자(減資 : reduction of capital)

감자란 어떤 주식회사의 자본금을 줄이는 형태이다. 감자조치는 회사가 부실해져서 M&A나 회사를 매각하게 될 경우 그 회사의 자본금을 줄여서 인수자나 그 회사를 매입하는 측에 부담을 줄여주는 방법이다. 우리나라의 예를 보면, 특정 은행이 경영부실화로 인하여 매각할 경우 현재 있는 자본금으로는 외국기업이나 국내기업이 매입 시 그 자본금으로는 인수하려고 하지 않으므로 자본금 전체를 소멸시키거나 감자비율 몇 퍼센트로 주주는 결국 주식수가 줄어들거나 주식금액이 줄어드는 것이다. 이러한 감자조치를 취할 경우에는 주주총회의 특별결의를 거쳐야 한다.

경제적 부가가치(EVA)

경제적 부가가치는 영어로 Economic Value Added로 나타내며 기업의 영업이익에서 차입금에 대한 이자와 법인세는 물론 주주들에게 돌아갈 적정 수준의 기대수익까지 차감한 상태의 수익성을 나타낸 지표이다. 선진국에서는 매우 중요한 산업 및 기업분석 지표로 사용되고 있다. 적정수준의 기대수익이란 기회비용 개념으로 주주가 다른 자산에 투자했을 때 기대되는 수익을 감안하여 산정되며 기업의 입장에서는 자기자본 비용에 해당된다. 일반적으로 기업의 입장에서 보면 회계상 자기자본은 비용으로 처리되지 않는다. 그러므로 회계상 영업이익이 플러스일지라도 EVA는 마이너스일 수도 있다.

▶▶ 국제시장

경상수지

한국과의 대외거래상태를 나타내는 지표 중의 하나로 무역수지, 무역외수지, 이전수지를 합한 것이다. 무역수지는 상품수출액과 수입액을 비교한 것으로 그 차액이 플러스면 무역수지가 흑자, 마이너스면 무역수지가 적자라 한다. 무역외수지는 은행보험·항공기·선박 등의 서비스대금, 대외수익과 이자, 해외 관광 여행경비, 의료 등의 서비스 수출입에 따른 결과를 말한다. 이전수지는 내국인과 외국인 사이의 무상으로 주고받는 거래이다. 경상수지는 통상 국제수지 흑자 또는 적자의 기준이 된다. 국가 간 자본의 대차, 유가증권매매, 기타 채권·채무관계를 나타내는 자본수지를 포함할 경우, 국제수지는 항상 균형을 이루어 한국과의 대외거래 상황을 정확히 나타내기 힘들기 때문이다. 경상수지가 적자를 나타내면 부족한 돈은 외국에서 빚을 내 메워야 한다. 이때 자본수지는 외채증가에 따라 흑자를 나타낸다.

➡ 국제결제은행(BIS)

BIS(국제결제은행)는 Bank for International Settlements의 약자이다. 선진국 중앙은행 간 협력기구로 중앙은행 간 협력 증진 및 금융거래의 활성화를 도모하고 국제 금융거래를 위한 편의를 제공하며 국제 결제업무와 관련해 수탁자 및 대리인으로서의 역할을 수행하는 것을 목적으로 한다. 한국이 IMF에 구제금융요청에 따라 우리나라는 BIS가 비율을 8% 이상으로 맞춰야 한다. 다시 말하면 BIS가 IMF의 자금운용에 관여하고 있는 것이다.

BIS의 처음 설립 취지는 제1차 세계대전 이후 독일의 전쟁 배당금 지급부담을 경감하고 국제시장에서 기채를 통한 배상자금 마련을 위해서였다.

현재는 벨기에, 프랑스, 독일, 이탈리아, 일본을 비롯하여 총 32개 중앙은행이 회원으로 가입하고 있으며, 최고 의사결정기관이 총회와 이사회 산하에 통화외환 은행감독 및 조사연구 분야의 전문위원회를 두고 있다.

BIS 비율이란 국제결제은행이 규제하는 은행들의 자기자본 비율을 말한다. 이 기준은 외국환 업무를 관장하는 민간은행에 적용된다. 은행이 보유하고 있는 위험자산에 대한 자기자본 비율을 뜻하며 '88년 BIS의 규제감독위원회가 작성해 중앙은행 총재회의에서 결정되어 모든 은행들은 총위험자산에서 차지하는 자기자본 비율을 8% 이상으로 유지하여야 한다. 우리나라 은행들도 IMF 경제체제에 있으면서 BIS 기준을 맞추기 위해서 외자도입이나 증자를 통하여 해결하고자 노력하였다.

➡ 국제수지(BOP : Balance of Payments)

국제수지란 일정기간(1개월, 3개월, 6개월, 1년) 동안 자기 나라와 다른 나라 사이에 일어난 거래적 관계를 화폐로 계산해서 나타낸 종합기록표이다. 이와 같은 국제거래에는 재화와 용역에 대한 모든 거래가 포함된다. 국제수지는 재화와 용역의 거래에서 발생하는 경상수지와 해외로부터 차관을 도입하거나 빌려주었을 때 일어나는 자본수지로 구성되어 있다.

경상수지는 다시 무역수지, 무역외 이전수지로 구성되어 있고 자본수지는 다시 단기자본수지와 장기자본수지로 나누어진다. 무역수지란 상품의 수출과 수입에서 이루어진 수지이고 무역외수지는 국제 간 서비스거래에서 발생한 수지이다. 이전수지는 상품을 무상으로 주고 받은 데서 발생한 수지로서 주로 Sample이 여기에 해당된다. 자본수지의 장기자본수지에는 해외 직접투자나 증권투자가 해당되고 단기자본수지에는 단기무역신용이나 단기연불수출 등이 해당된다. 국제수지에서 경상수지가 중요시되는 이유는 경상수지가 국민소득이나 고용 등 경제적 파급효과가 크기 때문이다. 국제수지표는 월별로 한국은행에서 작성 발표하고 있다.

➡ 관세환급

상품을 외국에 수출하기 위해 원자재를 수입하면서 납부한 관세를 나중에 되돌려 주는 제도이다. 국내기업의 수출지원을 목적으로 도입됐다. 우리나라는 지난 '75년 6월까지만 해도 수출용 원자재를 들여올 때 처음부터 관세를 매기지 않고 면세로 통관시키는 「사전면세제」를 실시해 왔으나 '75년 7월 1일부터 통관 시 관세를 물렸다가 수출한 뒤 관세를 돌려주는 환급제로 바꾸었다. 사전면세제에서 면세로 수입해서 내수용 상품을 만드는 데 사용하는 등 불법유용이 있었기 때문이다. 관세환급에는 정액환급과 정률환급이 있다. 환급률은 원자재 소요량 국산화율 등을 감안해 산정한다. 그동안 환급제도를 운영해 왔으나 지난 7월 1일부터는 다시 사전면세제로 환원했다. 세금을 내고 나중에 돌려받는 과정이 번거롭고 수입부품을 내수용으로 악용할 우려가 줄어든 점을 감안, 분기별로 정산토록 했다.

➡ 무역금융

무역금융이란 우리나라가 1960년부터 수출을 장려하기 위하여 수출업체에 저리로 자금을 대출하여 주는 금융이다. 수출기업이 L/C를 근거로 하여 무역금융을 신청하게 되면 주거래은행에서 생산자금, 원재료구입자금, 원재료 수입에 필요한 자금을 융자해 주는 제도이다. 대기업보다는 주로 중소기업을 위하여 시행되고 있으며 우리나라는 수출입은행에서 주로 담당하고 있다. 저리의 무역금융을 혜택받는 기업은 중소기업이며 대기업 중에서는 수출실적 1억 달러까지만 융자해 주고 있다. 이와 같은 제도는 한정된 무역금융을 가급적 중소기업에 대출해 주기 위해서다. 무역금융 대출금리는 중소기업에게는 8.5%, 대기업에는 9% 정도로 적용하고 있으나 UR 협정 이후 무역특혜금융도 공정한 세계 무역질서에 위해된다고 하여 우대금리를 향후 없애야 하는 입장에 있다. 융자단가는 중소기업이 1달러당 500~700원 정도 대기업은 300~400원 정도이다.

무역어음

수출업체가 L/C(신용장)을 근거로 하여 발행한 어음을 은행이나 제2금융권에서 인수하거나 할인한 환어음이다. 이러한 무역환어음은 한 은행에서 재할인이 되지 않으므로 은행 자체로서 인수할 충분한 여력이 되지 않아서 인수기관을 단자회사 및 종금회사로 확대하게 되었다. 제2금융권인 단자회사와 종금사들은 무역환어음을 표지어음방식으로 일반투자자에게 매출할 수도 있게 되었다. 무역어음 최저거래 단위는 500만원이며 금융기관이 제1차 채무자이므로 안전하다고 할 수 있다.

무역외수지

국제수지(Balance of Payments)표상에 나오는 용어로서 무역수지는 수출과 수입에서 이루어지는 직접적인 국제수지를 뜻하고 무역외수지는 무역수지가 아닌 국제 간에 이루어진 운임 및 보험료, 기타 관광수입, 해외투자수익, 기타용역수지로써 해외건설 수입도 큰 몫을 차지하고 있다. 종합국제수지는 크게 경상수지, 자본수지로 나누어지는데 경상수지는 다시 무역수지, 무역외수지, 이전수지로 분류된다. 우리가 흔히 말하는 국제수지가 적자이거나 흑자라고 말할 때 또 신문에 나타나는 국제수지는 경상수지를 뜻하고 있다. 경제이론상 경상수지가 한때 흑자라고 해서 반드시 좋은 현상은 아니다. 경상수지가 흑자가 되면 인플레이션의 염려가 있고 환율의 평가절상 압력을 받기 쉽다.

반덤핑관세

외국제품이 부당하게 싼 값으로 팔림으로써 국내관련사업이 피해 받는 것을 방지하기 위해 물리는 관세, 외국상품의 덤핑공세에 대응하기 위해 해당물품의 가격차만큼 관세를 부과한다. GATT(관세 및 무역에 관한 일반협정)는 국제무역에서의 덤핑을 특정물품이 수출국 내에서 통상적으로 거래되는 가격보다 낮은 가격으로 수출하는 것으로 규정하고 있다. 이 같은 덤핑행위는 불공정무역행위로 간주된다. GATT는 이에 따라 수출가격과 국내가격과의 차이인 덤핑차액만큼 관세를 부과할 수 있도록 인정하고 있다. 반덤핑관세는 특정수출국의 상품에 대해 선별적으로 적용할 수 있고 보상의무가 면제되므로 적용이 비교적 쉽다.

IBRD

국제부흥개발은행으로 International Bank for Reconstruction and Development의 약자. 흔히 세계은행(World Bank)이라고 부른다. 1944년 7월의 브레튼우즈 협정에 기초하여 '46년 6월에 발족한 국제금융관의 중심적 존재. 제2차 세계대전 후 각국의 경제복구와 개발을 위해 설립된 기관이었다. 경제상황이 열악한 개발도상국들의 공산화를 막고 개도국의 경제개발을 위한 재원 융자 및 선진국의 체계적인 경제개발 경험을 전수시키고 자문하는 것이 원래의 창설목적이었다. '90년대에 들어서는 동구권에 대한 차관 등을 지원했으나 재원확보 등에 관한 선진국과 개발도상국 간의 입장차이로 창설 당시의 취지에서 많이 벗어났다. 우리나라는 지난 '55년에 가입했으며 '70년 이사국으로 선임되었다.

양허관세율

국제적으로 일정 세율 이상으로 관세를 부과하지 않겠다고 약속한 관세율을 말한다. 주로 공산품에 적용된다. 우리나라는 현행 실행관세율이 양허관세율보다 낮기 때문에 수입증가로 이어지지는 않을 것이라는 것이 정부의 설명이다. 그러나 업계에서는 품목에 따라 실행관세율을 내려야 하는 경우가 있어 수입이 늘어날 수도 있다고 보고 있다.

연불수출(延拂輸出)

국제 간의 무역거래에서 일어나는 제도로써 국제무역에 있어서도 국내와 마찬가지로 대금결제 방식에 있어서 현찰거래와 외상거래의 두 가지 방법이 있다. 무역용어로 현금거래를 At Sight라고 하고 외상거래를 Nuisance라고 부른다. 연불수출은 Nuisance 거래를 뜻한다. 다시 말하면 수출업자가 수입업자에게 수입대금 결제를 일정기간 동안 연기해 주는 조건이다. 이러한 연불수출은 선진국에서 후진국에 기계설비나 선박 같이 거래금액이 클 때 주로 사용하는 결제제도이고 후진국의 지급능력이 부족할 때 사용하는 결제제도이다. 연불수출은 거액의 자금이므로 민간금융기관이 독자적으로 시행하기는 힘들고 정부재정자금으로 수출입은행같은 금융기관을 통하여 이루어지는 것이 상례이다. 우리나라도 한국수출입은행을 통하여 연불수출제도가 시행되고 있다.

GSP

Generalized System of Preference의 약자로 우리말로는 일반특혜관세제도라 불린다. 선진국이 개발도상국의 수출증대 및 공업화를 촉진하기 위해 개발도상국으로부터 수입하는 완제품·반제품에 대해 반대급부 없이 일반적으로 관세를 면제해 주거나 낮은 세율을 적용하는 제도이다. 지난 1968년 2월 뉴델리에서 열린 제2차 유엔무역개발회의(UNCTAD) 총회에서 채택돼 오늘날까지 시행되고 있다.

최혜국대우원칙(MFN)

하나의 국가에 주어지는 무역상의 혜택이나 제한은 자동적으로 다른 회원국 모두에게 똑같이 적용되어야 한다는 원칙을 말한다. 그동안 선진국들은 예외조치를 남용해 사실상 이를 적용하지 않는 경우가 많았다. 미국측은 UR에 소극적인 나라들을 골라 최혜국대우에서 제외하겠다는 위협을 하고 있기도 하다.

▶▶ 외환시장

역외금융(offshore financing)

역외금융은 국내 밖에서 이루어지는 금융으로서 해외 금융시장에서 자금을 조달하여 이 자금을 다시 해외에 있는 기업에게 대출해 주는 제도이다. 예를 들면, 신용도가 높은 시티은행에서 런던이나 홍콩 같은 역외금융시장에 자금을 차입하여 한국의 기업에게 대출해 주는 금융제도를 말한다. 역외금융시장은 그 대신 외환관리나 조세부과 등에서 혜택이 부여된다. 역외금융은 위험도를 줄이기 위하여 다수의 금융기관이 참여하는 국제신디케이션(International syndication) 형태로 이루어진다. 신디케이션의 주간사는 국제적으로 신용도가 높은 미국과 유럽의 주력은행이 담당하게 된다.

외화가변예치제(Variable Deposit Reguirement)

외환가변예치제란 국제적으로 외환거래 자유화가 이루어지면서 될 수 있는 한 무분별한 외환유입을 막고자 개발된 제도인데 UR이나 WTO 제정 등으로 인하여 앞으로는 유명무실해질 우려가 있다. 헤지펀드같이 외국에서 Hot Money가 들어올 경우 일정금액을 중앙은행에 무이자로 강제로 예치하게 하는 제도이다. 그러나 우리나라 같이 외환이 부족한 상태에서는 이러한 외화가변예치제를 시행하면 적정외환보유고 확보에 지장이 있으므로 신중하게 고려하여 시행하여야 한다.

가용외환보유고

가용외환보유고란 예를 들어 우리나라가 보유하고 있는 총외환보유고 중에서 유동성 있게 사용할 수 있는 외환보유고를 뜻한다. 유동성 있는 외환보유고란 항시 필요할 때 즉시 사용할 수 있는 외환보유량을 나타내는데, 외환보유고 중에서도 우리나라 금융기관이 해외에 보유하고 있는 외환은 필요할 때 즉시 회수하기가 힘들기 때문에 국외에서 갖고 있는 외환은 가용외환보유량에서 제외된다.

가용외환보유량 즉, 적정가용외환보유고는 우리나라 입장에서 보면 우리나라 무역거래규모라든지 우리나라 정부나 민간기업의 외채상환계획 schedule에 의하여 산정하여 책정할 수 있다. 정부통계상으로는 500~600달러억 정도가 적정외환보유고라고 할 수 있다. 우리나라가 외환위기를 맞게 된 이유도 이러한 적정외환 보유량을 확보하지 못한 상태인 외환의 공급보다 외환의 수요가 많이 발생하였기 때문이다.

적정가용외환보유고가 바닥이 나게 되면 우리나라와 같이 IMF의 구제금융을 받거나, 더 심각하면 인도네시아나 러시아 같이 국가부도상태인 모라토리움(Moratorium)을 선언하게 되는 것이다.

▶▶ 증권시장

공채(公債 : public bond)

공채란 채권의 한 종류로서 국가나 지방자치단체가 발행하는 채권이다. 채권의 종류로는 크게 금융채, 회사채, 특수채 등이 있다. 공채에는 국채와 지방채가 있다. 국채는 중앙정부에서 발행하는 채권이고 지방채는 지방자치단체에서 발행하는 채권이다. 공채는 금융채나 회사채에 비하여 위험성이 적기 때문에 금리가 일반적으로 낮은 것이 특징이다.

■ 기업어음(CP : Commercial Paper)

기업어음이란 B등급 이상의 우량기업어음을 증권사와 종금사가 할인 매입한 뒤 판매하는 금융상품으로서 확정금리 상품이다. 이자를 미리 지급받을 수도 있으며 만기는 1년 이내나 1~3개월짜리가 많다. 다시 말하면, 신용등급 B등급 이상 우량기업이 투자금융회사에서 어음을 할인 판매하여 자금을 조달하는 융통어음이다. 일반적으로 연간수익률은 CD보다 약간 높지만 평소에는 비슷하다. CP는 개인기업이 발행하는 융통어음이므로 일반 개인이 매입한 CP는 발행기업이 부도가 나더라도 투자금융회사에서 대신 면제해 주기 때문에 위험부담이 없다. 이때 개별기업이 융통어음을 할인하여 투자금융회사에 팔 수 있는 한도액은 각 개별 기업의 신용등급에 따라 할인 한도액이 다르게 설정된다.

■ 리보금리(LIBOR : London Inter Bank offered Rates)

런던에 있는 신뢰도가 높은 은행들 간에 자기들끼리 거래하는 단기금리를 가리키며 TB금리와 마찬가지로 세계 각국의 국제 간 금융거래에 기준금리로 활용되고 있다. 이렇게 리보금리가 TB금리와 함께 세계적인 기준금리로 활용되고 있는 이유는 런던금융시장이 금융시장으로써 역사도 길고 규모가 클 뿐만 아니라 신뢰성이 높기 때문이다. 리보금리는 TB금리로 환산될 수 있다.

■ 합병 및 인수(M&A : Mergers and Acquisitions)

M&A는 기업의 합병(Mergers) 및 인수(Acquisitions)를 말하며 합병은 두 회사가 똑같은 경영권을 공유하면서 합치는 것을 의미하며 인수는 어느 한 회사가 다른 회사와 합치면서 경영권을 획득하는 것을 의미한다. 우리나라도 1997년 12월에 IMF 구제금융을 받으면서 기업의 구조조정의 일환으로 M&A증권거래법이 개정되어 허용되었다. 세계적인 추세도 과잉중복투자의 해결방안과 국제경쟁력을 확보하기 위하여 미국이나 유럽을 비롯하여 M&A 붐이 일어나고 있다.

M&A 방법에는 우호적인 방법과 적대적인 방법의 두 가지가 있다. 우호적인 M&A는 두 회사가 서로 합법적인 방법으로 서로 합의하여 주식의 양도를 통하나 공개적인 합병 및 인수방법이고 적대적인 M&A는 상대회사가 어느 회사를 합병 및 인수하기 위하여 상대회사 모르게 주식시장에서 상대방 주식을 몰래 매입하여 경영권을 쟁취하려고 하는 방법이다. 우리나라에서도 삼성에서 기아자동차 주식을 몰래 매입하여 적대적 M&A를 시도하려고 하였고 주식회사 농심에서 미도파를 적대적 M&A를 하려고 시도한 바 있다. 일반적으로 주식시

장에서 M&A가 이루어지는 회사의 주식가격은 상승하는 경향을 보여주고 있다. 왜냐하면 M&A를 하게 되면 M&A된 회사의 재무상태가 건실하게 되고 타회사에 비하여 규모의 경제를 통한 경쟁력이 제고되기 때문이다.

뮤추얼 펀드(Mutual Fund)

펀드를 우리말로는 투자신탁이라고 하며 투자전문가가 일반투자자의 자금을 맡아서 대신 투자해 주는 제도를 말한다. 투자신탁 유형에는 조직형태에 따라 회사형과 계약형으로 구분된다. 회사형은 투자자가 자금을 맡기는 투자신탁회사의 주주가 되어 주권을 받게 된다. 반면에 계약형은 투자자가 자금을 맡긴 근거로 수익증권을 받게 된다.

뮤추얼 펀드란 이 중에 회사형 투자신탁을 말한다. 미국의 회사형 투자신탁으로 공모를 통해 설립된 펀드를 말한다. 불특정 다수인으로부터 자금을 모아 설립하며 미국 증권관리위원회(SEC)에 등록돼 있다. 상대적으로 위험을 회피하는 투자경향을 보이고 단기보다는 장기 수익을 겨냥하는 특성이 있다. 뮤추얼 펀드 중 템플턴 펀드, 피델리티 펀드, 푸트남 펀드 등은 한국 주식에도 투자하고 있다. 투자자들은 투자한 만큼의 주주가 되어 경영권에 참여한다는 점이 투자신탁과 다르며 펀드의 투자경영이 투명하게 이루어진다는 점이다.

블루칩(Blue chip)

블루칩의 용어는 원래 트럼프 포커에서 쓰는 3종류(흰색, 빨강색, 청색)의 칩 가운데 가장 높은 것이 블루칩이라는 것에서 유래되었다. 이 용어는 일반적으로 우량주라고도 불리며 상당기간 동안 회사가 이익을 많이 냈거나 주식배당금을 연속 지급한 재무상태가 매우 건실한 회사의 주식을 나타낸다. 주식시장에서 대체로 시가총액 중에서 시가총액을 많이 차지하는 회사의 주식을 뜻한다. 이러한 주식을 흔히 우량주라고도 하며 일반적으로 우량주는 경기변동에 강하고 고수익 및 고배당을 실현하기 때문에 신용도나 지명도가 높다. 미국시장에서는 주로 MS, GM, IBM, AT&T 같은 회사의 주식을 말하며 우리나라에서는 삼성전자, 포항제철, 한국전력, 또는 SK Telecom 같은 정보통신회사의 주식을 말한다.

블랙 먼데이(Black Monday)

1987년 10월 19일(월요일) 미국의 뉴욕증권시장에서 비롯된 주가폭락현상은 다우존스공업지수(DJIA)가 508포인트(22.6%)나 하락하면서 미국뿐 아니라 세계 여러 나라의 증권, 금융시장에 커다란 파문을 일으켜 '암흑의 월요일(Black Monday)'이라고 불리게 된 데서 연유

되었다. 이러한 뉴욕증권시장이 파동은 동남아시아 나라들 즉 일본, 싱가포르, 홍콩시장에도 주가폭락을 가져와 전세계적으로 상당한 금액의 증권투자 손실을 초래하였다.

경제전문가들은 이러한 주가폭락의 원인을 미국의 재정 적자 및 국제수지 적자, '82년 이래 계속된 고평가된 주식가격, 금리상승 등에서 초래되었다고 분석하고 있다.

주주권(株主權)

현행 상법상 회사주식 5% 이상을 소유한 주주가 행사할 수 있는 권리. 대주주의 횡포를 방지하기 위해 시행되고 있다. 현재 상법에서 부여하고 있는 소수주주권으로는 불법 행위를 한 임원에 대한 대표소송권, 해임청구권, 불법행위 중지청구권 등 개인비리 관련사항에 대한 감시장치와 회사의 서류, 장부 등에 대한 열람권, 주주총회 소집권, 회사의 업무 및 재산상태에 대한 검사인 선임청구권, 청산인 해임청구권 등 기업비리 감사를 위한 권리들이 있다. 최근 정부에서는 기업경영의 투명성을 제고하기 위해 개인비리 관련 사항은 6개월 이상 주식 1% 혹은 10만주 이상을 보유한 주주, 기업비리 관련사항은 1년 이상 주식 3% 혹은 30만주 이상을 보유한 소수주주들도 소수주주권을 행사할 수 있도록 요건을 완화하였다. 주주의 권리로는 이밖에도 주식을 1주만 갖고 있어도 행사할 수 있는 단독주주권(예 : 주주총회 의결권)이 있다.

수익증권

투신사가 고객의 돈을 모아 채권, 주식, 기업어음(CP), 양도성예금증서(CD) 등의 유가증권에 투자한 후 성과를 돌려주는 실적배당 상품이다. 투자금액이나 노하우 측면에서 직접 투자하기가 곤란한 일반인을 대신하여 투자전문가가 투자를 하여 주는 제도이다.

원래 일반투자자로부터 돈을 받고 수익증권을 주는 대신 수익증권은 투신사가 보관하고 통장으로 투자자에게 준다. 그리고 수익증권에는 확정금리라는 말이 해당되지 않는다. 왜냐하면 채권가격과 주식값 CP 등이 수시로 변동하기 때문이다. 투신사의 투자전문가가 투자를 잘하면 이익을 얻을 수 있지만 잘못하면 이익은 고사하고 원금마저 잃을 수 있다. 수익증권은 공사채형과 주식형으로 크게 분류된다.

대부분 공사채형이며 채권과 주식을 같이 투자하는 주식형은 불과 몇 퍼센트 안 된다. 수익증권은 주식이나 채권처럼 자금조달 목적으로 기업이 발행한 본원적 증권이 아니고 투자를 위한 자금조달 목적으로 발행되는 2차적 증권이라고 할 수 있다. 그러므로 주식형 수익증권을 산 일반투자자는 경영에 참여할 수 있는 권리가 없다. 주식형 수익증권은 주가변동에 따라 수익률이 달라지므로 투자의 위험성이 있으며 공사채형 수익증권은 국공채나 회사채의 안정된 수익률을 올릴 수 있어 투자의 위험성이 없는 안전한 투자방법이다.

스팟펀드(spot fund)

스팟펀드란 주식형 투자신탁 상품으로서 일정기간을 정하여 두고 그 기간 내에 목표수익률을 달성하면 즉시 펀드를 해제하여 그 수익을 투자자에게 돌려주는 제도이다. 단기간에 투자 수익률을 올려야 하므로 Fund Manager에 의하여 공격적으로 운영되기 때문에 상대적으로 투자손실이 클 수도 있어 고수익, 고위험 상품이라고 할 수 있다. 스팟펀드는 펀드 중 90%를 주식에 투자하고 있고 나머지 10%는 현금성 유동자산에 투자되고 있다. 펀드 중 90% 이상이 주식에 투자되고 있기 때문에 주식시장의 흐름과 밀접한 관계가 있다. 주가변동폭의 위험을 감소시키기 위하여 Hedge Fund처럼 주가지수 선물이나 주가지수 옵션에 투자할 수도 있다. Hedge Fund는 투자자의 투자가 거액인데 비하여 spot fund는 fund manager가 효율적으로 fund를 운용하기 위한 소규모 fund이다.

신주인수권부사채(Bond with Warrant)

신주인수권부사채란 회사가 증자를 할 때 새로 발행되는 주식을 먼저 인수할 수 있는 권리가 부여된 회사채를 말하며 전환사채와 더불어 잠재주식으로 분류된다. 신주인수권부사채는 사채에 일정한 가격(행사가격)으로 일정한 기간 내에 일정수의 주식을 배정받을 수 있는 권리가 부여된 조건부사채이다. 신주인수권부사채를 소유한 투자자가 신주인수권을 행사하게 되면 발행회사는 자동적으로 유상증자가 이루어지게 되는 것이다. 전환사채와 같이 보통 3개월이 지나면 신주인수권부사채도 미리 정해진 가격으로 주식을 청구할 수 있다.

전환사채와 마찬가지로 신주인수권부사채도 투자자는 일정기간 동안 보유하다가 주가가 신주를 살 수 있는 행사가격보다 높아지면 주식으로 전환하며 매도하게 되면 시세 차익을 남기게 된다. 반면, 주가가 행사가격보다 내려가면 신주인수권부사채를 그대로 보관하고 있으면 된다. 구체적인 수치로 예를 들면 다음과 같다. 현대전자가 발행가액 6천 20원(액면가 6천원 + BW 20원)으로 유상증자를 하고 신주인수권부사채는 1장당 3주의 신주를 인수할 수 있는 권리가 주어지면, 투자자가 유상증자 시 1백주를 샀다면 유상증자 대금으로 60만 2천원을 내게 되며 신주 300주를 인수할 권리가 주어진다. 만약 3개월 후에 주식가격이 8천원이 되게 되면 투자자는 60만원(2,000원×300)의 이익을 갖게 된다.

양키본드(Yankee Bond)

양키본드란 미국이 아닌 다른 나라의 정부나 공공기관 또는 기업체가 미국 증권시장에서 미국 화폐인 달러로 채권을 발행하여 나타낸다. 반면에 일본이 아닌 다른 나라의 정부나 공공기관이 일본 금융시장에서 일본 엔화로 채권을 발행하는 것을 사무라이 본드라고 한다. 우리나라의 경우 양키본드를 발행한 곳은 서울시가 처음이었으며 민간기업으로는 SK Telecom이 처음으로 발행하였다. 양키본드를 발행하기 위해서는 발행 절차가 매우 까다롭고 공정한 신용평가기관의 신용평가를 거쳐야 하므로 대외적으로 공신력을 인정받아야만 채권을 발행할 수 있다. 우리나라도 앞으로는 외자유치를 위해서 미국 금융시장에서 보다 많이 양키본드를 발행하여야 한다.

에인절 클럽(Angel Club)

에인절 클럽이란 비상장회사 즉 장외등록기업인 KOSDAQ 등록법인에 투자하는 투자자들의 모임을 말한다. 비상장회사나 코스닥 등록업체 중에서도 기술력과 미래의 성장잠재력이 큰 벤처기업에 투자하여 수익이 발생하면 수익을 나눠 갖는 투자자들의 모임이다. 성공할 경우 수익성이 매우 높지만 실패할 경우에는 위험부담이 매우 큰 투자자들의 모임이라고 할 수 있다. 이러한 모임은 정부가 기술력 있는 벤처산업 육성 방안의 하나로 제도권 금융에서의 지원이 원활치 않기 때문에 일반투자자들에게 권유하는 한 방법이다.

미국의 실리콘 밸리에 벤처기업이 성공하려면 3대 요소가 갖춰져야 한다. 첫 번째, 기술력을 갖춘 기술자들의 고급인력이 있어야 하고, 두 번째로는 경영과 마케팅의 Know-how를 갖춘 뛰어난 경영자가 있어야 하고, 마지막으로 기술자와 경영자가 능력껏 신기술의 개발과 경영을 하게끔 자금을 뒷받침해 주는 투자자가 있어야 한다. 이러한 3대 요소가 갖춰져야 벤처기업은 성공할 수 있다. 이와 같이 기술자와 경영자의 자금을 대주는 투자자들의 모임을 Angel Club이라고 한다.

자기자본

기업이 전체자본에서 부채를 뺀 자본을 가리킨다. 재무제표상으로는 자본금 및 법정준비금(자본준비금, 이익준비금)과 잉여금을 합한 것으로 순자산이라고도 한다. 이에 비해 외부에서 들여온 차입금이나 사채 등은 타인자본이라고 한다. 자기자본 중 자본금이란 출자자로부터 조달된 자금(元入資金)을 말한다. 법정준비금은 자본결손을 충당키 위해 적립한 돈이다. 이익금은 기업이 낸 이익 중 회사 밖으로 나간 돈을 공제한 금액이다. 총자본에 대한 자기자본의 비율을 나타내는 것을 자기자본비율이라 한다. 이 비율은 기업의 안정성을 나타내는 중요한 지표이다. 비율이 높을수록(자기자본이 많을수록) 재무내용이 뛰어난 우량기업이라고 할 수 있다. 우리나라 대기업들은 자기자본의 3~5배까지 상호지급보증을 하고 있다. 이는 기업이 부실화됐을 때 그룹 전체의 연쇄부실화를 초래할 수도 있는 높은 수치다.

자기자본비율

자기자본을 총자본으로 나눈 백분율로 기업의 재무적 안전성을 판단하는 기본적인 경영지표의 하나. 기업의 자본은 자기자본과 타인자본으로 구성되는데, 양자의 구성비율의 적합성은 일반적인 금리동향이나 물가수준 변동 등의 경제적 요인과 관련되는 바가 크며 일률적으로 규정할 수 없는 면이 있다. 그러나 재무적 안정성의 측면에서는 자기자본비율이 클수록 유리하다.

작전

주식의 불공정거래는 시세조종과 내부자거래로 나누어진다. 이 가운데 미공개된 내부정보를 이용해 거래 차익을 챙기는 것을 내부자거래라고 하고 시세조종을 통한 주가조작을 '작전'이라고 한다. 작전이란 증권브로커와 큰손, 대주주 등이 공모해 특정 주식을 매입, 주식값을 폭등시켜 이익을 챙기는 주가조작 시세조종 행위를 말한다. 작전을 통한 시세조종 수법은 매우 다양하다. 작전세력들은 우선 고가 매수주문 방법을 이용해 주가를 계속 끌어올린다. 작전 세력들은 주식거래가 활성화하는 것처럼 보이기 위해 통정·가장매매와 허수주문 방식도 동원한다.

전환사채(convertible bond)

전환사채란 처음에는 회사채로 발행되었다가 일정기간이 지나면 주식으로 전환할 수 있는 채권을 말한다. 전환사채는 영어로 convertible bond이며 흔히 약자인 CB로 쓰여진다. 전환사채는 채권발행 후 일정기간(주로 3개월)이 지나면 발행회사 주식으로 전환할 수 있는 권리가 부여된 회사채이므로 채권의 안정성과 주식의 시세 차익을 동시에 얻을 수 있는 장점이 있다. 어느 시점 즉 3개월 이후에 주식가격이 오르면 시장에 매도하여 시세차익을 올릴 수 있으며, 우리나라에서는 처음에 주로 외국 자본을 끌어들이기 위하여 쓰였다. 왜냐하면 외국인들은 처음에 우리나라 회사 실정에 대하여 잘 모르기 때문에 회사채로 투자하였다가 회사운영이 제대로 잘돼서 해당회사의 주식가격이 오르면 회사채를 해당회사 주식으로 바꾸면 되는 것이다.

이러한 전환사채 제도는 해당회사나 투자자 입장에서 보면 양쪽에 다 유리한 제도라고 할 수 있다. 전환사채는 일반회사채보다 낮은 금리로 발행되는 것이 통례이다. 왜냐하면 나중에 주식으로 전환할 수 있는 권리가 부여된 채권이기 때문이다. 그러므로 회사측 입장으로 보면 낮은 금리로 자금을 마련할 수 있는 이점이 있을 뿐만 아니라 투자자가 나중에 주식으로 전환하면 회사 측에서 보면 부채가 자본금으로 전환되어 갚아야 할 부담이 없어지는 이점이 있다. 투자자 입장에서 보면 처음에 주식을 매입하여 손해 볼 위험성을 줄일 수 있기 때문에 또한 투자자에게도 이점이 생기는 제도이다.

정크본드(Junk Bond)

정크본드란 말 자체 그대로 쓰레기 채권이란 뜻으로 신용평가등급이 B 이하인 회사에서 발행하는 채권이다. 현재까지 우량기업으로 지속해 오다가도 경영부실, 악성채권 등으로 신용등급이 B 이하로 떨어지게 되면 해당회사에서 발행하는 모든 채권은 정크본드라고 한다. 일반적으로 중소기업이 발행한 채권이나 M&A에 필요한 자금을 마련하기 위하여 발행하는 채권은 정크본드에 속한다고 볼 수 있다. 우리나라도 '97년에 IMF 경제체제하에 들어가면서부터 국가자체가 정크본드 국가로 전락하게 되었다. IMF 경제체제하에서는 국제적인 신용평가기관인 무디스나 스탠드 앤드 푸어스 같은 기관에 의하여 B등급 이하로 평가되어 국가 전체의 채권이 정크본드로 전락하게 된다.

이러한 정크본드에 투자하는 투자자는 만약의 경우에 정크본드를 싸게 사서 발행회사의 주식이 신용등급이 올라가게 되면 상당한 이익을 보게 되며 반대로 해당회사의 재무상태가 더욱 악화되면 상당한 손실을 보게 되므로 정크본드는 투자 위험성이 큰 반면 고수익 상품이라고 할 수 있다.

주식신용거래

투자자가 증권회사로부터 자금을 빌려서(융자) 주식을 매입하거나 주식을 빌려서 매각하는 매매거래를 말한다. 투자자 입장에서는 일정기간이 지나 결제를 하기에 일종의 선물거래와 같은 효과를 낸다. 또 주식투자자금이 적거나 없어도 투자할 수가 있다. 신용거래는 현물거래를 보완해 수급불균형으로 야기되는 유가증권의 가격급등을 방지하는 한편 증권의 유통을 원활히 하는 역할을 하게 된다. 또 신용거래의 한도 및 보증금률을 조작함으로써 증시를 부양하거나 진정시키는 정책수단으로 사용되기도 한다.

주식일임매매

증권회사 직원이 고객을 대리해 증권을 매매할 수 있도록 고객이 허락한 매매. 중개인은 매매하고자 하는 종목이나 매매가격, 매매시점 등을 일일이 고객의 허락을 받지 않아도 매매할 수 있다. 시시각각으로 시세가 바뀌는 주식을 비전문가인 일반투자자들은 흔히 증권사 창구 직원에게 계좌관리를 맡기고 있다. 투자자 입장에서는 중개인(증권회사 직원)에 대한 신뢰가 있어야 한다. 증권거래법에는 고객과 증권사가 약정서를 체결한 뒤 제한적인 범위에서 일임매매를 하도록 규정하고 있으며 과도한 일임매매는 금지시키고 있다. 그러나 증권사 직원은 약정(주식매매중개)을 늘리기 위해 잦은 매매를 하고 있어 잡음이 일고 있다. 최근 대법원은 고객으로부터 주식투자를 일임 받더라고 영업실적을 위해 무리하게 빈번한 회전매매를 함으로써 고객에게 손해를 입혔다면 이를 배상해야 한다고 판결했다.

주식예탁증서(DR : Depositary Receipts)

주식예탁증서란 국내 주식의 거래를 외국에 유통시키기 위하여 개발된 증권대체증서이다. 원래 발행된 주식은 은행이나 예탁기관이 담보로 이를 보관하고 원래 주식 대신 예탁기관이 현지에서 별도로 발행, 유통시키는 증서를 말한다. 주식발행자는 유상증자 시 외화로 판매할 수 있어서 주식발행의 유상증자로 인한 외화 확보가 가능하며, 투자자는 자국화폐로 외국 주식을 취득할 수 있는 이점이 있다. 예를 들어, 한국의 신용 있는 기업이 미국에서 DR을 발행했다고 하면 한국의 기업은 유상증자를 통한 달러 확보가 가능하며 미국에서 한국기업의 DR을 취득한 투자자는 화폐가치가 안정된 달러로 취득하게 되어 화폐가치가 다소 불안정한 한국원화보다는 위험성이 적다고 할 수 있다. 한국의 대기업도 IMF 경제체제하에서 외화확보가 필요하기 때문에 미국에서 몇 차례에 걸쳐 DR을 발행하였다. 이러한 DR제도는 1972년 미국의 Guarantee Trust사가 처음 개발하였다.

중도환매통화채

일정기간만 보유하면 만기가 되기 전이라도 한은이 현금으로 되사는(중도환매) 통화채를 뜻한다. 일반적으로 시중의 통화량 조절을 위해 한은이 발행하는 통화채는 1년 만기로 한 번 매입하면 특별한 경우를 제외하고 도중에 현금으로 상환 받을 수 없다. 그러나 중도환매 통화채의 경우 만기 이전에 자유롭게 현금상환을 받을 수 있는 것이 특징이다.

주주대표소송

현실적으로 기업경영에 참여할 수 없는 소액주주들이 일정 지분 이상의 의결권을 모아 집단으로 내는 소송으로 대주주나 경영진의 전횡을 견제하기 위한 법적 수단이다. 상법 제403조는 전체주식의 5% 이상 소유주주는 회사에 「이사의 책임을 추궁할 소송」을 제기해 달라고 요구할 수 있고 회사가 소송제기를 거부할 경우 직접 소송을 낼 수 있다고 규정하고 있다.

액면분할

주식에는 액면가가 있는데 이를 쪼개 작은 액면가로 만드는 것을 말한다. 영어로는 스톡스플릿(Stock split)이라고 한다. 액면을 작게 하면 주식의 유통이 활발해질 수 있다는 가설이 성립할 수 있다. 왜냐하면 현행처럼 액면가 5천원짜리 100주를 사려면 50만원이 필요하지만 액면가가 이의 5분의 1인 1천원이라면 10만원만 있어도 100주를 살 수 있기 때문이다. 그만큼 적은 돈을 가진 사람도 주식투자에 참여할 수 있기 때문에 주식투자 기회가 확대될 수 있다는 논리다. 그러나 최근 자본시장의 추세는 액면가에 경제적 의미를 크게 부여하지 않는 것이 대세다. 액면가는 주식을 최초 발행할 당시 회계처리에서나 필요한 것이지 주식가격의 형성에 영향을 주지 못한다. 우리나라에선 배당금을 액면가 기준으로 산출하고 있지만 이것도 「1주당 얼마얼마의 배당금을 지급한다」는 식으로 정해버리면 그만이기 때문이다.

미국재무부채권(TB : Treasury Bond)

TB(Treasury Bond)는 미국 재무부에서 발행하는 공채이며 세계채권금리의 기준이 된다. 또한 우리나라나 다른 나라가 미국에서 발행하는 양키본드의 기준금리가 된다. TB는 미국의 국채이기 때문에 위험성이 거의 없어서 매우 인기가 높다. TB는 일반적으로 만기 5년 이상의 장기채권이다. 만기가 1년 이내는 트레저리 빌(Treasury Bill)이라고 하고 1년 이상 5년 이내는 트레저리 노트(Treasury Note)라고 한다. 현재 5년 만기 TB금리는 5.5035%이며 10년 만기는 5.534%이다. TB는 일반적으로 선이자 할인방식으로 발행되며 우리나라가 발행한 외평채도 TB금리를 기준으로 하여 가산금리를 적용하고 있다.

PORTFOLIO

포트포리오의 원뜻은 서류가방이라는 의미이다. 그러나 현재의 portfolio 개념은 투자자가 어떤 자산에 투자할 때 위험을 분산시키기 위하여 투자도 분산시켜야 한다는 이론이다. 경기 사이클(cycle)로 볼 때 투자자산도 경기주기가 있으므로 어느 특정자산 한 곳에 투자하면 그만큼 위험성이 크다는 얘기다. 계란을 한 바구니에 담지 말라는 말이 바로 portfolio전략을 나타낸다. 예를 들어 설명하면 다음과 같다. 어느 투자자가 1억의 투자여유자금이 있다고 할 때 위험을 분산시키기 위하여 그 중의 2천만원을 주식에 투자하고 3천만원은 국공채 채권에, 2천만원은 회사채에, 그리고 나머지 3천만원은 부동산에 투자했다고 하면 이러한 전략이 바로 portfolio전략이다. 더 자세하게 들어가면, 2천만원어치의 주식투자에서도 한 기업의 주식에만 투자하면 안 되고 여러 회사의 주식에 분산 투자하여야 한다. 분산 투자하는 주된 이유는 투자자산마다 Business cycle을 타기 때문이다.

카멜레온펀드

카멜레온은 글자 그대로 변신의 명수다. 투자신탁 상품인 카멜레온펀드로 바로 이 같은 특성을 지니고 있다는 점에서 붙여진 이름이다. 주가변화에 따라 가장 유리한 형태의 상품으로 이리저리 전환할 수 있도록 한 상품이다. 투신상품에는 채권에만 투자할 수 있는 공사채형과 일정비율만큼 주식에 투자하는 주식형이 있다. 카멜레온펀드는 이러한 공사채형과 주식형을 드나들며 안정성과 수익성을 동시에 겨냥하는 상품이다. 일반적인 공사채형이나 주식형에 가입했다가 중간에 다른 형태로 바꾸게 되면 중도환매 수수료를 부담해야 하지만 카멜레온 상품은 환매수수료가 없다. 카멜레온펀드 중에는 처음에 공사채형으로 시작했다가 주가가 오를 때 주식형으로 전환하는 것도 있고 주식형으로 출발해 일정한 수익을 내고 나면 공사채형으로 바뀌는 경우도 있다. 수익률은 채권투자를 통한 수익률(연 12% 선)에 주식투자수익률을 합친 연 15~20% 수준이다.

후순위채권(Subordinate Security)

채권 발행기관이 부도를 내거나 파산했을 때 변제 순위가 가장 늦은 채권을 말한다. 금융기관이나 기업이 부도나 파산으로 채권자에게 빚을 갚아야 할 때 담보가 있는 사채와 담보가 없는 사채, 그리고 은행 대출금에 대한 지급이 이루어진 이후에 변제받을 수 있는 채권이다. 결국 후순위채권은 기업이나 금융기관에 대한 채권 중 가장 위험도가 높은 채권이다. 따라서 후순위채권 발행은 대부분 신용도가 높은 은행에 의해 이루어지고 있으며 일반적인 채권이나 금융기관 대출금 금리에 일정한 가산금리를 추가로 적용한다. 부도나 파산 위험이 적은 기관에 높은 금리로 장기적인 투자를 하는 수단으로 사용되는 보험사나 연기금 등이 주요 투자자가 된다. 특히 국제결제은행(BIS)은 만기가 5년 이상인 후순위채권이나 후순위 차입금을 보완적 자기자본으로 인정하고 있다. 따라서 BIS 자기자본비율 산정 시 자기자본으로 인정되기 때문에 최근 금융기관들이 앞다투어 발행을 추진하고 있다.

헤지펀드(Hedge Fund)

뮤추얼 펀드(Mutual Fund)와 마찬가지로 회사형 투자신탁이기는 하지만 출자금을 공모하지 않고 사모했다는 점에서 뮤추얼 펀드와 구분된다. 미국의 경우 대개 출자자 1백명을 기준으로 공모와 사모를 구분한다. 1백명 이상이면 공모이고 1백명 이하이면 사모이다. 그러므로 헤지펀드는 주로 1백명 이하의 출자자가 설립한 회사형 투자신탁으로 높은 위험을 감수하면서 고수익을 추구하는 상품이다. 헤지펀드란 고수익을 찾아다니는 국제투자자금을 말하며 여기서 말하는 헤지(Hedge)란 위험을 회피, 분산시킨다는 의미이다. 그러나 헤지펀드는 위험이 있는 곳이면 어디든지 찾아다니며 투자 대상도 주식, 채권뿐만 아니라 파생금융상품의 하나인 외환, 귀금속, 원자재 등 광범위하게 해당된다. 위에서 설명했듯이 사모 방식으로 투자자금을 모집하고 원금의 몇 배에 달하는 차입을 하여 투자를 한다. 국내에 알려진 헤지펀드로는 타이거 펀드, 소로스 펀드, 손튼 펀드, 아파루사 펀드 등이 있다.

환매조건부 채권(RP : Repurchase Agreement)

은행이나 증권회사가 개인이나 법인이 보유하고 있는 각종 채권을 일정기간 경과한 후에 다시 매입해주는 조건으로 매각하는 상품이다. 대부분의 증권회사는 최저금액을 1백만~1천만 원으로 하고 있으며 투자기간이 1~90일이다. 환매조건부 채권은 한국은행 RP를 매각하여 시중통화량을 흡수하고 시중자금이 부족할 때는 한국은행이 시중은행에서 RP를 매입하여 시중의 통화량을 증대시키는 방법이다. 금융기관 RP는 은행이나 증권회사가 일정기간이 지나면 다시 매입한다는 조건으로 투자자에게 판매하는 상품이다. 일반 채권은 만기가 몇 년씩 되어 장기이지만 RP는 만기가 1~90일 밖에 안 되기 때문에 유동성이 크므로 투자자에게 유리한 상품이라고 할 수 있다.

회사채(會社債 : Corporate Bond)

회사채란 CB(Corporate Bond)라고 하며 해당주식회사가 일반투자자로부터 자금조달을 목적으로 발행한 채무이행증서라고 할 수 있다. 회사채를 보유한 자는 채무자로부터 3개월마다 이자를 지급받고 만기가 되면 원금을 지급받는다. 회사채는 보통 3년, 5년 만기짜리가 있으며 금리연동부와 금리확정부가 있다. 회사채의 종류로는 보증사채, 무보증사채, 담보부사채, 전환사채, 교환사채, 신주인수권부사채, 옵션부사채 등이 있다. 채권자는 주주들의 배당에 우선하여 이를 받게 되며 기업이 도산하거나 청산할 경우 주주들에 우선해서 기업자산 청구권을 갖는다.

해외증권

국내기업이 자금조달을 위해 해외에서 발행한 증권을 뜻한다. 해외증권은 크게 주식연계 증권과 주식비연계 증권으로 나눈다. 주식연계 증권은 말 그대로 주식과 관련된 증권으로 일정기간 후 주식으로 전환이 가능한 전환사채(CB), 신주를 받을 수 있는 신주인수권부채권(BW), 주식예탁증서(DR) 등이 있다. 주식비연계 증권은 스트레이트 본드라고 불리며 국내기업이 발행하는 회사채와 성격이 같다. 모두 발행기업의 신용도에 따라 금리가 차별화된다. 예를 들면 양키본드, 사무라이본드 등이 국제금융시장에서 발행되는 대표적인 주식비연계 증권이다. 해외증권을 발행하기 위해서는 그만큼 해외 신용도가 높아야 한다. 해외증권을 발행하는 이유는 금리가 국내보다 싸기 때문에 기업의 입장에서는 자금 부담이 덜하다고 할 수 있다. 우리나라 기업도 IMF 경제체제를 벗어나면서 국제 신용도가 제고되어 해외증권 발행이 점차 늘어나고 있다. 해외증권 발행의 규모를 보면 지난 '90년에는 7억 9천만 달러, '93년에는 31억 9천만 달러로 증가하였다.

금융통화운영위

우리나라의 통화신용정책 수립기관이다. 한국은행의 업무운영관리를 지시·감독하는 역할도 수행한다. 구성원은 기획재정부장관과 한은총재를 당연직으로 해 기획재정부장관이 추천하는 위원 1명, 금융기관이 추천하는 위원 2명, 농림축산식품부장관이 추천하는 위원 2명, 산업통상자원부장관이 추천하는 위원 2명 등 총 9명이다. 의장은 기획재정부장관이 맡으며 임기는 3년이다. 통화신용금융정책수립은 통화량이나 금리수준을 결정하기 때문에 물가나 경제성장 등에 크게 영향을 끼친다. 따라서 각종 주요 경제부처의 의견을 통화정책에 반영하도록 각 경제부처에서 의원들을 추천하도록 되어 있다. 금통운영위는 한국은행감독기관으로 한은총재의 추천에 따라 한은 직원을 임명하고 예산 및 결산을 승인한다. 각 은행 본점과 지점의 인가업무도 수행한다.

당좌대출

당좌대출이란 사업자등록증을 가진 개인이나 법인이 은행과 당좌거래를 하면서 자기 당좌예금 한도 이상으로 수표나 어음을 발행할 수 있는 제도를 말한다. 전에는 당좌대월이라고 하였으나 현재는 당좌대출로 통일되었다. 당좌거래란 당좌예금을 갖고 있는 개인사업자나 법인이 거래를 위하여 발행어음이나 당좌수표 등의 지급업무를 은행에 위탁하여 거래하는 것으로서 당좌대출을 약정한 기업은 자기의 당좌계정에 잔액이 남아있지 않더라도 어음이나 수표를 발행할 수 있다. 따라서 기업은 발행한 어음이나 수표에 대하여 이자를 지불하여야 되는데 이를 당좌대출금리라고 한다. 당좌수표는 현금과 같은 개념이며 당좌수표를 부도냈을 경우는 민사가 아닌 형사책임을 져야 한다.

▶▶ 화폐시장

견질어음(見質어음)

견질어음은 융통어음의 일종으로써 해당기업이 금융기관에서 단기성 대출이나 당좌대출을 할 때 채권회수를 확실히 하기 위해서 해당기업의 약속어음을 담보형태로 잡아두는 어음을 말한다. 견질어음을 대신해서 보통 견질 백지수표가 제공되고 백지수표에 액면금액과 만기일을 기입할 수 있는 백지수표 보충권 부여증도 함께 금융기관에 제출하여야 한다. 견질어음은 해당채무자가 직접 발행할 수도 있고 신용있는 다른 기업의 어음을 대신 발행하여 견질어음 담보로 사용할 수도 있다. 견질어음은 통상 액면금액과 만기일 등이 명기되어 있지 않고 채무자의 동의 없이는 유통시킬 수 없다. 견질어음 역시 융통어음이기 때문에 제도권 금융기관에서 할인이 되지 않는다. 우리나라에서 10년 전에 발생한 서울상업은행 명동지점장 자살사건은 이와 같은 견질어음을 불법 유통시킨 것도 하나의 원인이 되었다.

딱지어음

딱지어음이란 정상거래 시 사용하는 어음이 아니고 고의적으로 시중에 유통시켜서 한 번에 거액을 챙기려는 사기목적의 어음을 가리킨다. 해당기업이 약속어음을 은행에서 지급 받기 위해서는 은행과 당좌거래를 터야 되는데, 은행은 몇 년간 거래 실적이 양호한 개인사업자나 법인에게만 당좌거래를 개설해준다. 딱지어음이란 처음부터 사기목적으로 위장하여 은행과 당좌거래를 개설하여 처음에는 정상적인 거래를 하다가 갑자기 대량으로 어음할인을 받거나 어음을 불법으로 유통시장에 매각하여 한몫을 챙기려는 수법이다. 결국은 최종적으로 마지막으로 받는 어음소지자만 피해를 보게 된다.

MCT

시중에 돈이 얼마나 풀려있는가를 가늠하는 척도인 통화지표의 일종. 총통화(M2)에다 양도성예금증서(CD) 및 은행금전신탁(Money in Trust)을 합한 돈의 총량을 가리킨다. MCT는 이들 세 가지의 영문 머리글자를 따온 것이다. 흔히 말하는 돈은 지폐나 동전 등 현금만을 가리킬 수도 있고 언제든지 큰 불편 없이 현금화할 수 있는 금융자산까지 포함할 수도 있다. 따라서 통화당국이 적절한 시중 유동성을 유지하려면 일정한 기준, 즉 중심통화지표를 채택해야 한다. 우리나라는 지난 '79년부터 M2를 중심통화지표로 사용해왔다. M2에는 현금과 은행요구불예금, 정기 예·적금 등 저축성예금, 거주자외화예금이 포함된다. 그러나 최근엔 은행예금과 큰 차이가 없는 은행신탁계정과 CD 등의 규모가 커져 M2의 대표성이 떨어진다는 지적을 받아왔다. 이에 따라 한국은행은 M2와 함께 MCT를 중심통화지표로 채택했으며 사실상 MCT를 중심으로 통화를 관리하고 있다.

MMF

단기금융시장에서 자금을 운용해 높은 수익을 올리기 위해 마련된 펀드(수익증권). Money Market Fund의 약자로 우리나라 말로는 실세금리 연동형 초단기 수익증권으로 해석할 수 있다. 고객의 돈을 모아 주식에 투자하는 채권형 펀드와 달리 MMF는 단기 금융시장의 양도성 예금증서(CD)나 기업어음(CP) 등에 투자한다.

본원통화

경제활동에 필요한 모든 돈은 발권은행인 중앙은행의 창구를 통해 풀려 나간 돈을 기초로 해서 공급된다. 중앙은행에서 각 은행(통화금융기관)에 돈이 나가면 은행들은 이 돈을 대출 등의 형태로 경제주체들에 공급해 경제활동이 이루어지도록 뒷받침하게 된다. 또한 각 경제주체들은 이 돈을 은행에 예금하고 예금을 받은 은행들은 일정 비율만큼의 지급준비금을 예치한 뒤 대출재원으로 활용하게 된다. 결국 이 같은 과정을 거치면 중앙은행에서 나간 돈보다 몇 배가 많은 대출이 이루어지게 된다. 이를 신용창조과정이라 하고 몇 배 정도가 늘어나느냐 하는 것을 통화승수라고 한다. 결국 시중에 있는 돈의 양은 중앙은행에서 현금형태로 공급한 본원통화를 기초로 결정되는 셈이다.

때문에 본원통화를 조절하면 자동적으로 시중 통화량이 조절되기 때문에 통화관리수단의 하나로 이용되고 있다. 본원통화는 결과적으로 시중에 돌아다니는 현금(화폐민간보유액)과 금융기관이 지급준비금으로 맡겨놓은 예치금, 그리고 금융기관들이 보유하고 있는 현금(시재금) 등의 합계 형태로 나타나게 된다.

양도성예금증서(CD)

양도성예금증서(CD : Negotiable Certificate of Deposit)는 일종의 정기예금 증서로 양도가 가능하여 매우 유동성이 높은 상품이다. 흔히 CD라고 불리는 양도성예금증서는 1969년 초 미국의 시티은행에 의해 처음 도입되었다. 당시 미국에서는 예금이자율에 대한 상한 규제(Regalation Q)가 존재하여 은행들이 예금을 통한 자금유치에 곤란을 겪고 있었는데 이러한 규제를 회피하여 자금을 보다 원활히 조달하고자 하는 금융혁신(financial innovation)의 일환으로 CD가 개발된 것이다.

CD는 무기명이며 양도가 가능하지만 중도해지가 불가능하다. 따라서 일반예금과는 달리 지불준비금이 부과되지 않고 이자율도 비교적 높다. 그러나 양도가 가능하기 때문에 유통시장에서 언제든지 사고 팔 수가 있어 현금화가 매우 용이하다는 장점도 갖고 있다. CD는 정기예금같이 만기가 되어야 찾을 수 있는 것과 달리 만기 이전이라도 할인하여 누구에게나 사고 팔 수가 있어 유동성이 큰 상품이다.

어음부도율

일정기간 중 총어음부도금액을 총 교환금으로 나눈 비율을 말한다. 다시 말해 교환되어 돌아온 어음금액 중 얼마가 지불거절되었는가를 나타내는 비율이다. 어음부도율은 금융결제원에서 매달 통계를 작성하며 잠정 통계는 매달 초 한국은행이 발표한다. 잠정통계는 시중자금사정을 나타내는 간접적인 지표로 활용되며 주로 서울지역의 부도율을 집계해서 발표한다. 확정통계에는 서울뿐만 아니라 각 도와 직할시 등 전국의 부도율을 모두 담고 있다. 최근에는 대폭적인 금리자유화로 어음부도율의 시중 자금상황반영 정도가 전보다 많이 취약해졌다. 예를 들어, 경기가 전반적으로 좋은 상황에서 산업구조조정상 특정부문의 중소기업이 다수 도산하는 경우 어음부도율은 높게 나타나지만 시중 자금사정은 나쁘지 않을 수가 있다. 이 같은 이유로 어음부도율을 자금사정을 나타내는 지표로 쓰는 나라는 현재 별로 없다. 지난 7월 중 우리나라 어음부도율은 0.15%로 경기둔화에도 불구 올 1월 이후 계속 하락세를 보이고 있다.

융통어음(融通어음)

어음에는 크게 진성어음과 융통어음의 두 가지 종류가 있다. 진성어음은 기업 간의 실제로 상거래가 이루어지고 물품구입비로 어음으로 대신 지급하는 경우이고 융통어음이란 진성어음과는 달리 실제 상거래의 이루어짐이 없이 단순히 어음소지자의 채무변제를 위해서나 단기 운전자금을 마련하기 위하여 발행하는 어음이다. 융통어음은 물건의 실제적인 상거래 없이 발행되는 어음이기 때문에 진성어음보다 부도가 날 확률이 높다. 은행에서 어음을 할인할 때도 진성어음은 할인이 되지만 융통어음은 할인이 되기 어렵고, 설사 사채시장에서 할인이 된다고 하더라도 할인율이 매우 높다. 융통어음은 사채시장에서는 고율의 할인율로 할인이 된다고 치더라도 제도적인 은행에서는 할인이 금지되어 있다. 은행에서는 이와 같이 진성어음과 융통어음을 구별하기가 힘들기 때문에 진성어음 뒷면에는 상거래 시 발생된 세금계산서를 첨부하게 되어 있다.

재할인율제도

재할인율제도란 간접적인 금융정책수단의 한 방법으로써 한국은행이 일반시중은행에서 기업으로부터 할인하여 받은 어음을 다시 시중은행에 할인하여 주는 제도이다. 간접적인 금융정책 수단에는 재할인율제도를 비롯하여 공개시장조작 시 지불준비율제도가 있다. 이러한 제도는 모두 시중의 통화량을 조절하기 위한 금융정책 수단이다. 이 재할인율은 기업이 예금은행에서 받은 할인율보다는 낮다. 이렇게 재할인율을 중앙은행이 인상시키면 예금은행은 기업으로부터 할인하여 받은 어음을 높은 할인율로 할인하여 중앙으로부터 대금을 받기 때문에 예금은행으로서는 대출능력이 떨어지게 된다. 이러한 예금은행의 대출능력저하는 파급적으로 개인이나 기업에게 대출을 감소시키게 되므로 시중의 통화량이 줄어들게 된다. 재할인율은 모든 금리의 기준이 되며 재할인 금리가 높아지면 시중대출 금리도 따라서 올라간다.

콜(call loan, call money, 단자(短資))

금융기관이나 증권회사 상호간의 단기대부 차입으로 '부르면 대답한다'는 식으로 극히 단기로 회수할 수 있는 차입금으로 이를 콜이라고 한다. 공급자 측에서는 콜론, 수요자 측에서는 콜 머니라고 부른다. 콜은 주로 은행의 어음 기말결산의 결제 등 단기자금의 조달에 이용된다. 콜은 언제나 은행이 회수할 수 있는 단기 대부이므로 은행으로서는 일시적인 유휴자금을 운용하는 데는 최적의 방법이다. 콜금리는 금융기관끼리 남거나 모자라는 자금을 서로 주고받을 때 적용되는 금리를 말한다. 금융기관들도 예금을 받고 기업에 대출해 주는 등 영업활동을 하다보면 자금이 남을 수도 있고 급하게 필요한 경우도 생기게 된다. 이러한 금융기관 상호간에 과부족 자금을 거래하는 시장이 바로 콜 시장이다.

프라임레이트

프라임레이트(prime rate)란 일반은행이 기업에게 대출해주는 금리 중에서 최저금리로써 우량기업에게 대출해주는 우대금리이다. 이러한 우대금리는 만기가 1년 이내짜리인 단기 대출금리이다. 현재 우리나라의 프라임레이트는 8.5% 정도로써 시중은행이 한국은행의 재할인율과 콜금리 수준에 맞춰서 조정하여 변경시키고 있다. 우리나라에서도 많은 대기업들이 이 금리를 적용받고 있으며 1930년 미국에서 처음 시행되었다.

팩터링 금융(factoring finance)

팩터링 금융이란 금융기관들이 기업으로부터 상업어음(CP), 매출채권을 매입하여 이를 근거로 하여 기업에게 자금을 빌려주는 제도이다. 이러한 금융제도의 취지는 기업들이 받은 CP나 외상매출채권 등 은행에서 신속히 현금화시켜주어 기업의 현금 유동성을 제고시키는 데 있다. 취급은행은 일반은행과 제2금융권에서 취급하고 있다. 대출한도는 매입 채권금액의 100%까지 대출이 가능하지만 해당기업의 신용도에 따라 다소 차이가 있다. 대출금리는 은행이 8.5%, 단자사들은 11.5%이다. 얼마 전까지는 제2금융기관의 대출대상이 상업어음만 해당되었으나 최근에는 외상매출금, 용역대전, 공사미수금 등의 확정채권, 물품 납품이나 공사도급계약을 근거로 한 미확정 채권, 할부나 할부채권 등 대출대상이 확대되고 있다.

저자소개

경력

- 중앙대학교 경제학과졸업(경제학 학사)
- University of California, Santa barbara 졸업(경제학 석사)
- Texas A&M University 졸업(경제학 박사)
- 두산그룹 기획부 근무
- (주)두하상사 무역부 근무
- 정보통신부 근무
- 정보통신부 국책연구소 한국전자통신연구원 근무
- 극동정보대학 마케팅정보과 교수
- 극동정보대학 교학처장 역임
- 극동정보대학 학장직무대리
- 현재 강동대학교 유통경영과 교수

논문

- 경제발전과 에너지소비량에 대한 상관관계연구
- 에너지 소비측정에 대한 BTU Vs Divisia Methodology에 관한 연구
- 정보통신산업의 산업연관효과에 대한 연구
- 특허권이 정보통신 산업에 미치는 영향에 관한 연구 등 다수

시장경제론

2009년 2월 25일 초 판 1쇄 발행
2014년 6월 30일 개정판 1쇄 발행

저 자 안 희 배
발행인 진 욱 상 · 진 성 원

저자와의 합의하에 인지첩부 생략

발행처 백산출판사
서울시 성북구 정릉로 157(백산빌딩 4층)
등록 : 1974. 1. 9. 제 1-72호
전화 : 914-1621, 917-6240
FAX : 912-4438
http://www.ibaeksan.kr
editbsp@naver.com

값 25,000원
ISBN 978-89-6183-143-7